니체(Friedrich Nietzsche, 1844~1900)

프로이트(Sigmund Freud, 1856~1939)

니체와 정신분석학

힘에의 의지와 심층의식에 관한 철학적 성찰

니체와 정신분석학

힘에의 의지와 심층의식에 관한 철학적 성찰

강영계 지음

서광사

니체와 정신분석학
힘에의 의지와 심층의식에 관한 철학적 성찰

강영계 지음

펴낸이—김신혁
펴낸곳—서광사
출판등록일—1977. 6. 30.
출판등록번호—제 5-34호

(130-820) 서울시 동대문구 용두 2동 119-46
대표전화 · 924-6161/팩시밀리 · 922-4993/E-Mail · phil6161@chol.com
http://www.seokwangsa.co.kr

제1판 제1쇄 펴낸날 · 2003년 5월 20일
제1판 제2쇄 펴낸날 · 2004년 11월 10일

ISBN 89-306-1211-3   93160

책 머리에

21세기를 살아가는 우리들 인간은 과거 어느 때보다도 복잡하고 혼란스러운 삶을 이끌어 가고 있다. 개체로서의 인간은 생존을 위하여 무한경쟁의 물살을 헤쳐 나가지 않으면 안 된다. 디지털-사이버 후기 자본주의 사회에서 현존재 인간은 주체로서의 인간성에 대한 물음은 뒷전에 둔 채 오로지 자본에 의해서만 욕망을 충족시키려는 욕망의 기계로 전락하여 버리고 말았다.

자연과학은 지난 날 어느 때보다도 엄청나게 무서운 가속도로 완전성과 절대성을 향해서 질주하며, 인간은 정체를 알 수 없는 불안감을 맛보면서도 자연과학의 발달을 맹목적으로 신봉한다. 그러나 인간과 사회의 완전성, 절대성에 대한 꿈, 희망, 이상에도 불구하고 지구상에는 기아, 전쟁, 생명과학의 재앙, 핵무기의 위협, 환경 파괴 등이 삶 자체를 무화(無化)하려고 한다. 이 시점에서 우리들은 어떤 반성을 하여야만 하며 또한 어떤 행동을 하여야만 하는 것일까?

나는 비교적 장기간에 걸친 철학적 사유의 길을 걸으면서 나 자신과 인간의 삶을 통찰하기 위한 하나의 수단으로서 니체의 철학하기와 프로이트의 정신분석학에 의한 정신치료에 오랜 시간 머물러 있었다. 《니체, 해체의 모험》, 《니체와 예술》, 《정신분석 이야기》 등은 모두 나 자신과 니체 및 프로이트와의 친밀한 대화에 의한 산물들이었다. 이제 나는 인간과 삶의 의미를 해명하기 위한 또 하나의 시도로서 《니체와 정신분석학》을 구상하여 보았다. 이 책은 앞의 책들과 긴밀한 연관성을 가지며, 니체와 프로이트의 해석이 일차적 목표지만, 이 책의 궁극적 목적은 아직까지는 삶의 윤리적 가치에 있다.

나는 그 동안 발표한 몇 편의 글들과 새로 쓴 두 편의 글을 일관성 있게 묶어서 《니체와 정신분석학》을 구성하였는데, 니체의 철학함과 프로이트의 정신분석학이 이 책의 주제이므로 이 책의 부제를 '힘에의 의지와 심층의식에 대한 철학적 성찰' 이라고 붙였다. 이 책이 나올 때까지 원고정리에 온갖 힘을 기울여 준 건국대 철학과 박사과정 강지은 양에게 고마운 마음을 표한다. 철학 서적 출판을 끝까지 고집하며 좋은 책 만들기에 늘 정성을 기울이는 서광사 편집진 여러분에게도 감사한다.

2003년 봄

강영계

차 례

제1장 머리말

1. 현대사회와 현존재 인간

일찍이 칸트는 우리는 무엇을 알 수 있는가, 우리는 무엇을 할 수 있는가, 우리는 무엇을 원해도 좋은가, 인간이란 무엇인가 등의 네 가지 물음을 《논리학》에서 제기하였다. 칸트의 근원물음은 원래 앎, 행위, 목적에 관한 세 가지 물음이고 이들 세 가지 물음의 종합이 인간이란 무엇인가라는 물음으로 표현된다. '인간은 신과 짐승 사이의 밧줄'이라는 니체의 말에서 우리들은 인간이 모순과 갈등으로 시달리는 존재라는 것을 알 수 있다. 인간존재는 항상 자기모순으로 인해서 몰락하고 말 것인가 아니면 자기모순을 극복하고 참다운 삶을 회복할 것인가를 결단하지 않으면 안 되는 운명에 처하여 있다. 현대사회를 살아가는 현존재 인간은 어느 때보다도 통찰과 결단에 의해서 자신의 존재근거를 확립하지 않으면 안 되는 절박한 상황에 처하여 있다.

아직 우리들 현대인은 칸트의 근원물음의 의미를 완전히 망각하지 않고 있다. 그러나 지금 우리들은 더 이상 전통적인 경험론, 합리론 또는 관념론에서 전개하는 철학적 해결책에 의해서 창조적인

인간상을 정립할 수 없다. 그렇다고 해서 전통적인 유물론, 자연과
학적 철학의 해결책에 의해서도 바람직한 인간상을 제시할 수 없
다. 왜냐하면 그것들은 어느 것이나 모두 일차원적 관점에서 독단
적으로 인간을 해석하면서 소위 경직된 절대성과 완전성에 억지로
인간상을 꿰맞추기 때문이다.

현대사회를 일컬어 우리들은 한마디로 디지털-사이버 후기 자본
주의 사회라고 말할 수 있다. 자본주의 사회의 생산관계는 자본,
수단, 노동에 의해서 성립했지만 디지털-사이버 후기 자본주의 사
회의 생산관계는 자본, 수단, 노동과 아울러 정보, 기술, 아이디어 등
에 의해서 성립한다. 자본주의 사회에서는 유산자와 무산자의 사회
적 계급갈등이 가장 큰 문제였다. 그러나 디지털-사이버 후기 자본
주의 사회의 가장 절박한 문제는 유산자와 무산자의 계급 갈등뿐만
아니라 자동기계-인간과 주체-인간 간의 극단적 갈등이다. 이러한
갈등의 원인이 밝혀질 때 비로소 우리는 칸트의 근원물음에 대한
답의 실마리를 제공할 수 있을 것이다. 니체는 허무주의의 근거를
제시하려고 하였고, 프로이트는 정신질환의 원인을 파헤치려고 하
였다. 이러한 노력들은 모두 현대사회에서 몰락한 인간상을 진단하
고 건강한 정신과 삶을 회복하기 위한 탐구이다.

니체와 프로이트는 모두 현대인과 현대문명을 '질병'으로 진단한
다. 프로이트의 정신분석학에 의하면 니체의 허무주의는 노이로제
증세이며 그것도 거의 절망적인 노이로제 증세이다. 현대라는 시점
에 들어서면서 다양한 철학의 흐름들이 인간성 상실을 극복하기 위
한 대안들을 마련하였다. 생철학, 실존주의, 구조주의, 현상학, 해석
학, 철학적 인간학 등 수많은 철학의 흐름들이 제각기 바람직한 인
간상과 삶을 제시하려고 노력하여 왔다. 그러나 대부분의 사상가들
은 서양의 합리주의 전통을 고수하면서 인간과 사회의 문제점을 지

적하고 해결책을 제시하려고 하였다. 그렇지만 현대사상에서 가히
혁명적인 사유의 전환점을 마련한 사람들은 니체, 프로이트, 마르크
스, 아인슈타인 등 네 사람이라고 감히 말할 수 있다. 이들은 이성
적 의식에 대한 지금까지의 확신을 뿌리째 뽑아 버리려고 하였다.
아인슈타인은 절대적 공간, 시간 개념을 부정하였다. 마르크스는 삶
과 사회의 기초를 이성이 아닌 경제적 생산관계에 있다고 보았다.
니체는 삶의 근거를 힘에의 의지로 보았고 프로이트는 정신활동의
뿌리를 심층의식(충동 또는 원초아)에 있다고 하였다. 이들은 한결
같이 이성적 의식의 허구성을 외쳤다. 그러나 현대인과 현대사회의
모습은 어떤 것인가? 현대인은 니체, 프로이트, 마르크스, 아인슈타
인 등의 절규를 외면한 채 여전히 근대성의 이상을 절대적인 것으
로 확신하면서 완전한 이상향을 향하여 질주하고 있다. 그러나 포
스트모더니즘이 지적하는 것처럼 현대인의 이상향은 거대담론의
산물이며 환상에 지나지 않는다.

2. 니체 철학의 특징-정신분석학의 선구

21세기 디지털-사이버 후기 자본주의 사회의 시점에서 우리들 인
간은 현대인과 현대사회의 심층을 통찰하고 새로운 방향을 모색하
지 않으면 자동기계로 영원히 전락하고 구원 불가능한 몰락의 길을
재촉할 수밖에 없을 것이다. 이 시점에서 니체 철학은 하나의 신선
한 이정표가 아닐 수 없다. 현대인은 막연한 불안감을 안고 있으면
서도 기술과 자본이 이상적인 삶과 사회를 보장해 주리라고 맹신하
고 있다. 니체의 계보학이나 프로이트의 분석에 따라서 이상향의
기원을 거슬러 올라가 보면 그것은 그리스 철학의 합리적 완전성과

기독교 신앙의 절대성이다. 원래 로고스(이성)와 아가페(신앙)는 다원적 의미를 가졌으나 역사의 흐름과 아울러 로고스는 형식적, 객관적, 보편적인 완전한 지성의 뜻으로 그리고 아가페는 완전무결한 절대적 신앙의 뜻으로 변질되어 버렸다. 니체 철학은 인간성 비판이며 동시에 문명 비판이다.

니체 철학에서 현대인과 현대문명은 '질병'으로 판정 받을 수밖에 없다. 니체의 철학 저술들은 대부분 전통적인 체계적 서술과는 거리가 멀고 주로 시나 에세이 식으로 표현되어 있으므로 표면상 형식적 체계성이 결여되어 있다. 그렇지만 니체는 현대인을 질병으로 진단하고 지금까지의 가치를 전도시킴으로써 새로운 가치를 정립하기 위해서 매우 견실한 철학적 사색을 동반한다. 그가 도덕, 종교, 예술, 철학을 문명의 요소로 보고 그것들을 비판하는 것은 윤리학, 인식론, 미학, 형이상학에 관한 심원한 사유를 이미 니체가 소유하고 있음을 뜻한다.

니체는 《비극의 탄생》으로부터 《힘에의 의지》에 이르기까지 서양 고대로부터 현대에 이르기까지 도덕, 종교, 예술, 철학이 형성하는 문명이 어떻게 그리고 왜 허무주의로 몰락하였는지를 원근법주의와 계보학에 의해서 밝힌다. 현대인의 정체는 본래적, 창조적 인간상의 전도이다. 니체의 견해에 따를 것 같으면 근대성과 현대성은 완전하고 절대적인 합리주의적 지성이다. 현대인은 은폐되어 있는 역동적 힘에의 의지를 망각하고 오로지 표면적인 합리주의적 지성만 완전하고 절대적인 것이라고 맹신한다. 니체는 근대성과 현대성을 해체할 때 비로소 창조적이며 긍정적인 삶이 가능하다고 본다. 그러므로 그는 지금까지의 모든 가치들을 전도시키고 새로운 가치들을 정립하고자 한다. 니체는 한편으로 다원적인 건강한 인간상을 자신의 철학함의 목적으로 삼으며 다른 한편으로는 삶의 원천으로

서의 힘에의 의지를 밝힘으로써 삶과 세계의 역동적인 형이상학적
내지 존재론적 원리를 제시하고자 한다. 표면의 형식적인 지성적
자아는 삶의 원천을 망각하거나 결여하고 있으므로 그러한 자아는
질병의 상태가 아닐 수 없다. 질병을 치료하지 않으면 지성적 자아
는 언제까지나 자신이 만들어 낸 허구(기술과 자본에 의한 유토피
아, 종교적 또는 예술적 절대목적 등)에 허수아비처럼 매달려 있을
것이다. 물론 프로이트는 뒤늦게 니체 저술을 접하고 니체 철학이
자신의 사상과 유사한 점이 있음을 발견하긴 했어도, 니체 철학은
확실히 정신분석학의 선구가 아닐 수 없다.[1]

　니체 철학의 고유한 특징은 대체로 다음과 같다. (가) 니체는 전
통적인 강단 철학의 형식적, 체계적 표현방식을 거부한다. (나) 그
러므로 그는 완전하고 절대적인 합리주의적 지성에 의한 철학함을
떠나서 직관적 통찰에 의해서 심층의 자유로운 정신을 통찰하고자
한다. (다) 니체는 힘에의 의지에 의하여 현대문명의 가치(허무주
의)를 전도시키고 새로운 창조적 가치를 정립하고자 한다. (라) 니
체는 도덕, 종교, 예술, 철학 등 문명의 형성 요소를 원근법주의와
계보학에 의해서 분석함으로써 거대담론을 해체하고 건강한 정신
과 문명을 재창출하고자 한다. 이상과 같은 점에서 볼 때 니체는 현
대인과 현대사회의 허무주의라는 질병을 냉철하게 분석하고 치료
하고자 한 점에서 프로이트의 정신분석학은 물론 현대 정신분석학
을 예견하였으며, 따라서 정신분석학의 선구 역할을 충분히 수행하
였다고 볼 수 있다.

3. 프로이트 정신분석학과 현대 정신분석학의 철학적 의미

나는 이 책에서 니체의 힘에의 의지와 프로이트의 심층의식(충동)을 해석하고 비교하면서 현대인과 현대문명에 대해서 이것들이 던져 줄 수 있는 의미와 가치를 중점적으로 고찰해 보고자 한다. 이 책은 '충동과 힘에의 의지', '대중의 뜻', '예술이란 무엇인가', '종교', '니체와 프로이트의 방법론', '힘에의 의지와 심층의식' 등의 장들로 구성되어 있다. 나는 무엇보다도 우선 논리적으로 니체와 프로이트의 사상적 기초를 해명하기 위해서 이 책의 처음에서 충동과 힘에의 의지를 살펴보았다. 대중, 예술, 종교, 방법론 등은 니체와 프로이트의 구체적인 문제들에 대한 고찰이다. 이 책의 마지막 장 '힘에의 의지와 심층의식'에서 나는 이 책을 마무리하기 위해서 형이상학적 내지 존재론적 관점에서 니체의 힘에의 의지와 프로이트의 심층의식 각각을 비교적 상세히 고찰하면서 비교할 것이다. 이 책에서 전개된 나의 철학적 작업의 목적은 니체와 프로이트를 통해서 훼손된 인간상과 문명을 가능한 한 바람직한 모습으로 탈바꿈시키기 위한 것이다.

이제 나는 이 책의 전체적인 조망에 관한 이해를 돕기 위한 부대적인 작업으로 프로이트 정신분석학과 현대 정신분석학의 내용을 간략히 살펴볼 것이다. 물론 이와 같은 작업은 니체의 철학함과 불가분의 관계를 맺고 있다. 프로이트의 저술활동과 아울러 그의 사상은 전기와 후기로 구분될 수 있다. 1923년 《자아와 그것》 이전의 저술들 곧 《히스테리 연구》, 《꿈에 관한 꿈의 해석》, 《일상 생활의 정신병리학》, 《성 이론에 관한 세 가지 논문》, 《해학과 의식되지 않은 것에 대한 해학의 관계》, 《다빈치의 아동기 기억》, 《토템과 타부), 《정신분석학 입문 강의》, 《대중심리학과 자아-분석》 등은 전기의 저술에 속한다. 1923년의 《자아와 그것》은 프로이트 정신분석학의 전환점을 마련한다. 왜냐하면 지금까지 프로이트는 정신과정의 계기들을 의식된 것(Bw), 의식되기 이전의 것(Vbw), 의식되지 않은 것(Ubw)등 세 가지를 공간적으로 구분했음에 비해서 《자아와 그것》에서부터는 자아, 초자아, 원초아 등 세 가지 역동적인 것들로 보기 때문이다. 《오이디푸스 콤플렉스》, 《환상의 미래》, 《문화의 불안》, 《여성의 성에 관해서》, 《인간 모세와 일신론적 종교》 등은 후기에 속하는 저술들이다.

  프로이트의 전기 저술들과 후기 저술들 모두는 소위 의식이 부분적이며 피상적인 정신활동에 불과하다는 것을 밝힌다. 더 나아가서 히스테리나 노이로제 증세란 정신과정을 형성하는 계기들 사이의 갈등(주로 억압)에 의해서 발생한다는 것이 밝혀진다. 현대 초반에 이르기까지 사람들은 일반적으로 합리적 지성 내지 의식의 확실성을 신뢰하여 왔다. 그러나 프로이트는 니체와 마찬가지로 합리적 의식(자아)은 정신활동의 한 부분에 지나지 않는다는 것을 해명하였다. 프로이트가 정신과정의 계기들을 자아, 초자아, 원초아로 구분했을 때 심층의식에 해당하는 것은 원초아로서의 충동이다. 초자아에 의해서 자아가 원초아를 심하게 억압하면 히스테리나 노이로제 증세가 발생한다. 후기에 갈수록 프로이트는 개인 심리학의 차원을 넘어서서 사회 심리학의 차원에서 문화의 의미와 가치도 분석한다. 독재자의 권력과, 대중과 전쟁이 지배하는 현대문화에서는 타나토스(죽음의 충동)가 지배적이다. 에로스(사랑의 충동)에 의해서 타나토스를 극복할 때 비로소 공동체의 권리가 보장받을 수 있다는 프로이트의 견해는 허무주의를 극복하여 새로운 가치를 정립하고자 하는 니체의 입장과 동일하다.

프로이트 이후 현대 정신분석학은 미국, 영국, 프랑스 등에서 활발히 연구가 진행되고 있다. 미국의 정신분석학은 하르트만 (Hartmann), 에릭슨(Erikson), 코후트(Kohut)에 의해서 대변된다. 영국의 정신분석학은 멜라니 클라인(Melanie Klein), 안나 프로이트 (Anna Freud), 위니코트(Winnicott) 등이 대변하고, 프랑스의 정신분석학은 라캉(Lacan), 앙지으(Anzieu), 라플랑쉬(Laplanche) 등에 의해서 대변된다. 현대의 다양한 정신분석학의 경향들은 서로 비판하면서 상이한 분석방식과 치료방식을 제시하지만 그들은 모두 프로이트의 심층의식을 인정하고 좁은 의미의 충동 내지 성충동을 집단무의식이나 불안, 열등감이나 욕망 등으로 대치하였다. 그렇지만 넓은 의미에서 볼 때 현대 정신분석학자들 모두는 표면적인 의식과 심층의식 사이의 갈등으로 인해서 정신질환이 발생한다는 프로이트의 견해와 동일한 입장을 가진다. 특히 라캉은 원천적인 충동을 욕망(désir)이라고 부르고 욕망의 표현 양태를 상상적인 것, 상징적인 것, 현실적인 것으로 구분한다. 라캉은 인류학, 언어학, 철학 및 민족학 등의 도움을 받아 프로이트의 정신분석학을 재구성함으로써 정신질환을 분석하고 치료하고자 하였다.[2] 물론 영국의 현대 정신분석학은 아동 정신분석학에 치우치고, 미국의 정신분석학은 정신의학 및 심리학과의 밀접한 관계에서 연구되고 있으며, 프랑스의 정신분석학은 라캉의 경우에서 볼 수 있듯이 철학, 인류학 등 타 학문의 보조를 필수적으로 받고 있는 차이점이 있다. 그렇지만 이들 모두는 프로이트의 정신분석학이 발굴해낸 심층의식의 막중한 비중을 그대로 물려받으면서 나름대로 프로이트 이론을 수정하고 보강하면서 독자적인 연구를 진행하고 있다.

프로이트의 정신분석학과 그 이후 융, 아들러, 호오니 등은 물론이고 현대 정신분석학은 한결같이 합리주의적인 지성적 의식의 절대성과 완전성을 부정한다는 점에서는 니체 철학과 관점을 같이 한다고 말할 수 있다. 동시에 현대인과 현대 문화의 질병상태를 절감하고 건강한 인간과 사회를 재창출하고자 한다는 점에 있어서도 정신분석학은 윤리적 가치를 궁극의 목적으로 삼고 있다. 니체나 프로이트는 물론이고 현대 정신분석학 역시 건강한 인간과 사회 및 문화라는 윤리적 가치를 최종의 목적으로 삼고 있음이 확실하다. 니체 철학과 프로이트 정신분석학의 문제점들에 관해서 나는 이 책의 맺는 말에서 결론적으로 몇 가지를 간략하게 지적할 것이다.

프로이트 정신분석학과 현대 정신분석학의 철학적 의의를 어디에서 찾을 수 있는가? 프로이트의 정신분석학과 현대 정신분석학의 방법은 어디까지나 자연과학적인 것이지만 그들은 정신과 생명의 원천 내지 원리를 추구하는 한에 있어서 형이상학적 탐구를 위한 문을 개방하여 놓았다. 그러므로 우리들은 라캉의 욕망이론에서 보는 것처럼 욕망에 대한 형이상학적 내지 존재론적 탐구를 필수적으로 수행하지 않을 수 없다. 정신분석학은 정상적인 정신상태의 회복이 목적이므로 궁극의 목표는 윤리적 가치이다. 또한 정신분석학에서는 정신상태나 정신과정을 분석하기 위해서 보다 더 치밀한 관찰과 실험 그리고 해석이 요구되므로 종전보다 더 철저한 인식론적 입장이 요구된다. 그러므로 프로이트의 정신분석학은 물론이고 현대 정신분석학은 철학과 불가분의 관계를 맺을 수밖에 없다. 철학과 정신분석학의 관계에 대해서 나는 "직관 없는 개념은 공허하고 개념 없는 직관은 맹목적이다"라는 칸트의 말을 떠올린다.

제2장 충동과 힘에의 의지

1. 프로이트 정신분석학의 특징과 문제점

일반적으로 우리들은 학문의 전개 과정을 신화로부터 이성으로의 진전으로 해석하는 경향이 있다. 그리스 철학과 기독교 신앙의 결합으로 성립된 서구 문화의 입장에서 보면, 인류의 역사 전개 과정을 신화로부터 이성으로의 발전 단계로 보는 것이 당연할 것이다. 특히 근대성을 대변하는 데카르트의 '나는 생각한다, 그러므로 나는 존재한다'(Cogito ergo sum)는 명제는 이성의 완전성과 절대성을 보증하고자 한다.

데카르트는 이성 내지 이성적 자아에 의해서 혼돈으로 충만한 신화의 세계가 제거되고 인간에게 명석 판명한 관념이 보장될 수 있다고 믿었다. 서구의 중세와 르네상스를 거치면서 조화롭게 결합되어 오던 그리스 철학과 기독교 신앙의 융합은 드디어 데카르트에 이르러 절정에 달한다. 데카르트의 자아는 그리스 철학의 이성이 소유한 완전한 합리성과 기독교 신앙이 소유한 절대성을 모두 갖춘 이성적 자아의 성격으로 드러났다. 그러나 20세기에 접어든 이 시점에서 인간의 자아는 그리고 인간 공동체로서의 사회는 어떤 모습을 우리들에게 보여 주고 있는가?

마르크스, 니체, 프로이트, 아인슈타인 등 현대의 대표적 사상가들은 전통 사상을 붕괴시키고 해체함으로써 인류의 삶의 지평에 지금까지와는 전혀 질적으로 다른 길들을 열어 놓았다. 이들 모두는 공통적으로 근대성을 타파하는 것을 목적으로 삼았다. 우선 마르크스는 이성적 인간관을 거부하고 변증법적 유물론의 역사관으로부터 생산관계를 해명함으로써 노동하는 인간 주체를 실현하여 인간 해방을 획득하려고 하였다. 다음으로 아인슈타인은 운동과 시간을 새롭게 해석함으로써 시간의 상대성을 주장하였다. 지금까지의 절대적 공간과 시간은 더 이상 의미를 유지할 수 없게 되었다.

마르크스, 아인슈타인, 니체, 프로이트 이들 네 사상가는 모두 근대성을 타파하고 삶의 새로운 지평을 제시하는 데 공통점이 있지만 특히 니체와 프로이트는 인간의 의식을 탐구하고 대처하는 점에서 매우 근접한다고 볼 수 있다. "니체에서와 마찬가지로 프로이트에게서 우리들 시대의 거인족의 싸움이 나타난다"[1]는 융의 말을 빌리지 않더라도 니체와 프로이트는 우선 이성적 자아 중심의 근대성을 붕괴시키고 다음으로 자아에 의해서 나타나는 질병의 현상을 치밀하게 진단하여 마지막으로 질병의 현상을 치료하기 위한 대안을 제시한다.

그런데 우리들이 지금 이곳에서 21세기의 문턱을 막 넘어서서 바라보는 인간의 의식과 세계는 어떤 모습을 띠고 우리들에게 다가오고 있는가? 오늘날의 인간과 세계는 마르크스, 아인슈타인, 니체 및 프로이트가 제시한 삶의 새로운 지평을 전개하고 있는가? 불행하게도 포스트모던의 사회는 여전히 근대성의 이상을 반성없이 추종하고 있다. 무엇보다도 기술과 정보는 이성적 자아를 대신하고 있다. 기술 및 정보와 어깨를 맞대고 나란히 성과 권력과 자본이 이성적 자아를 바탕으로 가지고 있다고 강하게 주장하면서 인간의 삶과 사회를 이끌어 갈 뿐만 아니라 지배하고 있다.

이미 프랑크푸르트 학파의 호르크하이머는 현대인과 사회의 병적 현상을 지적하고 이성적 자아 중심의 이론을 계몽적인 전통 이론 곧 도구 이성으로 규정하였다. "일찍부터 계몽은 진전하는 사유의 포괄적인 의미에서 목표를 추구하였다. 그러나 완전히 계몽된 지구는 건전하지 못한 승리의 징표로 빛난다. 계몽의 징표는 세계를 해명하는 것이었다."[2] "그처럼 자유의 왕국에 대한 필연성의 관계는 단지 양적, 기계적으로 머물러 있으며, 최초의 신화에 있어서와 마찬가지로 전적으로 낯선 것으로 정립된 자연은 전체적으로 될 것이고 사회주의와 함께 자유를 흡수하였다."[3] 호르크하이머가 이곳에서 말하고자 하는 것은 분명하다. 계몽의 목표는 인간 해방이었음에도 불구하고 도구 이성에 의해서 계몽이 진전됨에 따라서 자연, 인간 및 사회는 양적, 기계적인 도구로 전락하고 말았다는 것이 호르크하이머의 주장이다.

현대는 후기 산업사회의 양상을 띠고 있으며 후기 산업사회를 지배하는 것은 정보와 기술이다. 최근 정보와 기술을 대변하는 것은 인터넷이며, 인터넷은 자본과 직결되어 있다. 현대사회에서 자본은 '기관없는 신체'[4]로서 절대적 신의 자리를 차지하고 있다. 말하자면 현대인의 우상은 자본과 결탁한 정보와 기술이다. 이미 19세기 말부터 이와 같은 징후를 예견한 생철학이나 실존주의 또는 마르크스나 프랑크푸르트 학파는 인간성 상실 또는 소외를 진단하고 대안을 제시하였다. 프로이트의 정신분석학이 비록 의식과정을 기술하는 자연과학의 범주에 속한다고 할지라도 그것은 정신 질환의 치료를 목적으로 삼고 있는 한에서 정신분석학을 확장하여 해석한다면 프로이트의 궁극적 목표 역시 인간성 회복에 있다고 말할 수 있다.

물론 인터넷을 중심으로 정보와 기술이 발달하는 것 자체만을 인간 의식의 병적 현상이라고 진단하는 것은 문제가 있다. 적어도 삶의 의미와 가치는 다원적 지평들의 조화로운 전개에 있다는 것이 역사의 교훈이었으며 이러한 교훈이 사라진다면 인간은 더 이상 인간이기를 포기하여야 할 것이다. 이러한 의미에서 프로이트의 정신분석학의 특징을 고찰하고 아울러 문제점을 제시하는 것은 현대인과 현대사회의 부조리를 진단하고 대안을 강구하는 데 도움이 될 것이다. 프로이트의 정신분석학은 20세기 초반부터 오늘날에 이르기까지 정신병리학, 심리학, 철학, 미학, 민족학, 종교심리학 등에 지대한 영향을 미쳐 왔다.[5] 특히 철학의 영역에서는 포스트모더니즘에 속하는 학자들의 연구에 있어서 정신분석학은 불가결한 요소로 되었다. 정신이나 영혼 또는 이성이나 의식은 이제 더 이상 완전하고 절대적인 실체일 수 없다. 따라서 정신이나 이성의 원천을 밝히고 문제점을 해명하여 가능한 한 건전한 미래 지향적 인간상을 구축하는 것이 시급한 과제이다. 왜냐하면 후기 산업사회에서 정보 및 기술을 표면에 내세우고 인간을 지배하는 자본은 소위 불변하는 정신이나 이성의 지지를 받는 것으로 여겨지기 때문이다.

프로이트의 정신분석학의 일반적인 특징은 다음과 같이 몇 가지로 요약될 수 있다. ① 정신분석학은 관찰방법이자 치료법이며, 이론이다. ② 정신분석학은 정신적 건강과 질병을 구분하며 그러한 구분의 기준이 되는 것을 억압으로 본다. ③ 억압은 잘못된 행동(Fehlleistung)과 꿈 및 신경증에서 모두 나타나지만 억압을 가장 잘 반영하는 것은 꿈이므로 꿈의 해석이 중요하다. ④ 정신분석학은 영혼 내지 정신의 근본적인 힘을 충동(Trieb)으로 보고 있으며, 프로이트에게 있어서 충동은 다원적인 것이다. ⑤ 정신은 의식의 차원에서 볼 때, 의식되지 않은 것(das Unbewußte), 의식되기 이전의 것(das Vorbewußte) 및 의식된 것(das Bewußte)으로 구분된다. 정신은 자아의 차원에서 볼 때, 그것(Es), 자아(Ich), 초자아(Über-Ich)로 구분된다. ⑥ 정신적 삶의 병리적 과정은 의식되지 않은 것(Ubw), 의식되기 이전의 것(Vbw), 의식된 것(Bw) 또는 그것, 자아, 초자아 사이에서 일어나는 억압에 의해서 성립한다. ⑦ 정신 내지 영혼의 근원적인 힘은 충동이며 충동은 성적인 것이다. (후기의 프로이트는 충동을 에로스와 죽음에의 충동으로 확장하고 있다.) 프로이트는 어디까지나 신경과 의사로서 생물학, 생리학, 해부학 및 물리학의 방법을 정신분석학에 채용하였으므로 그에게는 전통철학의 형이상학이나 인식론 또는 윤리학이 자리잡을 여지가 없는 것이 사실이다. 그럼에도 불구하고 그의 정신분석학이 철학에 지대한 영향을 미친 이유는 어디에 있는 것일까?

프로이트는 우선 기존의 이성이나 자아 또는 의식에 대해서 의심하였다.[6] 프로이트의 의심은 니체의 의심과 마찬가지로 데카르트의 '방법론적 회의'와는 성격이 다르다. 데카르트는 '이성적으로 사유하는 자아'를 가장 확실한 것으로 전제한 다음에 모든 것을 의심함으로써 결국 이성적 자아로 복귀하는 방법론적 회의를 말하였다. 그러나 니체와 마찬가지로 프로이트는 처음부터 근본적으로 의식을 의심하고 의식의 정체를 파헤치고자 한다. 프로이트는 생물학, 생리학, 해부학 및 물리학 등의 자연과학에 의존해서 의식사실을 예리하게 관찰하지만 그는 철저한 실증주의자는 아니었다. 왜냐하면 그는 정신이나 영혼을 말함으로써 합리주의의 성격을 지닐 뿐만 아니라 '그것, 자아, 초자아' 또는 '의식되지 않은 것, 의식되기 이전의 것, 의식된 것' 등의 구분을 언급함에 있어서 그의 담론은 다분히 직관주의자의 태도를 보이고 있기 때문이다.[7] 이러한 점에서 프로이트의 정신분석학은 여러 가지 논의를 불러올 여지를 안고 있는 것이 사실이다. 한편으로 프로이트가 생물학, 생리학, 해부학, 물리학 등의 자연과학을 기초삼아 정신을 분석하고 있는 한에서 정신분석학은 엄밀한 자연과학의 한 분야에 속한다고 주장될 수 있다. 그렇지만 정신분석학이 의식사실을 해석하고 추리함으로써 리비도나 충동(에로스와 죽음의 본능) 또는 초자아를 상정하는 태도는 결코 검증 가능성의 원리와는 무관하기 때문에 정신분석학은 엄밀히 말해서 학문의 영역에 속할 수 없다는 주장도 성립할 수 있다. 그런가 하면 리쾨르처럼 정신분석학을 의식의 해석학 및 현상학으로 간주할 수도 있다.[8] 왜냐하면 프로이트의 정신분석학은 정신 내지 영혼의 현상을 철저하게 해석하는 학문이기 때문이다.

오늘날 우리들은 의식 자체가 매우 복잡하며 따라서 의식 현상도 복잡할 수밖에 없다는 것을 인정한다. 그렇지만 그리스 철학에서는 우주적 이성(Logos)의 실체를 믿었고 중세인들은 전지 전능한 지성(Intelligentia)의 절대성을 신뢰하였으며 근대성은 데카르트의 이성적 자아에 의해서 대변된다. 그러나 현대 초반에 들어서면서 생리학, 해부학, 물리학 등의 발달은 정신이나 영혼의 실체를 해체하기에 이르렀고 프로이트는 의식의 정체를 의심하고 의식이란 '의식되지 않은 것' 또는 충동이나 초자아와 긴밀히 연관되어 있으며, 이것들 사이의 억압관계에 따라서 정상적 의식과 비정상적 의식이 성립할 수 있다고 주장함으로써 정신분석학이라는 "왕도"[9]를 구축하였다고 볼 수 있다.

그런데 내가 이 글에서 프로이트의 정신분석학과 니체의 철학을 대비하려는 근본적인 의도는 어디에 있는가? 그것은 앞에서도 잠깐 암시한 바 있지만 프로이트와 니체 모두가 전통적 사고방식에 대해서 '거인족의 싸움'이라는 포문을 열었다는 것에 있다. 보다 더 상세히 말하자면 프로이트와 니체 양자는 모두 전통적인 정신, 이성

또는 의식의 이론을 검토하고 해체한다. 그런데 프로이트는 의식현
상만을 탐구하면서 역동적 심층 심리학의 제한된 차원에 머물러 있
다. 따라서 프로이트의 정신분석학은 개인을 대상으로 삼고 의식되
지 않은 것(Ubw), 의식되기 이전의 것(Vbw), 의식된 것(Bw)이 모
두 성충동의 기초 위에서 성립한다고 하는 개인 심리학의 차원을
벗어나기 힘들다. 프로이트의 개인 심리학은 인간과 사회와 자연을
해명하기 힘들다. 그러나 니체의 힘에의 의지의 철학은 존재자뿐만
아니라 존재까지도 다루고 있으므로 형이상학과 아울러 존재론의
특징을 포함하고 있다. 그러므로 프로이트의 정신분석학의 한계는
니체의 힘에의 의지의 철학에 의해서 확장될 뿐만 아니라 극복될
수 있을 것이다. 더 나아가서 프로이트의 정신분석학은 니체의 힘
에의 의지의 철학과의 대비를 통해서 의미와 가치는 물론이고 방향
설정까지도 확보할 수 있을 것이다. 무릇 개별 학문이 의미와 가치
를 소유하며 확고한 근거정립을 보장받을 수 있는 것은 개별 과학
에 대한 인간 의식의 자기성찰 곧 철학함에 의해서이다.

2. 분석과 계보학

가. 정신분석의 방법

프로이트의 정신분석학에서 정신분석은 관찰방법이면서 치료법
이고 동시에 이론의 역할을 담당한다. 예컨대《정신분석학 입문》에
서 프로이트는 소위 의식을 분석하기 위해서 잘못된 행동
(Fehlleistung)과 꿈(Traum), 신경증(Neurose)을 차례로 분석하면서
각각의 현상에 있어서 심층적 요소를 밝혀내고 각 현상의 의미를

찾고자 한다. 그런가 하면 《꿈의 해석》에서 프로이트는 꿈을 분석하고 해석함으로써 꿈의 원천, 꿈 작업, 꿈의 과정을 밝힌다. 프로이트는 의식이나 꿈을 분석함으로써 의식이나 꿈에 대한 전통적 이론을 해체하고 정신분석학의 이론을 구축한다.

나는 이곳에서 프로이트의 정신분석이라는 방법과 니체의 계보학이라는 방법을 대비시킴으로써 정신분석의 방법이 안고 있는 문제점을 찾아내고 정신분석의 방법을 확장시키고자 한다. 왜냐하면 니체의 계보학은 존재론적 탐구이기 때문에 프로이트처럼 정신이나 영혼 안에서 또는 꿈의 영역 안에서 원천을 찾지 않고 존재자의 원리로서의 힘에의 의지를 탐구하기 때문이다. 물론 프로이트의 정신분석의 방법이 필연적으로 니체의 계보학의 방법에 의해서 대치되어야 한다고 주장한다면 그러한 주장은 의미를 상실할 것이다. 내가 여기에서 프로이트의 정신분석의 방법과 니체의 계보학의 방법을 대비하는 의도는 프로이트의 정신분석의 방법에 있어서 철학적 근거를 확보하기 위한 도움을 얻으려는 데 있다.

정신분석학은 '신체적 장애와 영혼의 장애가 만나는 공통의 토대'[10]를 이해하고자 한다. 프로이트는 '의식되지 않은 영혼과정의 전제'[11]를 가지고 세계와 학문의 새로운 방향정립을 구축하고자 한다. 그러면 이제 우리들은 프로이트의 정신분석은 무엇을, 어떻게, 왜 분석하는가라는 물음을 제기하지 않을 수 없다. 정신분석은 정신과정 내지 심리과정을 분석한다. 프로이트는 최면요법과 정신분석학적 요법을 비교하면서 최면요법을 화장술(Kosmetik)에 그리고 정신분석학적 요법을 외과의술(Chirugie)에 비교한다.[12] 최면 요법은 증세 형성의 과정을 변화시키지 않으면서 증세를 금지하기 위하여 암시를 사용함으로써 억압을 강화시킨다. 그러나 정신분석학적 요법은 증세를 초래한 갈등을 근본적으로 파헤침으로써 갈등의 출발점을 변화시키고자 한다.

프로이트는 '분석적 작업을 통해서'¹³⁾ 정신의 비정상 상태 곧 의식 갈등의 원천을 파헤치려고 한다. 의식되지 않은 것(Ubw)이 어떻게 의식되기 이전의 것(Vbw)으로 되는지를 정신분석에 의해서 밝혀내는 작업은 억압된 것이 어떻게 의식되기 이전의 것(Vbw) 또는 의식된 것(Bw)으로 되는지를 해명하는 작업이나 마찬가지이다. 정신분석은 정신의 구조와 아울러 심리과정(또는 프로이트의 말대로 영혼의 삶의 과정)을 탐구함으로써 정신구조와 심리과정의 원천을 제시하고자 한다. 정신분석에서는 물론 정신의 구조와 심리과정이 중요하지만 이 두 가지를 탐구하기 위해서 무엇보다도 비중있는 것은 꿈이다. 왜냐하면 꿈은 심리적 억압과 갈등을 가장 잘 보여 주기 때문이다. 프로이트는 《꿈의 해석》에서 꿈과 정신장애의 밀접한 관계에 주의를 기울이고 '꿈 자체를 증세처럼 취급하기를'¹⁴⁾ 제안한다. 왜냐하면 꿈이란 전통이론에서 주장하는 것처럼 어떤 정신현상에 대한 상징도 아니고 암호도 아니며 증세에 해당하기 때문이다. 그러므로 프로이트는 이 증세를 철저하게 해석하는 방법 곧 정신분석이 꿈의 정체를 정확하게 드러낼 수 있다고 본다.

그러면 프로이트는 왜 정신의 구조와 심리과정을 탐구하는 데 있어서 정신분석의 방법을 택하는가? 이 물음에 대해서는 우선 전통적인 상징적 방법(die symbolische Methode)과 암호방법(Chiffriermethode)이 정신현상을 설명하기에 적절하지 못하기 때문에 정신적 증세를 해석하는 정신분석의 방법을 채택한다고 말할 수 있다. 그러나 프로이트가 정신분석의 방법을 사용하는 가장 본질적인 차원은 가치론의 성격을 지닌다. '이 극복의 작업은 분석적 치료의 본질적인 행위이다'¹⁵⁾라고 프로이트가 말할 때 정신분석의 궁극적 목적은 정신치료이며 이것은 윤리적 의미를 가질 수밖에 없다.

만일 프로이트의 정신분석학이 '왜'라는 근원물음을 도외시하고 단지 의식현상을 분석만 하였다면 그리하여 가치론 내지 윤리학과는 아무런 상관없는 한낱 심층심리학으로 머물렀다면 그것은 현대인 및 현대의 여러 학문들에 그다지 큰 영향을 미치지 못하였을 것이다. 어떤 학문이든 마찬가지이지만 특히 첨단 자연과학이 윤리학이나 가치론의 문제를 등한시하고 제한된 영역에서 무한한 탐구를 진행할 때 그 결과는 인간성을 파멸시키고 인류의 종말을 초래하는 가공할만한 것이 될 수도 있다. 최근의 컴퓨터공학과 아울러 유전자공학의 발달을 접할 때 문명의 이기에 경탄하면서도 자칫 잘못 초래될지도 모를 인간 파멸의 결과에 대해서 또한 전율하지 않을 수 없다.

오늘날 컴퓨터공학 및 유전자공학은 빠른 시간 안에 무한한 정보를 제공하며 환경 개선의 기수가 될 뿐만 아니라 식량난 해소나 질병퇴치 및 예방에 엄청나게 공헌하고 있는 것이 사실이다. 그럼에도 불구하고 각종의 공해, 인간성 상실, 집단적 국제화에 의한 획일적 상업주의 및 기계만능주의 등은 컴퓨터공학과 유전자공학이 소위 철학적 사색을 결여하고 있기 때문에 두드러지는 현상이다. 만일 컴퓨터공학과 유전자공학이 인간의 가치와 의미를 진지하게 물으면서 윤리적으로 바람직한 인간과 사회를 정립하기 위한 목적의식을 가지고 자신의 탐구를 계속한다면 현재의 각종 부정적 문제점들은 점차로 극복의 길을 찾을 수 있을 것이다.

프로이트는 정신분석학이 취급하는 재료에 의해서가 아니라 기술(Technik)에 의해서 특징지어진다고 말한다. 정신분석학은 자신의 기술을 가지고 '영혼의 삶에 있어서 의식되지 않은 것의 발견'을 목적으로 삼는다.[16] 꿈을 예로 들 경우 우리들은 꿈 해석의 기술 (Technik der Traumdeutung)을 통해서 꿈요소(Traumelement)를 파악한다.[17] 꿈의 요소는 비본래적인 것으로서 꿈꾸는 사람에게 알려지지 않은 어떤 다른 것의 대리이다. 프로이트는 자유연상(freie Assoziation)의 기술에 의해서 꿈의 요소를 연상함으로써 다른 대리형성(Ersatzbildung)을 드러내고 대리형성으로부터 은폐된 것을 밝힐 수 있다고 믿는다. 정신분석학의 궁극적인 목적은 정신장애를 치료하는 데 있으며 그러기 위해서는 의식되지 않은 것을 해석하지 않으면 안 된다. 의식되지 않은 것을 해석하고 분석하는 방법으로는 해석의 기술 곧 자유연상을 택한다. 프로이트가 자유연상의 기술을 치료법으로 택한 이유는 그 자신의 경험을 근거로 삼는다. 코카인요법, 전기충격요법, 최면요법 등을 환자 치료에 사용해 본 프로이트는 결국 자유연상 치료법으로서의 정신분석이 '의식되지 않은 것'을 드러내는 데 가장 효과적이라는 결론에 도달했던 것이다. 비록 직접적인 관계는 없을지라도 프로이트의 자유연상법은 의사소통이라든가 담론이론에 간접적으로 지대한 영향을 미쳤다고 볼 수 있다. 이들 모두는 인간들 사이에서 최소한의 공통분모를 가진 문제 해결책을 찾고자 하는 학문의 방법론에 속한다. 프로이트의 정신분석은 궁극적으로 정신장애의 치료라는 가치론적 내지 윤리적 목표를 가지고 있으며 정신분석(또는 해석의 기술)에 의해서 밝히고자 하는 것은 의식되지 않은 것 곧 충동이다.

프로이트 정신분석학의 가장 두드러진 한계는 개인 심리에 초점을 맞추고 있다는 것이다. 그러므로 프로이트의 정신분석학에 의해서는 문화의식이나 사회의식을 설명하기 힘들 뿐만 아니라 문화와 사회의 문제점들을 해결할 길을 찾기도 힘들다. 이에 비해서 니체의 실험철학 내지 비판철학은 처음부터 문화적 및 사회적 관점에서 아니 오히려 존재론적 입장에서 도덕, 철학, 종교 및 예술을 분석하고 비판하기 때문에 프로이트의 개인심리를 충분히 보충할 수 있

다. 니체가 보기에 현대문명은 허무주의에 물들어 있으며 허무주의
의 근거는 기독교 도덕과 소크라테스의 합리주의이다. 근대문명과
인간의 특징은 허무주의이며 허무주의는 '현존재에 대한 지금까지
의 가치 해석의 결과'[18]이다. 니체가 지적하는 가치 해석은 말하자
면 전통이론에 해당하며 그것은 지금까지의 도덕, 종교, 철학(학문
일반을 포함하여) 및 예술에 관한 것이다. '최초에 무의미가 있었
다. 그리고 무의미는 신에게 있었던 것이 아닌가! 또한 (신적인) 신
은 무의미였다'[19]는 니체의 말은 형식적인 기독교 도덕을 전면으로
해체하고자 하는 의도를 보여 준다. '신은 죽었다'고 하는 니체의
절규는 존재하던 신이 죽었다는 것이 아니라 계보학적 분석에 의해
서 도덕의 원천을 탐구할 경우 원래부터 신은 존재하지 않았다는
것을 의미한다.

나. 계보학

니체의 철학함의 방법을 어느 한 가지로 명백히 지시하기는 곤란
하지만 그가 계보학으로 허무주의의 원천을 탐구하는 한에 있어서
니체 철학의 방법은 계보학이라고 말할 수 있다. 니체는 특히 《도덕
의 계보학》에서 계보학을 방법으로 삼아서 도덕의 원천을 양심과
원한으로 밝힌다. 양심이란 허구적인 것으로서 무능이며, 무능은 약
한 것이기 때문에 강한 것에 대한 원한을 산출하였고 원한으로부터
형이상학적 개념으로서의 신이 생겨났다는 것이 니체의 계보학적
분석의 결과이다. 프로이트의 정신분석학에 있어서 해석의 기술과
니체의 계보학적 분석은 현상을 고찰하고 현상의 원천을 추구하는
데서 공통점을 가지고 있다. 니체의 계보학적 분석이 프로이트의
정신분석보다 한층 더 치밀한 것은 그것이 개인 심리의 차원을 넘

어서서 문화, 사회적 차원 그리고 더 나아가서 존재론적 차원에서 현상을 분석하고 현상의 원천을 드러내고자 하는 데 있다.

'그대들의 덕은 그대들의 가장 사랑스러운 자신이다. …… 이처럼 그대들의 덕의 광채는 비록 그 과업이 이루어졌다고 해도 계속해서 진행한다. 이제 그것이 망각되고 죽었을지도 모른다. 빛의 광채는 여전히 살아서 떠돈다. 그대들의 덕은 그대들 자신이고 낯선 것, 껍질 그리고 의복이 아니다. 유덕한 자들이여, 이 사실은 그대들의 영혼의 바탕에서 나오는 진리이다! ……'[20]

위에서 망각되고 죽었을지도 모르는 덕은 이중적 의미를 갖는다. 첫번째 의미는 가장 사랑스러운 자신인 원래의 덕이며, 두 번째 의미는 망각되고 죽은 덕이다. 망각되고 죽은 덕은 허무주의를 그리고 원래의 덕은 힘에의 의지를 뜻한다. 프로이트의 정신분석학은 어디까지나 개인의 심리과정을 해석하고 분석하면서 의식되지 않은 것으로서의 충동을 밝혀내어 정신의 갈등을 해소시킴으로써 정신치료를 행하고자 한다. 이에 비해서 니체의 계보학적 분석은 문명현상을 진단하고 분석하며 비판함으로써 인간 내면의 긍정적 요소 곧 힘에의 의지를 드러냄으로써 기존의 가치를 힘에의 의지로 전도시키고자 한다. 이렇게 볼 때, 프로이트의 정신분석은 니체의 계보학적 분석을 참조할 때 비로소 존재론적 특징을 확보할 수 있을 것이라는 추론이 성립할 수 있다.

니체의 계보학적 분석은 다른 말로 원근법주의(Perspektivismus)라고 할 수 있다. 그러나 원근법주의는 좁은 의미의 원근법주의와 넓은 의미의 원근법주의로 구분된다. 근대성과 아울러 현대성은 좁은 의미의 원근법주의가 가져 온 결과들이다. 니체는 근대성을 대변히는 귀족주의, 여성주의, 동물주의를 좁은 의미의 원근법주의의 산물로 본다. 이성의 지배를 강조하는 데카르드는 귀족주의를, 감정의 우위를 주장하는 루소는 여성주의를 그리고 욕구의 지배를 강조하는 쇼펜하우어는 동물주의를 대변하는데, 이들 모두는 좁은 의미의 원근법주의의 산물에 불과하다는 것이 니체의 견해이다.

좁은 의미의 원근법주의는 전통이론 곧 전통적인 기존의 도덕, 종교, 철학 및 예술의 입장을 말한다. 좁은 의미의 원근법주의는 모든 것을 신, 진리, 오류, 미, 추, 선, 악 등으로 형식화하고 고정시킨다. 그러나 니체의 계보학적 분석은 넓은 의미의 원근법주의에 해당한다. '나는 상승하는 삶의 유형과 또 다른 타락, 파괴, 허약함의 유형을 구분한다'[21]고 할 때, 이 말은 물론 넓은 의미의 원근법주의의 관점에서 나온 것이지만 또 다른 한편으로 볼 때 상승하는 삶의 유형은 넓은 의미의 원근법주의를 지칭하는 데 비해서 타락, 파괴, 허약함의 유형은 좁은 의미의 원근법주의를 지칭한다. 물론 넓은 의미의 원근법주의는 직관주의의 입장에서 제기될 수 있는 방법이기 때문에 신비주의적이라는 비난을 면하기 어렵다. 이러한 사정은 프로이트에게 있어서도 거의 마찬가지이다. 왜냐하면 프로이트가 그것(Es), 자아(Ich), 초자아(Über-Ich)를 구분하거나 의식되지 않은 것(Ubw), 의식되기 이전의 것(Vbw), 의식된 것(Bw)을 구분할 때도 비록 그가 관찰방법을 사용한다고 해도 그것은 내적 성찰에 의한 것이므로 직관주의의 성격을 띨 수밖에 없기 때문이다.

무릇 개별 학문은 철학적 성찰에 의해서 개별 학문의 성립근거를 확고하게 다질 수 있다. 왜냐하면 개별 학문은 철학적 성찰에 의해서 비로소 개별학문의 의미와 가치를 확보할 수 있기 때문이다. 이러한 사정은 학문의 방법에 있어서도 마찬가지이다. 비록 우리들이 자연과학의 방법을 법칙정립적 방법(nomothetisches Verfahren)으로 그리고 문화과학의 방법을 개성기술적 방법(idiographisches Verfahren)으로 구분해서 정의한다고 할지라도[22] 문화과학의 방법이

자연과학의 방법을 도외시할 때 문화과학이 정확한 탐구대상을 제
대로 찾지 못하는 것과 마찬가지로 자연과학의 방법이 문화과학의
방법을 도외시할 경우 자연과학은 학문으로서의 의미와 가치를 상
실하고 만다.

이상과 같은 이유에서 프로이트의 정신분석의 방법은 니체의 계
보학적 분석을 참조하고 자신의 철학적 근거를 회복할 때 개인 심
리학의 차원을 넘어서서 인류와 사회를 보다 더 근원적으로 탐구할
수 있으며 나아가서 현대인이 안고 있는 심각한 위기의식 내지 정
신적 질환에 대한 해결책을 마련할 수 있을 것이다.

3. 꿈의 해석

가. 꿈과 정신의 관계

니체는 《반기독교도》, 《선과 악의 피안》, 《도덕의 계보학》 등의 저
술에서 기존의 가치의 원천을 파헤치고 분석함으로써 전통이론을
기초로 삼는 종교, 도덕, 철학 예술에 있어서의 기존의 가치들이 허
구임을 밝히고 기존의 가치는 생명감이 넘치는 새로운 가치 곧 힘
에의 의지에 의해서 전도되어야 한다고 주장한다. 프로이트도 물론
《꿈의 해석》에서 꿈을 해석함으로써 꿈에 대한 기존의 해석을 해체
할 것을 말한다. 넓은 의미에서 볼 때, 프로이트의 꿈의 해석도 기
존의 꿈의 해석을 새로운 꿈이론으로 전도시키는 측면을 가지고 있
다. 그러나 프로이트에게 있어서 꿈은 어디까지나 정신적 현상으로
서 니체가 말하는 의미에 있어서의 허구가 아니다. 프로이트가 볼
때 인간의 영혼은 원래부터 길등구조를 가지고 있는데 그 이유는

충동 자체가 일원적인 것이 아니기 때문이다. 꿈 역시 억압과 갈등을 겪으면서 진행되는 일종의 심리과정이다. 프로이트는 《꿈의 해석》(1900)에서 꿈 문제에 대한 학적 문헌, 꿈 해석의 방법, 욕구충족, 꿈의 왜곡, 꿈 작업, 꿈 과정의 심리학 등에 관해서 상세히 다루고 있다. 또한 프로이트는 《정신분석학 입문》(1917)에서 잘못된 행위(Fehlleistungen), 꿈, 노이로제를 취급하고 있는데, 이와 같은 체계는 잘못된 행위를 꿈에 대한 암시로 제시하며 노이로제를 꿈의 현실적인 양태로 제시하고 있다. 나는 《꿈의 해석》과 《정신분석학 입문》을 통해서 프로이트가 왜 꿈의 해석을 자신의 정신분석학에서 중요한 주제로 삼았는지를 고찰할 것이다. 이어서 나는 니체의 비극에 관한 탐구를 살피려고 한다. 왜냐하면 니체의 비극에 대한 탐구를 고찰할 경우 예술정신의 원천 내지 인간과 세계의 존재론적 원리인 힘에의 의지가 드러나기 때문이다. 니체의 비극을 고찰할 경우 니체 철학이 어떤 의미에서 정신분석학의 선구역할을 담당하는지가 밝혀질 것이며 나아가서 프로이트의 개인 심리학이 철학적 근거정립을 발견할 수 있는 길을 마련할 수 있으리라고 생각한다. 그 밖에도 필요하다고 생각되는 곳에서는 프로이트의 정신분석학이 필연적으로 갖추어야 할 철학적 근거를 제시할 것이다.

프로이트는 꿈의 상들(Traumbilder)의 발생을 설명할 줄 모르면 공포증, 억압, 광기 등도 이해하지 못하며 이것들의 치료방법도 알 수 없다고 말한다.[23] 꿈의 심리과정은 정신장애의 심리과정과 매우 유사하기 때문에 프로이트는 꿈을 정확히 파악할 경우 정신장애를 옳게 파악하여 치료방법을 강구할 수 있다고 본다. 이러한 입장은 니체가 비극을 이해함으로써 비극의 요소들과 원천을 밝혀냄으로써 미래지향적인 새로운 예술을 정립하려는 의도를 상기하게 해 준다.

꿈과 정신의 관계에 관해서 우리들은 ① 꿈이 정신병적 상태를 대변하는 경우 병원학적(病原學的) 및 의학적 관계를 생각할 수 있고, ② 정신병자가 꿈에서 겪는 변화를 생각할 수 있으며, ③ 꿈과 정신병 사이의 내적 관계인 본질적 유사성을 생각할 수 있다.[24] 따라서 프로이트는 꿈의 과정을 해석함으로써 정신질환을 해석하고 치료할 수 있다고 믿는다. 이러한 입장은 니체가 이미 도덕이나 가치 또는 비극을 해석함으로써 존재론적 원리인 힘에의 의지를 드러내고 '가치의 전도'를 성취할 수 있다고 말하는 입장과 유사하다. 니체의 입장에서 보자면 프로이트는 지금까지의 좁은 의미의 원근법주의에 의한 꿈의 해석을 해체하고 넓은 의미의 원근법주의에 의해서 꿈을 해석하고 있는 것이다. 지금까지 꿈의 원천에 관한 이론들에 의하면 꿈의 원천은 외적(객관적) 감각자극, 내적(주관적) 감각자극, 내적(기관의) 신체자극 및 순수한 정신적 자극 등 네 가지를 꼽을 수 있으며[25] 프로이트는 이들 중 가장 핵심적인 것을 순수한 정신적 자극으로 본다. 왜냐하면 프로이트가 문제삼은 정신질환은 신체기관에 의해서 발생하는 것이 아니고 오직 정신 내지 영혼의 장애에 의해서 생긴 것이기 때문이다.

프로이트는 종래의 꿈 해석 방법으로 상징적 방법(die symbolische Methode)과 암호 방법(die Chiffriermethode)을 들고 이들 두 가지는 모두 꿈 해석에 있어서 부적절하므로 꿈을 증세처럼 취급하는 자신의 꿈 해석 방법을 제안한다. 꿈을 상징으로 해석하는 방법은 너무 제한되어 있으며 보편적 해석이 불가능하고, 암호 방법은 꿈을 암호로 다룸으로써 꿈 해석의 열쇠인 꿈책(Traumbuch)을 무시한다.[26] 따라서 프로이트는 꿈을 증세처럼 해석함으로써 꿈의 과정과 꿈 작업 및 꿈속에서의 강박관념 등을 밝히고자 한다. 프로이드의 꿈 해석에 의해서 '꿈의 내용은 말하자면 욕구충족(Wunscherfüllung)이며 꿈의 동기는 욕구'²⁷⁾라는 사실이 드러난다. 각성시의 영혼활동과 꿈을 연관시킬 때 매우 복잡한 정신활동이 꿈을 구축하며 꿈의 특징은 욕구충족에 있다. 욕구충족은 꿈의 유일한 의도이므로 꿈은 이기주의적이지 않을 수 없다.

프로이트는 꿈에 있어서의 욕구충족을 설명하기 위해서 꿈의 왜곡을 분석한다. 욕구충족이 알 수 없게 은폐된 곳에서는 욕구에 대한 방어가 존재하게 되며 이러한 방어로 인해서 욕구는 왜곡된 표현으로 표출된다.²⁸⁾ 꿈은 자주 고통스러운 내용을 담지만 아무런 욕구충족의 흔적도 남기지 않는 경우가 있다. 프로이트는 꿈에서 욕구충족이 방해받을 때 꿈은 고통스럽거나 불안한 꿈으로 나타나며 이 경우 욕구충족은 은폐됨으로써 꿈의 왜곡(Traumentsellung)이 성립한다고 본다. 꿈은 명백한 꿈 내용(manifester Traumunhalt)과 잠재적 꿈 내용(latenter Traumunhalt)으로 구분된다. 잠재적 사유내용(Gedankeninhalt) 곧 잠재적 꿈 내용을 바탕으로 잠자는 동안 명백한 꿈 내용이 형성된다. 꿈은 억압당한 욕구의 충족임에도 불구하고 욕구에 대한 반감 또는 억압 의도가 개입하면 꿈의 왜곡이 성립한다. 그렇기 때문에 꿈의 바탕인 잠재적 사유내용 내지 꿈 내용을 알기 위해서는 꿈의 해석이 필연적으로 요구된다. 프로이트는 꿈의 왜곡을 '검열활동(Akt der Zensur)²⁹⁾이라고 말한다. 말하자면 잠재적 꿈내용이 그대로 명백한 꿈 내용으로 전개되지 못하고 억압에 의해서 왜곡된 명백한 꿈 내용으로 나타난다는 것이다. 꿈과 연관해 볼 때 신경증적 불안은 성생활에서 유래하는데 신경증적 불안은 리비도(성적 충동)가 불안으로 전환한 것이다. 마찬가지로 불안한 꿈 역시 성적 내용을 가지며 리비도가 불안으로 전환된 것이다. 여기에서 전환은 왜곡을 뜻하며 이러한 왜곡은 검열의 결과이다.

프로이트는 꿈에서 검열이나 억압의 역할에 의해서 꿈의 왜곡이 성립한다고 말하는데 이 사실은 정신장애에도 그대로 적용된다. 즉 노이로제의 주원인은 바로 억압인 것이다. 우리는 노이로제 증세를 분석함으로써 욕구충족이 왜 수행되지 못하는지, 원래의 욕구는 무엇인지 그리고 어떤 억압에 의해서 질환이 초래되었는지를 밝힐 수 있다.

　프로이트가 꿈을 해석하는 의도는 니체가 기독교 도덕을 계보학적 분석에 의해서 해석하는 의도와 매우 유사하다. 니체는《도덕의 계보학》에서 그야말로 프로이트에 선행하며 정신분석학적 입장에서 도덕의 기원을 양심과 원한에서 찾는다. 사제들의 무능이 원한을 산출하고 원한으로부터 신이라는 형이상학적 개념이 형성됨으로써 기독교 도덕이 성립한다는 것이 니체의 주장이다.[30] 니체가 볼 때 기독교 도덕은 인간의 가장 커다란 위험일 뿐만 아니라 종말의 시초이자 마지막 질병이며 연민의 도덕에[31] 지나지 않는다. 기독교 도덕의 중요한 개념들로써 처벌하고 상을 내리는 신, 삶의 피안, 양심, 도덕, 진리 등은 프로이트식으로 말하자면 왜곡된 꿈에 불과하다. 니체는 기독교 도덕을 해석하고 분석함으로써 본래적인 '자유로운 정신'[32]으로서의 힘에의 의지를 밝혀내려고 한다. 프로이트는 꿈의 해석을 통해서 정신장애의 과정과 원천을 해명함으로써 건전한 영혼을 회복하려고 시도하였다. 그런가 하면 니체는 병든 인간과 문화 곧 허무주의적인 근대성과 현대성을 분석함으로써 새로운 미래의 인간상 곧 초인을 정립하고자 했으므로 니체의 자기성찰의 철학은 프로이트의 정신분석학의 참다운 선구역할을 행한다고 말할 수 있다.

　나는 여기에서 프로이트의 방대한《꿈의 해석》의 구체적 내용들을 상세하게 소개할 필요를 느끼지 않는다. 왜냐하면 프로이트의 꿈의 해석에 대한 중요한 몇몇 이론들만을 고찰해도 프로이트의 정신분석학에서 꿈이 차지하는 의미를 충분히 파악할 수 있기 때문이다. 게다가 이 글에서 내가 의도하는 것은 프로이트의 꿈의 해석에 대한 상세한 이해가 아니라 니체의 철학과 대비되는 한에 있어서의 프로이트의 정신분석학의 철학적 의미이기 때문이다. '대비' 라는 용어는 니체 철학이 프로이트의 정신분석학의 선구로 비교될 수 있다는 뜻에서 사용된 것이다.

나. 꿈의 왜곡과 전위

프로이트가 말하는 꿈은 욕구충족이지만 대부분의 꿈에서는 검열이 이루어지므로 욕구(Wunsch)는 은폐된 채로 남아 있어서 꿈의 왜곡, 꿈의 전위 등이 성립한다. 그러면 욕구의 출처는 어떤 것인가? 프로이트는 욕구의 출처를 다음처럼 세 가지로 설명한다. ① 욕구는 낮에 생겼지만 외적 관계로 인해서 만족을 찾지 못하고 충족되지 못한 욕구가 밤에 꿈에 남는다. ② 욕구는 낮에 나타났지만 거부당했다가 밤에 억압된 욕구로 남는다. ③ 욕구는 낮의 생활과는 상관없이 밤에 억압된 것으로부터 생기는 욕구들에 속할 수 있다.[33] 첫번째 욕구는 미리 의식된 것(Vbw)에, 두 번째 욕구는 의식되기 이전의 것(Vbw)으로부터 의식되지 않은 것(Ubw)으로 이전한 것에 속한다. 세 번째 욕구는 의식되지 않은 것(Ubw)의 영역을 넘어서기 힘들다. 이와 같이 볼 때 '의식되지 않은 체계를 꿈형성의 출발점으로'[34] 여길 수 있다.

꿈의 형성과정은 정신적 검열(die psysiche Zensur)의[35] 영향을 받는데 이 경우 원래의 욕구는 알 수 없는 것, 특이한 것 또는 부당함으로 왜곡되거나 변위된다. 말하자면 꿈은 욕구에 대한 검열을 피하기 위해서 정신적 재료를 변화시킴으로써 꿈의 왜곡

(Traumentstellung), 꿈의 전위(Traumverschiebung), 꿈의 농축 (Traumverdichtung)이 나타나게 된다. 그러므로 우리들은 억압된 욕구의 정체를 제대로 파악하기 위해서 꿈을 해석할 필요가 있다. 욕구를 은폐시키기는 저항검열(Widerstandszensur)은 의식되지 않은 것(Ubw)과 미리 의식된 것(Vbw) 사이에서 감시하고 있으며 낮에는 이 감시가 매우 심하지만 밤에 꿈꿀 때는 감시가 약화된다. 그러므로 의식되지 않은 것이 미리 의식된 것으로 이전할 가능성이 많아지지만 여전히 감시가 행해지고 있으므로 꿈의 왜곡이나 농축 또는 전위가 발생한다. 깨어 있을 때의 지각은 항상 영혼에 흔적 곧 기억흔적(Erinnerungsspur)으로 남는다. 기억흔적의 바탕에는 욕구가 있지만 이 욕구는 검열로 인하여 은폐된다.

프로이트에게 있어서 꿈이 의미를 갖는 것은 꿈의 해석을 근거로 '정신분석학적 치료방법'을[36] 강구할 수 있다는 데 있다. 정신질환자는 증세 이외에 증세에 상응하는 꿈을 꾸기 때문에 꿈의 의미는 신경증 연구의 준비 역할을 담당한다. 따라서 '꿈 자체 역시 신경증적 증세'[37]이다. 우리들은 수면의 생물학적 경향은 바로 휴식이라고 말할 수 있으며 수면을 보호하는 역할은 꿈이 담당한다고 볼 수 있다. 말하자면 수면상태에서 작용하는 자극에 반응함으로써 수면을 보호하는 구실을 행한다.[38] 이와 같은 이유에서 프로이트는 꿈의 작업과정과 꿈의 요소들을 분석함으로써 자신이 목적하는 정신질환 치료에 대한 열쇠를 찾고자 한다. 《정신분석학 입문》에서 프로이트는 잘못된 행동, 꿈, 노이로제의 순서로 논의를 전개하는데 잘못된 행동은 꿈의 암시가 되며 꿈은 노이로제의 암시가 된다. 그런데 이들 세 가지에 있어서는 그것(Es), 자아, 초자아의 관계가 중요한 역할을 행한다. 《꿈의 해석》에서 프로이트는 의식되지 않은 것이 유아기의 기억 내지 오이디푸스 콤플렉스를 내용으로 담고 있다고 보는

데 이는 곧 의식되지 않은 것이 리비도나 그것(Es)에 해당한다는 것을 뜻한다. 이 문제에 관해서는 다음에 고찰하기로 하겠다.

다. 꿈의 작업

프로이트는 《꿈의 해석》에서 꿈의 작업은 잠재적 꿈 내용(또는 잠재적 꿈 생각)으로부터 명백한 꿈 내용으로 진행한다고 본다. 따라서 꿈의 해석은 당연히 반대 방향을 취할 수밖에 없다. 명백한 꿈 내용이란 다분히 왜곡되고 전위되었으며 농축된 것이기 때문에 명백한 꿈 내용을 분석하여 잠재적 꿈 내용을 밝혀낼 때 검열의 대상 곧 억압의 정체를 밝힐 수 있고 억압이 해명되면 치료방법이 강구될 수 있다. 억압된 것은 욕구인데 이것은 리비도에 속한다. 그런데 프로이트의 꿈 이론에서는 명백한 꿈 내용, 잠재적 꿈 내용, 영혼의 검열, 억압 등의 개념들이 질서정연하게 전개되는 것 같아도 유기적인 전체 체계가 매우 모호하다. 우선 꿈 이론 자체가 검증방법에 의존하는 것인지, 관념적 추리에 의한 것인지 또는 직관주의적 입장에서 제기되는 것인지 확실한 방법론을 정립하기 어렵다. 프로이트가 꿈의 과정이나 꿈의 작업을 설명할 경우에도 명백한 꿈의 근원이 잠재적인 꿈 생각이라고 분석할지라도 그러한 분석은 어떤 관점에서 설득력을 가질 수 있는지 의심의 여지가 있다. 프로이트의 정신분석학의 방법론이 처음부터 의존하는 것은 생물학, 해부학, 생리학, 물리학 등이며 비록 프로이트가 정신분석학의 출발점을 신경생리학에 두고 있다고 할지라도, 그가 꿈을 영혼의 삶으로 볼 때 이미 꿈은(그리고 더 나아가서 노이로제) 프로이트가 직접 환자들을 분석한 경험 내지 체험으로부터 이론을 형성하기 시작한다. 그러므로 프로이트의 꿈의 해석에서 꿈의 요소, 꿈의 작업, 꿈의 과정, 리비도, 의식되지 않은 것(Ubw), 의식되기 이전의 것(Vbw), 의식된 것(bw) 등의 모든 개념들에 관해서는 여러 각도에서 반론이 제기될 수 있다. 그렇지만 프로이트가 전통적인 꿈의 해석을 두루 고찰하면서 환자들과의 직접 대면을 통하여 자신의 체험으로부터 꿈을 분석함으로써 기존의 꿈의 해석을 해체한 것은 그의 독자적인 업적이다. 특히 꿈에서 억압과 욕구(리비도)를 해명함으로써 그것들을 노이로제에 적용한 프로이트의 태도는 설령 본격적인 철학작업은 아니었다고 할지라도 현상의 근원과 본질을 찾는 철학적 사유에 근접하는 태도이다. 프로이트의 이러한 태도는 바로 니체의 비극의 탄생에 대한 탐구에서 잘 나타나고 있으며 비극에 대한 니체의 해석 내지 분석은 프로이트의 꿈의 해석에 대한 선구가 된다고 말할 수 있다. 프로이트는 꿈을 해석하여 꿈의 심층에 자리잡고 있는 의식되지 않은 것으로서의 그것(Es) 또는 리비도를 밝히는 데 비해서 니체는 비극의 분석을 통해서 비극의 심층에 자리잡고 있는 디오니소스적인 것을 드러낸다. 차이가 있다면 프로이트의 그것(Es)은 어디까지나 정신이나 영혼의 원천인 충동임에 비해서, 니체의 디오니소스적인 것은 형이상학적 내지 존재론적 원리의 성격을 가진다는 것이다.

　니체의 비극에 대한 분석을 고찰하기에 앞서서 프로이트의 정신분석학과 니체의 자기 성찰의 철학 사이에서의 차이점은 분명히 짚고 넘어가야 할 필요가 있다. 그래야만 프로이트의 정신분석학의 한계가 니체 철학에 의해서 극복될 수 있다는 나의 주장이 설득력을 획득할 수 있다. 프로이트의 꿈과 아울러 의식되지 않은 것, 의식되기 이전의 것, 의식된 것 등은 모두 신경세포의 신경생리작용의 산물이기 때문에 프로이트의 꿈의 해석은 어디까지나 유물론을 바탕으로 삼고 있다. 그럼에도 불구하고 프로이트가 자유 연상, 억압 및 치료 등을 말하는 것은 그가 관념론의 색채를 띤 직관주의의 입장에 서 있다는 것을 뜻한다. 말하자면 프로이트는 정신분석학의 일관된 체계를 결여하고 있다. 적어도 그가 자기 성찰의 철학을 염두에 두었더라면 그의 정신분석학은 일관성 있는 체계를 견지할 수 있었을 것이다. 니체는 힘에의 의지라는 존재론적 원리를 바탕으로 자신의 자기 성찰의 철학을 구축하고 있기 때문에 적어도 일관성 있는 내면적 철학 체계를 형성하고 있는 셈이다.

라. 가치의 전도

니체는 《비극의 탄생》에서 합리성과 도덕과 기독교를 가리켜서 '은밀한 무화(無化)의 본능, 타락과 왜소화 및 모략의 원리이며 종말의 시초'[39]라고 말한다. 니체가 보기에 합리성과 도덕과 기독교는 근대성(현대성을 포함하여)의 특징이다. 니체는 우선 근대성을 회의의 대상으로 삼고 근대성을 분석함으로써 근대성을 해체하고 힘에의 의지를 존재론적 원리로 정립한다. 이러한 니체의 의도는 프로이트가 자아(Ich)를 회의의 대상으로 삼고 자아를 분석함으로써 그것(Es)과 초자아(Über-Ich)를 이끌어내는 태도와 유사하다. 전통적인 자아 개념은 이성적 자아이지만 프로이트의 분석에 의하면 자아는 그것(Es) 곧 충동의 일부일 뿐만 아니라 초자아와 그것(Es)이 갈등을 일으키는 장소로 드러난다. 프로이트에게 있어서는 자아가 완전히 해체되지 않고 자아란 그것(Es)과 초자아 사이에 있는 정신의 요소로 밝혀짐에 비해서 니체에게 있어서 근대성은 허구에 불과하기 때문에 전도되어야 할 성격을 가지고 있다.

니체의 《비극의 탄생》은 기존의 가치의 전도를 주장하고 전통적 가치관 및 형이상학적 이론을 배격하며 삶을 가장 역동적인 차원으로 고양하고 그의 중기 및 말기사상의 기반을 확고하게 마련한다.[40] 《비극의 탄생》의 원래의 제목은 《음악정신으로부터 비극의 탄생》인데 음악정신은 역동적인 디오니소스적인 것을 지시한다. '가장 훌륭하고 가장 강하며 가장 용감한 바로 그리스인들에게 있어서 비극적 신화는 무엇을 뜻하는가? 그리고 디오니소스적인 거대한 현상은 무엇을 의미하는가? 디오니소스에게서 탄생한 비극은 무엇을 뜻하는가?—그리고 다시금 비극을 죽인 도덕의 소크라테스주의, 변증법, 이론적 인간의 절도와 쾌활함—어떻게 이 소크라테스주의는 몰락, 허약, 질병 그리고 무정부주의적으로 자신을 해체하는 본능의 표시가 아닐 수 있겠는가?'[41] 소크라테스주의는 이성적 자아를 말하며 프로이트의 자아에 해당할 것이고 디오니소스적인 것은 비극의 원천이므로 프로이트의 충동에 상응한다. 니체는 이성적 자아야말로 허구적인 근대성의 원인에 대응한다고 보아 이성적 자아를 붕괴하고 해체하고자 한다.

니체가 보기에 '삶은 본질적으로 비도덕적인 어떤 것'[42]이기 때문에 이성적 자아에 의해서 성립된 가치나 도덕이 아닌 디오니소스적인 것을 삶의 본래적 원리라고 주장한다. 그리스 비극을 분석할 경우 비극은 디오니소스적인 것과 아폴론적인 것으로 성립하는데 디오니소스적인 것은 음악 내지 명정(酩酊)을 그리고 아폴론적인 것은 미술 내지 꿈을 대변한다. 아폴론이 내면적 상상세계를 구성하는 빛의 신인가 하면 디오니소스는 역동적인 세계를 창조하는 신이다. 니체에 의하면 아폴론적인 것과 디오니소스적인 것은 '꿈과 명정이라는 서로 분리된 예술 세계'[43]로서의 충동에 해당한다. 이렇게 볼 때 니체에게 있어서 전통예술의 기존 가치는 합리성 내지 소크라테스주의에 있으며 이러한 측면을 프로이트식으로 설명하자면 소크라테스주의는 초자아에 해당하는 것으로서 근대성이라는 전통

예술의 자아를 억압하는 요소라고 할 수 있다. 자아에서 억압하는 것은 원초적 자아(그것: Es나 리비도)일 것이다. 이미 앞에서는 간간히 암시한 일이 있지만 프로이트의 정신분석학에서 자아는 어디까지나 개인 심리학의 차원에 머물러 있지만 니체는 개인 심리학의 차원을 넘어서서 정신이나 영혼의 문제를 문명사적 및 사회적 차원에서 그리고 한 걸음 더 나아가서 존재론적 차원에서 취급하고 있다. 그렇기 때문에 니체 철학이 프로이트의 정신분석학을 극복하며 보완할 수 있다고 말할 수 있다.

니체나 프로이트 모두 전통적인 학문의 입장 곧 신화(Mythos)로부터 이성(Logos)으로 진행하는 입장과는 정반대로 이성으로부터 신화로 나아가는 입장을 취한다. 소크라테스로 대변되는 합리성과 근대성은 이성에 해당하며 그것은 역동적 신화의 일부에 불과한 표면적, 형식적인 것에 지나지 않는다. 그런가 하면 프로이트에게 있어서의 자아는 원초적 자아와 초자아 및 자아를 포함하는 영혼의 삶의 일부에 지나지 않는다. 니체가 보기에 소크라테스주의는 동적 삶을 기계로부터의 신 곧 형식적인 합리성이나 도덕에 종속시킴으로써 비극으로부터 음악을 추방한다. 따라서 소크라테스주의는 힘에의 의지인 충동을 이론화, 형식화시키는 역할을 담당한다.[44]

니체가 비극을 분석함으로써 도달하는 결론은 다음 글에서 여실하게 드러난다. '비극은 이 삶, 고통, 쾌락의 충만한 한가운데 있으며 숭고한 매력을 소유한다. 비극은 멀리 무겁게 들려오는 노래에 귀기울인다—노래는 존재의 어머니들을 이야기하는데 그것들의 이름은 광기, 의지, 탄식이다—그렇다. 나의 친구들이여 디오니소스적 삶과 비극의 재생을 믿어다오. 소크라테스적 인간의 시대는 이미 지나가 버렸다.'[45] 여기에서 니체가 말하는 비극은 음악으로 충만한 비극이다. 음악은 바로 디오니소스적 충동을 뜻한다. 노래나 존재의

어머니나 모두 힘에의 의지를 의미하며 힘에의 의지는 일원론적이
지도 않고 다원론적이지도 않다. 니체가 《힘에의 의지》 마지막 부분
에서 분명히 밝히고 있는 것처럼 '이 세계는 힘에의 의지이다' 라고
할 때 힘에의 의지는 이미 하나이면서 여럿이다. 힘에의 의지 쪽에
서 보면 힘에의 의지는 당연히 일원론적 성격을 소유하지만 세계의
측면에서 말하자면 세계는 다원적 성격을 가지고 있다. 즉 힘에의
의지는 질적으로 하나이지만 양적으로는 다원적이다. 그렇지만 또
한편으로 힘에의 의지는 양적으로 제한되어 있기 때문에 세계이지
만 질적으로 무한하기 때문에 영겁회귀가 성립하며 더 나아가서 힘
에의 의지에 의해서 상업예술, 낭만주의, 퇴폐한 예술을 극복할 수
있다.

　니체의 《비극의 탄생》에서 비극은 소크라테스주의에 물들지 않은
고대의 그리스 비극을 뜻하지만 그것은 다른 말로 '새로운 예술'
또는 '미래의 예술'에 해당하며 허무주의를 극복한 삶 자체를 뜻하
기도 한다. 비극을 성립시켜 주는 두 요소는 디오니소스적인 것과
아폴론적인 것이지만 이 두 가지는 모두 니체가 나중에 도입하는
개념인 힘에의 의지 양측면에 불과하다. 아폴론적인 것은 예술의
형식미를 형성하는 충동임에 비해서 디오니소스적인 것은 예술의
내용을 형성하는 충동이다. 《비극의 탄생》에서 니체는 디오니소스
적인 것과 아폴론적인 것을 대비시키기 때문에 힘에의 의지가 이원
적인 것 같은 느낌을 주지만 《힘에의 의지》에서 아폴론적인 것은
디오니소스적인 것으로부터 생긴다고 하는 주장을 보면 결국 니체
에게 있어서 존재론적 원리 곧 힘에의 의지를 대변하는 것은 디오
니소스적인 것임을 알 수 있다. 우리들은 디오니소스적인 것은 의
식되지 않은 것(Ubw)에 그리고 아폴론적인 것은 의식되기 이전의
것(Vbw)에 또한 비극 현상은 의식된 것(bw)에 해당한다고 말할 수

있다. 니체는 비극을 분석함으로써 전통적인 지성적 비극을 해체할 뿐만 아니라 미래의 예술로서의 비극의 정체를 밝히고 나아가서 비극의 존재론적 원리인 디오니소스적인 것을 드러낸다. 이와 같은 니체의 태도는 영혼의 삶을 분석하여 그것(Es), 자아, 초자아 및 의식되지 않은 것(Ubw), 의식되기 이전의 것(Vbw) 및 의식된 것(bw)을 밝히는 프로이트의 정신분석학의 선구 역할을 행한다.

　니체에게 있어서 비극이 타락한 소크라테스주의적 비극으로 되는 것은 합리적 도덕이 디오니소스적인 것과 아폴론적인 것을 억압하고 대치하기 때문이다. 이와 같은 구조는 바로 프로이트에게 있어서 초자아가 자아에서 욕구를 지나치게 억압함으로써 정신질환이 발생하는 것과 유사한 구조를 가지고 있다. 프로이트가 잘못된 행동(Fehlleistungen)과 꿈을 해석하는 이유는 노이로제나 정신질환을 치료하려는 목적에 있다. 잘못된 행동이나 꿈의 과정 및 원천을 밝혀내면 노이로제나 정신질환의 과정 및 원천도 해명함으로써 치료의 실마리를 찾을 수 있다는 것이 프로이트의 주장이다. 이러한 프로이트의 입장은 니체의 넓은 의미의 원근법주의에서 고찰할 경우 좁은 의미의 원근법주의에 해당할 것이다. 왜냐하면 프로이트는 어디까지나 신경병리학의 제한된 영역에서 개인 심리학의 한계를 벗어나지 못하고 있기 때문이다. 인간의 자유와 아울러 창조성을 보장하기 위해서는 니체의 자기성찰의 철학에서와 마찬가지로 가치론적 및 존재론적 탐구가 기본적으로 전제되지 않으면 안 된다.

4. 리비도와 자아

가. 충동

프로이트의 정신분석학은 자아의 정체를 밝힐 뿐만 아니라 영혼
의 삶에 있어서의 심리과정과 함께 정신적 요소들, 예컨대 그것(원
초아, Es), 초자아, 자아 등의 특징과 성격도 해명하려고 한다. 왜냐
하면 심리과정과 심리적 요소들이 모두 밝혀져야만 정신장애의 치
료가 가능하기 때문이다. 물론 프로이트에게 있어서 심리적 요소들
은 전통이론에서 말하는 실체일 수 없다. 신경세포의 작용에 불과
한 그것(Es), 자아, 초자아 등은 항시 변화하는 심리과정을 형성하
는 요소들에 지나지 않는다. 이러한 프로이트의 입장은 니체와는
근본적으로 다르다. 니체는 유물론자도 그렇다고 유심론자도 아니
다. 왜냐하면 니체가 존재론의 원리로 제시하는 힘에의 의지 자체
가 질적인 것이면서 동시에 양적인 것이기 때문이다. 니체는 유물
론과 유심론 모두를 극복하는 점에 있어서 프로이트의 유물론적 정
신분석학과 기본적인 차이점을 보여 준다. 그러나 프로이트가 정신
현상(영혼의 삶)을 분석대상으로 삼아 그 현상이 발생하는 과정과
그 현상의 원천을 탐구하는 것은 니체가 기존의 가치현상을 분석대
상으로 삼고 그 현상의 성립과정 및 원천을 해명하는 작업과 매우
유사하다.

프로이트는 히스테리 노이로제에 있어서의 증세를 분석할 경우
한편으로 리비도와 의식되지 않은 것(Ubw)이, 또 다른 한편으로 자
아, 의식된 것 및 현실성이 매우 긴밀하게 서로 연관되어 있다고 말
한다.[46] 여기에서 제시되는 프로이트의 분석태도는 영혼의 표면으
로부터 심층으로 탐구과정을 거칠 때 마지막에 도달하는 것은 의식

56

되지 않은 것과 그것의 일부인 리비도라는 것 그리고 영혼의 표면
에는 현실성을 반영하는 자아가 자리잡고 있다는 것을 주장한다.
'인간의 최초의 대상 선택'⁴⁷⁾으로 등장하는 것은 남자의 경우 모친
이나 누이인데 이러한 경향은 근친상간적이며 이러한 유아적인 경
향을 현실에서 피하기 위해서는 엄한 금지가 동반되지 않으면 안
된다. 사춘기를 거치면서 남자 아이는 모친과의 근친상간적 결합을
지양하고 부친과의 화해를 정립함으로써 정상적인 정신의 삶을 영
위해 나갈 수 있다.

　이상과 같은 점에서 볼 때 프로이트에게 있어서 영혼의 삶의 뿌
리에 있는 충동은 '힘'으로서의 충동으로 성적인 것이며 항상 충족
되기를 필요로 한다. 프로이트는 성적 충동을 리비도라고 부르는데
이것은 성욕으로서 쾌락원리이다. 리비도는 배고픔과 마찬가지로
충족을 필요로 하는 욕구이다. 영혼의 삶에서 리비도가 적절히 극
복되지 못할 경우 심한 죄의식으로 시달리게 된다. 프로이트는 종
교, 윤리 등의 궁극적 원천인 죄의식은 오이디푸스 콤플렉스에서
생긴다고 본다.⁴⁸⁾ 남자 아이가 모친을 성적 대상으로 삼고 부친을
살해하고자 하지만 부친의 존재가 막강하기 때문에 부친 살해의 의
도를 억압하여야 하는 것이 오이디푸스 콤플렉스이다. 정신장애는
자아충동(Ichtriebe)과 성충동(Sexualtriebe) 사이의 갈등에서⁴⁹⁾ 생긴
다고 프로이트는 병인론적(病因論的) 입장을 말한다. 성충동 곧 리비
도를 거부할 때 자아의 전개 과정에서 갈등이 생김으로 인해서 정
신질환이 발생한다. 리비도가 쾌락의 원리라고 할 것 같으면 자아
는 현실원리이다. 쾌락원리는 충족되기를 기다리지만 지나치게 억
압당할 때 현실원리인 자아가 갈등을 겪게 됨으로써 노이로제나 정
신병이 성립한다. 정신장애의 증세는 구체적으로 말해서 히스테리
나 강박 노이로제의 경우 성충동이 자아충동에 의해서 거부당함으

로써 생긴다. 이 때 성충동은 '의식되지 않은 것을 통해서'[50] 우회적으로 표현되지 않을 수 없는데 우회적으로 표현된 것이 바로 증세이다. 프로이트는 리비도(성충동)를 배고픔과 마찬가지로 자기보존의 충동인 쾌락원리로 본다.

그러나 프로이트의 분석은 궁극적으로 리비도가 그것(Es, 원초적 자아)의 일부라는 것에 도달한다. 우리는 앞에서 니체의 힘에의 의지는 세계로 표현된다는 것을 살펴보았다. 프로이트의 경우에 있어서도 자아충동, 성충동과 같은 개념들을 살펴볼 때 그것(Es)은 영혼의 삶의 가장 본질적인 힘이라는 것을 알 수 있다. 의식되지 않은 것(bw)은 바로 그것(Es)의 일부이다. 만일 프로이트의 '영혼의 삶'이 유물론을 극복하고 개인 심리학의 차원을 넘어설 수 있다면 그것은 니체가 주장하는 '대지의 의미'에 접근할 수 있고 그것(Es) 또한 힘에의 의지라는 존재론적 원리에 접근할 수 있을 것이다. 내가 프로이트 정신분석학의 한계와 극복을 가끔 언급하는 것은 역동적, 심층적 개인 심리학에만 의해서는 사회적, 문화적 인간의 참다운 모습을 제대로 해명할 수 없을 뿐만 아니라 더 나아가서 자유롭고 창조적이며 미래 지향적인 인간의 삶도 밝힐 수 없기 때문이다.

프로이트는 형이상학적 내지 존재론적 원리인 힘을 정신분석학의 충동(그것: Es 또는 리비도)으로 이끌어들임으로써 철학의 성격을 버리고 개별 학문으로서의 정신분석학을 체계화하였다. 그런데 프로이트의 충동은 단지 신경생리학 차원에서의 힘으로서 심리과정에서만 작용한다. 앞에서도 언급했지만 신경세포작용의 근원적인 힘에 충동이라고 할 경우 충동의 존재론적 의미가 밝혀져야만 하고 그 때 비로소 충동은 존재론적 가치를 소유할 수 있다. 여기에서 우리들은 프로이트의 충동 이론의 한계를 지적할 수 있으며 나아가서 왜 프로이트의 정신분석학이 철학적 근거를 확보하여야 하는가 하

58

는 이유를 찾을 수 있다.

프로이트는 그의 역동적 심층 심리학에 있어서 쇼펜하우어로부터 확실히 지대한 영향을 받았다. 프로이트는 쇼펜하우어의 '의식되지 않은 의지'를 정신분석학의 영혼의 충동과 동일하다고 본다.[51] 말하자면 쇼펜하우어의 맹목적 의지는 프로이트의 정신분석학에서 충동, 그것(Es), 의식되지 않은 것(Ubw) 또는 리비도가 성립하는 바탕이 된다. 이렇게 보면 쇼펜하우어의 철학과 마찬가지로 니체 철학 역시 힘에의 의지에 의해서 정신분석학의 선구가 될 뿐만 아니라 인간의 의식을 분석하는 방법과 과정에 있어서도 역시 정신분석학의 선구 역할을 담당하는 것이 명백하다. 그런데 프로이트는 성충동에 자아충동(자기보존의 충동)을 대립시키면서도 영혼의 삶에는 두 가지 충동 곧 죽음의 충동과 에로스가 있다고 말한다.[52] 생물학적 차원에서 유기체를 형성하는 충동은 에로스(Eros)이며 이것은 '리비도적 성충동 또는 삶의 충동'(libidinöse Sexual-oder Lebenstriebe)인가 하면 생물체를 죽음으로 이끌어가며 '파괴경향 또는 공격경향'(Destruktions-oder Aggressionstendenz)[53]으로 나타나는 충동은 죽음의 충동이다. 프로이트는 이들 두 가지 충동이 생명의 시초부터 작용하며 대립한다고 말한다.

프로이트의 정신분석학의 체계는 의식의 측면에서 보면 의식되지 않은 것(Ubw), 의식되기 이전의 것(Vbw), 의식된 것의 형태를 가지며, 자아의 측면에서 보면 그것(Es: 원초아), 자아, 초자아의 형태를 가진다. 의식의 차원에서 보는 정신분석학의 체계에 관해서는 다음 기회에 고찰할 것이다. 여기에서는 리비도와 자아가 고찰 주제인데 방금 앞에서 살펴본 것에 따르면 리비도 곧 성충동에 대한 보충설명이 요구된다. 왜냐하면 《꿈의 해석》이나 《정신분석학 입문》에서는 '자아와 리비도 사이의 갈등'으로부터 노이로제의 원천이 생긴다고 주장했지만《정신분석학과 리비도 이론》및《자아와 그 것》에서는 충동을 에로스와 죽음에의 충동 두 가지로 구분하고 있 기 때문이다. 말하자면 프로이트는 초기에는 충동을 성충동(리비 도) 한 가지로 보았음에 비해서 후기에는 충동을 확장하여 성충동 과 죽음에의 충동 두 가지로 본 것이다. 즉 원초아인 그것(Es)이 초 기에는 리비도 한 가지였으나 후기에는 리비도인 에로스와 죽음에 의 충동 두 가지로 나타난다. 그렇다면 노이로제는(광범한 의미의 여러 가지 정신장애를 포함하여) 자아와 원초아와의 갈등에서 생기 는 셈이다.

프로이트가 충동을 에로스와 죽음에의 충동으로 구분한 것은 도 가에서 도(道)의 내용을 음과 양으로 나눈 것이나 또는 헤겔이《정 신현상학》에서 의식의 변증법적 계기를 주인의식과 노예의식으로 나눈 것에 상응하는 측면이 있다. 그렇지만 여기에서 한 가지 주의 할 점은 프로이트는 어디까지나 생물학의 차원에서 유기체가 탄생 하고 소멸하는 것을 주목하여 에로스와 죽음에의 충동을 언급하고 있으며 존재론적 차원의 사고에는 접근하지 않고 있다는 사실이다. 니체가 말하는 힘에의 의지 또한 생성 소멸의 원리인 한에 있어서 그것은 프로이트의 충동과 유사하다. 프로이트는 쇼펜하우어의 의 지를 염두에 두고 자신의 충동을 고안하였기 때문에 니체의 힘에의 의지 또한 충동에 대한 선구 역할을 행하는 것이 명백하다.

나. 힘에의 의지

니체는 헤라클레이토스의 만물유전(panta rhei) 사상으로부터 지 대한 영향을 받아 힘에의 의지 및 영겁회귀에 관한 사상을 형성하 였다. 니체는《그리스인들과 비극적 시대의 철학》에서 헤라클레이토스가 지성적 개념이나 논리적 결합과는 상관없이 생성변화의 문제를 직관에 의해서 해결했다고 주장한다.[54] 시간과 공간은 일반적으로 '상대적 현존'만을 가지지만 헤라클레이토스가 파악한 시간과 공간의 참다운 모습은 '영원하고 유일한 생성변화'[55]이다. 프로이트 식으로 말하자면 상대적 현존은 자아에 그리고 영원하고 유일한 생성변화의 힘은 충동에 해당한다. 니체에게 있어서 세계는 투쟁의 장소이다. 투쟁은 어떻게 해서 가능한가? 힘에의 의지는 '능동적이며 반동적인'[56] 이중성을 소유하기 때문에 투쟁이 일어난다. 능동적 의지는 삶에의 의지이고 반동적 의지는 무에의 의지이다. 니체는 반동적 의지에 의해서 허무주의나 퇴폐주의가 생기므로 반동적 의지를 '종말에의 의지'[57]라고 부른다. 허무주의적 근대성 또는 이성적 자아는 능동적 힘에의 의지에 의해서 극복된다는 것이 니체의 주장이며 그러한 극복 태도가 바로 운명애(amor fati)이고 운명애의 목표는 초인이다.

그러나 프로이트의 경우 자아가 충동을 거부하거나 억압할 때 노이로제가 발생하며 에로스가 죽음에의 충동을 극복할 수 있다는 암시는 전혀 없다. 왜냐하면 생물체의 삶은 죽음에 도달하며 죽음은 새로운 생명체를 탄생시키기 때문이다. 따라서 프로이트에게 있어서는 에로스(리비도)와 죽음에의 충동이 항상 갈등하면서 긴장관계를 유지한 채로 맞물려 돌아가는지가 문제이다. 다음으로 자아는 이들 두 가지 충동을 모두 억압하는지 아니면 두 가지 중 어떤 한 가지만을 억압하는지가 프로이트의 정신분석학에서는 밝혀지지 않고 있다. 단지 자아가 충동을 적절히 억압하지 못하고 지나치게 억압할 경우 충동은 우회로를 통해서 표현되기 때문에 정신장애의 증세가 생긴다는 것이 프로이트의 주장이다. 여기에서 우리들은 다음과 같은 몇 가지 점에 주의를 기울이게 된다.

① 니체는 보편적인 힘에의 의지를 강조함으로써 개인의 심리적 요소나 과정을 살피지 않고 있다. 프로이트는 개인의 심리과정이나 요소만을 고찰하기 때문에 영혼의 존재론적 측면을 보지 못하고 있다. ② 니체에게 있어서는 힘에의 의지 중에서 삶에의 의지가 무에의 의지를 극복함으로써 초인의 가능성이 전제되어 있다. 프로이트는 충동 중에서 에로스와 죽음에의 충동이 동등한 힘을 가지고 있기 때문에 에로스가 죽음에의 충동을 극복할 수 있는 가능성이 결여되어 있다. ③ 니체는 힘에의 의지를 바탕으로 삼아 무에의 의지가 지배하는 근대성을 해체하고자 한다. 프로이트는 이성적 자아를 해체하는 것이 아니라 충동과 자아의 균형을 찾으려고 한다.

이상에서 우리들은 프로이트의 리비도와 자아에 관한 견해를 대강 살펴보았고 그것을 니체의 힘에의 의지의 이론과 비교하여 보았다. 다음 절에서는 보다 더 프로이트의 정신분석학을 상세히 살피기 위해서 의식된 것(Bw)의 정체를 해명하고 그것을 니체의 근대성에 관한 견해와 비교해 보기로 하자.

5. 의식된 것의 정체

가. 자아와 충동

프로이트에게 있어서 의식된 것(Bw)은 이성적이며 사려된 것으로서 은폐된 의식되지 않은 것(Ubw)에 비해서 표면에 드러난 것이다. 의식된 것은 자아에 해당하며 의식되지 않은 것은 충동에 대응한다. 프로이트가 이성적인 의식된 것을 분석하여 비이성적인 충동을 해명하는 입장은 합리적 방법에 의존한다. 왜냐하면 프로이트는 의식되지 않은 것으로부터 의식되기 이전의 것으로 그리고 다시 의식된 것으로 질서정연하게 심리과정을 추구하고 있기 때문이다. 그러나 니체는 기존의 가치(프로이트의 의식된 것에 해당하는)를 분석하고 비판하는 데 있어서 처음부터 직관적 방법에 의존한다. 물론 니체가 계보학적 방법을 사용하여 전통적인 도덕, 종교, 철학, 예술의 원천을 밝히는 작업에 합리적 방법이 전혀 동원되지 않는 것은 아니지만 그가 처음부터 넓은 의미의 원근법주의를 내세워서 좁은 의미의 원근법주의를 해체하고자 할 때 이미 니체는 자기 나름대로의 본능적 직관에 의존하고 있다. 여러 가지 논의를 불러올 수 있는 본능적 직관의 개념에 관해서 나는 이미 《니체, 해체의 모험》에서 어느 정도 밝혔기 때문에 이곳에서는 그것이 넓은 의미의 원근법주의에 해당한다는 것만을 말해 둔다.

프로이트는 합리적인 입장에서 그리고 한 걸음 더 나아가서 신경생리학의 입장에서 의식된 것의 성격을 밝힌다. '우리들의 모든 정신활동은 (내적 또는 외적) 자극으로부터 출발해서 신경자극 전달에서 그친다' [58] 엄밀히 말해서 프로이트가 말하는 정신이나 영혼의 삶은 어디까지나 신경생리학의 차원에 제한되어 있는 것이다. 그러나 우리들은 인간 존재가 세계-내-존재이기 때문에 정신이나 영혼은 자연, 역사, 문화의 긴밀한 상호작용과 연관을 가지지 않을 수 없다고 본다. 따라서 프로이트의 정신분석학은 지나치게 신경생리학의 좁은 테두리를 벗어나지 못하고 있으므로 인간의 정신이나 영혼의 포괄적 의미를 제대로 파악하지 못하는 성격을 지닌다고 말할 수 있다. 프로이트는 정신기구(das psychische Apparat)의 가장 보편적인 도식을 다음처럼 나타낸다.[59]

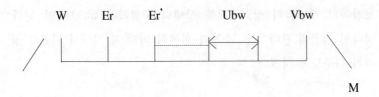

이 도식에서 W는 지각종점(Wahrnehmungsende)을 그리고 M은 운동종점(Motilitätsende)을 가리키며, Er은 기억을, Ubw은 의식되지 않은 것을 그리고 Vbw은 의식되기 이전의 것을 지시한다. 물론 프로이트는 《꿈의 해석》에서 이러한 도식을 사용함으로써 꿈에서 자극 과정의 방향을 설명하지만 이러한 도식은 잘못된 행동 (Fehlleistungen)을 비롯해서 노이로제에도 적용되며 일반적으로 영혼의 삶에도 적용된다고 볼 수 있다. 그렇다면 의식된 것은 도식에서 알 수 있는 것처럼 지각종점으로부터 운동종점에 이르는 과정을 거쳐서 남은 것이다.

지각된 것은 기억으로 남지만 기억의 일부는 전혀 회상할 수 없는 의식되지 않은 것으로 침잠하고 일부는 의식되기 이전의 것으로 저장되어 쉽사리 의식된 것으로 떠오를 수 있다. '의식되기 이전의 것의 체계는 마치 우산처럼 의식되지 않은 것과 의식 사이에 있다'[60] 프로이트는 의식된 것을 분석함으로써 쉽사리 의식되기 이전의 것에 도달하며, 의식되기 이전의 것을 분석하여 검열을 찾아냄으로써 의식되지 않은 것을 해석할 수 있다고 본다. '의식되지 않은 것은 의식된 것의 권역을 자기 안에 포함하는 보다 더 큰 권역이다. 모든 의식된 것은 의식되지 않은 전단계를 가진다.'[61] 영혼의 삶에 있어서 검열은 의식되지 않은 것과 의식되기 이전의 것 사이에서 일어나며 검열이 강할 때 의식되지 않은 것은 증세로 표현된다. 검열(Zensur)에 관한 설명이 설득력을 얻기 위해서는 그것(Es), 자아,

초자아의 개념들의 상호관계를 상세히 고찰하지 않으면 안 된다. 따라서 검열에 관해서는 '충동과 힘에의 의지'의 절에서 비교적 상세히 다루도록 하겠다.

나. 자아와 근대성

프로이트에게 있어서 자아는 의식되지 않은 것을 부정하고 억압된 것으로 만드는 힘이다.[62] 그런데 의식되지 않은 것(Ubw)은 의식되지 않은 채로 남아 있기 때문에 영혼의 대립과 갈등이 일어나는 장소는 자아이다. 곧 자아는 의식되지 않은 것(욕구)을 억압하지만 의식되지 않은 것은 자아에게 반발한다. 따라서 자아는 위험에 대한 반응으로서 불안발달(die Angstentwicklung)을 초래하고 결국 자아는 충동으로부터 도피하여 증세를 초래한다. 프로이트의 표현은 엄밀성을 결여하고 있기 때문에 의식된 것 또는 자아의 정확한 의미를 그의 표현만 따라서 파악하기는 그다지 쉽지 않다. 그러나 자아충동, 성충동, 죽음에의 충동과 같은 개념으로 미루어 볼 때 프로이트가 뜻하는 충동(Trieb)은 다원적인 것으로 니체가 말하는 힘에의 의지가 다원적인 것은 마찬가지이다. 즉 충동이나 힘에의 의지나 질적으로는 하나이지만 양적으로는 다원적이라는 말이다. 프로이트에게 있어서는 영혼의 삶의 갈등이 여실하게 드러나는 장소가 자아인데 비해서 니체에게 있어서 허구가 가장 잘 드러나는 것은 근대성(근대인과 근대문명을 포함한)이다. 니체의 근대성은 기존의 도덕, 종교, 철학, 예술을 비롯해서 일상인, 왜소한 인간 등에서 두드러지게 나타난다. 프로이트는 절충주의의 입장에서 의식된 것과 의식되지 않은 것 사이의 적절한 억압을 회복함으로써 소위 건강한 정신을 구축하고자 하였다. 그러나 니체는 극단적인 입장에서 이성적, 허무주의적인 근대성을 파괴하고 힘에의 의지로 충만한 미래의 인간상인 초인을 절규하였다. 프로이트가 의식되지 않은 것, 의식되기 이전의 것 및 의식된 것을 구분하고 의식되지 않은 것은 의식 불가능하다고 말했는데 의식 불가능한 것이 해석에 의해서 의식된 것의 차원으로 드러날 때 그것이 의식되지 않은 것으로서 의식불가능하다는 프로이트의 주장은 설득력을 잃는다. 또한 니체가 힘에의 의지로 충만한 초인을 구축하고자 할 때 삶에의 의지가 무에의 의지를 극복할 수 있다는 그의 주장은 다분히 낙관주의적인 독단을 전제로 하고 있음이 분명하다.

그러나 비록 생물학, 신경생리학의 제한된 입장에서 프로이트가 의식된 것을 분석함으로써 영혼의 삶의 구조와 과정을 밝혀내고 억압의 문제를 해결함으로써 건강한 정신을 구축하고자 한 노력은 니체가 퇴폐적 근대성을 분석하여 궁극적으로 건강한 인간상과 문명을 창조하고자 한 의도에 대응한다고 볼 수 있다.

6. 성충동의 문제

가. 리비도의 문제점

프로이트의 《꿈의 해석》과 《정신분석학》에서는 의식되지 않은 것 (Ubw), 의식되기 이전의 것(Vbw) 및 의식된 것(Bw)의 구분은 나타나도 그것(Es: 원초아), 자아(Ich), 및 초자아(Über-Ich)의 개념은 나타나지 않고 있으며 의식되지 않은 것은 성충동인 리비도로 표현되고 있다. 앞에서도 언급했지만 《정신분석학 입문》은 잘못된 행동 (Fehlleistungen), 꿈 및 노이로제 등 세 가지 주제를 집중적으로 다루고 있다. 프로이트의 정신분석학의 목적은 노이로제(여러 가지 정신장애를 포함하여)의 치료에 있으므로 그는 우선 잘못된 행동을 분석한 후 이것을 근거삼아 꿈을 해석하고 다시 꿈의 해석을 바탕으로 노이로제를 분석한다. 잘못된 행동은 개인의 행위나 말이 원래의 의도와 다르게 나타나는 행동을 일컫는다. 잘못된 행동은 현존하는 의도가 억압당해서 일어난다. 따라서 잘못된 행동은 완전히 억압당하지도 않고 그렇다고 해서 원래의 의도에 따라서 수행되는 것이 아니므로 반은 원래 의도의 수행이고 반은 실패이다.[63] 프로이트는 잘못된 행동에 있어서 중요한 역할을 행하는 억압을 밝혀내면 잘못된 행동이 수정될 수 있다고 믿었으므로 잘못된 행동의 분석으로부터 꿈의 해석으로 탐구의 방향을 진전시킨다. 왜냐하면 프로이트는 환자들을 분석할 때 환자들의 꿈의 심리적 과정과 요소가 노이로제의 심리적 과정 및 요소와 매우 유사하다고 생각하였기 때문이다.

그런데 꿈의 작업은 욕구충족을 통해서 잠을 방해하는 영혼의 자극을 제거하는 것을 목적으로 삼는다.[64] 프로이트는 꿈이나 노이로제에서 가장 핵심적인 욕구를 성충동 곧 리비도라고 한다. 리비도에 관해서는 이미 앞 절에서 어느 정도 상세히 고찰했으므로 이곳에서는 주로 프로이트의 정신분석학에서 리비도가 지니고 있는 문제점을 주목하여 리비도의 문제점을 살펴보기로 하자. 꿈이나 노이로제는 모두 유아 시절의 성충동을 욕구로 가지며 그것은 오이디푸스 콤플렉스이다. 프로이트에 의하면 인류 전체는 역사 초기에 이미 종교와 윤리의 궁극적인 원천인 죄의식을 오이디푸스 콤플렉스에서[65] 소유하였다고 한다. 따라서 '노이로제의 핵심은 오이디푸스 콤플렉스'[66]로 드러난다. 그렇다면 프로이트의 꿈이나 노이로제에 대한 해석을 확대하면 성충동 이론은 잘못된 행동(Fehlleistungen)에

도 적용되지 않으면 안 된다. 잘못된 행동에 있어서 억압되는 의도
는 곧 욕구 또는 성충동일 것이다. 프로이트의 도식에 따르면 성충
동은 의식되지 않은 것(Ubw)에 속하고 이것이 의식되기 이전의 것
(Vbw)으로 넘어올 수 없게끔 검열당할 때 오이디푸스 콤플렉스가
생긴다. 오이디푸 스콤플렉스를 확대해서 적용할 경우 오이디푸스
콤플렉스가 심하면 행동은 잘못된 행동으로 변화하고 꿈에서는 꿈
의 전위나 왜곡이 일어나며 노이로제의 경우에는 증세가 형성된다.

이미 앞에서도 지적하였지만 의식되지 않은 것(Ubw)이 해석에
의해서 드러나면 그것은 의식되기 이전의 것(Vbw)과 별 차이가 없
지 않겠느냐는 의문이 제기된다. 게다가 특히 《꿈의 해석》이나 《정
신분석학 입문》에서는 자아충동이 성충동을 부정하고 억압한다고
했는데 충동이 근본적으로 성충동이면 자아충동과 성충동(리비도)
의 구분 자체가 무의미해지고 만다. 물론 프로이트는 후기에 가서
충동을 에로스와 죽음에의 충동으로 구분함으로써 전기의 문제점
을 극복하고자 한다. 그렇다고 해도 자아가 자아충동에 의해서 성
립한다면 무엇이 무엇을 억압하는지 알 수 없게 된다. 왜냐하면 자
아충동은 에로스와 죽음의 충동의 혼합일 것이기 때문이다. 프로이
트의 정신분석학에서 이와 같은 혼란은 프로이트의 철저지 못한
방법론의 당연한 귀결이다. 프로이트는 한편으로 생리학, 해부학, 물
리학 등 경험과학에 의존해서 환자를 관찰하면서 또 한편으로는 합
리주의적으로 추리하면서 직관주의적 방법으로 잘못된 행동, 꿈 및
노이로제를 해석하고 있기 때문에 정연한 논리적 일관성을 소유한
체계적 정신분석학을 구축하기 어렵다.

나. 성충동과 자아충동

또한 프로이트가 성충동을 쾌락원리로 그리고 자아충동을 현실원리로 보고 현실원리가 쾌락원리를 억압할 때 꿈의 왜곡이나 전위 또는 노이로제 증세가 발생한다고 한 점은 크게 두 가지 차원에서 고찰할 수 있다. 우선 프로이트가 의식되지 않은 것(Ubw)의 근본충동으로서의 성충동을 제시하는 것은 충동 내지 힘을 지나치게 축소시킨 면이 있다. 물론 프로이트의 탐구영역이 인간 유기체의 정신활동에 제한되어 있으므로 그가 근본충동을 성충동이라고 주장하였겠지만 인간을 포함하여 존재자 전체의 힘 내지 충동은 무수한 종류의 것이 아닐 수 없다. 이런 점에서 보면 니체의 힘에의 의지가 존재론적 원리로써 성충동보다 훨씬 더 타당성을 가진다는 것을 알 수 있다. '삶이 있는 곳에는 또한 의지가 있지만 삶에의 의지가 아니라 힘에의 의지가 있다',[67] '모든 충동력은 힘에의 의지이며 이 이외에는 어떤 물리적, 역학적, 심리적 힘도 존재하지 않는다'[68]와 같은 니체의 말에서 알 수 있는 것처럼 힘에의 의지는 무수한 충동과 힘을 포괄하는 개념이다. 프로이트의 충동도 리비도(성충동), 자아충동 등으로 구분되고 더 나아가서 그것(Es)도 원초아 충동이며 초자아도 충동으로 확장될 수 있지만 프로이트의 충동은 어디까지나 생물체 인간의 심리과정의 기초에 깔려있는 제한된 충동이다.

위에서 살펴본 성충동(충동 일반도 포함하여)의 문제점들에도 불구하고 프로이트의 성충동 이론은 니체의 힘에의 의지의 경우와 마찬가지로 전통적인 꿈 이론이나 노이로제 이론을 해체하고 심층적인 심리과정과 요소를 밝히는 데 지대한 역할을 행한 것이 사실이다.

7. 충동과 힘에의 의지

가. 힘에의 의지

이곳에서 나는 우선 니체의 힘에의 의지의 의미를 살피면서 힘에의 의지 이론이 안고 있는 문제점을 고찰하고 다음으로 프로이트의 충동 이론의 한계를 과연 니체의 힘에의 의지 이론에 의해서 극복할 수 있는지의 여부를 논의하고자 한다.

니체는 '긍정으로의 새로운 길'(ein neuer Weg zum Ja)[69]을 그의 자기성찰 철학의 목표로 제시하면서 허무주의를 극복하고자 한다. 긍정에의 새로운 길을 추구하는 태도는 운명애(amor fati)에 의해서 가능하다. '철학자가 도달할 수 있는 최고의 상태는 디오니소스적으로 현존에 머무는 것이다. 그것에 대한 나의 공식적인 말은 운명애이다.'[70] 여기에서 철학자는 강단철학자가 아니고 니체가 뜻하는 예술가-철학자 곧 초인을 추구하는 인간이다. 그런데 디오니소스적으로 현존에 머문다는 것은 무엇을 의미하는가? 현존(또는 현존재)은 기존의 인간과 사회이다. 기존의 인간과 사회는 전통적인 도덕, 종교, 철학, 예술의 가치관, 말하자면 허무주의와 퇴폐주의에 물들어 있다. 예컨대 현대인은 욕망의 기계로서 획일적 상업주의에 물들어 있다. 기술과 정보를 수단으로 삼는 획일적 상업주의의 지배를 받는 인간을 탐구 대상으로 놓을 때 우리들은 인간의 현실과 아울러 가능성이 오직 획일적 상업주의 한 가지 뿐인지 자기성찰에 의해서 의심하지 않을 수 없다. 니체의 자기성찰의 철학이 출발하는 장소역시 근대성에 대한 회의이다. 니체가 《비극의 탄생》,《도덕의 계보학》,《선과 악의 피안》,《짜라투스트라는 이렇게 말하였다》,《힘에의 의지》등 여러 저술들에서 자신의 철학함의 출발점으로 삼는 것은 니체 당시대의 허무주의이다. 소크라테스주의가 지성으로 지배하는 예술, 합리성을 대변하는 기독교 도덕을 비롯하여 이성의 전통을 고수하는 종교와 철학 및 도덕과 예술은 모두 회의의 대상으로 등장한다.

일단 기존의 모든 가치가 회의의 대상이 되었을 때 우리들은 과연 어떤 태도를 취하여야 할 것인가? 니체가 의심의 눈초리로 응시한 것은 일차원적 가치만을 견지하는 근대성이다. 니체가 뜻하는 근대성은 소크라테스주의로 일컬어지는 합리주의와 사제들이 허구적으로 만들어 낸 기독교 도덕이 결합하여 산출한 도덕, 종교, 철학, 예술의 특징이다. 이러한 특징은 기존의 가치로서 인간을 지배하지만 합리적 형식성과 허구로 고정되어 있으므로 역동적인 디오니소스적인 것을 무화시키므로 신, 최고선, 절대진리와 같은 허무주의적 가치를 날조한다. 왜소한 인간의 지성은 좁은 의미의 원근법주의의 형식 안에서만 자신을 볼 수 있기 때문에[71] 그와 같은 지성은 사태 전체를 보지 못하고 지극히 제한된 부분만 인식한다. 따라서 왜소한 인간의 원근법주의는 부분적인 합리적 형식성을 삶 전체 및 삶의 원리로 확장함으로써 '인간지성의 세습된 전도'(die erbliche Verkehrtheit des menschlichen Intellekts)[72]가 현실로 나타난다.

나. 삶에의 의지와 무에의 의지

니체는 넓은 의미의 원근법주의 곧 계보학적 분석방법에 의해서 근대성을 해석함으로써 근대성이 허무주의 및 퇴폐주의의 색채를 띤 허구적 산물임을 밝힌다. 예컨대 니체는 《바그너의 경우》에서 바그너를 근대 음악의 대변자로 보면서 '바그너는 신경증 환자이다' (Wagner est une névrose) 또는 '바그너는 탁월한 근대 예술가이다'[73]

라고 말한다. 탁월한 근대 예술가란 대표적인 신경증 환자를 일컬으며 질병 자체에 대한 암시이다. '질병 자체는 삶의 자극제일 수 있다. 단지 우리들은 이 자극제를 위하여 충분히 건강하지 않으면 안 된다.'[74] 니체가 보기에 낭만주의의 대표적 음악가인 바그너는 기독교의 허구적 노예도덕을 음악으로 표현하므로 탁월한 질병 자체 곧 허무주의적 근대성을 대변한다. 그런데 질병 자체는 삶의 자극제일 수 있다는 말은 무엇을 뜻하는가? 니체 철학을 놓고 변증법적이라거나 또는 그렇지 않다거나 논의가 많다.[75] 이에 관한 논의는 내가 이미 《니체, 해체의 모험》에서 전개하였다. 질병 자체가 삶의 자극제일 수 있다는 것은 허무주의가 삶을 긍정하는 하나의 계기일 수 있다는 것이므로 여기에서 나는 니체 철학의 변증법적 성격이 나타난다고 본다. 물론 니체의 변증법은 헤겔의 변증법처럼 목적론적인 것은 아니고 사태의 생성변화와 극복을 의미하는 차원의 변증법이다. 질병 자체가 삶의 자극제일 수 있다는 것은 비록 양적으로는 유한하나 질적으로 무한한 힘에의 의지 때문이다.

힘에의 의지는 삶에의 의지와 무에의 의지라는[76] 이중성을 소유한다. 무에의 의지가 지배하면 염세주의, 퇴폐주의가 등장하지만 삶에의 의지가 지배하면 미래의 인간상과 새로운 가치가 정립된다. 니체는 《힘에의 의지》 제3권 '새로운 가치 정립의 원리'에서 인식으로서의 힘에의 의지, 자연에 있어서의 힘에의 의지, 사회와 개인으로서의 힘에의 의지에 관해서 언급함으로써 다른 저술들에서 다분히 추상적, 관념적으로 표현되었던 힘에의 의지 개념을 보다 명확하게 규정하려고 한다. '우리들의 19세기를 특징짓는 것은 학문의 승리가 아니고 학문을 넘어서는 학적 방법의 승리이다.'[77] 여기에서 니체는 근대 이후 학문은 지성적 방법에만 의존해서 생동하는 사태자체를 도외시하고 사태의 형식성, 완전성, 절대성을 목표로 삼았기 때문에 인간의 외면세계와 아울러 내면세계가 허구로 가득차게 되었다는 것을 지적한다. '생성 변화에 존재의 성격을 부각시키는 것—그것은 최상의 힘에의 의지이다.'[78] 하이데거를 들먹이지 않더라도 니체가 한 이 말에서 우리들은 힘에의 의지가 존재자를 존재하게끔 하는 존재와 다를 것 없다는 사실을 알 수 있다.

다. 원근법주의와 힘에의 의지

니체가 '힘에의 의지는 해석한다'[79]라고 할 때 인식과 아울러 자연 또는 인간과 사회나 예술에 대한 다양한 견해들은 결국 가치해석이며 이러한 가치해석이 가능한 근거는 힘에의 의지이다. 다양한 가치해석들은 좁은 의미의 원근법주의, 곧 기존의 가치들을 성립시킨 전통이론이다. 그런가하면 다양한 가치해석이 힘에의 의지를 근거로 삼는다고 보는 입장은 넓은 의미의 원근법주의, 다시 말해서 니체 자신의 본능적 직관의 태도이다. 우리들이 자연세계에 관해서 말하는 힘, 단위, 원자, 인과율 등은 모두 물리학이나 기계론적 해석의 결과이다.[80] 이러한 해석의 밑바탕에 있는 것은 영원한 생성 변화를 가능하게 하는 힘에의 의지이다. 사회와 개인에 관해서도 우리들은 여러 가지로 가치해석을 하고 사회와 개인의 원리로서 도덕적 의도와 행위가 불변한다고 주장하지만 니체가 보기에 사회와 인간에게는 원래부터 '비도덕적 의도와 행위만'[81] 존재한다. 이와 같은 비도덕적 의도와 행위는 '힘, 투쟁, 지배, 복수에의 의지'[82]이다. 이 표현은 힘에의 의지가 삶에의 의지와 무에의 의지라는 이중성을 가지고 있으며 이들 두 가지가 끊임없이 갈등한다는 것을 뜻한다. 니체는 예술과 힘에의 의지에 관련해서 '우리들의 종교, 도덕 및 철학은 인간의 퇴폐적 형태이다. 이것에 대립되는 운동은 예술이다'[83]

라고 말하는데 '우리들의 종교, 도덕 및 철학'은 전통적인 기존의 가치들을 소유한 것을 말하며 이것에 대립되는 예술은 왜소한 예술가가 소유한 예술이 아니라 낭만주의, 퇴폐주의, 형식주의를 파괴하고 '생성 변화를 창조하는 경험'[84]으로서의 예술을 일컫는다. 그렇다면 새로운 예술의 원리는 창조적인 힘에의 의지가 아닐 수 없다.

니체에 의하면 우리들이 전통적인 가치관 곧 도덕, 종교, 철학, 예술 등 사회와 인간의 문화적인 세계에 대한 좁은 의미의 모든 원근법주의를 해체하고 넓은 의미의 원근법주의에 의해서 그리고 철저한 자기성찰을 통해서 사태를 통찰할 때 힘에의 의지를 인식할 뿐만 아니라 그것을 실현할 수 있다. 힘에의 의지의 실현은 모든 가치들의 전도를 정립한다. 근대성은 전도된 가치들 곧 허무주의적인 것들이므로 힘에의 의지에 의해서 전도된 가치들을 다시 전도시킬 때 비로소 초인의 가능성이 개방된다. 초인은 힘에의 의지의 실현이다. 니체 철학 역시 이와 같은 측면에 있어서는 낙관주의적이며 이상주의적인 특징을 소유한다. 그렇지만 니체 자신은 형식적이며 절대적인 낙관주의와 이상주의를 다시 해체할 것이고 힘에의 의지의 영겁회귀를 긍정함으로써 초인의 의미를 부각시키려고 할 것이다.

라. 충동 이론과 힘에의 의지

그러면 이제 프로이트의 충동 이론을 다시 한번 요약해서 살펴본 후에 프로이트의 충동 이론의 한계를 어떤 점에서 니체의 힘에의 의지에 의해서 극복할 수 있는지에 대한 가능성을 고찰해 보기로 하자. 프로이트의 충동 이론을 가장 잘 나타내고 있는 저술은 《자아와 그것》(*Das Ich und das Es*)이다.[85] '우리들에게 있어서 개체는 인식되지 않고 알려지지 않은 그것(Es)이며 핵심으로서의 지각체계로 부터 발달하여 자아는 그것(Es)의 표면에 자리잡고 있다.'[86) 그것 (Es)은 초자아 또는 충동 자체이다. 여기에서 그것(Es)에 관한 두 가지 해석이 가능하다. 하나는 그것(Es)이 충동 자체이고 충동 자체 는 원초적 충동, 성충동, 죽음의 충동, 자아충동, 초자아충동 등으로 다원화 할 수 있다는 해석이 있을 수 있다. 또 하나는 기본적 충동 은 그것(Es)에 해당하고 나머지 충동들은 그것(Es)으로부터 파생된 부분적인 것들이라고 말할 수 있다. 만일 우리들이 프로이트의 신 경생리학적 전제를 도외시하고 충동을 니체의 힘에의 의지로 대치 할 경우 프로이트의 정신분석학의 체계는 니체의 자기성찰의 철학 체계에 상당부분 상응한다는 것을 알 수 있다. '열정을 포함하는 그 것(Es)과는 반대로 우리들이 이성과 사려라고 부를 수 있는 자아는 표상한다'[87)에서 알 수 있는 것처럼 자아는 합리적 형식성을 대변 함에 비해서 그것(Es)은 생동하는 충동을 대변한다. 그러나 프로이 트가 그것(Es), 자아, 초자아를 구분할 때 이들 각각은 유기적 관계 를 소유하기보다 서로 분리된 것으로 나타난다. '자아이상 또는 초 자아라고 일컬어지는 자아 내면에서의 분화'[88)는 프로이트의 정신 분석학에서 중요한 의미를 가진다. 왜냐하면 자아이상(Ich-Ideal) 또 는 초자아(Über-Ich)는 자아로부터 분리된 것으로서 의식되지 않은 것이며 이것은 자아로 하여금 그것(Es)으로서의 충동을 부정하고 억압하게 하기 때문이다. 그렇다면 의식되지 않은 것(Ubw)과 의식 되기 이전의 것(Vbw) 사이에서 검열의 역할을 행한다는 것은 자아 이상 내지 초자아라는 것을 알 수 있다.

그것(Es), 자아, 초자아의 체계를 니체의 체계로 환원시킬 경우 자아는 현존하는 근대성에 해당할 것이다. 그런가 하면 초자아는 지금까지의 가치관들에 상응하며 그것(Es: 원초아)은 힘에의 의지

에 대응한다고 볼 수 있다. 지금까지의 허구적인 전통가치들이 힘
에의 의지를 억압함으로 인해서 현존하는 근대성은 병든 것으로 나
타난다. 니체에게 있어서는 '질병 자체는 삶의 자극제일 수 있다'[89)
는 표현에서 알 수 있는 것처럼 질병은 역동적 삶을 긍정하기 위한
하나의 변증법적 계기가 되고 있다. 프로이트에게 있어서도 우리들
은 비록 체계적이지는 않더라도 일종의 변증법적 특징을 발견할 수
있다. 프로이트의 충동이 변증법적 성격을 가진다고 주장하는 것은
지나친 비약이 아니냐는 반론이 물론 제기될 수 있다. 그렇지만 충
동이 세 가지로 구분되고 이들 세 가지 충동의 관계에서 초자아에
의해서 자아가 원초아(Es)를 억압함으로써 정신장애가 일어난다면
비록 헤겔적인 의미에서의 변증법은 아니라고 할지라도 충동이 상
이한 부분들로 되고 상이한 부분들 사이에서 갈등과 극복이 일어난
다면 그러한 현상은 적어도 니체적인 의미에서의 변증법적 성격을
소유한다고 말할 수 있다. 그렇지만 프로이트의 충동 이론은 단지
심리과정과 요소들 안에서만 성립함으로써 엄밀한 의미에서는 존
재론적 차원의 변증법적 특징을 갖지 못한다.

내가 여기에서 니체의 힘에의 의지와 프로이트의 충동을 비교하
면서 밝히려는 것은 니체가 넓은 의미에서 정신분석학의 선구라는
것에 초점을 맞추고 있다. 그런데 한 가지 지적할 것은 프로이트의
정신분석학의 구체적인 내용들이 니체의 자기성찰의 철학을 그대
로 따르고 있다는 것이 아니라는 점이다. 프로이트의 정신분석학의
충동 이론의 특징을 살펴볼 경우 니체의 힘에의 의지 이론이 충동
이론의 선구 역할을 담당한다는 점이 내가 여기에서 해명하려는 핵
심이다. 충동 이론은 전통적인 심리학을 해체하면서 결국 자아가
충동의 표면에 불과하다는 것을 밝힌다. 니체의 힘에의 의지 이론
은 합리적인 전통적 가치들을 해체하고 힘에의 의지를 원리로 삼는

새로운 가치들을 창조하고자 한다. 프로이트는 원초아(에로스와 죽음의 충동)와 자아 사이에서 자아에 의한 원초아의 억압을 적절히 조절함으로써 정신장애를 치료하는 것을 정신분석학의 목표로 삼았다. 니체는 본능적 직관을 통해서 힘에의 의지에 의해서 허무주의(또는 근대성)를 해체하고 미래의 인간상 초인을 정립하고자 한다. 이상과 같이 볼 때 우리들은 니체의 힘에의 의지 이론이 가지는 의도와 프로이트의 충동 이론이 소유하는 의도 사이의 유사점과 차이점을 충분히 파악할 수 있다.

8. 비판적 결론

지금까지 나는 '충동과 힘에의 의지'라는 주제 아래에서 프로이트의 정신분석학과 니체의 자기성찰의 철학을 비교하면서 다음의 작은 주제들을 살펴보았다: 프로이트의 정신분석학의 철학적 근거, 분석과 계보학, 꿈의 해석, 리비도와 자아, 의식된 것의 정체, 성충동의 문제점, 충동과 힘에의 의지, 이 주제들에 대한 고찰을 통해서 나는 니체와 프로이트 양자의 사상이 근접하는 측면과 차이점을 지적하면서 넓은 의미에서 니체 사상이 프로이트의 정신분석학의 선구 역할을 행한다는 것을 밝히려고 하였다.

프로이트는 어디까지나 신경생리학에 의지하여, 다시 말해서 '생물학에 대한 의존'(Anlehnung bei der Biologie)[90]을 통해서 정신분석학을 전개한다. 즉 프로이트의 잘못된 행동(Fehlleistungen), 꿈, 노이로제를 비롯해서 의식되지 않은 것(Ubw), 의식되기 이전의 것(Vbw), 의식된 것 그리고 그것(Es), 자아, 초자아에 관한 이론들은 모두 신경생리학, 생물학, 물리학을 바탕으로 성립한다. 엄밀한 의미에서 프로이트의 정신이나 영혼의 삶은 유물론적인 것이다. 예컨대 자아가 원초아를 배격하고 부정하거나 억압하는 것은 기계론적 메카니즘에 의존한다. 그렇다면 프로이트의 정신분석학에는 인간을 인간답게 하는 자유와 창조 곧 인간의 주체성이 자리잡을 여유가 없다. 따라서 치료 자체도 억압의 강도를 적절히 조절하는 것에 불과하고 정신적으로 병든 인간을 자발적, 주체적 인간으로 고양시킨 다는 의미는 가지지 않는다.

니체의 자기성찰의 철학의 관점에서 프로이트의 정신분석학을 고찰할 경우 정신분석학은 가치론적 탐구를 병행하여야 할 뿐만 아니라 존재론적 탐구도 필연적으로 함께 수행하여야 할 필요를 주장하게 된다. 인간의 정신이나 영혼은 단지 생물학적 또는 신경생리학적 현상만이 아니다. 우리들의 정신이나 영혼은 역사와 사회와 문화를 통해서 자연 속에서 형성된다. 니체는 이러한 사실을 직시하고 있었기에 무에로의 의지가 지배하는 현실(근대성의)을 삶에의 의지가 이끄는 긍정적 삶으로 전도시키려고 했던 것이다. 니체가 새로운 가치 곧 힘에의 의지를 실현하는 초인의 가치를 창조하려고 한 근거는 삶에의 의지, 다시 말해서 자유와 창조의 의지이다. 니체의 자기성찰의 성찰은 이미 출발점에서부터 가치론 내지 윤리학을 포함하고 있다. 물론 프로이트도 에로스에 의해서 죽음의 충동을 극복할 수 있는 가능성을 암시하고 있으므로 정신분석학에도 자유와 창조가 전제되어 있고 정신장애를 치료할 수 있다는 점에서 윤리학 내지 가치론이 내재하여 있지 않느냐고 반문할 수 있다. 그러나 프로이트의 에로스나 죽음의 충동 사이의 갈등을 비롯해서 정신장애의 치료는 어디까지나 신경생리학적 메카니즘 안에서 수행되기 때문에 정신분석학에서는 인간의 자유나 창조가 언급될 수 없으며 따라서 정신분석학은 가치론 내지 윤리학을 전제로 삼지 않는다. 따라서 정신분석학이 주체적 인간을 정립하기 위해서는 니체의 자기성찰의 철학을 근거로 삼지 않으면 안 될 것이다. 보다 더 넓은 의미에서 말하자면 정신분석학이 인간의 주체성을 보장하기 위해서는 인식론적, 윤리학적 및 존재론적 성찰을 동반하지 않으면 안 될 것이다.

프로이트가 죽은 후 아들러, 융, 호나이 및 라캉 등 정신분석학자들은 성충동의 제한성을 지적하고 다양한 충동 이론들을 제시하였으며 더 나아가서 인간정신의 형성요인으로서 환경과 사회 및 문화적 요인들을 첨가하였다. 특히 프랑크푸르트 학파의 호르크하이머나 아도르노 등은 도구이성에 의한 일차원적 문명을 실천이성에 의해서 극복하려고 했는데 이러한 경향은 프로이트의 정신분석학의 방법으로부터 직접 또는 간접으로 영향받은 것이다. 마르쿠제는 다원적 인간과 사회를 위하여 에로스에 의해 죽음의 충동을 극복할 수 있는 길을 모색하였다. 또한 들뢰즈나 가타리 등은 성충동을 제한된 것으로 지적하면서 오이디푸스 콤플렉스의 부당함을 비판하지만 프로이트의 정신분석학을 바탕으로 현대 자본주의 사회를 질병의 상태로 진단하고 질병을 극복할 방안을 모색한다. 이와 같은 프로이트의 영향은 현대철학에서 흔히 니체의 영향과 병행한다. 왜냐하면 니체의 영향을 받은 하이데거, 푸코, 라캉 및 소위 포스트모더니스트들이 현대인의 허구성 내지 합리성을 해체하고 역동적이며 개방적인 삶을 구축하고자 노력하기 때문이다.

철학의 본질은 삶과 세계를 해석하는 데 있는 것이 아니라 삶과 세계를 개혁하는 데 있다는 마르크스의 말을 상기할 경우 프로이트나 니체는 모두 각각의 출발점과 방법에는 차이가 있다고 할지라도 삶과 세계를 해석하면서 동시에 개혁하려고 한 인물들이다.

제3장 대중의 뜻

1. 왜 대중이 문제인가?

현대로 접어들면서 실존철학을 비롯하여 생철학, 철학적 인간학, 마르크스주의, 프랑크푸르트 학파 등은 한결같이 인간성 회복을 부르짖었다. 소외나 부조리와 같은 개념들은 바로 인간성 상실을 뜻한다. 극단적 물질문명이 초래한 기술만능주의와 아울러 자본주의에 의한 획일적 상업주의는 다원적 인간상을 부정하고 소위 '일차원적' 인간 및 '일차원적 사회'를 형성하기에 이르렀다. 이와 같은 시점에서 일상성에[1) 대한 자기성찰이 시작되지 않는다면 인간의 삶은 은폐된 채로 남아 영원히 의미를 상실할 것이다.

21세기에 접어들면서 다른 어떤 분야보다도 인간의 삶을 좌우하는 것은 기술과 정보이다. 유전자공학과 생명공학의 눈부신 발달은 기술과 정보의 힘에 의해서 지금까지 인간이 당면하여 온 수많은 난제들을 모두 해결해 줄 것 같은 인상을 주며, 머지않아 정보와 기술이 보장해 주는 기술의 유토피아 곧 테크노피아가 실현되리라는 꿈이 현대인을 흥분시키고 있다. 그러나 우리들은 이제 획일적 상업주의와 기술만능주의는 어떤 타당한 정립 근거를 소유하고 있는지 묻지 않으면 안 된다. 왜냐하면 반성없는 현실, 다시 말해서 자기성찰을 결여한 삶의 현실은 한낱 무의미할 뿐만 아니라 무가치한 일상성의 반복에 불과하며, 인간성 상실의 근원일 것이기 때문이다.

20세기 중반에 마르쿠제가 인간을 가리켜 일차원적 인간이라고 부정적으로 칭했던 것보다 훨씬 더 심각한 획일적 인간상을 현재의 시점에서 직면하는 것은 우연이 아니다. 20세기 말 동서냉전의 이데올로기가 붕괴되었을 때 우리들은 인간성 회복의 실마리를 찾을 수 있다는 희망에 차 있었다. 그러나 곧 민족주의라는 또 하나의 이데올로기가 고개를 들었으며, 민족주의는 획일적 상업주의, 기술만능주의와 결합되어 다시금 일차원적 인간과 사회의 발달을 촉진시키고 있다. 그런데 민족주의나 획일적 상업주의 또는 기술만능주의는 또 한편으로 민중이나 대중에 의해서 지지받으며 옹호되고 있다. 특히 대중(Masse)이라는 개념은 시민이나 백성의 개념과는 달리 일반적으로 불특정한 사람들의 무리나 떼 또는 집단을 뜻한다. 민족주의는 물론이고, 획일적 상업주의 그리고 기술만능주의는 21세기 초반 현재를 특징짓는 이데올로기들이다. 이들 세 가지 일차원적 이데올로기들을 유토피아로 향해서 이끌어 가고 있으며 동시에 이들 이데올로기를 맹목적으로 확신하고 있는 일차원적 인간의 집단이 바로 대중이다. 따라서 우선 인간이 무엇인지 알기 위해서 그리고 다음으로 인간의 바람직한 삶 내지 미래 지향적 또는 개방적 인간상이 어떠하여야 할지를 제시하기 위해서는 대중의 의미와 가치를 분석하고 해명하는 작업이 시급히 요청된다.

나는 이곳에서 프로이트와 니체에게서 나타난 대중의 의미를 분석하고 해명함으로써 다음과 같은 몇 가지 문제들은 집중적으로 밝히고자 한다. (가) 대중의 성격은 무엇인가? 표면상 현대사회를 이끌어 가는 주인공은 대중처럼 보인다. 그러나 대중의 성격을 고찰

할 경우 현대사회와 아울러 인간의 소외현상을 알 수 있다. (나) 대
중이 주장하는 것은 환상인가, 참다움인가? 물론 상세히 논하자면
대중도 정적 대중과 동적 대중으로 구분될 수 있겠지만 일반적으로
대중은 자발성을 결여하기 때문에 실존적 현존재일 수 없다. (다)
교회나 군대의 성립 과정에서 나타나는 대중의 특징은 나르시즘에
근거를 두고 있다. (라) 인간이 어떤 대상과 자신을 동일화할 때 두
드러지게 나타나는 인간 집단이 바로 대중이다. 여기에서는 특히
자아이상과 초자아와의 관계에서 대중이 어떤 성격을 소유하는지
가 문제이다. (마) 대중과 여론은 어떤 관계에 있는가? 현대인들은
여론을 신뢰하며 삶을 영위하는데 대중-여론이 어떻게 성립하며 어
떤 성격을 가지는지 밝힐 필요가 있다. 이상에서 열거한 몇 가지 문
제점들을 밝힘으로써 우리들은 현대사회와 현대인의 특징을 간파
할 수 있을 뿐만 아니라 한 걸음 더 나아가서 개방된 미래 지향적
인간상과 사회를 위한 가능한 방책을 제시할 수 있을 것이다.

고대로부터 현대에 이르기까지 사상의 역사와 함께 문명을 주도
적으로 지배하여 온 경향은 합리주의이다. 합리주의의 근원과 아울
러 목적은 완전성 및 절대성에 있다. 그리스 철학의 이성(Logos)과
기독교의 신(Deus)의 결합이 바로 합리주의이다. 획일적 상업주의
(자본주의)와 정보와 기술의 과학만능주의 역시 합리주의를 기치로
내걸고 완전하고 절대적인 삶을 실현시키고자 한다. 그러나 우리들
은 인간의 사유의 단초는 물론이고, 결과 역시 가설에 불과하다는
것을 알면[2] 현대사회와 현대인의 문제점을 즉시 직시할 수 있다.
니체, 마르크스, 프로이트, 아인슈타인 등은 이미 합리주의의 허구성
을 간파한 인물들이다. 실존주의, 현상학, 해석학 및 구조주의 등은
일상성을 지배하는 합리주의의 내면을 통찰함으로써 본질적인 삶
을 부각시키려고 노력한 경향들이다. 내가 보기에 합리주의의 불변

84

하는 원리를 거부하고 생생한 삶의 본질을 탐구한 인물들 중 가장 대표적인 사람들로는 프로이트와 니체를 들 수 있다.

프로이트의 정신분석학은 정신과정을 한편으로 그것(Es), 자아(Ich), 초자아(Über-Ich)가 형성하는 것으로 보는가 하면 또 한편으로는 의식되지 않은 것(das Unbewußte), 의식되기 이전의 것(das Vorbewußte), 의식된 것(das Bewußte)이 형성하는 것으로 본다. 자아나 의식된 것은 합리주의를 지지하는 이성적 의식이지만 그것은 한낱 정신과정의 가장 피상적인 층 내지 단계에 지나지 않고 정신과정 내지 영혼과정에서 본질적인 것은 그것(Es) 아니면 의식되지 않은 것(Ubw)이다. 이렇게 볼 때 프로이트의 정신분석학에서는 합리주의나 근대성이 해체될 수밖에 없다. 합리주의에 대한 니체의 기본적 입장은 프로이트의 견해와 큰 차이가 없다. 합리주의가 주장하는 완전성과 절대성은 단지 허구에 지나지 않는다. 왜냐하면 합리주의는 힘에의 의지를 은폐하고 단지 형식논리에 의해서 왜소한 인간(대중이나 천민)의 노예도덕을 형성하였기 때문이다. 프로이트나 니체는 우선 인간을 다원적 존재로 보며 다음으로 완전성과 절대성을 보장하는 유토피아를 거부하기 때문에 근대성을 해체하고자 한다.

합리주의를 근거로 삼은 전통철학은 삶의 의미를 의식에서 찾았다. 그러나 프로이트의 그것(Es)이나 리비도 그리고 니체의 힘에의 의지 등은 삶의 의미가 이성적 인식에 있는 것이 아니라 '의식과 다른 것'[3]에 있다는 것을 역설한다. 현대문명에 이끌려 가고 있으며 동시에 현대문명을 이끌어 가고 있는 인간집단은 표면상 대중 내지 군중이다. 나는 여기에서 시민, 백성, 민중 등의 개념은 문화 및 정치·사회적 의미를 소유하고 있다고 보기 때문에 개성을 결여한 불특정 인간집단인 대중이나 군중의 개념과 구분하고자 한다.

대중과 현대문명은 순환관계에 있으며 두 가지 모두 합리적 이성
(또는 이성적 자아)에 의해서 문제를 해결하면서 미래를 계획한다.
그렇지만 한가지 짚고 넘어가야 할 것은 개성과 의미를 소유한 시
민, 백성 또는 민중이 흔히 대중으로 변질되기 쉬울 뿐만 아니라 단
지 대중에 불과한 집단이 시민, 백성 또는 민중의 탈을 쓰고 여전히
절대적이며 독단적인 진리와 정의를 주장하는 일이 빈번하다는 사
실이다. 프로이트와 니체의 대중에 관한 언명을 고찰할 때 프로이
트는 심층심리학 내지 정신분석학의 입장에 서 있고, 니체는 원근
법주의(Perspektivismus)의 견해를 가지고 있다. 그렇지만 양자가 대
중을 비판적 입장에서 해명한 결과는, 대중은 허구에 지나지 않고
'의식되지 않은 것'(Ubw)이나 힘에의 의지가 삶의 근원이며, 더 나
아가서 그것들이 형이상학적 내지 존재론적 원천이라는 것이다.

　나는 대중의 의미를 탐구하는 데 있어서 우선 프로이트의《대중
심리학과 자아-분석》을 상세히 고찰하면서 프로이트의 정신분석학
에서 제시되는 대중의 의미를 해석할 것이며, 다음으로 니체의《짜
라투스트라》,《힘에의 의지》,《도덕의 계보학》등에 나타나는 대중의
의미를 프로이트의 견해와 비교하면서 논의를 전개할 것이다. 물론
논의의 전개 과정에서 니체의 자기성찰의 철학이 프로이트의 정신
분석학의 선구라는 것이 자연히 밝혀지겠지만 그와 같은 사실은 피
상적인 것에 지나지 않는다. 왜냐하면 프로이트와 니체의 대중의
의미에 대한 고찰의 목적은 인간과 삶의 본질에 대한 근본적인 해
명에 있기 때문이다. 프로이트와 마찬가지로 니체도 고정불변하며
완전하고 절대적인 인간상은 인정하지 않는다. 왜냐하면 프로이트
의 정신이나 영혼은 동적 충동인 그것(Es)이나 리비도를 바탕으로
삼는 정신과정이나 영혼과정에서 의미를 가질 수 있고 니체의 존재
론적 원리인 힘에의 의지도 역시 동적인 것이기 때문이다.

현대의 실존철학을 비롯하여 프랑크푸르트 학파가 탐구의 목적
으로 삼은 것은 주체적 현존재 인간의 확립 내지 인간성 해방이었
다. 인간과 삶의 본질을 해명하고자 하는 프로이트나 니체의 사상
적 모색 또한 인간성 해방을 목적으로 삼는다고 말할 수 있다. 실존
철학에서 말하는 실존은 물론이고 프랑크푸르트 학파의 호르크하
이머나 아도르노가 도구이성에 대립하여 주장하는 실천이성은[4] 모
두 개성적이며 창조적인 인간을 모색하고 있다. 프랑크푸르트 학파
의 철학자들은 하버마스에 이르기까지 비판적 합리주의의 입장에
서 있으며 전통적인 이성 개념을 분석하고 비판함으로써 인간과 인
간의 의사를 소통할 수 있는 능력을 가진 실천이성이 단지 형식적
인 도구이성을 극복하여야 한다고 주장한다. 그러나 이와 같은 주
장은 여전히 이성의 전통 안에 머물러 있는 것이 사실이다. 프로이
트나 니체는 자아(또는 의식된 것: Bw)나 인간을 분석함으로써 소
위 '기존 가치'가 전적으로 허구임을 밝히고자 한다. 프로이트의 의
식되지 않은 것(Ubw), 의식되기 이전의 것(Vbw), 의식된 것 또는
그것(Es), 자아, 초자아 그리고 니체의 디오니소스적인 것과 아폴론
적인 것, 힘에의 의지, 영겁회귀 등의 개념은 전통적 사고방식에서
자명한 것으로 여겨왔던 자아, 이성 등의 개념들이 가상에 불과하
다는 것을 지적한다.

위에서 말한 프로이트와 니체의 사상적 특징은 특히 그들이 취급
한 대중의 의미에서 한층 더 확실하게 제시된다. 양자가 뜻하는 대
중은 개성적 인간이 아니라 무개성적 인간집단이다. 이미 앞에서
언급한 것처럼 나는 양자의 대중의 의미를 살핌으로써 프로이트와
니체가 추구하는 인간과 삶의 본질을 밝힐 수 있을 뿐만 아니라 한
걸음 더 나아가서 현대인과 현대사회의 특징을 해명하고 또한 현대
인의 삶의 위기를 진단할 수 있다고 생각한다. 비록 프로이트가 예

술, 종교, 철학을 환상의 산물로 보고 그 중에서도 특히 철학을 환상의 극단으로 여긴다고 할지라도 그의 정신분석학은 '자기성찰'을 동반하는 한에 있어서 이미 철학함의 지평에 들어와 있다. 그가 일상적이고도 전통적인 자아나 이성의 한계 안에서 탐구를 진행하지 않고 기존의 자아, 이성, 의식에 대하여 의심을 제기한 것만 보아도[5] 그의 철저한 자기성찰을 엿볼 수 있다. 물론 독단적 형이상학에 대한 회의를 제시하고 그것을 해체하여 새로운 형이상학을 정립하려는 노력은 이미 칸트의 《순수이성비판》에서 잘 드러나고 있다.

그런가 하면 하이데거는 형이상학은 존재자들에 관한 탐구이므로 존재자들을 존재자이게끔 하는 '존재' 문제에 관한 탐구로서의 존재론이 형이상학에 선행하여야만 한다고 보아 형이상학을 해체시킨다. 칸트나 하이데거의 사유형태는 실천보다는 이론에 치중하기 때문에 그들은 소위 사유의 정합적 체계를 구축하는 데 몰두하는 경향이 있다. 그러나 프로이트나 니체는 현실적 대상으로 등장하는 대중, 다시 말해서 의식적, 합리적 인간집단을 탐구함으로써 대중의 의미를 허구 내지 가상으로 밝힌다. 프로이트와 니체는 칸트 및 하이데거와 마찬가지로 전통적 독단론의 해체를 주장하고 있기는 하지만 단지 형이상학의 해체뿐만 아니라 전통적 사고방식의 해체까지도 제시한다. 프로이트와 니체에게 있어서는 이성적 사유의 정합적 체계 자체가 해체되어야 할 대상이다. 왜냐하면 그들에게 있어서 이성적 자아나 지성은 단지 형식적이며 피상적이고 부분적인 허구 내지 가상에 지나지 않기 때문이다.

프로이트의 정신분석학은 정신과정에 관한 이론이자 관찰방법이며 치료법이다. 니체의 문명비판의 실험철학은 철저한 자기성찰의 철학이다. 프로이트는 대중의 정신상태를 일종의 신경증적 현상으로 관찰하면서 그 현상의 근거를 제시함으로써 건전한 인간의 정신

상태를 회복하고자 하는 데 비하여 니체는 허무주의적 대중의 성격
을 파헤침으로써 대중을 해체하고 미래의 인간상으로서 초인을 제
시한다.

2. 평균인의 성격

가. 개인적 관심과 전체의 관심

평균인으로서의 대중의 성격을 고찰하기에 앞서 프로이트 정신
분석학의 핵심되는 내용을 살펴볼 필요가 있다. 왜냐하면 정신분석
학의 기초를 오해할 경우 프로이트 사상 전체를 제대로 파악할 수
없기 때문이다. 보통 우리들은 프로이트 정신분석학의 정신과정에
관하여 언급할 때 무의식, 의식과 같은 용어를 사용하지만 그러한
용어는 부적절하며 큰 오해를 초래하기 쉽다. 프로이트는 그의 전
체 저술을 통해서 자신의 이론이 정신분석학(심층심리학 또는 메타
심리학)이라는 것을 밝히면서 자신은 정신과정(영혼과정)을 탐구한
다고 말한다. 정신과정은 의식과정이라고도 말할 수 있으며 그것은
지각종점으로부터 시작해서 운동종점에서 종결된다.[6] 이들 양자 사
이에 의식되지 않은 것(das Umbewußte), 의식되기 이전의 것(das
Vorbewnßte), 의식된 것(das Bewußte)이 차례로 자리잡는다. 프로이
트의 역동적 심층심리학에서는 고정 불변하는 실체로 여겨지는 무
의식이나 의식이 허용되지 않는다. 왜냐하면 정신과정 자체가 힘이
나 충동이기 때문이다. 이와 같은 맥락에서 대중은 우선 의식된 것
의 측면에서 관찰되어야 하고 이어서 의식되기 이전의 것 및 의식
되기 이전의 것의 차원에서 고찰될 때 비로소 대중의 참다운 모습

이 드러날 수 있다.

융을 비롯해서 프로이트 이후의 많은 정신분석학자들은 프로이트가 성충동을 정신과정의 기초인 리비도나 그것(Es)으로 보는 개인 심리학에 국한되어 있다고 비판하지만 프로이트는 《대중심리학과 자아-분석》의 서론에서 개인 심리학과 사회 심리학의 구분은 철저할 수 없다고 말한다. 왜냐하면 개인은 항상 다른 개인과 긴밀한 관계를 맺고 있기 때문이다. 따라서 개인 심리학은 처음부터 사회 심리학과 동시에 존재하며 오히려 사회적 충동은 가족의 충동이나 개인의 충동을 바탕으로 삼고 있다고 볼 수 있다.[7] 그러므로 프로이트는 대중의 의미를 탐구함에 있어서 항상 개인의 영혼의 삶의 의미를 함께 고찰한다. 개별인의 영혼의 삶에 결정적 영향을 미치는 '대중은 무엇인가'[8]라는 물음을 제기하면서 프로이트는 대중의 의미를 탐구하기 시작한다. 개인들은 대중에서 통일되는데 개인들을 통일하는 어떤 '결합수단'이 있기 때문에 개인들은 원래 자신이 느끼고 생각하며 행동하는 것과는 전혀 다르게 대중 안에서 처신한다. 개인들을 대중으로 통일하는 결합수단은 '집단정신'이다.

개인의 본래적 정신구조는 다원적이지만 일단 개인이 대중으로 되면 개인의 이질적인 것은 대중의 동질적인 것 안으로 침잠하고 만다. 대중 안의 개인은 평균적인 무의식적 기초를 소유하는 '대중-개인'이 된다. 이런 의미에서 프로이트는 대중의 특징을 일컬어 '대중-개인의 평균적 성격'이라고 말한다. 프로이트의 대중-개인은 하이데거가 말하는 사람(das man)이나 니체가 말하는 천민, 왜소한 인간, 최후의 인간 등과 동일한 지평에 자리잡고 있다. 하이데거는 '사람'을 의심의 출발점으로 삼고 현존재 분석을 시도하며 니체는 허무주의에 물든 천민을 탐구의 시발점으로 삼았다. 마찬가지로 프로이트는 대중-개인을 문제대상으로 여기고 의식된 것으로서의 대중-개인을 관찰의 단초로 삼는다. 그러면 왜 개인은 쉽사리 대중화하는가? 개인은 집단정신 안에서 '자신의 무의식적 충동의 억압'을 버릴 수 있기 때문에 큰 난점 없이 대중에 동화된다는 것이 프로이트의 견해이다. 획일적 상업주의와 기술·정신의 물질만능주의는 대중문명을 대변한다. 사람들은 왜 쉽사리 획일적 상업주의와 물질만능주의(획일적 산업주의)에 동화하는가라고 물을 경우 프로이트는 바로 위에서와 동일한 답을 제시할 것이다. 프롬의 언명을 빌리지 않더라도 개인은 자유로부터 도피하려는 경향을 가지고 있다.[9] 자유는 무의식적 억압의 충동을 해결하여야 할 의무를 짊어진다. 따라서 자유는 개인의 자발적 결단을 요구한다. 그렇다면 개인의 대중화는 문제해결이 아니라 문제로부터의 도피에 지나지 않는다. 개인이 대중화하는 것을 보다 더 구체적으로 말하면 개인은 대중 속에서 자기 자신의 관심을 전체-관심에 희생한다고 할 수 있다.[10]

대중의 의미에 대한 니체의 고찰은 프로이트의 입장과 별로 큰 차이가 없다. 니체는 개인 그리고 개인의 사고가 보편적 및 필연적으로 됨으로 인해서 대중이 성립한다고 본다.[11] 개인은 자발성, 독창성, 결단성을 소유한 인간 존재임에 비해서 대중-개인(대중을 보다 구체적으로 표현하면 그것은 프로이트가 지적한 것처럼 대중-개인이다)은 보편적, 필연적, 인간집단으로서의 평균인이다. 니체가 보기에 근대성을 대면하는 것은 다름 아닌 대중이다. '나는 뒤로, 고향으로 도망왔다.—그것도 항상 잽싸게: 그렇게 그대들 현대인이여 나는 그대들에게 왔다.—그리고 교양의 나라로'[12] 니체의 이 말에서 고향, 현대인 그리고 교양의 나라는 모두 내용상 군중의 성격을 뜻한다. 합리주의적 이성과 지식과 교양은 형식적 이데올로기에 물든 인간상을 형성한다. 그렇게 때문에 니체는 대중적 인간을 일컬어 최후의 인간, 천민 또는 왜소한 인간이라고 부른다. 프로이트는 개인과 대중을 구분하고 대중의 무의미를 파헤치고 있음에 비해서 니체는 본래적 인간과 비본래적 인간 곧 초인과 대중을 구분한다. 니체와 프로이트의 이와 같은 차이는 그들의 탐구자세를 볼 때 당연한 것이다. 프로이트는 어디까지나 비정상적 정신상태를 치료함으로써 정상적 정신상태를 회복하고자 했음에 반해서 니체는 삶의 존재론적 원리를 획득하고자 하였다. 좀더 상세히 말해서 프로이트는 개인을 자발적, 창조적 존재로 그리고 대중을 평균인으로 보고 대중을 해체시키고자 하였다. 니체 역시 대중을 천민으로 여기고 프로이트와 마찬가지로 대중을 해체하려고 했지만, 그가 보기에 근대성에 물든 개인은 독자적이며 자발적인 개인이 아니라 한낱 대중-개인에 지나지 않는다. 니체는 프로이트보다 한 걸음 더 나아가서 개인과 대중을 모두 해체하고 본래적 인간성을 제시한다. 그리하여 그는 '보다 높은 인간은 비인간이며 초인이다'[13]라고 절규한다. 보다 높은 인간이란 대중을 해체한 본래적 인간을 뜻하며 비인간과 초인도 마찬가지이다. 비인간의 의미는 인간이 아니라는 데 있지 않고 허구적 인간이 아니라 본래적 인간으로서의 초인이라는 데 있다.

니체가 프로이트와는 달리 개인이냐 대중이냐를 막론하고 현대인을 일컬어 비인간이라고 할 때 비인간은 합리주의적 퇴폐주의에 물든 인간을 말한다. 따라서 니체는 대중을 극복함으로써 본래적 인간을 회복할 수 있다고 본다. 니체는 형이상학적 내지 존재론적 사고에 의해서 원근법주의를 동원함으로써 본래적 인간상을 대중해체의 대안으로 제시한다. 그러나 프로이트는 그 자신이 여러 저술에서 언급하는 것처럼 철학을 참다운 학문으로 여기지 않기 때문에 자연과학으로서의 심층심리학 곧 정신분석학에 충실하고자 함으로써 니체처럼 대중-정신을 허구나 가상으로 보지 않고 하나의 현실적 현상, 다시 말해서 신경증적 현상으로 본다. 그러므로 프로이트는 개인과 대중을 대립개념으로 보고 개인은 대중 안에서 무의식적 충동의 억압을 버림으로써 개인적 관심은 대중의 전체 관심에 희생된다고 본다.[14] 일반적인 관점에서 볼 때 개인은 대중화함으로써 개인의 고유성을 상실하는 것이 사실이다. 대중-개인은 개성이 없을 뿐만 아니라 자발성이나, 독자성도 없다. 왜냐하면 개인적 관심은 대중의 전체관심에 희생되기 때문이다. 앞에서도 잠시 살펴보았지만 개인과 대중에 관해서 프로이트와 니체의 입장을 비교할 때 프로이트는 개인의 대중화를 신경증적 현상으로 보고 있음에 비하여 니체는 개인과 대중을 프로이트처럼 구분하지 않고 두 가지 모두 대중적 존재로 여기기 때문에 그가 보기에 현대를 살아가는 개인이나 대중은 모두 허무주의적이고 퇴폐적인 천민에 지나지 않는다. 프로이트는 대중을 해체하고 정상적 개인을 회복하고자 했음에 비하여 니체는 허무주의적 개인과 대중 양자를 모두 해체하고 본래적 인간상을 정립하고자 한다.

나. 자동기계

프로이트에 의하면 대중의 품안에 들어 온 개인은 일종의 현혹에 접근한다. 이 현혹은 다름 아닌 대중화이다. 최면술사와 피최면자의 관계를 놓고 볼 때 대중화된 개인은 피최면자로서 최면술사의 영향으로 인하여 자신의 '인격'을 상실한다. 개인은 대중 속에서 의지뿐만 아니라 사물을 구분할 능력마저 결여하며, 자신의 감정과 사고도 최면술사의 방향설정에 따르도록 한다.[15] 이러한 상황은 20세기 초 프로이트가 처했던 사회현실을 반영할 뿐만 아니라 21세기 초 현재의 현실에도 그대로 적용된다. 후기 자본주의 및 후기 산업사

회로 지칭되는 현재 인간 현존재는 대중-개인으로서 특정한 인간
집단이나 후기 자본주의 또는 후기 산업사회라는 최면술사가 지시
하는 대로 이끌려 가고 있다. 집단으로서의 대중의 암시와 전염에
의해서 의식적 인간성은 사라지고 무의식적 인간성이 지배하게 된
다. '개인은 더 이상 그 자신이 아니고 의지 없는 자동기계
(Automat)로 되어버렸다'[16]는 프로이트의 언명은 대중의 신경증적
현상을 적나라하게 표현한다. 인간에 대한 탐구의 출발점과 방법론
은 제각기 다르다고 할지라도 실존철학이나, 프랑크푸르트 학파, 마
르크스 그리고 프로이트와 니체 등은 모두 현대인의 퇴폐주의적 현
상을 진단하고, 대안을 마련하려는 노력들을 제시하고 있다. 프로이
트는 개인이 대중화하였을 때 인간이 자동기계로 되는 중요한 근거
를 개인의 '지적능력의 저하'에 둔다. 개인은 대중 안에서 야만인
곧 충동존재로 되기 때문에 자연적으로 지적 능력이 감퇴되며 극단
적으로는 지적 능력을 완전히 상실하게 된다.

　물론 프로이트가 인간-집단으로서의 대중을 총체적으로 신경증
적이라고 지칭하는 것은 아니다. 나중에 고찰하겠지만 그가 정적
대중과 동적 대중을 구분할 때 정적 대중은 부정적인 대중-개인임
에 비해서 동적 대중은 여전히 자발적인 의지와 사고를 소유한 대
중-개인이다. 지금 내가 여기에서 언급하는 대중은 신경증 현상으
로서의 부정적 대중-개인이다. 프로이트가 지적한 것처럼 현대인은
주체성 곧 자발적 인격을 상실하고 단지 사회적 요소로 전락한 느
낌마저 준다. 후기 자본주의와 후기 산업사회의 제도나 그것을 장
악한 특정 집단의 인간들이 최면술사가 되어 이끌고 명령하는 대로
움직이는 것은 개성적 인간이 아니라 한낱 자동기계에 불과하다.
프로이트는 대중-개인이 자동기계로 되는 근거를 대중의 충동에서
찾고 있다.

다. 대중의 충동

개인이 대중 속에서 지적 능력을 상실하게 되는 것은 대중의 충동 때문이다. 대중은 충동적이고 변화하기 쉬우며, 자극에 민감하기 때문에 무의식적인 것에 의해서 이끌려 간다. 그러므로 대중의 충동은 상황에 따라서 고귀하다가도 잔인하며, 영웅적이거나 비겁하기도 하기 때문에 인간의 인격적인 '자기보존의 관심'에 대한 타당성을 잃는다.[17] 프로이트는 대중과 대중의 충동을 동일한 것으로 본다. 왜냐하면 대중은 대중의 충동에 의해서 성립하기 때문이다. 대중의 충동은 욕망과 욕망실현 사이의 거리를 전혀 고려하지 않는데 이는 대중의 충동은 '전능함의 감정'을 소유하기 때문이다. 따라서 대중은 물론이거니와 대중-개인 역시 '불가능한 것의 개념'을 가지지 않는다. 프로이트의 이와 같은 견해는 이미 니체의 대중에 대한 입장에 예견되어 있다. 니체가 개별자 또는 개별자의 사고가 보편적이고 필연적일수록 대중은 동일하며 비천하다고 말하거나[18] 대중을 일컬어 천민의 잡동사니라고 할 때 니체 역시 대중의 충동을 제시하고 있다. '천민의 잡동사니: 그곳에는 모든 것이 뒤섞여 있고, 성자와 사기꾼, 귀족과 유태인, 노아의 방주에서 나온 온갖 짐승이 뒤섞여 있다. 미풍양속! 모든 것이 우리에게는 거짓이며 부패이다. 아무도 더 이상 그것들을 존중할 줄 모른다. 우리는 그것들로부터 달아난다. 그것들은 불쾌하게 돌아다니는 개들이며, 그것들은 종려 나무 잎에 도금한다.'[19] 니체가 보기에 대중의 충동은 보편적이며 필연적인 것이다. 그렇다면 대중의 충동은 자연히 전능함의 감정을 가진다. 대중의 충동은 모든 것이 뒤섞여 있는 천민의 잡동사니로 서 거기에는 불가능이란 있을 수 없다. 그렇지만 계보학 내지 원근 법주의를 사태탐구의 방법으로 동원할 때 보편적이며 필연적인 인간상으로서의 대중은 단지 허구나 가상에 지나지 않는다. 따라서 니체는 '모든 가치들의 전도'를 요구하지 않을 수 없다.

얼핏 보기에 니체는 대중의 충동을 부정적인 것으로 여기는 데 비해서 프로이트는 대중의 충동을 매우 강렬한 긍정적 힘으로 보는 것 같다는 생각을 가지기 쉽다. 그러나 프로이트에게 있어서 대중의 충동은 과도한 자극에 의해서 야기되어 극단에 치우친 힘으로서 그것은 하등의 논리적 적합성을 필요로 하지 않기 때문에 결국 유기적 생명체인 인간 개체의 정신균형을 붕괴시키는 요인이므로 '일종의 허약함'에 지나지 않는다.[20] 프로이트의 이러한 입장에 대해서 논리적 적합성을 가진 것은 대중의 충동이 아니고 개인적인 인격주체의 충동인가를 물을 수 있다. 그리고 이러한 물음은 합리적 이성보다 성적 충동을 정신과정의 원천으로 보는 프로이트의 기본적 사고를 벗어나는 물음처럼 여겨진다. 프로이트가 말하는 정신의 비정상 상태는 정신과정(또는 의식과정)을 구성하는 단계들간의 극단적인 갈등을 지시한다.[21] 프로이트가 대중을 분석하는 것은 대중-정신의 비정상 상태를 해명하려는 목적을 가지고 있고 따라서 대중의 충동이 전능함의 감정을 가진다고 할 때 전능함의 감정은 정신과정의 단계들간의 극단적 갈등 이외의 다른 것이 아니므로 그것은 결과적으로 일종의 허약함 곧 신경증적 현상에 불과하다. 그렇다면 니체나 프로이트 모두에게 있어서 대중이나 대중의 충동은 극복되지 않으면 안 될 대상이다.

프로이트는 유년 시절부터 아리안족의 유태인에 대한 박해를 직접 체험했는데 그러한 체험이 그로 하여금 대중의 정신상태를 분석하는 동기를 제공하였을 것이고 보다 더 근본적으로는 치료법으로서의 정신분석학을 전개하는 과정에서 개인의 정신상태와 인간집단의 정신상태를 비교하는 작업이 그로 하여금 대중의 충동을 고찰하도록 하였을 것이다. 물론 니체는 본래적 인간상을 정립하기 위해서 허무주의 내지 퇴폐주의에 물든 낭만주의나 사회주의를 형성하는 대중의 허구성을 드러내지만, 표면상으로 강한 힘을 소유한 대중이 충동의 근본적으로는 허약함에 불과한 허구나 가상일 뿐이라고 그가 강조할 때, 대중 또는 대중의 충동에 대한 니체와 프로이트의 견해는 동일한 지평에 자리하고 있음을 알 수 있다.

3. 대중과 진리

가. 환상

이제 나는 프로이트가 뜻하는 대중의 의미를 보다 더 심층적으로 파헤치기 위해서 프로이트의 대중과 진리에 대한 견해를 살펴보고자 한다. 일반적으로 진리개념은 인식론의 영역에서 전문적으로 취급되는 것으로서 전통적으로는 진리 대응설과 진리 정합설에서 취급된다. 프로이트는 철학을 참다운 학문의 영역에서 배격하며 특히 관념론이나 형이상학은 부정하기 때문에 어디까지나 생물학, 생리학, 물리학을 근거로 정신분석학을 진행시키며 진리 대응설의 입장을 고수한다고 볼 수 있다. '실재하는 외부세계와의 이 일치를 우리들은 진리라고 부른다'[22]는 프로이트의 말은 그의 진리관이 진리 대응설임을 증명하여 준다. 그가 이 일치라고 할 때 그것은 욕구와 외적 대상과의 일치를 말한다. 일치에 관해서 보다 더 상세히 말하자면, 외적 대상이 우리들의 욕구를 충족시키거나 촉진하는 데 적절할 경우 프로이트는 일치라는 용어를 사용하며 그러한 일치가 바로 진리이다. 프로이트가 말하는 진리는 인식론적 차원의 진리라기보다는 심리학적 차원의 진리라고 일컫는 것이 적절할 것이다.

프로이트에 의하면 대중은 환상에 집착하며 환상을 촉진하기 때문에 결코 진리에 대한 갈증을 소유하지 않는다. 왜냐하면 대중-개인은 진리가 아니라 직관이나 신성화가 욕망자극을 충족시켜 준다는 환상을[23] 확고하게 믿고 있기 때문이다. 여기에서 문제는 욕구와 외적대상이 정신분석학적 분석에 의해서 일치하는 것과, 욕구와 외적 대상이 직관이나 신성화 곧 환상에 의해서 일치하는지의 여부를 어떻게 구분하는가 하는 점이다. 물론 프로이트는 전문적 분석(경험과학적인 정신분석학)에 의해서 진리와 환상을 구분할 수 있다고 보며 환상에 근거를 둔 것은 히스테리 증세라고[24] 말한다. 앞에서 대중 안에서 개인은 지적 능력이 감소하거나 소멸한다는 것을 지적하였다. 이 맥락에서 보면 대중은 정서적 욕구자극이 강하고 현실을 냉철하게 검토하는 능력을 현저하게 결여한다. 표면상으로는 거대하고 강한 힘을 가진 것처럼 보이는 대중이 실제로는 환상에 사로잡히고 허약함에 물들어 있음에도 불구하고 대중이 강한 정서적 자극에 대해서 극단적으로 반응하는 이유는 어디에 있을까? '대중이란 결코 주인 없이는 살 수 없는 온순한 무리이다'[25]라는 프로이트의 말이 뜻하는 데서 알 수 있듯이 대중은 자신이 복종할 주인에 대한 갈증을 가지고 있다.

나. 대중과 주인

니체는 근대성에 기초한 현대문명을 비판하는 비판철학의 입장에서 '지금까지의 최상의 가치들의 비판'이라는 기치 아래에서 전통적인 종교, 도덕, 예술 및 철학의 독단적 가치들을 모두 전도시키고자 하였다. 프로이트의 정신분석학의 궁극 목표 역시 정신활동에

대한 전통적 이론들에 대한 전도이므로 비록 입장과 방법론의 차이
는 있다고 할지라도 니체는 프로이트의 선구이며 양자가 모두 긍정
적이며 미래지향적인 인간상을 정립하고자 하는 점에서 일치한다.
뿐만 아니라 인간의 정신활동과 상태를 철저히 분석함으로써 전통
적 삶의 가치와 질적으로 다른 새로운 가치를 형성하려고 했다는
것을 알 수 있다.

프로이트의 정신분석학은 어떤 측면에서는 합리주의적 성격이
있다고 할지라도 프로이트 자신은 정신분석학이 어디까지나 경험
과학임을 강조한다. '엄밀히 말하면 오직 두 가지 학문만이 존재한
다. 그것은 순수 및 응용심리학과 자연과학이다.'[26] 이 말을 따르면
정신분석학은 순수 및 응용심리학과 자연과학을 종합한 진정한 학
문이며 정신분석학이야말로 환상을 거부하고 진리를 추구한다. 프
로이트는 학문에 대립하는 세 가지 세계관 곧 종교와 철학과 예술
을 제시하면서 이것들은 환상에 물들어 있다고 비난한다. 철학은
인간의 논리적 작용을 과대 평가하면서도 지식의 원천으로서 직관
과 같은 능력을 인정하기 때문에 환상에 지배당한다. 극소수의 사
람들만 철학에 관심을 가지는데 그 이유는 철학이 빈틈없고 치밀하
게 연관된 세계상을 제시하지만 대부분의 사람들은 그러한 세계상
을 파악할 수 없기 때문이다. 예술은 항상 해가 없으며 우호적이지
만, 실재와는 거리가 있는 환상에 지나지 않는다. 그러나 프로이트
가 보기에 종교는 환상의 극치이다. 학문의 근거와 토대에 대하여
논의할 수 있는 세 가지 힘들 곧 예술과 철학과 종교 중에서 '종교
가 유일하게 진정한 적이다'[27]라고 프로이트가 말할 때 프로이트가
염두에 두고 있는 참다운 학문은 어디까지나 경험과학으로서의 정
신분석학이며, 그가 뜻하는 종교는 가장 강한 정서를 소유한 엄청
난 환상의 힘을 대변하는 세계관이다.

내가 여기에서 '대중과 주인'에 관한 논의를 잠시 접어두고 프로
이트의 종교관에 관해서 고찰하는 것은 프로이트나 니체 양자가 다
종교와 대중의 밀접한 관계를 매우 중요한 주제로 다루고 있기 때
문이다. 프로이트에 의하면 종교는 세 가지 주요 기능을 가지는데
그것들은 ① 지적 욕구의 충족, ② 불안이나 불행에 대한 위안, ③
학문과 상관없는 규범의 제시 등이다.[28] 인간은 유아 시절에 과대평
가했던 아버지상을 기억에서 되살려서 그것을 현재 안에서 신성으
로 고양시킨다. 부친에 대한 기억상의 강렬한 정서와 이 기억상이
자신을 보호해 주어야 한다는 필요는 '신에 대한 신앙'[29]을 소유하
게끔 한다. 프로이트는 《토템과 타부》를 비롯해서 여러 저술들에서
종교의 특징을 오이디푸스 콤플렉스와 연관하여 해명하고 있는데
그의 종교관은 니체나 포이에르바하의 종교관과 유사한 점이 많다.
니체는 기독교를 위시해서 종교의 특징을 노예도덕에 두고 있다.
'기독교에서는 도덕도, 그렇다고 종교도 현실의 어떤 점과도 상관
하지 않는다'[30]고 할 때, 니체는 기독교적 개념들은 상상적 원인들
과 상상적 결과들로 구성되어 있다는 것을 지적한다. 신, 영혼, 자아,
정신, 자유의지, 부자유스런 의지 등은 상상적 원인에 속하는가 하
면 죄, 은총, 구원, 벌 등은 상상력 결과에 속한다. 니체는 종교의 세
계는 허구의 세계이기 때문에 꿈의 세계보다는 훨씬 더 상상적인
것이라고 말한다. 그리하여 그는 '꿈의 세계는 현실을 반영하는 데
비해서 이 순수한 허구-세계는 현실을 왜곡하고 무가치하게 하며
부정한다'[31]고까지 주장한다. 포이에르바하 역시 같은 맥락에서 신
학의 비밀은 철학이고 철학의 비밀은 인간학이라고[32] 말한다.
    이제 다시 대중과 주인의 주제로 돌아가 보자. 앞에서 니체와 포
이에르바하를 이끌어 들이면서 프로이트의 종교관을 잠시 살펴본
것은 종교에서 대중의 특징이 가장 잘 드러나기 때문이었다. 프로

이트는 대중의 정신활동을 일컬어 환상이라고 말한다. 그러면 이 환상은 어떤 성질의 것인가? '마술은 우리들의 모든 비판능력을 마비시키며 우리들을 경탄과 존경으로 가득 차게 한다'[33]고 프로이트가 말할 때 마술은 환상을 초래하는데 마술은 주인에게서 나오는 것이고 환상은 대중이 소유한 것이다. 대중과 주인의 관계는 피최면자와 최면술사와의 관계와도 같으며 정치, 사회적으로는 대중과 지도자와의 관계와도 같다. 프로이트가 강조하고자 하는 것은 대중이나 주인이나 모두 정상적인 정신상태가 아니라는 것이다. 앞에서 잠시 언급한 일이 있지만 유아기 오이디푸스 콤플렉스 시절에 지녔던 아버지상이 주인의 역할을 행하고 자아가 그것에 복종하는 것이 대중의 역할이기 때문에 대중과 주인은 모두 신경증적 현상에 지나지 않는다. 니체는 대중개념을 개인심리학의 차원이 아닌 문명비판의 관점에서 고찰하면서 대중-효과란 몰락의 문화일 뿐이라고 말한다. 이러한 프로이트나 니체의 대중개념은 헤겔이 《정신현상학》의 주관적 정신에서 언급하는 주인과 노예개념과 의미상 밀접한 연관성을 가진다고 볼 수 있다. 주인은 즉자적 의식으로서 노예를 통해서 간접적으로 사물에 관계하기 때문에 비본질적 의식만 가지고 노예도 마찬가지로 처음에는 노동하고 노동의 산물을 소유하지 못하고 주인을 본질로 여기기 때문에 비본질적 의식을 지닌다. 그렇지만 주인은 계속해서 비본질적 의식을 유지하는 데 비해서 노예는 '노동과 훈련과 죽음의 공포'[34]를 통해서 주인에게 대한 예속과 아울러 사물과의 동일성을 부정하고 사유의 자유를 획득한다. 헤겔은 노예가 자발적 노동을 통해서 주인의 예속을 탈피하고 인간주체로 된다고 보는데 이러한 견해는 프로이트나 니체가 환상이나 상상의 대중을 전도시킴으로서 개성적, 자발적 인간상을 정립하려고 한 의도와 동일한 차원에 있는 것이다.

프로이트나 니체의 대중이론은 획일적 상업주의와 산업주의의 대중사회를 살아가고 있는 현대인에게 개성적, 주체적 인간상을 추구하고 회복하는 데 커다란 경각심을 환기시켜 준다. 컴퓨터를 비롯한 기술, 정보는 물론이고 과학만능주의의 지대한 영향력 아래에서 진행되고 있는 유전자공학과 생명과학의 눈부신 발달은 인간과 삶의 의미와 가치는 도외시하고 원초적 욕망충족에 급급한 경향을 가지고 있다. 실존적, 주체적 인간성 내지 인격을 제쳐놓고 효율성과 생산성에만 치우쳐서 충동적 욕망충족만 추구할 때 인간성의 다원적 요소들의 균형은 자연히 붕괴될 것이고, 그와 같은 비극적 종말에 이르러서 우리들이 인간의 가치론적 행동을 논의한다면 그것은 무의미할 것이 아닌가? 프로이트는 개인과 대중 그리고 대중과 주인을 구분하면서도 대중은 이중적 의미에서 고찰하는데 이는 비록 그의 분석이 체계적으로 엄밀치 못하다는 것을 나타내기는 할지라도, 그가 니체와 마찬가지로 본래적 인간상과 비본래적 인간상, 다시 말해서 정상적 정신상태의 인간과 신경증적 정신상태의 인간을 구분하고 한 걸음 더 나아가서 신경증적 정신상태를 극복하려는 노력을 제시한다.

4. 대중의 구분

가. 정적 대중

프로이트는 대중 속의 개인은 '늑대들과 함께 울부짖는다'[35]고 말하는데 이것은 대중-개인 곧 대중은 자극 받기 쉽고 열정적이며, 충동적이고, 변덕스럽고, 사려 깊지 못하며 서둘러 판단하기 때문에 자기의식, 자기존경 및 자기책임감을 결여한다는 사실을 의미한다. 극단적으로 말해서 대중은 '인간적 존재의 무리라기보다 오히려 야생동물의 떼'[36]와도 같다. 프로이트의 이러한 대중관은 아무런 개성도 소유하지 않은 단순한 '무리로서의 대중'에 해당한다. 무리로서의 대중은 감정전염에 전적으로 물들어 있기 때문에 개성적 인간상은 이미 상실하고 있다. 프로이트는 이러한 특징을 소유한 대중을 일컬어 정적 대중이라고 부른다.

지금까지 우리들이 살펴본 프로이트의 대중은 부정적 측면에서 바라 본 정적 대중이었다. 정적 대중은 신경증적 현상으로서의 폐쇄적 대중에 해당한다. 프로이트는 정적 대중을 극복하기 위한 계기로서 동적 대중을 제시한다. 물론 프로이트가 《대중심리학과 자아-분석》에서 정적 대중 및 동적 대중과 같은 개념을 사용하지 않는다고 할지라도 개인으로부터 직접 영향받는 대중과 단지 사회제도 안에 무리로 존재하는 대중을 구분하는 것으로부터 그가 정적 대중과 동적 대중을 구분하고 있음을 알 수 있다.

정적 대중과 동적 대중의 구분은 정신분석학에 있어서 정상적 정신상태와 신경증적 정신상태의 구분에 해당한다. 프로이트의 이와 같은 구분은 이미 니체에게서 분명히 나타난다. 니체는 가치들을 구분함에 있어서 지금까지의 전통적인 최상의 가치들과 새로운 가치들을 구분하며 인간상을 구분함에 있어서도 최후의 인간과 본래적 인간을 대립시키며 나아가서 정신의 구분에 있어서는 퇴폐주의와 건강한 정신을 대조한다. 프로이트가 동적 대중에 의해서 정적 대중을 극복하고자 하는 시도는 니체에게 있어서와 마찬가지로 본래적 인간상, 다시 말해서 정상적 정신상태를 획득하기 위한 노력이다.

나. 동적 대중

프로이트는 오로지 고독 속에서 작업하는 개인만이 위대한 사유 작업을 결단할 수 있으며 추리가 어려운 발견이나 문제해결도 개인에게서만 가능하다고 여긴다. 그렇지만 언어자체는 물론이고 민요나 민속춤을 보면 집단영혼(die Massenseele)도 천재적인 정신적 창조가 가능함을 알 수 있다는 것이[37] 프로이트의 견해이다. 나는 여기에서 프로이트의 정적 대중과 동적 대중을 해석함에 있어서 정적 대중을 대중-개인으로 그리고 동적 대중을 개인-대중으로 표현하고자 한다. 이러한 표현은 단지 편의상의 표현에 불과하지만 정적 대중에서는 개인이 대중화되었기 때문에 대중 속에 개인이 복종하므로 정적 대중은 대중-개인으로 표현한다. 그런가 하면 동적 대중에서는 대중의 형태가 두드러진다고 해서 개인의 개성과 자발성이 지배적이므로 동적 대중은 개인-대중으로 표현할 수 있다.

프랑스 혁명에서 나타나는 혁명적 대중의 성격 역시 개인-대중에 있다고 볼 수 있다. 프로이트는 정적 대중을 장기간 지속되는 호수의 물결에 그리고 동적 대중을 단기간에 걸친 호수의 높은 물결에 비유한다. 프랑스 혁명 이전과 이후의 대중은 대중-개인으로서의 정적 대중이며 그것은 폐쇄적 대중이다. 그런가 하면 프랑스 혁명 당시 혁명의 주체인 대중은 동적 대중으로서 개인-대중이며 그것은 개방적 대중이다. 베르그송이 《도덕과 종교의 두 원천》에서 폐쇄도덕과 개방도덕 그리고 정적 종교와 동적 종교를 논한 것도 넓은 관점에서 보면 프로이트의 대중관과 동일한 노선을 유지하고 있음을 쉽사리 알 수 있다.

프로이트는 심리학과 자연과학의 종합인 정신분석학의 방법에 충실하기 때문에 가치론에 대하여 특별히 언급하는 일은 없다고 할지라도 정신분석학의 실천은 치료이고 치료의 목적은 비정상적 정신상태를 극복함으로써 정상적 정신상태를 회복하는 것이기 때문에 정신분석학의 궁극적 의의는 어디까지나 가치론에 있다. 정상적 정신상태라는 가치에 도달하는 방법은 정신과정(영혼과정)의 분석이며 이 분석에서는 비판적 담론이 가능하다. 프로이트가 정적 대중에 대립하는 개념으로 동적 대중을 제시하는 것은 비판적 담론에 의해서 개방적 대중의 가능성을 확립하기 위한 목적을 가지고 있다. 하버마스의 의사소통이나 리오타르의 큰 담론을 비롯해서 니체의 실험철학 및 원근법주의 등은 모두 프로이트의 분석이 의도하는 것과 유사한 목표를 가지고 있다. 동적 대중은 개방사회를 목적으로 삼기 때문에 개인-대중으로서 건강한 정상적 정신상태에 의해서 정적 대중의 비정상적인 정신상태를 전도시키고 극복할 수 있다.

다. 대중과 개인의 상호작용

이제 프로이트의 동적 대중에 관해서 좀더 상세히 고찰할 것 같으면 동적 대중은 야만적인 대중과 대비되는 고차원적 대중임을 알 수 있다. 정적 대중에서는 지적 능력의 집단적 하강이 드러나지만 개인의 지적 과제를 여전히 간직하고 있는 대중은 고차원적 대중이다. 만일 대중이 '개인의 속성'[38]을 여전히 간직하고 있다면 그러한 대중은 고차원적 대중이다. 프로이트는 모든 고차원적 유기체에 있어서 다수의 세포들을 예로 들면서 세포 하나하나가 독자성과 개성을 가지면서도 무리를 형성하는 경향을 가지는 것은 고차원적 대중의 경향과 유사하다는 것을 지적한다.

이상과 같이 볼 때 대중과 개인은 항상 밀접한 상호작용의 관계 안에 있으므로 개인은 대중 안에서 심각한 정신활동의 변화를 체험한다.[39] 그런가 하면 동적 대중은 개방적 대중으로서 개인의 자발성과 개성을 그대로 간직하면서 비판적 담론의 가능한 지평으로 존재한다. 프로이트의 정신분석학의 목적은 증세를 진단하고 분석함으로써 증세를 치료하는 것이기 때문에 프로이트가 증세로 문제삼는 것은 어디까지나 정적 대중 곧 폐쇄적인 대중이다. 따라서 프로이트는 '대중 속에서의 개인의 정신적 변화에 대한 심리학적 해명'[40]을 발견하기 위해서 자신의 분석을 이행한다. 어떤 독단적인 전제도 가지지 않고 우선 문제점을 진단하고 분석한 다음 해결책을 강구하는 프로이트의 자세는 니체의 실험철학의 방법과 큰 차이가 없다.

니체는 기존의 전통적 가치들을 회의하기 때문에 도덕, 종교, 예술, 철학 등에 있어서의 전통적인 최상의 가치들을 분석하고 평가함으로써 그 가치들을 해체하고 전도시킨다. 프로이트 역시 종전까지의 의식이론을 회의하고 정신과정을 분석, 비판함으로써 기존의 의식 심리학을 해체하고 역동적 심층심리학 또는 메타심리학으로서의 정신분석학에 의해서 정신과정에 대한 새로운 견해를 제시한다. 프로이트가 부정적 의미의 또는 신경증적 현상의 정적 대중을 고찰대상으로 삼은 것 역시 프로이트의 정신분석학적 가치전도의 맥락과 동일한 지평 안에 자리잡고 있는 것이 확실하다.

5. 마술과 암시

가. 모방과 암시

프로이트에 의하면 대중의 특징은 모방에 있는데 모방은 암시에 속한다.[41] 이러한 대중의 특징은 이미 니체가 대중을 일컬어 위대한 인간들의 좋지 않은 종이에 새겨진 헤엄치는 복사라든가 위대한 자들의 도구라고[42] 말한 것에서 명백하게 드러난다. 대중은 우둔하고 무자비하기 때문에[43] 대중의 문화는 자연히 몰락의 문화일 수밖에 없으며 그것은 허무주의나 퇴폐주의를 뜻한다. 니체가 그의 여러 저술들에서 지적하는 것처럼 소크라테스, 플라톤, 칸트, 바그너 등 위대한 인간들이 있는가 하면 무질서하게 그들의 합리주의 및 낭만주의 사상을 무질서하게 복사하는 인간집단이 있고, 이러한 인간집단은 대중으로서 보편성과 필연성의 도구에 지나지 않는다. 프로이트의 저술 전체에 걸쳐서 그는 니체 철학을 거의 알지 못할 뿐만 아니라 니체의 초인개념을 지도자개념과 혼동할 정도이지만 인간에 대한 심층적 분석에 있어서는 여러 측면에서 니체의 사상을 거의 그대로 따르고 있다.

프로이트에 의하면 '모방'이나 '전염'은 대중의 정서적 계기에 속한다. 그런가 하면 마술은 지도자가 소유한 것으로서 암시를 초래한다. 우리들은 모방과 암시를 최면과 연관시킬 수 있다. 최면술사와 피최면자(또는 분석가와 피분석가)가 있을 경우 최면술사는 마술적 힘을 가지고 피최면자에게 암시를 제시하며 피최면자는 최면술사의 암시에 의해서 마술이 제시하는 것을 모방하고 그것에 전염된다. 프로이트는 암시 또는 암시가능성이란 인간의 정신생활의 기본사태로서[44] 근원적인 현상이라고 말한다. 인간은 본성상 모방하는 존재라는 사실은 이미 아리스토텔레스가 《시학》에서 지적하였다. 아리스토텔레스를 따르면 모방(mimesis)은 유년 시절부터 자연스러운 것으로서 인간은 세계에서 가장 모방적 존재이며 무엇보다도 먼저 모방에 의해서 배우기 시작한다. 게다가 인간 모두는 자연스럽게 모방작품들을 보고 기뻐한다.[45] 비극이나 희극에 있어서의 모방은 인간행위에 대한 모방이다. 모방자가 표현하는 대상들은 필연적으로 선하거나 악한 등장인물들을 동반하는 행위이다. 아리스토텔레스의 예술론(시학)에서 매우 흥미로운 것은 그가 비극이나 서사시의 등장인물들을 세 부류로 나누고 있는 점이다. 그들은 일상인들이 선한 수준을 넘어서 있거나, 그 아래에 있거나 또는 일상인들과 동일한 선의 수준에 있다. 한 걸음 더 나아가서 아리스토텔레스는 춤, 피리연주, 현악연주를 비롯해서 산문이나 운문에 있어서도 선과 악에 관한 기준이 적용될 수 있다고 본다.[46]

아리스토텔레스의 예술론은 예술을 위한 예술이라는 탐미주의적 입장에 서 있지 않고 윤리적 가치를 예술의 궁극 목적으로 삼는 가치론적 입장을 취하고 있다.

프로이트의 모방개념의 사상사적 원천은 아리스토텔레스에서 찾을 수 있으며 프로이트의 모방은 아리스토텔레스에게 있어서와 마찬가지로 가치론을 가장 중요한 목적으로 삼고 있다. 지도자의 마술에 의해서 대중은 암시를 받고 지도자를 모방한다. 비록 프로이트가 모방은 인간의 정신생활의 기본사태라고 말할지라도 대중이 지도자의 마술에 따라서 모방하는 것은 비정상적인 모방이고 따라서 대중의 정신상태 역시 신경증적일 수밖에 없다. 프로이트의 대중의 모방이론은 아리스토텔레스의 희극의 모방이론에 대응한다. 희극은 일상인들의 선의 수준보다 못한 모방을 목적으로 삼기 때문에 우스꽝스러운 것 곧 천박한 것을 주제로 택한다. 우스꽝스러운 것은 사람들에게 고통이나 해로움을 산출하지 않는 오류나 왜곡이다. 예컨대 희극에서의 가면은 사람들에게 고통은 가져다 주지 않으면서도 천박하고 왜곡된 것으로서 웃음을 자아낸다.[47] 프로이트와 아리스토텔레스 양자에게 있어서 모방이나 암시는 인간의 본성에 속한다. 그러나 아리스토텔레스는 비극의 모방은 인간을 선한

방향으로 인도하는 것임에 비해서 희극의 모방은 천박한 웃음을 초
래한다고 말한다. 프로이트는 대중의 모방은 지도자의 마술에 의한
것이기 때문에 비정상적(신경증적)현상이라고 본다. 아리스토텔레
스의 예술론에 있어서의 모방은 프로이트에게 있어서는 정신분석
학적 탐구대상으로서의 모방으로 되지만 양자가 모두 모방의 궁극
적 의미를 윤리적 가치론에 두고 있다는 것은 앞의 논의를 통해서
볼 때 확실히 드러난다.

　니체 역시 프로이트가 동일한 의미에서 모방을 대중의 특징으로
제시한다. '위대한 자들의 도구'라든가 '위대한 인간들의 좋지 않은
종이에 새겨진 헤엄치는 복사'[48]라는 니체의 말은 퇴보하며 몰락의
문화를 추구하는 대중의 성격을 잘 나타내 준다. 무가치한 복사물
은 주체성을 상실한 왜소한 인간, 최후의 인간 또는 천민을 일컬으
며 이것들은 모두 대중에 해당한다. '복사'는 가치를 무가치로 만들
뿐만 아니라 무가치한 것을 가치로 허구화한다. 프로이트는 비정상
적 모방과 암시의 결과를 치료하려고 했음에 비해서 니체는 복사현
상을 해체하고 극복하고자 하였다. 허구와 가상을 해체하고 허무주
의적, 퇴폐주의적, 합리주의에 물든 대중을 극복하기 위해서는 대중
의 '복사'현상을 철저히 진단하여야 하기 때문에 니체는 도덕, 종
교, 예술, 철학에 있어서의 지금까지의 최상의 가치들을 분석한다.
지금까지의 최상의 가치들은 결국 자기성찰을 결여한 대중의 복사
물들에 지나지 않는다. 그러면 이제 모방이나 암시 또는 지도자의
마술의 근거가 어디에 있는지 고찰해 볼 필요가 있다. 어떤 대상의
문제점을 탐구할 때 그 대상의 성립근거를 밝히지 않는다면 문제해
결은 순환논법에 빠져서 기대할만한 결과를 도출할 수 없을 것이
다.

나. 에로스

일반적으로 프로이트의 정신분석학의 발달과정은 우선 그가 성충동과 도덕적 충동을 대비시킨 초기, 리비도와 자아를 대비시킨 중기, 에로스(사랑의 충동)와 타나토스(죽음의 충동)를 대비시킨 후기로 나눌 수 있다.[49] 그러나 이와 같은 구분은 다분히 형식적이다. 왜냐하면 프로이트의 초기 저술에서 말기 저술에 이르기까지 소위 세 단계의 발달과정에 해당하는 대비들이 때로는 명확하게 그리고 때로는 은연중에 뒤섞여 있기 때문이다. 프로이트는 대중이 성립하는 근거로서 우리들이 사랑으로 요약할 수 있는 충동들의 에너지 곧 에로스를 제시한다. 《정신분석학 입문》에서 프로이트는 아직 에로스개념을 전개하지 않고 성충동의 힘인 리비도 개념만 제시한다. 충동은 성충동인 리비도와 자기보존 충동으로 구분되는데 리비도와 자기보존 충동이 균형을 잃고 양자가 갈등을 일으킬 경우 신경증이 발생한다. 성충동은 모든 제방을 부숨으로써 힘들게 이룩한 문화의 업적을 흘러 넘치려는 경향이 있는 반면에[50] 자기보존 충동은 현실에 적응하면서 위기를 극복하려고 한다. 이상에서 살펴본 내용을 간략히 요약하면 다음과 같다. 충동은 크게 성충동(리비도)과 자아충동으로 구분되며 성충동은 쾌락원리를 따르는 데 비해서 자아충동은 현실원리를 따른다.[51]

프로이트는 《자아와 그것(Es)》에서는 《정신분석학 입문》에서의 견해를 약간 수정하여 충동에 관한 보다 더 설득력 있는 해명을 시도하고 있다. 정신의 본질을 구분할 때 정신의 삶의 역동적 관계는 그것(Es), 자아 및 초자아 사이에서 성립한다. 그런데 그것, 자아 및 초자아의 기본적 근거는 성충동 또는 에로스이다.[52] 그러나 프로이트가 삶의 성립은 생존과 아울러 죽음의 원인이라고 말할 때[53] 그는 말하자면 삶과 죽음의 순환 내지 영겁회귀를 암시하고 있으며 삶과 죽음의 근원은 결국 충동 곧 힘이 아닐 수 없다.《정신분석학 입문》에서와는 달리《자아와 그것》에서 프로이트는 한층 더 넓은 의미에서 충동을 성충동과 죽음의 충동으로 구분하고 다시 성충동을 쾌락을 추구하는 본래적인 성충동과 자기보존을 추구하는 자아충동으로 구분한다. 프로이트의 정신분석학은 전통적 자아개념을 회의대상으로 삼고 궁극적으로 역동적인 정신과정을 탐구함으로써 정신과정의 존재근거가 그것(Es), 다시 말해서 충동 내지 힘이라는 것을 밝힌다. 이러한 프로이트의 탐구자세에는 부정적 측면과 긍정적 측면이 함께 있다. 프로이트는 어디까지나 자연과학적인 정신분석학에 충실하고자 하며 생물학, 물리학, 생리학의 방법을 충실히 따르기 때문에 그가 말하는 충동은 유물론적 성격을 가질 수밖에 없다. 그럼에도 불구하고 그가 정신과정의 근거를 충동(힘)이라고 하고 더 나아가서 충동을 에로스(성충동)와 타나토스(죽음의 충동)로 구분한 것은 그 자신이 자연과학의 방법과 아울러 유물론적 견지를 포기한다는 것을 뜻한다. 이러한 측면은 프로이트 정신분석학의 부정적인 측면이다.

프로이트는 예술, 철학, 종교를 환상에 집착한 세계관으로 여기고 자연과학적인 심층심리학 내지 메타심리학에 충실하고자 한다. 그렇지만 그가 쾌락원리(성충동)와 현실원리(자아충동)라는 추상적, 관념적 원리를 제시하고 이들 두 원리의 근거로서 충동 내지 힘을 발할 때 이미 그는 자신이 배격한 철학적 사유의 심연에서 자기성찰의 길을 걸어가고 있는 것이다. 이와 같은 측면은 프로이트 정신분석학의 긍정적인 측면이다. 왜냐하면 무릇 학문이란 개별적인 것들만 고찰하는 것을 넘어서서 추상적이며 보편적인 성격을 소유할 경우에만 객관적 정당성을 보장받을 수 있기 때문이다.

프로이트는 사랑의 관계가 대중영혼(정신)의 본질을 형성한다고 주장한다. 일반적으로 사랑은 성적 결합을 목표로 삼는 성적 사랑을 일컫는다. 그러나 프로이트는 사랑을 확장하여 자기애, 부모의 사랑, 아이의 사랑, 우정, 보편적 인간사랑, 구체적 대상과 추상적 이념에 대한 헌신 등을 모두 사랑이라고 부른다. 그럼에도 불구하고 총체적 사랑의 충동은 근원을 놓고 볼 때 성충동이라는 것이 프로이트의 주장이다.[54] 프로이트가 성충동을 에너지 또는 힘이라고 부를 때 우리들은 그가 성의 개별성을 벗어나서 보편적 근거를 제시한다고 말할 수 있으나 다시금 충동을 성충동에 환원시킬 때 과연 인간의 역동적 정신과정이 오직 성충동만을 근거로 삼고 있는지 의문을 제기하지 않을 수 없다. 프로이트 자신도 이 같은 문제점을 알고 있었기에 후기에 충동을 에로스와 타나토스라는 다분히 신화적인 두 가지 요소로 구분하였을 것이다.

대중은 비록 지도자의 마술의 암시를 받아 모방하는 비정상적 정신상태를 가진다고 할지라도 사랑의 관계에 의해서 곧 어떤 힘으로서의 에로스에 의해서 성립한다는 것이 프로이트의 주장이다. 만일 우리들이 정적 대중과 동적 대중을 구분해서 고찰할 때 대중이 에로스에 의해서 성립한다고 할지라도 정신과정에 있어서의 억압이나 검열이 과도한지 아닌지에 따라 정적 대중이 성립할 수도 있고, 동적 대중이 성립할 수도 있다. 그렇다면 우리들은 라캉의 프로이트 해석에 따라서 프로이트 자신이 어느 곳에서도 명백하게 표현하지는 않았지만 그가 은연중에 자발적이며 독자적인 인간주체를 치료의 이상으로 삼았다는 것을 알 수 있다.[55] 바로 이 점에서 나는 니체의 대중에 관한 견해와 프로이트의 대중에 관한 견해가 다 같이 윤리적 가치론을 목적으로 전개되고 있다는 것 그리고 니체의 입장이 프로이트의 선구임을 밝힐 수 있다고 본다.

  그러면 니체는 대중의 성립근거를 무엇으로 보는가? '이 세계는 힘에의 의지이고—그리고 그 이외의 아무것도 아니다!'[56]에서 알 수 있는 것처럼 니체가 말하는 대중의 근거는 어디까지나 힘에의 의지이다. 힘에의 의지는 영겁회귀의 성격을 지닌다. 프로이트에게 있어서와 마찬가지로 니체에게서도 삶과 죽음은 순환하며 영겁회귀의 지평에서 역동적으로 진행한다. 그렇다면 합리주의나 아폴론적인 것 또는 디오니소스적인 것은 어떻게 이해되어야 할 것인가? 이런 물음이 제기되는 것은 흔히 힘에의 의지가 디오니소스적인 것으로 이해되고 있음에 비해서 합리주의나 아폴론적인 것은 디오니소스적인 것에 대립되는 개념으로 파악되고 있기 때문이다. 《비극의 탄생》에서 니체는 디오니소스적인 것을 음악의 요소로, 아폴론적인 것을 미술의 요소로 표현하면서 양자를 대립시킴으로써 디오니소스적인 것을 예술의 내용에, 아폴론적인 것을 예술의 형식에 해당하는 것으로 보았다. 그러나 《힘에의 의지》에서 '왜 바로 그리스의 아폴론주의는 디오니소스적 바탕으로부터 태어나지 않으면 안 되었는가' 라고 말할 때[57] 우리들은 디오니소스적인 것과 아폴론적인 것은 단지 대립할 뿐만 아니라 아폴론적인 것이 디오니소스적인 것으로부터 생긴다는 것을 알 수 있다. 디오니소스적인 것은 힘에의 의지에 대한 상징이기 때문에 합리주의나 아폴론적인 것의 원천은 다름 아닌 디오니소스적인 것, 바로 힘에의 의지이다.

  이제 우리들은 합리주의(허무주의와 퇴폐주의를 대변하는), 아폴론적인 것 및 디오니소스적인 것이라는 니체의 도식에 의식된 것(Bw), 의식되기 이전의 것(Vbw), 의식되지 않은 것(Ubw)이라는 프로이트의 도식이 대응할 수 있다는 것을 지적하게 된다. 니체가 대중을 해체하고 극복하기 위해서 디오니소스적인 것 곧 힘에의 의지라는 존재론적 원리를 제기하는 것이나 프로이트가 대중(정적)을 분석하고 해체하기 위해서 에로스이론을 제기하는 것은 모두 주체적 인간상을 획득하기 위한 노력이다.

6. 인위적 대중

가. 교회와 군대

프로이트가 대중, 그것도 폐쇄적 대중의 정신과정을 고찰하는 것은 인간의 신경증 증세 곧 비정상적인 정신상태를 관찰하고 분석하여 정상적 정신상태를 회복하는 방안을 강구하려는 목적을 가진다. 앞에서 살펴본 것처럼 대중은 정적 대중과 동적 대중으로 구분되기도 하지만 관점에 따라서는 원시적 대중과 고도로 조직된 대중, 유동적 대중과 지속적 대중, 동질적 대중과 이질적 대중 또는 자연적 대중과 인위적 대중 등으로 구분될 수 있다.[58] 자연적 대중은 외적 강제의 영향을 받지 않고 성립하는 인간집단임에 비하여 인위적 대중은 외적 강제의 영향권 안에 있는 고도로 조직된 인간집단이다. 프로이트는 지도자가 없는 집단을 자연적 대중으로, 지도자가 있는 집단을 인위적 대중으로 본다. 자연적 대중이 개성과 자발성을 소유한 개인들이 형성한 집단으로서 동적 대중 또는 개인-대중이라고 할 것 같으면, 인위적 대중은 개인들이 대중화되어 자발성과 독자성을 상실한 정적 대중 곧 대중-개인이라고 할 수 있을 것이다.

인위적 대중은 자체의 소멸을 방어하고 구조를 유지하기 위해서 외적 강제에 의존하기 때문에 어떤 개인이 인위적 대중 속으로 들어가거나 그것을 탈퇴하는 것은 쉽사리 허용되지 않는다. 프로이트는 대표적인 인위적 대중으로 교회나 군대를 꼽는다. 신자들의 집단인 교회, 군인들의 집단인 군대가 대표적인 인위적 대중이라고 하는 것은 교회와 군대 모두에 '현혹(환상)'이 주도적으로 작용하기 때문이다. 인위적 대중에는 반드시 지도자가 있는데 프로이트의 지적에 따르면 교회의 지도자는 예수 그리스도이고 군대의 지도자는 사령관이다. 앞에서 비교적 상세히 고찰한 것처럼 지도자와 인위적 대중 사이에는 모방과 암시(전염)가 중요한 역할을 행하며 암시는 지도자의 마술에서 나오고 인위적 대중은 이 마술로부터 암시를 받아 지도자를 모방한다.

프로이트가 인위적 대중을 거론하는 이유는 그가 인위적 대중의 정신상태를 신경증적인 것으로 파악하기 때문이다. 인위적 대중은 지적능력을 상실하고 자기성찰을 결여하기 때문에 프로이트는 인위적 대중의 정신과정을 분석함으로써 주체적 인간상, 다시 말해서 정상적 정신상태를 회복하고자 한다. 이미 수 차례 언급한 것처럼 니체가 천민으로서의 대중을 분석하고 비판하는 의도 역시 프로이트의 경우에서와 마찬가지로 본래적 인간상을 획득하려는 것에 있다. 교회나 군대라는 인위적 대중에서 대중과 지도자의 관계와 역할 및 의미에 관해서는 '종교와 사랑'의 문제를 살피면서 보다 더 상세히 다루어 보기로 하자.

나. 종교와 사랑

프로이트에 의하면 그리스도 앞에서 신자들은 모두 평등하며 동시에 신자들은 그리스도의 사랑을 똑같이 나누어 가진다. 또한 군대에서 사령관은 군인들을 똑같이 사랑하는 아버지이다.[59] 프로이트의 아버지 개념은 그가 교회와 군대라는 인위적 대중의 정신상태를 이미 정신분석학의 입장에서 심층적으로 분석하고 있음을 암시한다. 프로이트의 아버지 개념의 선구가 되는 것은 니체의 사제 개념이다. 프로이트는 모든 종교는 그 종교에 소속하는 모든 사람들에게는 사랑의 종교인 반면, 그 종교에 반대하는 사람들에게 대해서는 전혀 관대하지 못할 뿐만 아니라 잔혹하기까지 하다고 말한다.[60] 프로이트는 종교의 발생과 특징에 관해서 《토템과 금기》 및 《인간 모세와 일신론적 종교》에서 상세히 서술하고 있지만 그가 종교를 가장 대표적인 신경증적 현상으로 고찰하는 측면은 그의 전집 전체에 걸쳐서 은연중에 전개되고 있다.

토테미즘의 체계는 오이디푸스 콤플렉스의 조건에서 생긴다는 것이[61] 프로이트의 주장이다. 자연종교의 일종인 토테미즘은 모든 민족종교나 계시종교의 역사적 단초를 형성하는 것이기 때문에 프로이트는 토테미즘의 체계를 분석함으로써 종교의 성격을 해명하고자 한다. 토템은 보통 짐승을 뜻한다. 그 짐승은 우리들에게 해롭거나 두려운 것일 수도 있고, 이로운 것일 수도 있으며, 잡아먹을 수 있는 것일 수도 있다. 토템은 드물게는 특정한 식물이거나 비나 물과 같은 자연의 힘일 수도 있다. 그런데 이 모든 토템들은 전체 씨족에 대해서 특별한 관계를 가지고 있다.[62] 토템과 인간의 관계는 현재 우리들의 관점에서 볼 때 신과 인간의 관계이다. 프로이트는 인간의 신에 대한 관계는 생생한 부친상에 대한 인간의 관계와 동일하다고 본다. 따라서 '신은 근본적으로 고양된 부친 이외의 다른 어떤 것도 아니다.'[63]라는 결론이 따라 나온다.

이제 프로이트가 뜻하는 종교의 의미를 더 상세히 살피기 위해서 신과 토템(신성한 짐승 또는 제물) 사이의 관계가 어떤 것인지 알아보기로 하자. 프로이트는 신과 토템간에는 다음의 몇 가지 관계들이 성립한다고 본다. 1. 모든 신에게는 어떤 짐승이 신성하며 경우에 따라서는 다수의 짐승들이 신성하다. 2. 신성하고 신비적인 제

116

사에서 신성화된 짐승이(또는 다른 토템이) 제물로 신에게 바쳐진
다. 3. 신은 흔히 짐승의 형태로서 숭배의 대상이 되며 토테미즘의
시대가 지난 후에도 상당 기간 씨족에게 신성한 짐승을 신적 숭배
의 대상으로 삼는다. 4. 신화에서 흔히 신은 짐승으로 변하며 그것
도 신성시된 짐승으로 변형된다.[64] 이상과 같은 토템과 신의 관계에
서 드러나는 것은, 토템은 아버지 대리물이라는 사실이다. 역사적으
로 볼 때 신은 토템의 변모된 형태에 불과하며 토테미즘에서 아버
지는 짐승의 형태를 가지고 있었지만 종교에서 아버지는 인간의 형
태를 다시 획득한다.

　프로이트는 정적 대중의 대표적 예를 교회에서 찾는데 교회의 특
징을 밝히기 위해서 그는 토테미즘과 종교를 고찰하면서 사랑의 의
미를 분석한다. 종교적 사랑이란 결국 아버지의 사랑이다. 그러나
아버지의 사랑을 심층적으로 분석할 경우 그것은 인간의 자기사랑
에 지나지 않는다. 이러한 관점에서 프로이트는 종교적 사랑의 핵
심이 오이디푸스 콤플렉스에 있다고 본다. 토테미즘에서 어떤 과정
을 거쳐서 토템에 대한 숭배와 아울러 부친의 사랑이 생기는지 살
펴본다면 종교적 사랑이 프로이트에게서 어떤 뜻을 가지는지 알 수
있다. 씨족사회에서 남자 형제들은 오이디푸스 콤플렉스에 의해서
아버지를 살해한다. 그렇지만 그들은 곧 막강한 힘을 지닌 아버지
처럼 되려는 부친동경에 사로잡힌다. 그리하여 자식들은 토템식사
에서 아버지를 대신하는 짐승을 먹음으로써 자기들이 아버지의 힘
을 가진다고 생각하게 되었다. 아버지가 살아 있을 때 아버지에 대
해서 증오하고 적개심을 가졌던 자식들은 아버지를 살해한 후 아버
지처럼 성장하려는 부친-이상을 품게 된다. 드디어 형제들은 신들
을 창조함으로써 부친-이상을 실현시키고자 한다.[65] 이상에서 알 수
있듯이 아버지의 사랑은 모든 것을 포괄하는 절대적인 것이다. 그

렇지만 오이디푸스 콤플렉스의 관점에서 볼 때 종교에는 감정의 불균형이 존재하는데 그것은 동일한 대상에 대한 사랑과 증오이다.[66] 아버지가 생존할 때 그는 자식들에게 증오의 대상이지만 자식들이 아버지를 살해한 후 그는 자식들에게 사랑의 이상으로 된다. 종교의 발생과 특징에 대한 프로이트의 견해는 니체가 기독교의 발생을 계보학적 관점에서 고찰하는 데서 이미 유사하게 예견되어 있다.

《토템과 금기》에서 서술된 종교의 발생과 특징을 이상에서 살펴 보았는데 《인간 모세와 일신론적 종교》에서 프로이트는 《토템과 금기》에서와 비슷한 종교관을 해명하고 있다. 《인간 모세와 일신론적 종교》에서 프로이트는 부친이상의 성립과 아울러 근친상간 금기를 동시에 밝힌다.[67] 씨족사회에서 아버지가 살아 있을 때 부인들과 딸들은 아버지의 소유물이고 아들들의 운명은 아버지에게 복종하는 것이다. 그러나 오이디푸스 콤플렉스로 인해서 자식들(남자 아이들)은 성장하여 아버지를 살해하지만 아버지가 살아 있을 당시 공동생활의 평화에 대한 기억을 되살리고 이제는 더 이상 싸움의 충동을 포기하고 상호의 의무를 인정한다. 자식들은 이제 아버지의 위치를 차지하려는 것과 모친과 누이들을 소유하려는 이상을 버린다. 그리하여 근친상간의 금기가 성립하며 비로소 타종족과의 혼인이 형성된다. 그렇지만 형제단합의 이 시대에도 여전히 강한 아버지에 대한 기억이 생생히 남아 있고, 두려운 짐승이 아버지 대리물로 나타나게 되는데 그것이 바로 토템이자 아버지-이상인 것이다. 그렇다면 니체가 《도덕의 계보학》이나 《반 기독교도》에서 밝히는 종교의 발생과 특징 그리고 사랑이란 어떤 것인가?

니체는 대표적 종교를 기독교로 보고 기독교의 발생근거를 '원한의 도덕'에 있다고 보는데 그것은 '고귀한 도덕'에 대립되는 것이다. 고귀한 도덕이 삶의 상승, 힘, 아름다움, 가장 높은 자기긍정 등을 포함한다고 할 것 같으면, 원한의 도덕은 삶의 긍정을 오히려 악으로 규정함으로써 고귀한 도덕을 부정한다.[68] 원한감정은 우선 공동세계에 대립하는 정서적 태도일 수 있고, 적대적 분위기를 통해서 나타나는 반발의 정서일 수 있으며, 마지막으로 특정한 원인과 결과에 의해서 야기되는 정신적 중독질환일 수 있다.[69] 프로이트에게 있어서 사랑과 증오는 밀접한 상관관계를 가진 것임을 알 수 있었다. 종교에서 지도자의 사랑은 신도에게 대한 사랑이면서 동시에 비신도에게 대한 증오를 뜻한다. 니체에게 있어서도 유사한 견해가 있으면서 또 다른 한편에서 볼 때 니체의 사랑에 관한 입장은 프로이트에게 있어서보다 더 철저한 분석의 결과라는 것을 알 수 있다. 니체가 보기에 윤리적 세계질서를 지배하는 기독교적 개념들은 신, 죄, 벌, 구원, 사랑 등이다. 이것들은 사제가 만들어 낸 '개념의 유령들'[70]이다. 이러한 맥락에서 니체는 사랑이란 이기주의의 표현일 뿐만 아니라 허구이며, 가상에 지나지 않는다고 본다. 사제들은 대중을 지배하기 위해서 신과 사랑을 날조하였으며 대중들은 소위 니체가 만든 개념의 유령들을 추종하기 때문에 니체는 기독교 도덕을 일컬어 노예도덕이라고 부른다. 사제의 사랑이란 심층적으로 고찰할 경우 고귀한 도덕에 대한 증오에 불과하다. 그런가 하면 프로이트가 보는 종교적 사랑은 지도자가 자신의 신도나 추종자를 감싸는 것이다. 그렇지만 니체에게 있어서 종교적 사랑은 이기주의의 표현이고, 프로이트의 종교적 사랑 역시 아버지-이상을 원천으로 삼고 있기 때문에 사랑개념은 필연적으로 분석대상이 되지 않을 수 없다.

니체가 기독교에 있어서의 개념의 유령들을 일컬어 '인간의 자기모욕의 탁월한 형태'로[71] 이해한 것이나 프로이트가 지도자의 사랑을 환상적 마술로 본 것이나 모두 기존의 형식적 종교를 예리하게 비판한 결과이며 한 걸음 더 나아가서 사랑의 허구성과 아울러 신경증적 특징을 지적하였다고 볼 수 있다. 그렇지만 나는 여기에서 종교의 발생과 특징 그리고 사랑에 관해서 우리들이 니체와 프로이트의 견해를 전적으로 인정하는 것은 상당한 무리라는 것을 지적하고자 한다. 종교와 사랑의 문제는 매우 다양한 관점에서, 예컨대 실존적, 신학적, 구조주의적, 민족학적, 윤리적 관점 등에서 고찰되지 않을 경우 매우 독단적인 견해에서 독단적으로 전개되기 쉽다. 종교와 사랑이라는 주제는 단지 계보학적(고고학적) 입장이나 정신분석학적 입장에서만 해명될 수 있는 간단한 것이 아니고 다원적인 관점에서 신중하게 접근되어야만 할 성질을 가지고 있다. 지금까지 우리들은 교회와 군대라는 인위적 대중의 특징을 살펴보았으며 인위적 대중을 대변하는 종교 그리고 종교의 핵심인 사랑에 대한 프로이트와 니체의 입장을 대략 비교해 보았다. 다음에는 대중-정신이 심층을 형성하는 나르시즘에 관해서 살펴보기로 하자.

다. 나르시즘

프로이트는 '대중을 특징짓는 것은 리비도결합(Libidobindungen)이다'[72]라고 말한다. 사람들은 근처의 낯선 사람들을 혐오하거나 배척하는 경향이 있으며 이러한 경향에서 알 수 있는 것이 자기애 곧 나르시즘이다. 나르시즘은 인간의 자기보존을 목적으로 삼는다. 그러나 일단 대중이 형성되면 대중 속에서 개인은 타인들과 동등하다고 느끼며 아무런 배척감을 느끼지 못한다. 개인들은 대중 속에서 대중 구성원들 서로간의 리비도결합 안에 자리잡는다. 나르시즘은 이기주의에 대한 리비도적 보충이기 때문에 이기주의는 개인을 위한 이익만을 추구하는 데 비해서 나르시즘은 개인의 리비도적 만족

을 추구한다. 따라서 이기주의는 명백하게 드러나며 영속적임에 비
해서 나르시즘은 변화하는 요소이다.[73] 프로이트의 표현을 따르자
면 이기주의는 현실원리에 해당하고 나르시즘은 쾌락원리에 해당
한다. 그렇지만 쾌락원리(또는 성충동)가 적절히 조절되지 못하고
지나치게 억압당하거나 아니면 과도하게 분출할 경우 편집증이나
과대망상증이 나타난다.[74]

  프로이트는 정적 대중의 정신상태의 근원을 나르시즘에 있다고
보기 때문에 그가 보는 대중은 편집증이나 과대망상증과 같은 신경
증의 현상을 소유한다. 이러한 프로이트의 견해에 대한 선구는 분
명하게 니체의 입장이다. 니체에 의하면 대중-정신착란(Massen-
Delieren)은 죽음을 추구한다.[75] 그러므로 대중은 종교적 신경증에
걸려 있는 인간집단이며 대중의 노예도덕은 금욕적 이상을 목적으
로 삼는다. 프로이트나 니체 모두 대중-정신은 인간의 주체적 자기
성찰을 결여하고 있다는 것을 지적하고자 한다. 왜냐하면 그들이
이기주의나 나르시즘이 대중-정신의 근본이라고 제시할 때 이기주
의나 나르시즘은 정상적인 정신상태가 아니기 때문이다. 물론 프로
이트의 경우 오이디푸스 콤플렉스와 연관해서 볼 때 부친이상
(Vaterideal)은 자아이상으로서 일종의 나르시즘의 결과에 불과하기
때문에 부친이상에 의해서 형성되는 대중의 정신상태는 정상적일
수 없다. 특히 교회나 군대라는 대중에서는 자아이상이 가장 강하
게 나타나며 대중과 지도자의 밀접한 관계가 마술에 의한 암시와
모방에 의해서 성립하기 때문에 대중정신은 비정상적일 수밖에 없
다. 니체의 경우 대중은 고귀한 도덕을 부정하고 노예도덕을 추구
하는 천민에 불구하며 노예도덕을 창조한 자는 이기주의에 의해서
대중을 지배하고자 하는 사제들이다. 기독교의 중요한 개념들은
'유령의 개념들'이므로 그것들은 허구와 가상에 불과하다. 프로이

트나 니체는 인위적 대중을 해체하고 생동감 넘치는 인간상 곧 주
체적 인간을 확보하고자 하기 때문에 대중의 특징을 철저히 분석하
며 특히 지도자와 대중을 연결하는 것으로 알려져 있는 사랑개념의
원천을 세밀히 분석한다.

7. 동일화

가. 동일화에 있어서의 대상선택

무개성적 대중의 성립이 동일화로부터 시작된다는 것은 자명하
다. 만일 개인들 각자가 자발성과 독자성을 가지고 사회를 형성한
다면 그때 형성되는 대중은 동적 대중일 것이고, 그곳에서는 비판
적 담론이나 의사소통이 가능하기 때문에 개방사회를 향한 길이 제
시될 것이며, 개인들의 정신상태는 정상적일 것이다. 프로이트가 모
방에서, 니체가 복사에서 대중의 성격을 찾는 것은 그들 양자가 모
두 대중의 정신상태가 비자발적 동일화임을 지적한다는 사실을 대
변해 준다.

프로이트에 의하면 한 인간이 다른 인간에 대하여 가지는 감정결
합의 가장 최초의 표현이 바로 동일화이다.[76] 그렇기 때문에 프로이
트는 아이들에게 있어서의 동일화를 우선적으로 고찰한다. 남자 아
이는 심리적으로 상이한 두 가지 결합을 가지는데, 하나는 어머니
에게 대한 것으로서 성적인 대상점령이고, 다른 하나는 아버지에게
대한 것으로서 모범적 동일화이다. 그러나 여자 아이의 경우는 남
자 아이의 경우와 달리 아버지를 성적 대상으로, 어머니를 모범으
로 여긴다. 오이디푸스 콤플렉스를 느낄 단계에 이르면 이러한 동

일화의 감정은 은폐되고 남자 아이는 아버지에 대한 적개심에 가득 찬다. 그러나 오이디푸스 콤플렉스 시기가 지나면 다시금 가장 초기의 근원적인 감정결합으로서의 동일화가 서서히 개인의 정신적 삶에 자리를 잡는다. 그렇지만 지나친 억압에 있어서 대상선택이 동일화로 되며 자아는 대상의 고유성을 자기 것으로 받아들인다.[77] 프로이트의 동일화에 대한 심층적인 분석은 현대를 살아가는 우리들에게 시사하는 것이 매우 많다.

　대중의 성격은 동일화에 있으므로 대중 속의 개인은 독자성, 자발성, 창조성, 결단성 등을 결여한 대중-개인에 지나지 않는다는 것이 프로이트의 지적이다. 구체적인 예로서 최근 젊은이들의 정신상태를 들어보자. 수많은 젊은이들이 머리에 염색하고, 얼굴을 성형수술할 뿐만 아니라 너도나도 컴퓨터에 매달리며 영어로 말하기에 정신이 없다. 이는 프로이트식으로 말하자면 이미 유아기에 서구적 인간상과 문화를 모범으로 느꼈다는 것, 잠시 은폐기를 지난 다음 서구적 인간상과 문화가, 그것도 특히 감각적으로 접할 수 있는 피상적인 것들이 자아-이상으로 확정되었다는 것을 의미한다. 우리 주변의 이와 유사한 수많은 예들은 대중의 성격이 동일화에 있다는 것을 여실히 말해 준다.

　프로이트가 제시하는 대중의 성격으로서의 동일화는 일종의 신경증적 현상이다. 앞에서 살펴본 것처럼 정상적 정신상태의 대중은 비판적 담론과 의사소통이 가능한 동적 대중이다. 프로이트가 동일화를 비판적 관점에서 분석하는 근거는 개방적 개인-대중의 가능성을 찾기 위한 시도이다. 무개성적 대중의 동일화를 한층 더 명백히 해명하는 또 하나의 예는 프로이트가 말하는 동성애이다. 일반적으로 남자 아이는 사춘기 이전까지 오이디푸스 콤플렉스에 사로잡혀서 어머니를 성적 대상으로 여긴다. 그러나 사춘기가 완전히 지나면 청년은 더 이상 어머니를 성적 대상으로 삼지 않고 어머니 대신 다른 성적 대상을 선택하려고 한다.

그런데 과거에 극단적으로 강렬하게 어머니에게 집착했던 청년은 어머니 대신 다른 성적 대상을 선택한다고 할지라도 어머니를 떠나는 것이 아니라 자기 자신을 어머니와 동일화한다. 그는 마치 어머니처럼 되어 어머니처럼 사랑하고 돌볼 성적 대상을 찾는다. 프로이트의 이러한 설명은 대중의 동일화에 대한 그 나름대로의 적절한 설명이기는 하나 융이나 호나이 등의 지적을 인용하지 않는다고 할지라도 인간의 근본적인 충동을 오직 성충동으로 보며 특히 인간의 성격형성의 가장 핵심요소를 오로지 오이디푸스 콤플렉스(여자의 경우는 엘렉트라 콤플렉스)에만 두는 편협하고 독단적인 측면을 가지고 있는 것이 사실이다.

대중의 동일화 문제는 프로이트의 여타의 다른 문제들 역시 마찬가지이지만 이미 니체가 예견하였던 것이다. 니체는 무엇보다도 당시의 사회주의를 비판적 안목에서 고찰하면서 정치적 정당은 대중을 선동하려는 성격이나 의도를 소유하고 있으며 대중은 그러한 성격과 의도를 모방하고 복사한다고 본다.[78] 그는 한 걸음 더 나아가 사회주의는 페스트로서 백성의 질병을 확산시키는 자라고 말한다.[79] 여기에서 우리가 알 수 있는 것은 대중은 정치적 정당 곧 구체적으로 말해서 사회주의에 동일화한다는 것이다. 니체의 이러한 관점을 프로이트식으로 말하면 대중은 지도자에게 동일화함으로써 동성애와 같은 비정상적인 정신상태를 소유하게 된다. 동일화는 자아와 자아이상 곧 초자아의 관계에서 발생하므로 이제 이 문제를 고찰할 필요가 있다.

나. 자아와 자아이상

　프로이트에 의하면 인간은 자기 자신의 자아로써 만족하지 못할 경우 자아로부터 분리된 자아-이상에서 자신의 만족을 찾을 수 있다고 한다.[80] 《꿈의 해석》, 《정신분석학 입문》, 《자아와 초자아》 등의 저술에서 프로이트는 그것(Es)과 자아 및 초자아에 관해서 상세히 논의하면서 해명하고 있다. 프로이트가 전통적인 의미의 자아를 의심하고 자아의 정체를 밝히기 위해서 '그것'과 초자아를 제시하는 것은 그의 탁월한 업적이다. 우선 그는 서구문명을 지배하여 온 데카르트식의 이성적 자아중심의 합리주의를 해체하는 직업을 하고 있으며, 지금까지 은폐되었던 자아의 근거를 밝힐 뿐만 아니라 비정상적 정신상태, 다시 말해서 신경증 증세를 나타내는 자아를 진단하고 분석함으로써 정상적인 자아형성을 위한 길을 열어 놓으려고 하였다.

　프로이트가 '한 개체는 우리들에게 인식되지 않고 의식되지 않은 그것(Es)이며 이것에 자아가 표면적으로 자리잡는데 자아는 핵심으로서의 지각-체계로부터 전개된다'[81]라고 할 때 자아는 '그것'으로부터 완전히 분리된 것이 아니고 '그것'과 함께 심층으로 흐르는 경향이 있다. 그러면 초자아는 어떤 것인가? 초자아는 자아로부터 분리된 것이다. 자아내면에서 분화가 나타나서 초자아가 형성된다. 좀더 상세히 말하면 초자아는 '그것'(원초아)의 최초의 대상선택의 잔여물일 뿐만 아니라 그러한 대상선택에 대한 반발이기도 하다. 초자아와 자아의 관계를 살펴볼 때 초자아는 자아에게 당연히 어떤 것을 행하여야 한다는 명령을 포함할 뿐만 아니라 절대로 어떤 것을 행해서는 안 된다는 금지도 포함한다. 초자아는 다른 말로 표현하면 양심이다. 초자아는 아버지의 성격을 보존하는데, 오이디푸스 콤플렉스가 강하면 강할수록, 억압이 심할수록 무의식적 죄책감으로서의 초자아가 자아를 억누르고 지배한다. 이러한 경향은 예컨대 권위, 종교이론, 강의 등에서 흔히 나타난다.

　그런데 프로이트는 자아이상이란 오이디푸스 콤플렉스의 유산이며 그것(원초아)의 가장 강한 자극과 리비도적 운명의 표현이라고 말한다.[82] 초자아가 자아로부터 분리된 것이고 원초아의 가장 강한 자극의 표현이라고 한다면 원초아와 자아, 초자아의 관계는 과연 어떤 것인가? 앞에서도 살펴본 것처럼 원초아는 충동이며 자아는 원초아의 표면에 자리잡은 감각체계의 핵심이다. 초자아는 오이디푸스 콤플렉스에 의해서 자아로 분리된 것이다. 여기에서 프로이트는 초자아의 자아에 대한 억압을 설명하기 위해서 의식되지 않은 것(Ubw), 의식되기 이전의 것(Vbw), 의식된 것(Bw)의 체계를 도입한다. 이제 자아체계와 의식된 것의 체계를 종합할 경우 자아는 의식되지 않은 것을 부정하고 억압된 것으로 만드는 힘이다.[83] 자아는 의식되지 않은 것 곧 욕구를 억압하지만 의식되지 않은 것은 자아에게 반발한다. 의식되지 않은 것으로서의 초자아는 자아이상인데 이것은 양심이 되어 '도덕적 검열'을[84] 행한다. 양심은 주장과 자아 사이의 긴장에서 죄책감이 성립한다. 억압과 검열이 심하여 지나친 죄책감이 생긴다면 그것은 신경증으로 나타난다. 그러면 이제 우리는 원초아란 인간의 본래적인 충동이나 에너지 또는 힘이라고 볼 수 있고, 자아 역시 힘이기는 하나 원초아의 표면에 자리잡은 피상적인 힘이며(그러나 의식된 것으로서의 힘), 초자아는 자아로부터 분리된 은폐된 의식되지 않은 힘이라고 말할 수 있다. 구조적으로 보면 본래부터 원초아는 바탕에 깔려 있고 초자아(자아이상)가 어느 정도로 자아를 억압하느냐에 따라서 신경증이 형성되는가 그렇지 않은가의 여부가 결정된다고 말할 수 있다.

지금까지 나는 대중의 동일화는 자아 및 초자아와 어떤 관계를 가지는지를 살피기 위해서 프로이트의 원초아(그것), 자아, 초자아 그리고 의식되지 않은 것(Ubw), 의식되기 이전의 것(Vbw), 의식된 것(Bw)의 체계를 간략히 고찰하였다. 자아는 초자아의 영향에 의해서 대중으로 동일화한다. 따라서 '사회적 감정은 동일한 자아이상을 근거로 다른 사람들과의 동일화를 바탕으로 삼는다'[85]는 프로이트의 주장은 그 자신의 의식체계를 성실하게 따르고 있다. 니체 역시 프로이트보다 앞서서 대중-정신이란 동일화를 근거로 성립된다는 것을 여러 곳에서 강조하였다. 사제들이 죄, 벌, 사랑과 같은 기독교 개념들을 만들어 내었고 신도들은 그것들을 최상의 가치로 받아들인다는 것은 신도들이 자신들을 사제와 동일화한다는 것을 뜻한다. 니체의 '신은 참회하는 자 …… 사제에게 복종하는 자를 용서한다'는[86] 말에서 신이나 사제는 프로이트의 체계에서 볼 경우 자아이상 곧 초자아에 해당한다. 사람들이 자아이상에 동일화함으로써 기독교와 교회가 성립하며 기독교 도덕은 사제들이 허구적으로 날조한 유령의 개념들을 따르므로 노예도덕일 수밖에 없다. 비록 니체가 대중의 동일화 문제를 계보학의 관점에서 고찰했다고 할지라도 표면적 의식을 분석함으로써 심층의식을 파헤친 점에서는 역시 프로이트의 선구에 해당한다고 말할 수 있다.

다. 열애와 자아이상

니체는 대중-정신착란이 종교적 신경증에서 가장 잘 나타난다고 본다.[87] 대중-정신착란은 죽음 곧 허무주의 내지 퇴폐주의를 추구하는 노예도덕의 특징이다. 니체가 말하는 대중-정신착란은 동일화와 똑같은 의미를 가진다. 프로이트는 대중의 동일화를 설명하기 위해서 열애를 분석한다. 수많은 대중이 무솔리니나 히틀러를 외치며 그들에게 기꺼이 복종하고 따르려고 한 것은 일종의 열애이다. 오늘날 특정 가수나 배우를 흠모하고 모방하고자 하는 젊은이들의 내면에는 열애감정이 흘러 넘치고 있다. 한층 더 나아가서 획일적 상업주의나 기술만능주의가 지배하는 것은 대중이 금권이나 기술을 일종의 자아이상으로 무의식중에 확신하고 있기 때문이다. 프로이트는 열애의 정신상태를 분석함으로써 대중의 성격을 해명하고 동시에 비정상적인 정신 상태를 분석, 치료하고자 한다.

열애는 직접적인 성적 만족을 위한 성충동의 대상점령이다.[88] 일단 대상을 점령하여 성충동이 목표에 도달하면 성적 만족은 해소된다. 열애에서는 성적대상인 인간이 다른 인간보다 성적으로 과대평가 되거나 아니면 그 대상을 사랑하지 않을 때보다 사랑할 때 과대평가 되고 있다. 앞에서 우리들은 동성애에 대한 프로이트의 견해를 살펴보았는데 열애는 동성애의 경우와 유사하다. 열렬한 사랑에 빠진 사람은 자아이상을 대신할 인물을 사랑의 선택으로 택한다. 동성애에서 동상애자는 자신을 모친과 동일화하고 모친에 동일화된 자신을 가장 사랑할 수 있는 남성을 사랑의 선택으로 택한다. 열애는 일종의 나르시즘이며 그것은 사랑의 대상을 자아이상의 대치물로 만든다. 대부분의 경우 이기주의 경향이 매우 강한 사람이 사랑에 빠질 때 열애의 상태에 처한다. 그러므로 프로이트는 열애에서는 사랑의 대상이 자아이상의 자리를 차지한다고[89] 말한다. 자아이상이 자아를 심하게 억압할수록 열애의 강도도 더 강할 수밖에 없다.

열애를 대중 편으로 이끌어 들일 경우 지도자의 마술이 강하면 강할수록 대중은 강한 암시를 받으며 마치 열애에 빠진 사람과 같은 상태에 처한다. 프로이트의 이러한 견해는 니체의 신개념과 연관된 천민의 노예도덕에서도 그대로 나타난다. 사제가 강하면 강할수록 신개념은 완벽해서 신도들은 더욱더 신과 사제를 열렬하게 숭배한다. 프로이트에게 있어서는 자아이상이 강할수록(오이디푸스 콤플렉스의 영향이 강한 경우) 자아가 받는 억압이 강하여 신경증이 발생하며, 니체에게 있어서는 사제가 강하면 강할수록 종교적 개념들은 더욱더 허구화되어 허무주의적인 노예도덕이 천민대중을 지배한다.

지금까지 열애와 자아이상에 관해서 살펴본 것으로 미루어 알 수 있는 것처럼 대중은 일반적으로 지도자를 가진다. 물론 대중은 개인들의 집단이지만 대중집단이 이루어지기 위해서는 개인들이 자아이상 대신에 동일한 대상을 설정하고 자기들의 자아 안에서 서로 동일화한다. 이미 앞에서 나는 프로이트가 말하는 대중을 개인-대중과 대중-개인으로 구분하였다. 프로이트의 정신분석학의 목적은 어디까지나 비정상적인 정신상태(주로 신경증)의 치료에 있기 때문에 프로이트가 문제삼는 것은 대중-개인으로서의 대중이다. 프로이트는 지성능력이 약화되어 열광적으로 지도자를 자아이상으로 받아들여서 동화하는 대중-개인을 치료함으로써 개인-대중을 회복하려고 한다. 그가 분석하는 대중-개인의 특징은 초자아의 자아에 대한 강한 억압에 있는데 초자아가 자아를 지나치게 억압하면 검열에 의해서 원초아와 자아 및 초자아의 균형이 붕괴됨으로써 자아는 신경증 증세를 나타내지 않을 수 없다. 동성애나 음란증 같은 성도착 증세는 개인들에게 있어서 초자아가 자아를 억압함으로써 발생하는 증세인데 이와 유사한 상황 아래에서 지도자가 소위 사랑이라는 허구적 가상으로 개인들을 억압할 때 대중-개인이 형성된다. 앞에서도 몇 차례 언급했지만 프로이트는 파괴적 대중으로서의 허무주의적 인간집단을 방지하기 위한 가치론적 입장에서 대중의 심리상

태를 분석하고 있는 것이 확실하다. 프로이트는 유년시절부터 아리
안족의 유태인에 대한 집단적 학대를 생생하게 체험했기 때문에 무
개성적인 군중심리가 인간의 개성을 말살시키는 심한 신경증적 증
세에 해당한다는 것을 너무나도 잘 알고 있었다.

　니체도 프로이트와 마찬가지로 대중을 문화를 몰락시키는 집단
으로 본다. 특히 정치적 정당으로서의 대중은 흑사병과도 같은 사
회주의자라는 질병에 걸려 있으므로 허구적 선동의 노예가 되어 있
다는 것이 니체의 지적이다.[90] 19세기 중반 이후의 독일에는 사회주
의 및 공산주의 운동이 매우 치열하였고 그러한 운동에 가담하여
격렬하게 대중을 선동하는 정당들이 많았는데 니체는 그러한 대중
을 가리켜서 허구적 천민의 집단이라고 비난하였다. 니체는 프로이
트처럼 개인과 대중을 구분하지 않고 자발성과 독자성을 결여한 인
간을 지칭하여 대중 또는 천민이라고 하였다. 니체와 프로이트 양
자는 상세한 부분에 있어서 대중에 관한 입장의 차이는 있다고 할
지라도 인간의 의미와 가치를 묻고, 인간성 회복을 위해서 대중을
분석하고 비판한 것은 두 사람 모두에게 공통되는 작업이라고 할
수 있다.

　물론 현대적 입장에서 볼 때 프로이트는 대중의 정신상태를 분석
함에 있어서 성적충동이라던가 오이디푸스 콤플렉스라는 단편적인
근거들에만 의존하였고, 니체는 힘에의 의지라는 독단적 형이상학
적 근거에 의존해서 본래적 인간상을 찾으려고 했다는 점을 지적할
수 있다. 그럼에도 불구하고 우리들은 양자가 모두 의미와 가치를
소유한 주체적 인간상을 목적으로 삼고 대중을 분석하고 비판하였
다는 것을 인정하지 않을 수 없다.

8. 군서본능

가. 대중정신

프로이트에 의하면 대중정신은 특히 인종의 고유성, 지위의 장점, 여론 등에서 잘 나타난다.[91] 프로이트의 이와 같은 지적은 니체의 지적과도 일치한다. 니체가 정치적 정당이라던가 기독교 도덕 또는 합리주의 철학 등을 가리켜서 천민이나 노예의 소유물이라고 비난할 때 니체는 허구적 대중정신이 개성을 상실한 특정 집단에서 나타난다는 것을 말한다. 또한 오늘날 우리들의 사회에서 고질적인 병적 상태로 여겨지는 학연, 지연 등에 뿌리박은 의식 역시 대표적인 대중정신에 속한다고 볼 수 있다. 프로이트는 대중정신의 원천이 군서본능에[92] 있다고 생각한다. 생물학적인 관점에서 볼 경우 리비도이론의 의미에서 다수의 세포들로 이루어진 유기체는 군서성질을 소유한다. 말하자면 유사한 세포들은 통일체를 형성하려는 경향이 있으며 마찬가지로 유사한 생명체들도 통일체를 이루려는 경향을 가진다. 그렇기 때문에 군서본능은 파괴될 수 있는 것이 아니라 기본적인 어떤 것이라는 것이 프로이트의 견해이다.[93]

이러한 프로이트의 입장에 의하면 개인들은 군서본능을 가지고 있기 때문에 통일체 곧 대중으로 동일화되는 경향을 지닌다. 그렇지만 프로이트가 '대중의 동등성의 요구는 대중의 개인들에게만 해당하고 지도자에게는 해당되지 않는다'[94]라고 주장할 때 우리들은 지금까지의 프로이트의 대중이론이 일관성을 상실하는 것을 알 수 있다. 니체의 경우에 있어서도 니체가 사제와 신도들을 구분하면서 사제의 허구적 종교개념을 신도들이 받아들인다고 할 때 사제와 신도들은 모두 자발성을 결여한 인간들이라면 구태여 사제와 신도들을 구분할 필요가 없을 것이다. 프로이트의 경우에 있어서도 지도 자나 개인들이 모두 개인들로서 통일체 군중을 형성하려는 경향을 가진다는 언명은 설득력이 있지만 대중의 동등성의 요구가 지도자 에게는 해당되지 않고 단지 대중-개인들에게만 적용된다는 것은 납 득하기 힘들다. 이러한 문제제기에 대한 프로이트의 답은 오히려 그의 정신과정의 요소들 곧 그것(Es), 자아, 초자아의 관계에서 찾을 수 있을 것이다. 대중정신이란 자아가 초자아를 자아이상으로 가지 는 것이라고 한다면 지도자는 자아이상으로서의 초자아에 해당할 것이고 대중은 그러한 자아이상을 소유한 자아일 것이다. 우리들은 이러한 프로이트의 정신분석학적 입장을 니체의 인간관에도 똑같 이 적용할 수 있다. 니체가 말하는 천민대중은 결국 허구적 사제라 는 초자아를 자아이상으로 소유하는 왜소한 인간이다. 프로이트가 독자성과 개성을 가진 인간을 가리켜서 개인이라고 한 반면에 니체 는 대중의 퇴폐성을 완전히 극복한 본래적 인간 곧 미래지향적 인 간으로서의 초인을 제시한다.

나. 토테미즘과 원시집단

앞에서 우리들은 유사한 세포들은 통일체를 형성하려는 경향이 있으며 이와 마찬가지로 유사한 유기체들 역시 통일체를 형성하려 는 생물학적 경향이 있다고 하는 프로이트의 입장을 살펴보았다. 이와 같은 경향은 군서본능이며 바로 군서본능이 원천에 깔려있기 때문에 대중이 형성된다는 것이 프로이트의 견해이다. '조상은 자 아이상을 대신해서 자아를 지배하는 대중이상(Massenideal)이다' 라 는 프로이트의 말은 대중이 형성될 수 있는 근원적 요인이 이미 시 각적으로 볼 때 원시집단의 토테미즘에 자리잡고 있다는 것을 뜻한다. 다수의 유사한 세포들이 통일체를 형성하려는 생물학적 군서본능이 인간 유기체 내에 있다면 인간들 역시 원래부터 집단형성에 대한 경향을 가지고 있음이 자명하다. 그렇지만 원시집단의 토테미즘에는 아버지와 남자 자식들이 있어서 아버지는 지도자의 역할을, 자식들은 대중의 역할을 담당하며 지도자는 자식들에게 아버지이상(Vaterideal) 또는 자아이상이 됨으로써 자식들이 그것에 동일화한다. 프로이트가 세포들의 통일체를 형성하려는 경향으로부터 개인들이 원시집단에서 통일체 대중을 이루려는 경향을 도출하는 것은 무리이다. 왜냐하면 세포들에서는 지도자 세포도 없거니와 지도자 세포를 모방하는 세포들도 없기 때문이다.

바로 위에서 지적한 문제는 프로이트의 정신분석학이론 전체가 안고 있는 것이기도 하다. 프로이트는 철학, 예술, 종교를 환상의 산물로 보고 있으며, 그는 신경 생리학, 생물학, 해부학, 물리학 등을 기초로 삼고 정신분석학이론을 처음부터 끝까지 전개하여야 한다고 확신하기 때문에 유물론의 입장을 고수한다. 그렇다면 그의 정신분석학이 탐구대상으로 삼는 인간의 정신과정 내지 영혼의 삶(Seelenleben)은 단지 신경세포들의 작용과 반작용에 지나지 않는다. 그럼에도 불구하고 그는 물질적인 것이 아닌 정신적 쇼크(Trauma)에 의해서 억압이 발생할 수 있다고 말하여, 그것(Es)과 자아, 초자아 등 비물질적인 영혼의 삶의 요소들을 제시할 뿐만 아니라 이 요소들 사이의 불균형에 의해서 신경증이 발생한다는 것 그리고 더 나아가서 신경증을 분석함으로써 자유연상법에 의해서 신경증을 치료할 수 있다는 것을 주장한다. 이와 같은 문제는 프로이트가 진리대응설의 관점에서 출발하면서도 진리정합설의 체계를 형성하려는 의도로 인해서 생기는 결과일 것이다.

이제 다시 대중형성의 시초가 이루어지는 토테미즘의 특징을 살펴보기로 하자. 프로이트에 의하면 종교, 윤리, 사회적 분화는 토테미즘의 발달에 의해서 분명한 형태를 가지게 된다.[95] 토테미즘의 발달과 함께 아버지(추장이나 족장)를 잔인하게 살해하고 부친집단을 형제집단으로 변형시키는 과정이 일어난다. 프로이트는 이와 같은 과정을 《토템과 금기》에서 상세히 서술하고 있다. '금기(Tabu)의 기초는 의식되지 않은 것 안에 있는 강한 경향이 향하는 금지된 행위이다'[96]라고 할 때 토템과 금기는 밀접한 관계를 가지는데 이들 양자는 동전의 양면과도 같다. 어떤 씨족이 특정한 짐승을 토템으로 숭배할 때 짐승의 형태는 물론 토템이지만 씨족 구성원들은 토템이 지닌 마력을 피하려 하기 때문에 토템에 대한 금기를 지킨다. 노이로제 환자에게 토테미즘의 특징을 적용할 경우 환자는 씨족 구성원으로서의 아이에 그리고 아버지는 두려운 존재인 토템에 해당한다.[97]

토테미즘에 있어서의 대중형성을 보다 알기 쉽게 말하자면 자아는 두려운 존재인 자아이상(토템)을 점령함으로써(대상점령) 동일화를 획득하는데 이것이 가능한 것은 자아가 가지고 있는 리비도의 유출 때문이다.[98] 즉 자아는 아버지로 인한 오이디푸스 콤플렉스 때문에 자신을 분리시켜서 초자아(자아이상)를 형성하는데 초자아의 근원은 바로 아버지이상(Vaterideal)이고 의식되지 않은 것(Ubw)의 지평에서 아버지 대용물로서 토템짐승이 등장한다. 이와 같은 프로이트의 심층심리학적 설명은 '신학의 비밀은 철학이고 철학의 비밀은 유물론적 인간학이다'라는 포이에르바하의 입장이나 또는 인간은 자신의 허약함을 은폐시키고 강자가 되기 위해서 허구적인 도덕, 예술, 철학, 종교의 최상의 가치들을 날조한다는 니체의 입장에서 볼 때 정당성을 가진다. 왜냐하면 포이에르바하나 니체에게 있어서와 마찬가지로 프로이트는 근본적으로 인간 유기체의 충동들이나 힘들이 상호충돌하고 억압하는 과정에서 마술에 의한 암시와 모방이 나타남으로써 원시집단의 대중을 비롯해서 무릇 대중이 형성된다고 보기 때문이다.

대중에서 특징적인 것은 의식적 개성의 소멸, 동일한 방향으로의 사유와 감정의 방향설정, 정서와 무의식적 영혼의 지배 등인데 이것들은 프로이트에 의하면 원시적 정신활동으로의 퇴행이다.[99] 원시적 정신활동으로의 퇴행은 신경증의 증세 이외의 다른 것이 아닌데 이는 니체가 대중의 죽음을 추구하는 경향을 일컬어 대중-정신착란이라고 한 것과 동일하다. 특히 프로이트의 원시적 정신활동으로의 퇴행은 니체가 말하는 근대성에 해당한다. '이 근대성에서 우리들은 병들어 있었다. 게으른 평화와 겁많은 화해나 덕스러운 모든 불결한 근대의 긍정과 부정에 있어서 우리들은 병들어 있었다.'[100] '지나친 중간물의 발전, 전형의 쇠퇴, 전통과 학교의 붕괴, 의지의 힘과 목적 및 수단에 관한 의욕이 허약해지기 시작하는 것을 목표로 삼는(철학적으로 준비된 것이지만 무의식이 더 가치있다.) 본능의 지나친 지배.'[101] 이상에서 알 수 있는 것처럼 니체는 근대성의 특징을 한마디로 천박한 도덕이라고 부른다.

니체는 세계를 지배하는 지성적 합리주의를 해체하고 은폐되어 있는 힘에의 의지에 의해서 퇴폐주의를 극복하여 본래적 인간상을 회복하고자 하지만 과연 어떻게 운명애를 가지고 위대한 긍정을 이끌어 낼 것인지는 니체가 안고 있는 가장 커다란 난제이다. 그런가 하면 프로이트는 원시집단의 토테미즘에 이미 자아이상에 대한 동일화를 초래하는 인간 유기체의 군서본능이 있다고 말하는데, 군서본능 역시 기본적 충동인 그것(Es)의 영향을 받는 자아의 리비도적 충동의 표현이라면 대중의 신경증 증세는 지극히 자연스러운 것일 텐데 어떻게 그리고 어떤 근거에서 그것을 치료하고자 하는지의 문제는 프로이트가 안고 있는 난제이다.

9. 비판적 고찰

지금까지 나는 프로이트와 니체에게 있어서 대중의 의미를 몇 가지 작은 주제들로 나누어 살펴보았다. 철학적 자기성찰은 항상 현실을 문제로 삼는다. 왜냐하면 현실은 과거, 현재 및 미래를 포괄하는 역사적 지평으로서 우리들 인간의 삶의 의미와 가치가 그곳에서 전개되고 있기 때문이다. 내가 대중의 의미를 탐구하는 것은 21세기 초반의 현실을 직시할 때 대중이 인간의 삶을 지배하고 있기 때문이다. 나는 프로이트의 《대중심리학과 자아-분석》을 주텍스트로 삼고 그 이외에 《정신분석학 입문》,《토템과 금기》,《자아와 그것 (Es)》,《인간 모세와 일신론적 종교》 등 및 대중심리에 연관된 프로이트의 저술들을 참고하고 동시에 니체의 《도덕의 계보학》,《반 기독교도》,《짜라투스트라는 이렇게 말하였다.》 등을 참조하여 프로이트의 대중심리에 대한 이론을 고찰하면서 니체의 대중이론을 대비시키는 방식으로 논의를 진행하여 왔다.

나는 대중의 의미를 고찰함에 있어서 왜 대중이 문제인가, 평균인의 성격, 대중과 진리, 대중의 구분, 마술과 암시, 인위적 대중, 동일화, 군서본능 등 여덟 가지 항목에 걸쳐서 논의하였다. 이 주제들은 프로이트와 니체가 제기하는 대중의 문제점들인 동시에 현대사회의 대중이 포함하고 있는 문제들이기도 하다. 우리들은 20세기 중반 이후부터 21세기 초 오늘날까지의 사회를 일컬어 후기 자본주의 사회, 후기 산업사회라고 부른다. 이는 획일적 상업주의와 과학 만능주의가 지배하는 사회를 뜻한다. 프로이트나 니체의 입장에서 보면 현대사회는 극단적인 신경증 내지 대중-정신착란의 시대일 것이다. 오늘날 획일적 상업주의와 기술-정보 만능주의는 대중의 자아이상의 역할을 행할 뿐만 아니라 사제들이 날조한 '유령의 개념들'로 충만하다. 획일적 상업주의와 기술-정보 만능주의는 원시적 본능으로의 퇴행이며 근대성으로의 역행이다. 이러한 절박한 시점에서 만일 우리들의 인간의 삶의 의미와 가치를 더 이상 묻지 않고 자본과 기술을 절대적 자아이상으로 신봉하고 그것에 동일화한다면 인류의 역사는 종말을 고할 것이다.

니체와 프로이트는 현대인과 현대사회의 위기를 예리하게 진단하고 분석함으로써 인간의 삶의 의미와 가치를 회복하려고 노력하였다. 프로이트는 지금까지 절대적이고 완전한 것으로 여겨왔던 자아존재를 의심하고 그것을 분석함으로써 심층심리학의 입장에서 원초아, 자아 및 초자아라는 정신과정으로부터 자아의 성격을 재정립하였다. 또한 정신과정(영혼의 삶)에서 발생하는 억압으로 인하여(오이디푸스 콤플렉스에 의한) 지나치게 강한 자아이상으로의 자아의 동일화가 대중정신을 형성한다고 주장하였다. 그와 같은 대중정신은 무개성적인 대중-개인을 형성하므로 개성적 개인을 회복하기 위해서 프로이트는 대중정신의 형성과정을 분석적으로 탐구하였다. 니체가 대중을 분석, 비판하는 것 역시 궁극적으로는 프로이트와 같은 목적을 가지고 있다. 그렇기 때문에 니체는 대중심리의 탐구에 있어서 프로이트와 같은 목적을 가지고 있다고 할 수 있다. 그러므로 니체는 대중심리의 탐구에 있어서 프로이트의 선구이며, 넓게 보면 니체의 자기성찰의 철학은 프로이트의 정신분석학의 선구이기도 하다.

프로이트에게 있어서 대중심리의 원천은 충동(그것: Es)이며 니체에게 있어서 대중심리의 원천은 힘에의 의지이다. 유물론적 관점

을 지녔던 지니지 않았던 충동이나 힘에의 의지는 형이상학적 존재
이다. 프로이트나 니체는 모두 어떻게 형이상학적 존재가 분화하는
지, 그것을 어떤 근거에서 우리들이 인식할 수 있는지, 그것이 왜
윤리적 가치를 소유하는지를 명백하게 밝히지 못한다. 현대의 정신
분석학의 여러 경향들이나 포스트모더니즘에서는 프로이트와 니체
를 인용하면서 동시에 그들의 한계를 지적하고 극복하고자 한다.
내가 이 글을 쓰는 의도 역시 대중심리에 대한 프로이트와 니체의
긍정적인 측면을 수용하면서 동시에 그들의 한계를 밝히고 극복하
고자 하는 시도에 있다.

　물론 니체는 프로이트의 정신분석학을 대할 수 없었으며 프로이
트 역시 니체를 알고 있었다고 해도 그가 철학을 환상의 산물로 보
았기 때문에 니체 철학에 대해서는 전혀 무관심했던 것이 사실이
다. 예컨대 프로이트는 니체의 초인을 지도자와 동일한 것으로 여
겼다.[102] 그렇지만 겉으로 보기에 커다란 오해처럼 보이는 프로이트
의 이러한 견해는 별로 문제될 것이 없다. 왜냐하면 대중심리의 특
징과 아울러 대중심리의 원천 및 발생과정에 대한 두 사람의 입장
은 내용상 거의 동일한 차원에 머물러 있기 때문이다.

　프로이트의 말처럼 생물 유기체는 군서본능을 가지고 있으므로
인간은 집단사회를 형성하여 삶을 이끌어 나가지 않으면 안 된다.
그러나 무개성적 동일화는 창조적 주체로서의 인간을 무의미한 대
중으로 만든다. 프로이트나 니체가 가장 명백하게 지적하고자 한
점은 바로 현대사회에 있어서 인간성의 소멸이다. 현대인과 현대사
회의 병폐를 분석, 비판하며 극복하기 위해서 우리들은 이 시점에
서 다시 한번 프로이트의 정신분석학과 니체의 자기성찰의 철학을
들먹이지 않을 수 없다.

제4장 예술이란 무엇인가?

1. 머리말: 현대예술의 문제점들

가. 현대 문명과 인간성 상실

오늘날 우리들 인간은 고도로 발달된 현대문명의 사회에서 가장 완전하고 절대적인 삶을 향유하기 위해서 가장 완벽한 소위 디지털-사이버 후기 자본주의 사회의 건설에 박차를 가하고 있다. 내가 여기에서 말하는 디지털-사이버 후기 자본주의라는 개념은 어떤 다른 개념들보다도 현대사회의 특징을 명백하게 지적한다. '디지털-사이버'는 기계 내지 과학만능주의를 대변한다. 대부분의 현대인은 과학이 인간의 모든 문제들을 궁극적으로 해결해 줄 수 있다는 신념을 확고하게 가지고 있다.

근대 이후 현대에 이르기까지 사상사를 살펴보면 자연과학의 발달과 더불어 인간이 얼마만큼 과학을 신뢰하게 되었는지 쉽게 알 수 있다. 특히 현대에 들어와서 원자력, 컴퓨터, 유전공학 등은 종전의 과학에 비교할 수 없을 정도로 인간의 문제들을 해결하고 미래의 행복을 약속해 주는 것처럼 여겨지고 있다.[1] 비록 많은 선진국들이 방사능 유출을 비롯한 핵폐기물의 위험을 방지하기 위해서 원자력 발전을 수력발전과 풍력발전으로 대체하려는 노력에 힘쓰고 있긴 해도 여전히 대부분의 에너지는 원자력 발전에 의존하고 있는 실정이다. 최첨단 과학기술들은 상호 불가분의 관계를 가지고 있으므로 원자력 발전이나 유전공학의 다양한 테크닉은 모두 컴퓨터에 의해 조작되고 있다.

문화를 형성하는 중요한 요소들인 학문과 예술마저도 과학적 기술의 도움 없이는 의미를 상실하는 것처럼 여겨진다. 오늘날 자연과학은 말할 필요도 없고 사회과학과 인문과학도 컴퓨터 등 디지털 기기의 도움 없이는 기대하는 효과를 얻을 수 없다. 예술에 있어서도 상황은 마찬가지이다. 비디오 아트를 비롯해서 회화, 조각, 공예, 건축 등의 영역에서도 최첨단 기기들의 도움 없이는 작품다운 작품을 창작하기 힘들다. 음악과 문학의 장르에서도 컴퓨터 사용은 기본적이다. 무엇보다도 종합예술로서의 영화와 연극 그리고 뮤지컬에 있어서는 디지털-사이버 테크닉이 필수적인 요소이다.

물론 현대문명이 고대로부터 오늘날에 이르는 삶의 모든 형태들을 기억 속에 아니면 현실 안에 고스란히 담고 있다고 해도 현대문명의 특징은 한마디로 말해서 디지털-사이버 문명이라고 말할 수 있을 것이다. 우리들은 현대문명의 특징을 '테크노피아'라는 말만 가지고도 간단히 지적할 수 있다. 여기에서 현대문명의 특징을 테크노피아라고 할 때 어떤 사람은 '그렇다면 현대문화의 특징은 현대문명의 특징과 다른 것인가'라고 반문할지 모른다. 여기에서 나는 문명과 문화를 동의어로 사용하고 있으므로 그러한 물음은 별로 의미가 없다. 예컨대 《힘에의 의지》를 비롯해서 여러 저술들에서 니체는 종교, 도덕, 예술 및 철학이 형성하는 문화를 문명이라고 말하면서 자신의 철학을 문명비판의 철학이라고 부른다.[2] 물론 어떤 사상가는 인간의 물질적 업적을 가리켜서 문명이라 부르고, 이에 비해서 인간의 정신적 업적을 문화로 칭하는 것이 사실이다. 그리고 상식적인 입장에서도 문화와 문명을 구분하지만 나는 인간의 정신적·물질적 업적을 통합하여 문화라고 부를 수도 있고 문명이라고 할 수도 있다는 입장을 가지고 있다. 왜냐하면 인간의 물질적 업적은 필히 정신적 업적을 동반하여야 하며, 인간의 정신적 업적 또한 물질적 업적을 동반하지 않으면 안 되기 때문이다.

현대문명과 인간성 상실은 이미 현대라는 시대의 장이 열리기 시작한 19세기 중반부터 여러 철학자들, 예컨대 키에르케고르, 마르크스, 니체 등에게서 제시되어 왔다. 20세기 이후로는 프랑크푸르트 학파의 철학자들과 최근의 포스트모더니스트들에 의해서 인간의 소외 및 소외의 극복에 대한 대안들이 모색되어 왔다. 좀더 안목을 넓혀 볼 경우 동서양의 고대로부터 서구의 르네상스 그리고 근대와 현대에 이르기까지 철학에서 가장 중요한 목표로 삼은 이념은 자유, 해방 및 휴머니즘이다. 철학은 자유와 해방과 휴머니즘을 규명하고 실현시키기 위해서 끊임없이 탐구의 여정을 전개하여 왔다. 그렇지만 지금 이 시점에서 우리들은 얼마만큼 자유, 해방 그리고 휴머니즘을 성취하였는가?

인류문명의 전개과정을 살펴보면 그것은 자유, 해방 및 휴머니즘을 실현하기 위한 역사였다. 잡다한 여러 가지 요소들이 뒤엉켜 있으며 혼란스러운 신화를 해소하고 뛰어넘어 확실한 지식에 의한 도야를 형성하고 구성하는 것이 철학의 가장 핵심적인 과제였다. 자유, 해방 및 휴머니즘은 계몽의 내용이었다.[3] 플라톤, 아리스토텔레스의 이성을 비롯해서 베이컨의 '아는 것이 힘이다'라는 명제 및 칸트의 종합판단 등은 모두 인간의 계몽을 목적으로 삼았다. 신비와 마법으로 가득 차 있는 세계의 베일을 벗겨버림으로써 철학은 세계에 대한 명백한 지식을 제공함으로써 인류를 계몽시키려고 하였다. 지금까지 제시한 내용은 문명의 긍정적인 측면이었다. 그렇지만 소위 디지털-사이버 후기 자본주의 사회에서 우리들이 직면하는 문명의 현상들 곧 종교, 도덕, 철학 및 예술은 과연 자유, 해방 및 휴머니즘을 과연 얼마만큼 실현시켰는가?

호르크하이머나 아도르노가 사용하는 계몽의 개념은 위에서 암시된 것처럼 문명의 전개과정에 있어서 오히려 부정적인 의미를 소유한다. 지금까지 철학은 자유, 해방, 휴머니즘을 실현시키기 위해서 이성의 기치를 높이 치켜들고 합리성, 보편성, 추상성 및 형식성을 진리의 기준으로 제시하여 왔고, 문명은 그러한 기준에 맞추어 인간과 세계의 완전성을 탐구하여 왔다. 니체가 소크라테스주의와 기독교 도덕을 모두 퇴폐주의라고 주장하는 근본적인 이유는 이들 양자가 창조적 생명력을 부정하고 합리성과 보편성에 의해서 완전성과 절대성을 확립하려고 한 사실에 있다. 현대사회에서 인간은 모든 것을 질(質)보다 양(量)을 기준삼아 평가한다. 질(質)은 더 이상 질(質)일 수 없고 질(質)마저 양화(量化)되었다고 하는 것이 정당할 것이다.

그렇지만 일상생활이나 학문은 비록 양화(量化)에 치중하고 보편성과 추상성 및 형식성에 물들어 있다고 할지라도 종교와 도덕 그리고 예술은 여전히 생동하는 내용을 가지고 있지 않는가라고 반문할 수 있다. 현대문명은 은폐성을 명확하게 지시하지 않고[4] 단지 양적인 것만 의미 있는 것으로 주장하거나 아니면 양적인 것이 질적인 것을 대신한다고 주장한다. 이러한 상황에서는 종교는 물론이고 도덕과 예술도 거대담론의 지배를 받을 수밖에 없다. 다시 말해서 종교, 도덕, 예술은 과거와 마찬가지로 오늘날도 진·선·미를 추구하고 실현한다고 하면서 여전히 보편성, 형식성, 추상성을 절대적인 기준으로 제시하고 있다. 그 결과는 삶과 세계의 양화(量化)이면서 동시에 인간의 소외 곧 인간성의 상실이다. 디지털-사이버 후기 자본주의 사회라는 말이 지적하는 것처럼 현대인의 삶과 세계는 양화(量化) 및 물화(物化)되었고 따라서 획일적 상업주의의 지배를 받고 있는 실정이다.

위에서 지적한 획일적 상업주의의 현상은 이미 마르크스가 예리하게 지적한 사항이다.[5] 자본과 생산수단 및 노동에 의한 생산관계에 의해서 착취자와 피착취자의 국민경제적 관계가 성립하며 이로부터 주인과 노예 양자의 소외가 발생한다. 후기 자본주의 사회에서 인간의 소외 내지 인간성 상실은 마르크스 당시의 자본주의 사회보다 훨씬 더 심각하다. 왜냐하면 현대의 후기 자본주의는 자본, 생산수단 및 노동뿐만 아니라 기술과 정보 그리고 아이디어까지 합세하여 삶과 세계의 양화(量化) 및 물화(物化)를 가속화시키기 때문이다. 이러한 상황에서 우리들은 예술과 연관해서 '과연 예술이란 무엇인가?', '왜 인간은 예술에 종사하는가?' 그리고 '예술의 의미와 가치는 무엇인가?'라는 물음을 제기하지 않을 수 없다. 이러한 물음들을 던지는 이유는 우선 예술의 창조적인 의미와 가치를 회복하려는 의도에 있으며 다음으로는 현대인의 삶과 세계의 부조리 및 소외를 극복할 대안을 모색하려는 데 있다.

나. 획일적 상업주의와 예술

'일차원적 인간' 및 '일차원적 사회'라는 마르쿠제의 말을 상기하지 않더라도 우리들은 오늘날의 디지털-사이버 후기 자본주의 사회가 일차원적 특징을 소유하고 있다는 사실을 잘 알고 있다. 현대인의 삶과 세계는 현실적으로 양화(量化)와 물화(物化)에 전적으로 물들어 있다. 우리들은 과학적 지식이 지배하는 고도의 기술사회에서 일상적 삶을 영위하고 있다. 여기에서 우리들의 삶과 세계자체를 조종하고 지배하는 것은 상품화 전략이기 때문에 획일적 상업주의가 자연히 우리들의 삶을 '어디론가' 이끌어 가고 있다.[6] 우리들은 삶의 다양한 방식들의 전개를 투자로 생각하기 때문에 출생으로부터 생일, 결혼 그리고 사망의 경우 투자에 대한 이윤을 얻으려는 경향을 가지지 않을 수 없다. 직업은 말할 것도 없고 교육과 문화의 다양한 형태들도 모두 상품화 전략에 지배당하고 있다.

내가 이곳에서 핵심주제로 삼아 탐구하는 것은 예술의 의미와 가치이다. 현대사회에서 예술의 의미와 가치를 밝히기 위해서는 우선 현대사회의 특징을 면밀히 진단할 필요가 있으며 다음으로는 현대사회를 구성하는 현대인의 정신(영혼 내지 마음) 상태를 해명하지 않으면 안 된다. 이러한 작업을 위해서는 허다하게 많은 방편들이 있겠지만 나는 니체의 예술이론과 정신분석학에서의 예술관을 함께 분석하고 비교 고찰함으로써 예술의 의미와 가치를 정당하게 해명할 수 있다고 생각한다. 물론 오늘날의 정신분석학은 프로이트의 전통을 이어받는 유럽의 정신분석학과 전통적인 정신분석학에 최신 정신의학을 결합시킨 미국의 정신분석학 두 가지로 분류할 수 있을지라도 정신분석학의 토대는 어디까지나 프로이트에게 있다. 따라서 나는 이곳에서 니체의 예술이론과 프로이트의 정신분석학적 예술관을 고찰하면서 예술의 의미와 가치를 드러내려고 한다.

이미 앞에서 나는 현대사회의 특징을 일컬어 디지털-사이버 후기 자본주의 사회라고 정의하였다. 획일적 상업주의와 디지털-사이버 후기 자본주의 사회는 불가분의 관계를 맺고 있다. 왜냐하면 이들 양자는 모두 이념적으로 동일한 전통을 가지고 있기 때문이다. 일반적으로 우리들은 서구문명의 바탕은 그리스철학과 기독교라고 말한다. 그리스철학의 특징은 합리성에 있으며 합리성은 논리적 내지 수학적(형식적) 완전성을 추구한다. 그런가 하면 기독교는 초월적인 절대성을 추구한다. 따라서 완전성과 절대성은 유럽 문명의 바탕에 이미 오래 전부터 깔려 있으며 현대 과학문명의 기반 역시 견고한 완전성과 절대성의 이념이라는 것을 쉽사리 알 수 있다.

대부분의 현대인은 디지털-사이버 후기 자본주의 사회에서 자본, 생산수단, 노동과 아울러 정보, 기술 및 아이디어에 의한 과학문명이 소위 테크노피아를 약속하리라고 기대할 뿐만 아니라 확신까지 하고 있다. 이와 같은 기대와 확신은 합리성에 대한 기대와 확신이며 동시에 삶과 세계의 완전성 및 절대성에 대한 확고한 믿음이기도 하다. 그러나 일단 디지털-사이버 후기 자본주의 사회의 내면을 통찰할 경우 우리들은 경악을 금할 수 없다. 현대인의 내면적 정체는 다름 아닌 '욕망의 기계들'[7]로 드러난다. 게다가 욕망의 기계들은 획일적 과학만능주의와 상업주의를 직시하지 못하고 그것들이 이상적인 인간과 사회를 약속해주는 수단이자 목적이라고 믿고 있다.

현대사회에서 예술은 과연 무엇인가? 예술을 정의하기 위해서는 어떤 예술이 훌륭한 예술인가, 아름다움은 무엇인가, 미적 가치의 기준은 존재하는가 등의 물음들과 함께 예술은 무엇인가라는 물음을 탐구하지 않으면 안 된다.[8] 그러나 이들 모든 물음들보다 선행해서 탐구하지 않으면 안 되는 것은 어떻게 그리고 왜 예술행위가 성립하는가라는 물음이다. 예술 창작 행위는 인간의 정신에 의해서 비로소 가능하기 때문에 우리들이 예술이라는 문화의 한 영역을 형성하는 정신의 정체를 제대로 밝힐 때 예술이 어떻게 그리고 왜 성립하며, 나아가서 예술이 무엇인지도 해명할 수 있을 것이다. 앞에서 나는 현대문명이 획일적 과학주의와 상업주의에 물들어 있다는 사실을 지적하였다. 분리주의 이론가는 물론이고 콘텍스트 이론가 역시 예술이란 상상을 통해서 인간의 미적 욕망을 충족시키는 문화의 한 요소라고 주장할 것이다.

　분리주의 이론가는 미적 감정의 표현이나 체험 내지 이해를 위해서 예술 작품 자체를 떠날 필요가 없다고 주장한다. 콘텍스트 이론가는 예술작품 이외의 사회적, 역사적 요소들이 예술작품과 함께 예술적 가치를 형성한다고 주장한다. 그러나 이들 양자는 모두 예술작품이 순수한 아름다움을 표현한다고 믿는다. 지금 이 시점에서 볼 경우 분리주의는 물론이고 콘텍스트 이론의 주장은 매우 소박한 성격을 가지고 있다. 왜냐하면 디지털-사이버 후기 자본주의 사회에서 인간의 삶과 세계는 이미 획일적 과학만능주의와 상업주의의 지배를 받을 뿐만 아니라 이미 그것들에 물들어 있기 때문이다. 니체는 자신의 실험철학과 비판철학을 통해서 기존의 예술을 왜소한 예술 곧 형식미에만 치우치고 생명력을 상실한 낭만주의적 퇴폐성을 대변하는 예술이라고 비판한다. 그런가하면 프로이트는 정신분석학적 입장에서 예술을 비롯해서 종교와 철학을 심리적 메카니즘의 산물인 환상이라고 말한다. 니체와 프로이트는 예술의 허무주의적, 부정적 성격을 지적함으로써 예술의 긍정적 성격을 회복하고자 하였다. 그리하여 니체는 생동감 넘치는 창조적 예술을, 프로이트는 예술의 승화를 역설한 것이다. 물론 니체의 예술이론과 프로이트의 예술관에는 커다란 차이가 있는 것이 사실이다. 그렇지만 니체가 자신의 예술이론을 통해서 인간의 정신(영혼 내지 마음)을 철저하게 분석함으로써 정신의 표면뿐만 아니라 내면을 통찰하는 태도는 프로이트 정신분석학의 선구 역할임을 잘 알 수 있다. 니체의 문명 비판철학 자체는 이미 현대문명을 진단하고 그러한 진단을 근거삼아 문명의 바탕이 되는 인간의 정신을 분석한다.

정신분석학적 입장에서 말하자면, 니체는 현대문명의 요소들인 예술, 종교, 도덕 및 철학을 분석하고 비판함으로써 인간정신의 내면을 파헤치고 긍정적인 삶과 세계를 구축하고자 하였다. 따라서 니체는 예술의 상업화, 대중화, 보편화 및 형식화를 해체하고 '힘에의 의지'를 표현하는 긍정적 예술을 제시하고자 한다. 프로이트는 인간의 비정상적 '증세'를 진단하고 분석함으로써 예술의 성격을 드러내고 비록 예술이 환상에 불과할지라도 어떻게 예술이 창조적일 수 있는지를 승화에 의해서 밝히고자 하였다. 니체의 예술이론과 프로이트의 예술관의 현격한 입장 차이에도 불구하고 우리들은 양자가 모두 현대문명을 예리하게 분석하고 비판하고 있으며 또한 예술의 의미와 가치를 묻고 긍정적인 예술을 제시하려고 한다는 점에서 이들의 밀접한 연관성을 간파할 수 있다. 이와 같은 니체와 프로이트의 예술에 대한 입장은 오늘날 획일적 과학만능주의와 상업주의에 물들어 있는 예술을 다시 한번 비판하고 '가치의 전도'를 통해서 예술의 생동하는 의미와 가치를 창출하는 데 필요불가결한 도움을 줄 것이다.

다. 합리주의 전통

포스트모더니즘은 거대담론의 해체를 강력히 주장하면서 작은 담론에 의해서 자유, 해방 및 휴머니즘을 향한 개방성을 쟁취할 수 있다고 말한다. 이러한 입장은 니체와 프로이트의 견해를 그대로 반영한다고 볼 수 있다. 거대담론의 해체는 다시 말해서 합리주의의 해체이다. 니체가 합리주의의 해체를 부르짖는 것은 합리주의가 바로 퇴폐주의이자 허무주의이기 때문이다. 합리주의는 왜 허무주의인가?

니체는 아리스토텔레스와 마찬가지로 예술을 대변하는 것은 비극으로 본다. 그러나 니체에게 있어서 비극의 원천은 음악이다. 왜냐하면 음악은 힘에의 의지(Wille zur Macht)의 직접적인 표현으로서 비극의 핵심이며 예술의 내용이기 때문이다. 그러므로 니체가 보기에 합리주의적 비극 내지 음악은 보편성, 형식성 및 추상성에 물들어 있으므로 그것은 허무주의적이자 퇴폐일 수밖에 없다. 합리주의의 전통은 소크라테스로부터 시작하여 플라톤과 아리스토텔레스를 거쳐서 쇼펜하우어와 바그너의 음악관에서 한층 더 두드러지게 나타난다. 니체의 입장에 의하면, 현대문명의 구성요소들인 종교, 도덕, 철학 및 예술이 퇴폐한 것은 합리주의적 전통 때문이다. 따라서 니체는 합리주의적인 오성이나 이성은 비극을 타락시키고 죽이기까지 하였다고 본다.

이제 합리주의적 전통을 반박하는 니체의 입장을 좀더 구체적으로 살펴보기로 하자. "에우리피데스 역시 어떤 의미에서 가면이었다."[9] 고대 그리스의 세 비극시인들 곧 소포클레스, 아이스킬로스, 에우리피데스 중에서 니체는 에우리피데스를 소크라테스적 합리주의의 시인으로 보아 그를 소포클레스 및 아이스킬로스에 적대하는 시인으로 평가한다. '소크라테스적인 것' 또는 '소크라테스적 요소'는 소크라테스의 산파술과 아이러니(역설법)라는 변증술에서 알 수 있듯이 합리주의적 방법이다. 합리주의적 방법은 인간의 모든 대상이나 문제를 체계적, 보편적으로 파악하고 해결하고자 한다. 합리주의적 방법은 완전한 인식과 덕을 목적으로 삼으며 동시에 인간의 모든 문제를 완전하게 해결하고자 한다. 소크라테스적 합리주의는 후에 기독교의 절대성과 결합하여 인간의 삶과 세계를 완전하게 그리고 절대적으로 만들고자 한다. 니체가 보기에 이와 같은 합리주의적 방법은 단지 허구에 지나지 않는다.

니체에 의하면 소크라테스와 아울러 음악과 비극이 결국 공허하게 되어버리고 말았다.[10] 이 말은 소크라테스의 합리주의가 플라톤과 아리스토텔레스로 이어지고 그 이후 계속해서 합리주의가 유럽문명을 지배함으로써 현대문명 자체가 허무주의와 퇴폐주의로 전락하게 되었다는 사실을 의미한다. 니체는 소크라테스에게서 본능은 비판가가 되고 의식은 창조자가 된다고[11] 말하는데 이 말의 뜻을 정확히 파악할 경우 니체가 뜻하는 합리주의가 어떤 것인지 그리고 니체가 어떤 입장에서 합리주의를 비판하는지 명확히 알 수 있다. 위의 니체의 명제에서 본능은 음악적 직관에 그리고 의식은 지성적 합리성에 해당한다. 소위 소크라테스적 음악은 지성적 합리성에 의해서 형성되고 이에 비해서 음악적 직관은 원래의 역할을 상실하고 말았다는 것이 니체의 주장이다. 다시 말해서 음악적 직관(본능)이 음악의 창조자가 되고 지성(의식)은 이론적 비판의 역할을 담당하여야 함에도 불구하고 소크라테스에게 있어서는 본래의 입장이 완전히 전도되었으므로 그것은 생명력 넘치는 음악과 비극을 형식화시키고 죽음에 이르게 하였다는 것이 니체의 견해이다.

니체가 예술의 합리적 전통을 비판하는 시발점은 소크라테스주의에 있으며 소크라테스주의를 바탕삼아 성립하는 것들은 쇼펜하우어와 바그너의 음악관이다. 그러므로 니체는 당시의 음악과 아울러 비극의 특징을 허무주의와 퇴폐주의로 낙인찍는다. 음악을 삶에의 의지(Wille zur Leben)의 직접적인 표현이라고 하는 쇼펜하우어의 입장은 음악을 힘에의 의지의 직접적인 표현이라고 보는 니체의 입장과 유사한 것처럼 여겨진다. 그렇지만 니체는 쇼펜하우어의 음악이론이 합리주의 전통을 고수한다고 강하게 비판한다. 왜냐하면 쇼펜하우어는 음악을 "인간의 깊은 내면에서 매우 강하게 작용하는 보편적 언어"[12]로 여기기 때문이다. 보편적 언어란 이미 생동감을 상실한 추상성, 형식성 및 체계성을 뜻한다. 음악을 디오니소스적인 것, 다시 말해서 힘에의 의지의 직접적 표현으로 보는 니체가 보편적 언어로서의 음악을 퇴폐적이며 죽은 것으로 평가하는 것은 당연한 결과이다.

니체는 초기에 바그너의 음악에 매료되었으나 점차 바그너의 음악이 오페라 쪽으로 치중하면서 음악보다는 언어를 선호하고 동시에 기독교적 색채를 강하게 띠게 되자 바그너의 음악을 낭만주의적, 퇴폐적 음악이라고 비판하면서 바그너와 결별하게 된다. 지금까지 나는 음악과 비극이라는 예술의 측면에서만 니체가 왜 합리주의 전통을 반박하는지에 관해서 매우 간략하게 살펴보았다. 예술에 있어서의 합리주의 전통에 대한 니체의 반박만 보아도 우리들은 니체가 예술뿐만 아니라 종교, 도덕, 철학 등 문화를 형성하는 모든 요소들에 있어서도 합리주의의 전통을 강하게 반박한다는 것을 알 수 있다. 니체는 모든 전도된 전통적 가치들에 대해서 다시금 '모든 가치들의 전도'를 실행함으로써 새로운 창조적 가치들을 정초하고자 한다.

현대철학에서 합리주의 전통을 거부하는 경향은 니체뿐만 아니고 쇼펜하우어, 키에르케고르, 베르그송을 비롯해서 넓게는 마르크스 및 프랑크푸르트 학파의 철학자들과 포스트모더니스트들을 들수 있다. 그러나 문화에 있어서 합리주의 전통을 일종의 노이로제 곧 정신질환으로 여기면서 합리주의적 사고를 가장 정면으로 반박하는 것은 역시 프로이트의 정신분석학이다. 프로이트는 종교, 철학 및 예술을 가장 대표적인 환상의 산물로 여긴다. 종교, 철학, 예술 등은 인간의 직관능력 및 신성화 작업에 의해서 성립하는 문화의 형성요소들이다. 심리적 측면에서 볼 때 소위 직관과 아울러 신성화는 욕구충동의 충족에 불과하며 그러한 충족은 실증적인 성격을 가지지 않고 오직 환상에 지나지 않는다는 것이 프로이트의 입장이다.[13] 그렇다면 종교와 철학은 물론이고 예술도 결국 합리적인 것이 아니고 단지 욕구충동의 충족에 불과하다고 할 수 있다.

프로이트가 합리주의 전통에 반기를 든 것은 무엇보다도 그의 '정신분석학'이라는 개념에서 가장 잘 드러난다. 지금까지의 심리학은 소위 합리적인 의식세계를 탐구대상으로 삼았다. 그렇지만 정신분석학은 의식(보다 더 상세히 말하자면 정신영역에 있어서 의식된 것: das Bewußte)은 물론이고 의식의 뿌리가 되는 심층의식(충동이나 에너지 또는 초자아, 원초아 및 리비도 등)을 탐구하는데 심층의식은 합리성과는 질적으로 다른 성격을 가지고 있다. 프로이트가 신학, 철학 및 예술을 대표적인 환상이라고 한 것은 전통적인 합리주의적 사고와는 정반대되는 입장이다. 지금까지 예술철학에서 분리주의나 콘텍스트주의에서 아름다움은 어디까지나 합리주의적인 대상이었다. 미(美)는 미 이외의 다른 대상과 분리되어 표현되어야 하며 예술은 예술 이외의 다른 분야와 상관없다고 하는 분리주의의 입장(유미주의)은 합리주의를 바탕으로 삼는다. 그런가 하면 미나 예술은 미와 예술 이외의 사회, 도덕 및 문화와 밀접한 관계를 맺어야 한다는 콘텍스트주의 역시 합리주의를 근본으로 삼는다. 그러나 예술을 정신의 심리적 메카니즘 곧 환상의 결과로 여기는 프로이트의 예술관은 확실히 비합리주의적이다.

니체와 프로이트 양자는 모두 합리주의적 예술관에 반기를 든다. 완전하고 절대적인 가치로서의 아름다움은 니체가 보기에 허구이며 지금까지의 예술은 형식성, 보편성, 추상성에 물들어 있으므로 그것은 왜소한 예술에 불과하고 따라서 그것은 가치의 전도를 통해서 창조적인 예술로 변모하지 않으면 안 된다. 예술에 있어서 가치의 전도는 어떻게 가능한가? 그것은 은폐되어 있는 힘에의 의지에

154

의해서 비로소 가능하다. 니체가 말하는 가치들의 전도는 매우 다양한 방식들에 의해서 실현되는 것이 사실이다. 가치들의 전도는 실험철학과 문명비판철학에 의해서, 긍정적 허무주의를 통한 부정적 허무주의의 해체를 통해서 그리고 운명애(amor fati)와 삶에의 긍정을 통해서 실현된다. 그렇지만 가치들의 전도에 있어서 가장 핵심적인 요인은 무엇보다도 힘에의 의지이다. 왜냐하면 힘에의 의지를 바탕으로 비로소 짜라투스트라, 디오니소스적인 것, 철학자-예술가 및 초인 등이 가능할 수 있기 때문이다.

그렇다면 우리는 프로이트의 예술관이 비합리주의적이라는 것에서만 니체 예술관과의 유사점을 찾을 수 있고 그 이외의 점에서는 유사점을 찾을 수 없다는 결론에 도달하기 쉽다. 그러나 니체가 힘에의 의지를 참다운 예술의 뿌리로 여긴 것은 프로이트가 예술의 뿌리를 심층의식(충동 또는 리비도)에 있다고 본 것의 선구임을 알 수 있다. 양자의 두드러진 차이가 있다면 그것은 니체가 예술(긍정적)을 힘에의 의지의 직접적 표현이라고 했음에 비하여 프로이트는 예술을 정신질환 곧 노이로제에 유사한 환상으로 여긴 것이다.

그럼에도 불구하고 프로이트가 예술의 승화(순화)를 통해서 예술가는 증세에 빠지지 않고 정상적인 사회적 삶에 적응할 수 있다고, 다시 말해서 환상을 지양할 수 있다고 주장하였다. 프로이트 역시 니체와 마찬가지로 환상으로서의 예술을 긍정적 예술로 지양시킬 수 있다고 생각하였다. 니체와 프로이트 이전의 사상가들은 일반적으로 합리주의의 전통을 바탕삼아 예술의 형식성, 보편성, 추상성을 완전하게 그리고 절대적으로 표현하려고 하였다. 그러나 니체와 프로이트 양자는 합리적 이성(의식)의 심층을 파헤침으로써 지금까지 은폐되어 있던 예술의 의미와 가치를 재음미하고 나아가서 긍정적인 예술 및 삶의 방향을 제시하려고 하였다.

2. 예술의 근대성과 현대성

가. 근대의 조건

서양철학사에서 헤겔 이후의 대체적인 철학의 경향은 비합리주의적 색채를 강하게 소유한다. 19세기 사회의 혼란과 더불어 20세기에 들어와 두 차례의 세계대전을 겪으면서 전통적인 합리주의적 사고에 대해 커다란 회의를 품고 삶과 세계를 설명하고 새로운 형태의 삶과 세계를 구축하기 위해서 상당수의 사상가들은 비합리주의 이론을 기치로 들고 나오게 되었다. 쇼펜하우어와 키에르케고르를 비롯해서 마르크스, 프로이트, 니체 등은 대표적인 반(反)헤겔주의자들로 비합리주의자의 범주에 포함된다. 현대의 비합리주의는 한마디로 말해서 반(反)근대성을 역설한다. 그런데 근대성은 무엇을 뜻하는가? 간단히 말해서 근대성은 근대사회의 '지식의 조건'이다.[14] 근대사회의 지식의 조건은 바로 근대성을 말한다. 근대성을 가장 잘 대변하는 명제는 '나는 생각한다, 그러므로 나는 존재한다'이다. 이 명제를 여러 가지 각도에서 논의할 수 있지만, 여기에서 우리가 지적할 수 있는 첫번째 특징은 논리적 형식성이다. 논리적 형식성은 사유와 존재의 보편성, 체계성 및 전체성을 동반한다. '나는 생각한다, 그러므로 나는 존재한다'는 결국 완전하고 절대적인 이성을 암암리에 전제하고 있다. 만일 그렇지 않다면 '나는 생각한다'라는 명제로부터 '그러므로 나는 존재한다'가 결코 도출될 수 없다. 만일 절대적 이성 내지 이성존재(소위 실체로서의 신)가 전제되어 있지 않다면 '나는 생각한다, 그러므로 나는 생각한다', '나는 생각한다, 그러므로 나는 의심한다' 등의 명제도 얼마든지 가능할 것이다.[15]

보다 더 부정적으로 말하자면 근대성은 결정론과 독단의 성격을 가지는 큰 담론이다. 신 중심의 중세를 지나 인간과 자연을 탐구주제로 삼은 근대는 내면에 여전히 기독교 신앙과 그리스철학의 전통, 다시 말해서 종교적 절대성과 합리주의적 완전성을 간직하고 있었다. 니체가 보기에 이러한 근대성은 단지 허구에 지나지 않았다. "이 근대성에서 우리들은 병들어 있었다. 게으른 평화와 겁 많은 화해나 덕스러운 모든 불결한 근대의 긍정과 부정에 있어서 우리들은 병들어 있었다."[16] 니체가 말하는 근대성은 바로 정적으로 고착된 기독교 신앙과 그리스의 합리주의를 근거로 가지고 있다. 종교, 철학 및 도덕은 모두 근대성에 물들어 있고, 예술 역시 근대성을 떨쳐버리지 못하고 있으므로 니체는 특히 예술의 근대성을 강하게 비판한다. 대중적 상업성과 명예심이 예술에서 중요한 위치를 차지할 뿐만 아니라 예술의 동기 내지 의도는 교회 및 인종의 이해관계와 밀접한 관계를 가진다. 위에서 열거한 기능을 충실히 이행하기 위해서는 보편성, 형식성, 전체성을 추구하는 결정론의 성격을 띠지 않을 수 없다.

니체의 입장에서 볼 때 이와 같은 예술은 왜소한 예술에 불과하며 예술의 근대성은 천박한 도덕일 뿐이다. 우리들은 이러한 니체의 예술관을 두 가지 관점에서 이해할 수 있다. 우선 니체는 근대의 예술을 허구적인 것, 허무주의적인 것으로 본다. 왜냐하면 예술의 근대성은 상업주의와 대중 그리고 특정한 종교 집단이나 인종에 영합함으로써 생동하는 창조적 가치를 상실하기 때문이다. 다음으로 니체의 예술관은 프로이트 정신분석학의 선구가 되는 관점을 가지고 있다. 니체가 예술의 근대성을 비판하는 것은 근대 예술이 표면적인 형식성에 치중하고 있는 사실을 비판하는 것 이외의 다른 것이 아니다. 니체는 생동하는 예술의 의미와 가치는 은폐되어 있는 디오니소스적인 것 곧 힘에의 의지에 있다고 본다. 힘에의 의지가 직접적으로 표현될 때 근대적 예술의 가치가 전도됨으로써 참다운 예술이 구축될 수 있다.

그렇다면 근대성에 대한 프로이트 정신분석학의 입장은 어떤 것인가? 프로이트가 합리주의를 반대하는 태도는 쇼펜하우어, 니체와 같은 맥락을 유지한다. 프로이트에게 있어서 정신과정(영혼과정)의 원천은 그것(Es) 또는 리비도나 충동이며 프로이트 자신은 충동이 쇼펜하우어의 삶에의 의지와 유사하다고 생각한다.[17] 프로이트의 예술관은 전체적으로 볼 때 니체의 예술이론과 판이한 입장의 차이를 드러낸다. 그럼에도 불구하고 양자를 비교할 경우 여러 가지 유사점을 찾아낼 수 있다. 프로이트가 예술을 상상(Phantasie) 또는 환상(Illusion)이라고 할 때의 입장은[18] 니체의 견해와 전혀 다른 것처럼 여겨진다. 예술이 상상 또는 환상이라면 그것은 일종의 히스테리 노이로제 증세와 유사하다. 일반적으로 정신질환은 쾌락원리와 현실원리의 불균형에서 또는 의식된 것(das Bewußte), 의식되기 이전의 것(전의식: das Vorbewußte) 및 의식되지 않은 것(심층의식: das Unbewußte)들 사이의 부조화에서 생긴다. 물론 프로이트의 말기 이론에 따르면 노이로제는 원초아와 초자아 그리고 자아 사이의 불균형에서 생긴다. 프로이트는 초기이론이나 후기이론 모두에서 심층의식의 충동 내지 힘이 자아의 억압에 의해서 왜곡되어 표현될 때 정신질환 곧 노이로제 증세가 형성된다고 본다.

프로이트가 예술은 신학 및 철학과 함께 상상이나 환상의 산물로서 일종의 노이로제 증세와 유사하다고 한 것은 예술이 심리과정의 산물이긴 해도 정상적인 산물이 아니라 비정상적인 산물이라는 것이다. 프로이트가 정신이나 영혼을 분석해서 정신과정의 핵심을 에너지나 충동에서 구하는 것은 이성중심의 근대성에 대한 전면적 반박이다. 왜냐하면 힘이나 에너지 또는 충동은 전혀 결정론적이지도 않고 목적지향적이지도 않으며 게다가 완전성이나 절대성과는 거리가 멀기 때문이다. 넓게 볼 때 예술을 피상적인 문화현상으로 보고 그것을 상상이나 환상이라고 하는 프로이트의 예술관은 근대예술을 허무주의 예술로 보는 니체의 견해와 일치하는 점이 있다. 그렇지만 니체가 예술의 근대성을 해체하고 창조적, 긍정적 예술을 복고하려고 했음에 비해서 프로이트의 입장은 소극적이다. 프로이트는 비록 예술이 노이로제 증세와 유사한 환상일지라도 예술은 승화(순화: Sublimierung)를 통해서 비정상적인 상태를 지양하고 정상적인 상태를 회복할 수 있다고 보았다. 그러나 니체와 프로이트 모두 예술의 원천을 비합리적인 힘에의 의지나 심층의식의 충동으로 본 점은 예술의 근대성을 전적으로 부정하는 입장이다.

근대의 조건은 형식성, 보편성, 전체성이고 이것들이 지향하는 목표는 서구의 전통이상인 완전성과 절대성이다. 그렇지만 우리들이 니체와 프로이트처럼 그러한 조건의 심층을 통찰할 경우 근대의 조건은 가장 깊은 심층에 욕망이 깔려 있고 그 욕망은 형식성, 보편성, 전체성을 수단으로 삼아 상업주의와 과학주의를 동원하여 완전하고 절대적인 삶과 세계를 구성하기 위해 끊임없이 진전하고 있음을 간파할 수 있다. 물론 근대의 이념은 자유, 해방, 휴머니즘이지만 근대의 조건으로서의 근대성이 강화되고 경직됨으로 인하여 이념은 점차로 망각되고 오히려 부조리와 인간성 상실만 뚜렷해지고 동시에 획일적 상업주의와 과학주의가 지배하는 디지털-사이버 후기 자본주의 사회가 인간을 단순한 욕망의 기계로 이끌어 가고 있다.

물론 니체나 프로이트가 근대의 조건 곧 근대성을 반박하는 데에도 문제점이 있는 것이 사실이다. 니체는 종교, 철학, 도덕을 비롯해서 예술의 근대성을 허무주의나 퇴폐주의로 낙인찍고 근대성을 해체함으로써 새로운 가치를 정립하여야 한다고 주장한다. 이 경우 근대성과 힘에의 의지라는 이분법이 성립한다. 또한 생동하는 힘에의 의지가 본래부터 존재하는데 어떻게 해서 근대성이 성립할 수 있었는가 그리고 니체가 역설하지 않아도 힘에의 의지에 의해서 자연적으로 근대성이 해체될 것이 아닌가 하는 물음들이 제기된다. 프로이트에게 있어서도 쾌락원리와 현실원리의 이분법 또는 의식, 전(前)의식, 심층의식 또는 원초아, 자아, 초자아의 삼분법이 성립하며, 이 경우 각각의 연관성이 문제시된다. 그럼에도 불구하고 니체와 프로이트는 큰 담론으로서의 결정론이 동원하는 형식성, 전체성, 보편성을 파괴하고 현상의 심층의식을 파헤치려고 한 점에서 현대사상의 분기점을 마련한다. 예술관의 여러 가지 차이에도 불구하고 두 사람은 모두 비합리적인 은폐된 힘에의 의지와 심층의식을 예술적 표현의 원천으로 본 점에서는 일치한다.

나. 이중적 의미의 근대성

앞에서 우리는 부정적 의미의 근대성을 살펴보았다. 니체와 프로이트의 입장에서 보기보다 그들로부터 한 걸음 거리를 두고 근대성을 고찰할 경우 우리들은 한층 더 니체의 실험철학과 프로이트의 정신분석학이 근대성에 대해서 어떤 태도를 취하는지 잘 알 수 있다. 니체가 보기에 근대성은 바로 허무주의이다. 다시 말해서 근대성은 참다운 가치의 전도이고 근대성의 해체는 '전도된 가치의 전도'이다. 예술의 영역에 있어서는 전도된 왜소한 예술 곧 근대예술을 전도시킴으로써 창조적 예술이 성립할 수 있다. 그러나 문제는 어떻게 힘에의 의지에 의해서 창조적 예술을 정립할 수 있으며 그렇게 할 수 있는 정당성은 어디에서 찾을 수 있는가 하는 것이다.

물론 니체는 이러한 문제점을 이미 잘 알고 있었으므로 실험철학, 비판철학 등의 개념을 비롯해서 영겁회귀, 삶에 대한 긍정 및 운명애 등의 용어를 수없이 반복한다. 그래도 '가치전도'의 계기를 어디에서 찾을 수 있는가라는 물음이 여전히 남는다. 프로이트는 의식만을 취급하는 심리학은 정신의 기능 장애인 정신질환을 다룰 수 없고 메타심리학[9] 또는 정신분석학이 심층의식의 정체를 파헤침으로써 정신질환을 취급할 수 있다고 한다. 이 때 우리들은 프로이트의 정신분석학적 해석은 심리학의 차원에서 이루어지는 것인가 아니면 메타심리학(정신분석학)의 차원에서 이루어지는 것인가를 묻게 된다. 프로이트는 당연히 메타심리학의 입장을 견지한다고 하겠지만 우리들은 그의 해석이 여전히 합리적 의식의 차원에서 행해지는 것이 아닌가라고 반문할 수 있다.

여기에서 우리들은 니체와 프로이트의 근대성에 대한 입장을 재정리할 필요가 있다. 근대성을 부정적인 것으로 비판함에도 불구하고 그들이 대하는 근대성은 크게 이중적 성격을 가지고 있다. 우선 예술에만 국한시켜 볼 경우, 니체가 근대의 왜소한 퇴폐적 예술을 전도시킴으로써 힘에의 의지의 직접적 표현으로서의 생동하는 예술을 정립하려고 할 때 예술의 퇴폐성과 생동감이 처음부터 공간적으로 분리되어 있는 것은 아니다. 니체가 예술의 근대성을 타파하고 전도시켜야 한다고 주장할 때 그가 해체하고자 한 것은 예술의 보편성, 형식성 및 전체성이라는 결정론적 합리주의이다. 그렇다면 또 다른 측면의 근대성은 무엇인가? 그것은 다름 아닌 힘에의 의지이다. 니체는 힘에의 의지의 직접적인 표현을 예술이라고 하는데 이 때 예술은 생명감 넘치는 예술이다. 그러나 힘에의 의지의 직접적인 표현을 달리 말하면 그것은 다름 아닌 자유, 해방 그리고 휴머니즘이다. 니체는 허무주의적 근대성을 "형이상학적 세계에 대한 불신을 자기 안에 포함하는 마지막 형태의 허무주의"[20]에 의해서 해체하고자 한다. 니체는 허무주의에 의해서 허무주의를 해체하려고 하는데 앞의 허무주의는 퇴폐성을 그리고 뒤의 허무주의는 생동감을 뜻한다. 따라서 니체에게 있어서 근대성은 이중적 의미를 가지고 있다는 사실을 알 수 있다. 그러므로 니체가 해체라는 말을 사용할 때 그것은 지양적 해체라고 하는 것이 정당할 것이다. 왜냐하면 이중적 근대성은 공간적으로 퇴폐성과 창조성(생동감 넘치는)으로 분리되어 있는 것이 아니라 역동적 구조를 가지고 있기 때문이다.

그렇다면 프로이트 정신분석학에서는 어떤 관점에서 근대성을 대하는가? 물론 프로이트는 의사이자 정신분석학자이므로 니체와는 다른 입장에서 근대성을 대하는 것이 사실이다. 그러나 근대성을 대하는 프로이트의 근본적인 태도는 니체와 다를 것이 없다. 프로이트는 니체와 마찬가지로 근대성이 바로 큰 담론의 독단적 허구성이라는 점을 날카롭게 통찰하였다. 지금까지의 심리학은 인간의 의식을 또는 정신이나 영혼을 불변하는 실체로 확신하고 합리주의가 인간의 모든 문제들을 해결할 수 있다고 믿었다. 프로이트는 1923년 이전까지는 정신과정을 형성하는 요소들을 의식된 것, 의식되기 이전의 것, 의식되지 않은 것 등 세 가지를 공간적으로 구분하였다. 그러나 1923년 이후 프로이트는 정신과정을 형성하는 요소들을 그것(Es: 원초아), 자아 및 초자아 등 역동적인 것으로 보았다. 결국 역동적인 세 가지 요소들의 뿌리는 원초아이다.

전통적인 심리학은 자아심리학이며 그 입장은 이성적 자아를 확신하는 합리주의였다. 그러나 프로이트는 이러한 전통을 해체하고 자아와 아울러 심층의식을 드러냄으로써 정신질환을 치료할 수 있다고 주장하였다. 프로이트의 근대성에 대한 태도는 니체처럼 명확하지는 않지만 그 역시 이중적 근대성을 통찰하고 있으므로 정신분석학에 의해서 증세를 치료하고자 한 것이다. 프로이트가 부정한 근대성은 이성적 자아 중심의 합리주의이다. 그렇지만 프로이트가 정신분석학을 통해서 쟁취하고자 한 것은 건강한 정신상태, 바로 근대성의 또 다른 측면인 자유, 해방 및 휴머니즘이다.

우리들은 도덕이나 종교에 있어서도 공간적인 측면이 아니라 역동적인 측면을 간파할 수 있다. 일반적으로 합리주의적 사고방식은 공간적 사유에 익숙하다. 대상이나 현상을 공간적으로 구분하고 모두 정지하여 있는 것으로 고찰하는 공간적 사고는 물론 생존을 위해서 유용하고 실용적이다. 그러나 그러한 사고는 현상이나 대상을 직접 체험하거나 공감하는 것과는 거리가 멀다. 근대성의 일반적 특징은 합리주의적 사고방식에 있다. 도덕과 종교를 합리주의적 사고에 의해서 파악할 때 그것들은 정지하여 있고 따라서 그것들의 가치 역시 보편적이며 절대적이다. 그러나 도덕과 종교를 시간적·역동적인 측면에서 고찰할 경우 우리들은 도덕과 종교의 은폐된 측면을 알 수 있다. 도덕과 종교는 시간의 흐름과 함께 동적이며 개방적인 성격을 끊임없이 발휘하고 있음을 우리가 알 수 있다.[21] 니체와 프로이트 양자는 모두 폐쇄적, 허구적인 이성중심의 합리주의가 지배하는 근대성을 해체하고 자유와 해방 및 휴머니즘을 이념으로 가지는 근대성을 회복하려고 하였다.

다. 현대성의 정체

나는 여기에서 니체와 프로이트에게 있어서 예술의 의미와 가치가 어떤 것이며 또한 어떤 문제점들을 안고 있는지 밝히기 위한 기초작업으로서 도대체 현대성이란 무엇인지 간략하게 고찰하고자

한다. 왜냐하면 현대성은 근대성의 연속이면서 동시에 근대성보다
한층 더 인간소외, 인간성 상실, 부조리 등을 극단적인 상황으로까
지 몰고 왔기 때문이다. 이러한 시점에서 현대성의 정체를 밝힐 수
있다면 니체의 예술철학과 프로이트의 예술관이 부정적 현대성의
문제해결을 위해서 어떤 역할을 행할 수 있는지도 해명할 수 있을
것이다.

니체는 당시의 자연과학, 정치, 경제, 역사, 도덕, 종교는 물론이고
예술의 영역에서, 다시 말해서 소위 문명의 모든 분야에서 허무주
의가 지배하고 있다고 보았다. 즉 문명 전체가 위선적 연극으로 되
어버렸다. 위선적 연극은 '확실한 본능'[22]을 결여하고 허무주의에
물들어 있다. 여기에서 확실한 본능은 생물학적 의미에서의 동물적
인 충동본능이 아니고 힘에의 의지에 대한 직접적 체험을 일컫는
다. 니체는 여러 저술들에서 참다운 인식이나 체험의 개념을 대신
해서 본능이라는 말을 자주 사용하고 있는데 우리들은 니체가 어떤
의도에서 본능 개념을 쓰고 있는지 주의해서 살펴볼 필요가 있다.
소위 경험론을 비롯해서 합리론 그리고 무릇 전통적 철학은 합리주
의의 성격을 띠고 있다. 니체가 '예술가-철학자'라는 개념을 철학자
보다 우선하는 것으로 여기는 이유는 합리주의적 철학의 한계를 뛰
어넘는 자신의 실험철학 내지 비판철학의 성격을 밝히려는 데 있
다. 확실한 본능이라고 할 때의 본능 역시 합리주의의 범주를 뛰어
넘는 의미에서 사용되고 있다.

자연과학의 원리는 인과율과 기계론이다. 니체가 보기에 인과론
과 기계론은 단지 형식적인 것으로서 생명감 넘치는 핵심을 망각한
한낱 찌꺼기에 지나지 않는다. 정치에 있어서는 인간 자신의 순수
한 힘에 대한 믿음이 전적으로 결여되어 있다. 기만과 함께 순간적
인 봉사가 정치에 지배적이다. 니체가 지적하는 허구적, 허무주의적

특징은 바로 현대성을 지적한다. 내가 현대사회를 일컬어 디지털-사이버 후기 자본주의 사회라고 할 때 이 명칭 자체가 과학만능주의와 아울러 획일적 상업주의를 내포한다. 이러한 사회에서는 인격체로서의 주체적 개인은 무의미하고 오직 '욕망의 기계'[23]만 욕구 충족과 효용성을 향해서 질주한다. 니체는 당시 경제체제는 사회주의 색채가 강화되었기 때문에 구체적으로 인간과 사회의 문제를 해결할 수 있는 계층이 사라졌다고 본다. 따라서 평균인들이 사회를 구성하고 무정부주의가 판치게 된다. 역사에서는 이성과 함께 신성(神性)이 힘을 잃었으므로 숙명론과 다원주의가 된다. 역사에서는 이성과 함께 신성(神性)이 힘을 잃었으므로 숙명론과 다원주의가 대두하였지만 숙명론과 다원주의는 여전히 내면에 이성과 신성이 주장하는 합리주의를 은폐하고 있다. 예술을 지배하는 것은 낭만주의 및 그것에 대한 반대이다. 빅토르 위고의 문학과 바그너의 음악이 대변하는 낭만주의는 이상과 기만으로 가득 차 있는 데 비해서 낭만주의에 대한 반박은 도덕적이면서 불변하는 진리를 주장한다. 그러나 낭만주의에 대한 반박 역시 합리주의에 물들어 있으므로 그것도 허구적, 허무주의적이며 퇴폐성을 대변한다.

그러면 우리들이 직면하고 있는 현대성의 성격은 과연 어떠한가? 우리가 살고 있는 디지털-사이버 후기 자본주의 사회는 니체 당시의 현대성보다 훨씬 더 부정적이고 허무주의적인 성격을 보여주고 있는 것이 사실이다. 근대 자본주의보다 한층 더 극심한 인간성 상실을 초래하고 있는 것이 후기 자본주의 사회이다. 종래에는 자본, 생산수단 및 노동이 생산관계를 결정하였지만 오늘날에는 이들 세 가지 요소 이외에 정보, 기술 및 아이디어까지 가세하여 겉으로 보기에 매우 복잡한 생산관계를 결정한다. 그 결과 현대인은 보다 더 완전하고 절대적인 '욕망의 기계' 역할을 충실히 이행할 수 있게 되었다. 이렇게 볼 때 니체의 현대성에 대한 비판은 근대성에 대한 비판은 물론이고 최근의 디지털-사이버 후기 자본주의 사회에 대한 비판이기도 하다.

프로이트의 현대성에 대한 비판적 태도는 비록 다양한 각도에서 살펴볼 수 있지만 여기서는 대표적으로 대중성과 연관해서 프로이트의 현대성에 대한 입장을 간략히 고찰해 보기로 하자. 우리들은 프로이트의 정신분석학이 개인의 성충동이나 리비도에 치중하므로 그의 입장을 개인 심리학이라고 일컫는 경향이 많다. 그러나 프로이트는 1921년 《대중심리학과 자아-분석》에서 이미 개인이나 가족의 충동을 바탕 삼아 사회적 충동이 성립한다고 말하였다.[24] 사회적 충동은 대중에서 가장 잘 나타나며 대중성은 나르시시즘을 기초로 삼는다. 나르시시즘은 정신질환의 바탕이다. 한 인간이 자아를 다른 어떤 대상과 동일화할 경우 부각되는 인간집단이 바로 대중이고 현대를 대변하는 인간상은 곧 대중으로 나타난다. 따라서 현대성은 대중성에서 드러나며 대중성은 프로이트에 의하면 일종의 정신질환의 성격을 가진다.

디지털-사이버 후기 자본주의 사회의 특징인 획일적 상업주의와 과학만능주의는 대중문명과 불가분의 관계를 맺고 있으므로 프로이트의 입장에서 볼 경우 현대사회는 정신질환의 증세를 띨 수밖에 없다. 프로이트가 보기에 현대사회에서 개인은 더 이상 자발적이며 능동적이고 건강한 인격 주체이기를 포기하고, 의지를 상실한 자동기계(Automat)로 되었다.[25] 현대사회에서 인간은 자아충동(초자아에 의한)을 통해서 지나치게 성충동(또는 원초아나 리비도)을 억압함으로써 심층의식으로서의 원초적 충동이 왜곡되게 표현된다. 따라서 현대사회에서는 대중으로서의 병든 인간들만 존재한다고 볼 수 있다. 프로이트는 현대의 퇴폐적인 문명 내지 문화의 상태에서 예술을 통해서 현대성을 전도시키고 긍정적이며 건강한 인간상을 회복할 수 있는 길이 예술에 의해서 가능하다는 것을 제시한다. 꿈이나 노이로제 환자에게 있어서 심층의식(의식되지 않은 것)은 왜곡되어 나타난다. 그러나 예술이 비록 종교나 철학과 마찬가지로 환상의 영역에 속할지라도 종교나 철학은 왜곡된 환상임에 비해서 예술은 그렇지 않다. 예술의 영역에서 리비도(심층의식 또는 의식되지 않은 것)는 왜곡되지 않고 순화(승화)되어 나타난다.[26] 같은 환상이라도 왜곡된 환상은 정신질환적인 노이로제 증세이고 순화된 환상은 정상적인 정신건강 상태를 회복하게 해 주는 긍정적 환상이라고 볼 수 있다.

이상과 같이 볼 때 상세한 측면에 있어서 니체와 프로이트의 예술관 및 현대성에 대한 입장들에는 많은 차이점이 있다. 그러나 양자가 모두 현대성을 허무주의적인 것으로 규정하는 점은 똑같다. 두 사람에게 있어서 현대성은 바로 인간성의 상실, 소외이며 퇴폐성이다. 예술의 영역에서 있어서 니체는 현대성을 해체하고 극복함으로써 힘에의 의지의 직접적 표현인 창조적 예술을 정립하려고 하였다. 그런가하면 비록 프로이트는 니체처럼 상세하게 예술이론을 전개하지 않는다고 할지라도 예술이 순화를 통해서 정신적으로 병든 인간을 정상인으로 회복시킬 수 있다고 말한다. 그렇다면 자동인간이 군집하는 사회의 현대성을 해체하고 극복할 수 있는 하나의 길이 예술에서 가능하다는 암시가 제시될 수 있다.

3. 로고스로부터 신화로

가. 삶과 예술

일반적으로 우리들은 인류문명의 발전단계를 일컬어 신화로부터 로고스로의 전개라고 보고 있다. 이러한 입장은 보편적 타당성을 가지는 것으로 받아들여진다. 로고스(logos)는 서양 사상사를 통해서 볼 때 가장 포괄적인 개념들 중의 하나이다. 원래 그리스 고전철학과 기독교 성서에 있어서 로고스는 다양한 의미들을 포함하고 있었다. 로고스의 원래 의미는 헤아리기, 계산, 설명, 정당화 등이었다. 이러한 의미들로부터 다시 여러 가지 의미들 곧 관계, 비율, 해명, 논증, 이성, 보고, 언명, 말(단어), 표현, 담화의 대상 등과 같이 매우 많은 의미들이 파생되었다.[27] 이들 로고스의 다양한 의미들은 신화(mythos)와 직결된 일상적인 것들이었다. 그렇지만 인간의 추상적 사유가 발달함에 따라서 로고스는 점차로 자신의 의미를 제한하게 되었다. 즉 로고스는 사유와 합리적 언어에 스스로를 제한함으로써 가장 추상적인 형이상학적 성격을 가지기 시작한 것이다.

합리적 사유와 언어는 지성의 추상작업과 함께 시작된다. 헤라클레이토스와 파르메니데스의 경우 로고스는 존재자의 원리에 해당한다. 그런가하면 플라톤과 아리스토텔레스에게 있어서 로고스는 사유 및 언어의 원리이다. 스토아 철학 이후 로고스는 세계원리와 인간의 관계를 성립시켜 주는 근거의 의미를 가진다. 그리하여 로고스는 세계원리와 세계, 일자와 다자 또는 신과 세계의 관계에 있어서 결정적 역할을 담당한다. 스토아 학파의 철학자들과 플로티노스 및 필론에게 있어서 로고스는 형이상학적 성격과 아울러 윤리, 종교적 색채를 강하게 가진다. 그리스 고전철학에서 로고스는 "존재자 자체를 존재자의 존재에 접근할 수 있게 하는 유일한 것"[28]이라고 볼 수 있다.

기독교 성서에서는 그리스 고전철학의 로고스의 의미를 이어받으면서도 나름대로 독자적으로 종말론, 구원론, 삼위일체설과 긴밀한 관계를 맺고 로고스를 신과 인간의 연결 근거 또는 원리로 파악한다. 필론이나 플로티노스의 경우 신은 로고스 자체이므로 간접적으로 매개적인 로고스를 통해서 신이 세계에 관계한다. 성서의 로고스는 역사적, 현실적인 예수와 동일하다. 또한 성서의 로고스는 종말론과 구원론의 근거이다. 니체를 비롯해서 현대의 호르크하이머, 아도르노 그리고 포스트모더니스트들은 서양사상의 시초가 합리성에 있다고 본다. 합리성은 정교한 추상 작업의 결과이다.

예컨대 헤라클레이토스의 로고스는 여러 각도에서 해석 가능하고 다양한 의미를 가진다. 그러나 넓게 볼 때 헤라클레이토스의 로고스는 존재원리의 성격을 가진다. 플라톤, 아리스토텔레스를 거쳐 필론과 플로티노스 그리고 성서에 있어서 로고스는 존재자의 원리로 의미가 바뀐다. 이 사실은 형식적인 지성의 작업, 다시 말해서 추상화가 로고스의 의미를 제한하고 고정시키게 되었다는 것을 암시한다. 헤라클레이토스의 로고스는 불교의 달마(dharma)나 도가의 도(道)와 마찬가지로 존재원리에 해당한다. 그러나 헤라클레이토스 이후의 로고스는 일반적으로 존재자의 원리라는 의미를 가진다. 서양의 사유는 로고스 개념의 의미변화와 함께 형식화, 고정화되는 경향이 있으며 로고스는 중세 이후 이성 내지 지성으로 이해되기 시작하였다.

나는 위에서 현대의 합리주의적 예술의 의미를 밝히기 위한 작업들 중의 하나로서 이성의 원래 의미 그리고 그 의미의 변천과정을 계보학적으로 간략히 살펴보았다. 그러면 맨 처음 신화(mythos)는 어떤 의미를 가지고 있었는가? 신화의 원래 의미들은 말, 대화, 이야기, 성스러운 전설, 사태, 시작, 근거, 역사, 우화, 신화 등 매우 다양한 것이었다. 이렇게 볼 때 플라톤이나 헤라클레이토스 이전의 로고스는 신화와 엄밀히 구분되기 힘든 성격을 가지고 있었음을 알수 있다. 그러나 로고스 개념이 지성의 추상화 작업에 의해서 점차로 존재의 원리로, 나아가서 존재자의 원리로 의미가 변화하고 급기야 아리스토텔레스 및 중세철학에서 합리적 이성으로 고정됨으로써 로고스는 신화와 질적으로 다른 것이 되었다. 특히 근대 이후 데카르트와 칸트 등에게 있어서 더 이상 이성은 계시와 관계를 맺지 않게 되었으며 로고스는 완전하고도 절대적인 인간의 인식능력으로서의 이성의 위치를 차지하게 되었다. 이제 인간은 이성의 계몽에 의해서 이상적 인간과 사회를 형성할 수 있다는 희망을 가지게 되었고 또 그럴 수 있다는 확신에 차게 되었다. 오늘날의 디지털-사이버 후기 자본주의 사회 역시 이성을 확신하는 근대사회의 연속이다.

우리들은 문명 내지 문화가 신화로부터 로고스로 발달한다고 믿고 있으며, 인간의 역사는 암흑기로부터 계몽기로 진행된다고 생각한다. 현대인에게 더 이상 신은 존재하지 않고 존재하는 것은 완전하고 절대적인 이성을 소유한 신적 인간이다. 우리들은 문화의 여러 영역에서 신화를 탈피하여 로고스로 향하는 노력을 지적할 수 있다. 라이프니츠로부터 현대의 언어분석철학에 이르기까지 완벽한 이상언어를 구축하려는 시도가 진행되어 왔다. 디지털 기기들은 완전하고도 절대적인 자연과학적 기계를 목적으로 삼는다. 사회주의나 자본주의는 이상사회를 향하는 이데올로기들이다. 칸트의 비판철학이나 후설의 현상학은 데카르트의 철학의 이념을 근거 삼아 가장 엄밀한 학문을 정초하려고 한다. 얼핏 생각하기에 미적 감각, 미적 체험, 미적 창조에 연관된 예술은 이성과 무관한 것으로 여겨지기 쉽다. 그러나 니체가 이미 지적한 것처럼 예술은 이미 아리스토텔레스 이래로 형식미를 가장 중요한 예술적 요소들 중의 하나로 꼽았을 뿐만 아니라 현재 예술은 획일적 상업주의에 지배당하고 있다. 게다가 예술은 온갖 최첨단 디지털 기기들을 동원하면서 완전하고 절대적인 아름다움을 표현하고자 한다. 이러한 현상은 예술역시 신화를 탈피하고 로고스의 영향 아래에서 예술창작의 방향을 진행하여 왔다는 사실을 뜻한다.

니체 철학은 실험철학이자 비판철학이다. 특히 니체 철학은 문명에 대한 비판철학이다. 니체가 보기에 문명일반은 물론이고 문명의한 요소인 예술은 신화로부터 로고스로의 발달과정을 통해서 왜소한 예술로 되었다. 따라서 예술은 오로지 가치의 전도를 통해서만참다운 예술을 회복할 수 있고 예술의 핵심인 비극적 신화를 되찾을 수 있다. 니체는 로고스로부터 신화로의 방향전환을 통해서 비극적 신화 곧 참다운 예술의 근원을 되찾을 수 있다고 본다.

니체는《비극의 탄생》(1886) 처음 부분에 있는 '자기비판의 추구'에서 '음악으로부터? 음악과 비극? 그리스인들과 비극-음악? 그리스인들과 염세주의의 예술작품?' 등과 같은 물음을 제기한다. 니체가 뜻하는 비극은 단순한 드라마로서의 비극이 아니다. 그것은음악과 불가분의 관계를 맺고 있는, 가장 강한 그리스인들의 예술작품이다. 위의 물음에서 염세주의라는 개념은 이중적 의미를 소유한다. 그 한 가지는 몰락, 타락, 실패의 표지로서의 허무주의이고 다른 하나는 '강자의 허무주의'[29]이다. 로고스 및 신화와 연관해서 볼때 신화로부터 로고스의 과정은 결국 약자의 허무주의 곧 퇴폐를뜻하며 이와 반대로 니체가 주장하는 로고스로부터 신화로의 과정은 강자의 허무주의에 의해서 가능하다. 소크라테스나 에우리피데스 이전의 그리스인들은 비극적 신화를 통해서 강자의 허무주의를 표현하였다. 강자의 허무주의는 능동적, 적극적인 허무주의로서 소극적 허무주의의 퇴폐성을 무화시키고 극복함으로써 힘에의 의지의 직접적 표현인 예술을 가능하게 한다.

니체의 입장에 의하면 음악이 신화의 틀을 소유할 때 비로소 비극이 성립한다.[30] 비극의 뿌리는 음악이고 청중은 음악을 감싸는 신화를 통해서 비극을 음미한다. 니체에게 비극적이라는 말은 음악적이라는 말과 거의 동일한 의미를 가진다. '넘치는 충만함 자체에 대한 고통'의 힘으로 인해서 음악이나 비극은 몰락, 타락 그리고 퇴폐성에 물들어 있는 소극적, 부정적 허무주의를 극복할 수 있다. 니체가 뜻하는 신화는 허무주의를 과감하게 극복하는 음악적 신화이다. 합리주의의 입장에서 보기에 신화는 문명의 초보단계 훨씬 이전의 원시적 이야기에 불과하며 모든 것이 혼합되고 혼란스러운 전설적인 성격을 드러내는 것이다. 그러나 니체는 신들이나 영웅들의 단순한 행위를 일컬어 신화라고 하지 않고, '디오니소스적인 것의 엄청난 현상'[31]으로서의 지나친 충만함 자체에 대한 고통을 신화라고 말한다.

니체가 뜻하는 신화는 신들과 영웅들의 일화로서가 아니라 운명애(amor fati)로서의 행위로서 의미를 가진다. 비극적 신화는 이미 음악을 포함하며 그러한 한에서 비극으로 성립할 수 있다. 비극적 신화에 대한 고찰은 정보화, 기술화 그리고 획일적 상품화 전략에 전적으로 지배당하는 현대사회를 살아가는 우리들에게 예술이 무엇이고 비극이 무엇인지를 암시해 준다. 더 나아가서 니체의 비극적 신화는 미래지향적인 삶 자체와 아울러 창조적 예술의 의미가 무엇인지도 드러내 줄 수 있을 것이다. 니체는 약자의 허무주의를 강자의 허무주의에 의해서 전도시키고자 하였다. 니체는 형식성, 보편성, 전체성이 지배하는 합리주의를 비극적, 신화적 허무주의 곧 강자의 허무주의에 의해서 해체하고 새로운 가치를 정립하고자 한다. 그가 학문을 예술가의 시각에서 바라보고 예술을 삶의 시각에서 바라보아야 한다고 역설한 것은 바로 강자의 허무주의에 의해서 약자의 허무주의를 극복하고 비극적 신화의 의미를 회복하고자 한 것을 뜻한다. 그러면 허무주의로 충만한 현대의 삶과 예술에 대한 프로이트 정신분석학의 입장은 어떤 것인가?

프로이트는 정확히 말해서 1923년 이전까지 《꿈에 관한 꿈의 해석》과 《정신분석학 입문》에서는 아직 역동적인 심층심리학을 제시하지 못하고 인간의 정신활동을 의식된 것(Bw), 의식되기 이전의 것(전의식: Vbw), 의식되지 않은 것(심층의식: Ubw) 등 세 가지 요소로 구성되어 있다고 보았다. 이러한 입장은 정신활동의 요소들을 공간적으로 구분한다. 이와 같은 프로이트의 태도는 이미 전통적인 철학의 태도를 전도시킨 것이라고 말할 수 있다. 프로이트에 의하면 지금까지 철학자들은 오직 합리적 이성에 의존해서 의식된 것만을 탐구하여 왔다. 다시 말해서 철학자들은 의식되지 않은 정신적인 것을[32] 생각하지 못하고 오로지 환상(합리적 이성)에 의해서 모든 의식된 것을 형식화, 보편화, 체계화시킴으로써 의식된 것을 진리라고 주장하는 독단을 범하였다. 프로이트의 정신분석학은 《자아와 그것(Das Ich und das Es)》(1923) 이후 역동적 심층 심리학 곧 메타심리학의 성격을 뚜렷하게 가진다.

1923년 이후 프로이트는 정신활동을 공간적인 관점에서 바라보는 의식된 것, 의식되기 이전의 것, 의식되지 않은 것 등 세 요소로 구분하지 않고 정신활동의 역동적 힘들을 원초아(그것: Es), 자아(Ich), 초자아(Über-ich) 등으로 구분하고 이들 중 원초아를 가장 근원적인 정신활동의 힘으로 본다. 여기에서 우리들은 이미 프로이트가 더 이상 삶을 형식성, 보편성, 전체성의 입장에서 파악하지 않고 삶의 배후와 심층적 내면을 파헤치고 있음을 알 수 있다. 프로이트의 이러한 태도는 신화로부터 로고스로 전개되어 온 문화를 전도시키고 오히려 로고스로부터 신화로의 방향전환을 시도한 니체의 입장과 동일하다. 프로이트는 인간의 삶과 정신을 파악함에 있어서 형식 대신에 내용을, 표면 대신에 심층을 그리고 보편성 대신에 구체성을 얻으려고 하였다.

프로이트의 예술관 역시 정신활동의 심층적 힘과 심층의식을 원천적인 정신적 힘이라고 하는 점에 있어서 로고스로부터 신화로의 방향전환을 꾀하고 있다고 말할 수 있다. 일반적으로 유아기의 리비도(성충동)는 검열당하고 억압된다. 리비도가 초자아에 의한 자아의 억압에 대항하여 맞설 때 리비도의 돌파력과 자아의 억압 사이에 균형이 성립할 수도 있지만 그렇지 못하고 자아의 검열과 억압이 지나치게 강할 경우 사정은 다르다. 이 때 리비도는 우회로를 통해서 자신을 드러낸다. 이것이 바로 노이로제 증세이며 정신질환이다.

프로이트에 의하면 철학, 종교 및 예술은 리비도의 왜곡된 표현인 환상이므로 그것들은 노이로제 증세이다. 예술은 꿈과 유사하다. 그러나 꿈의 산출물인 꿈의 내용은 비사회적이고 나르시스적임에 비해서 예술은 타인을 배려할 뿐만 아니라 형태미를 지각의 쾌감으로 사용한다. 프로이트에 의하면 철학과 종교는 꿈과 전적으로 유사하지만 예술은 비록 환상으로서 종교 및 철학과 유사할지라도 그것들과 질적으로 다르다. 왜냐하면 예술은 리비도가 왜곡되어 나타나지 않고 예술창작을 통해서 순화(승화)되어 나타나기 때문이다. 나는 리비도의 순화로서의 예술에 관한 프로이트의 입장을 이후에 보다 더 상세히 논의할 것이다. 전통적인 관점에서의 예술철학은 미적 체험, 미적 대상, 미적 감각 등에 관해서 어디까지나 의식된 것 곧 합리적 이성에 의해서 체계적, 보편적, 형식적으로 의식된 것들만을 탐구하여 왔다. 다시 말해서 지금까지의 예술철학은 합리주의를 근거 삼아 예술의 문제들을 고찰하였는데 이러한 태도는 프로이트의 입장에서 볼 때 지극히 편파적이지 않을 수 없다. 왜냐하면 전통적 예술철학은 오로지 신화로부터 로고스로의 발달이라는 문명관에 치우쳐서 신화는 망각한 채 로고스에만 집착하기 때문이다. 프로이트의 정신분석학적 예술관은 물론 로고스를 고찰하지만 오히려 로고스로부터 신화로의 방향전환을 통해서 예술창작의 역동적인 정신적 힘을 들추어 내고 있다.

나. 왜소한 예술과 창조적 예술

니체는《힘에의 의지》에서 근대예술을 왜소한 예술로 그리고 힘에의 의지의 직접적 표현으로서의 예술을 창조적 예술로 정의한다. 니체의 문명비판 철학은 보다 더 넓은 의미로 해석할 경우 의미와 가치의 철학이라고 말할 수 있다. 프로이트의 정신분석학 역시 종래의 의식심리학에 비해서 비판심리학이라고 할 수 있으며, 그것은 의식의 의미와 가치를 논구하는 메타심리학이다. 이들 양자에게 있어서 의미와 가치는 인식론적 차원과 윤리적 차원에 제한되지 않는다. 왜냐하면 의미는 대상의 부분을 보는가, 전체를 보는가에 따라서 전체를 보는 입장은 의미를 가지고 단지 부분만을 보는 입장은 무의미하기 때문이다. 그리고 대상(탐구대상)의 피상적, 형식적 측면을 보는가 또는 심층적, 내용적 측면을 보는가에 따라서 가치가 결정된다. 가치 있는 것은 심층과 내용에 연관되고 무가치한 것은 형식과 표면에 관련된다.

니체에 의하면 전통예술은 재료와 형식에만 집착하므로 그것은 왜소한 예술이다. 따라서 소크라테스적 전통을 소유한 에우리피데스의 비극을 비롯해서 쇼펜하우어의 예술관, 빅토르 위고의 문학 및 바그너의 음악 등은 모두 왜소한 예술이다. 왜소한 예술은 허무주의적 퇴폐성에 물들어 있으므로 그것은 해체되지 않으면 안 된다. 왜소한 예술이 왜 가치의 전도를 통해서 해체되지 않으면 안 되는지를 알기 위해서 니체의 바그너 음악 비판을 구체적으로 살펴보기로 하자. 니체가 보기에 바그너는 "음악에 대한 위험"이므로 바그너는 일종의 질병이기까지 하다. 바그너는 질병 자체이므로 그가 만지는 모든 것을 병들게 하고 급기야 음악까지 병들게 만들었다는 것이 니체의 주장이다.

다음은 바그너의 음악이 허무주의적 퇴폐성에 물들어 있는 것에 대해서 니체가 구체적으로 제시하는 이유들이다. 바그너는 쇼펜하우어의 의지의 부정을 근거로 해서 음악을 만들며 나아가서 그러한 음악을 드라마화함으로써 음악의 가치를 무화시킨다. 바그너가 모델로 삼는 쇼펜하우어는 소크라테스의 합리주의적 관점에서 음악을 설명한다. 왜냐하면 쇼펜하우어에게 있어서 음악은 인간의 내면에서 강하게 작용하는 '보편적 언어'이기 때문이다. 근대음악을 대변하는 바그너의 오페라는 음악보다 배우와 관객의 말과 태도를 더 중요시하므로 그것은 노예도덕을 드러낸다. 따라서 바그너의 음악은 힘에의 의지는 도외시하고 도덕적, 기독교적 퇴폐주의의 특징을 떨쳐버리지 못한다. 니체가 말하는 왜소한 예술은 근대성에 물든 예술이다. 왜소한 예술은 형식성, 보편성, 체계성 그리고 전체성에 지배당하는 근대의 허무주의적 예술이다.

니체에게 있어서 병든 허무주의적 근대예술(특히 낭만주의 예술)을 전도시킴으로써 나타나는 예술은 생동감 넘치는 창조적 예술이

다. 《비극의 탄생》으로부터 《힘에의 의지》에 이르기까지 니체에게
있어서 창조적 예술의 핵심 요소는 아폴론적인 것과 디오니소스적
인 것이라는 이중적 힘이다. 아폴론은 조형예술 곧 미술의 신임에
비해서 디오니소스는 명정(취함) 곧 음악의 신이다. 《비극의 탄생》
에서 아폴론은 예술형식을 그리고 디오니소스는 예술내용을 암시
하지만 후기의 여러 저술들에서 아폴론적인 것과 디오니소스적인
것은 두 가지 다 예술적인 충동 내지 힘으로 나타난다. 얼핏보기에
니체는 예술(구체적으로 비극과 음악)의 근원적 힘을 아폴론적인
것과 디오니소스적인 것 두 가지로 구분하는 것처럼 보인다. 그러
나 《힘에의 의지》에서 우리들은 예술의 원천이 힘에의 의지 곧 디
오니소스적인 것이며 이것으로부터 아폴론적인 것이 유래한다는
것을 알 수 있다.

　니체는 음악의 세계상징은 "근원적 일자의 가슴 안에 있는 근원
적 모순과 근원적 고통이 관계한다"[33]고 말한다. 여기에서 근원적
일자는 힘에의 의지이고 모순은 바로 디오니소스적인 것과 아폴론
적인 것 사이의 동적 관계이다. 고통은 말할 것도 없이 디오니소스
적인 것 자체 내에서 일어나는 역동적 갈등인데, 그것은 구체적으
로 말해서 디오니소스적인 것 내에서의 디오니소스적인 것과 아폴
론적인 것 사이의 모순 때문에 생긴다. 예술이 허무주의적 왜소한
예술을 극복하고 창조적으로 될 수 있는 것은 힘에의 의지가 원래
모순과 고통을 가지고 있기 때문이다.

　프로이트의 정신분석학은 니체처럼 구체적으로 왜소한 예술과
창조적인 예술을 구분하지 않을 뿐만 아니라 창조적 예술에 의한
허무주의적 예술의 극복과 같은 예술관도 제시하지 않는다. 프로이
트는 예술이 철학이나 종교와 마찬가지로 환상이긴 해도 철학이나
종교는 리비도의 억압이 왜곡되어 표현된 노이로제 증세와 유사하

다. 그러나 예술에서는 리비도의 억압이 왜곡되지 않고 순화되기 때문에 예술은 종교나 철학과 질적으로 다른 환상이다. 만일 우리들이 프로이트의 예술관을 확장해서 해석할 때, 리비도의 억압을 제대로 순화시키지 못한 예술이 있다면 그것은 왜소한 예술이 될 것이고, 리비도의 억압을 충분히 순화시킨 예술은 창조적 예술일 것이다. 프로이트는 현대 대중사회의 개인을 의지 없는 자동기계(Automat)로 본다.[34] 현대인은 자아충동(초자아의 명령을 따르는 자아의식)과 성충동(리비도 내지 원초아) 사이의 갈등을 적절하게 조화시키지 못하기 때문에 왜곡된 정신활동을 소유한 병든 인간에 지나지 않는다. 현실원리(자아충동)가 쾌락원리(성충동)를 지나치게 억압함으로 인해서 현대인은 노이로제 증세를 나타낸다는 것이 프로이트의 입장이다. 예술은 환상이라고 할지라도 정신의 왜곡이 아니라 순화이므로 병든 인간을 치료할 수 있는 문화의 한 요소일 수 있다는 암시를 우리들은 프로이트의 예술관에서 엿볼 수 있다.

다. 다빈치의 예와 예술의 순화

니체는 문명비판의 입장에서 문명의 여러 요소들 곧 종교, 도덕, 철학 및 예술을 고찰하고 비판하는데 그의 비판의 핵심은 문명의 여러 요소들의 내면 내지 원천을 캐어묻는 데 있다. 니체는 인간의 정신활동의 심층을 통찰함으로써 현대문명의 허무주의적 질병을 전환시켜 강한 정신을 소유한 인간상을 정립하고자 한다. 프로이트 역시 방법론은 다르지만 정신분석학에 의해서 인간의 정신활동의 역동적 심층의식(리비도 또는 쾌락원리나 성충동 내지 원초아)을 통찰함으로써 노이로제 증세를 치료하고 건강한 정신의 회복을 추구하였다. 넓은 의미에서 니체의 실험철학 또는 비판철학이 프로이트의 정신분석학의 선구라고 하는 것은 바로 위에서 지적한 이유 때문이다. 예술을 놓고 볼 때 예술에 관한 상세한 이론들에 있어서 니체와 프로이트 사이에는 현격한 차이가 있는 것이 사실이다. 그렇지만 예술적 정신의 내면을 응시하는 점에서 양자는 유사한 점이 있으며 또한 정도의 차이가 크기는 해도 예술에 의해서 삶의 긍정성을 보장할 수 있다는 태도에 있어서도 양자는 어느 정도 근접한다고 볼 수 있다.

나는 여기에서 프로이트의 《레오나르도 다빈치의 유아기의 기억 (*Eine Kindheitserinnerung des Leonardo da Vinci*)》(1910)의 중요한 내용만 골라서 살피면서 프로이트의 예술관을, 특히 리비도의 순화로서의 예술의 의미를 해명하고자 한다. 이 고찰을 통해서 우리는 예술과 연관해서 프로이트가 어떻게 정신활동의 심층을 파헤치며 그러한 작업은 어떤 점에서 니체의 예술철학과 유사점을 가지는지에 대한 암시를 파악할 수 있을 것이다. 다빈치(1452~1519)는 르네상스를 대표하는 인물로 이미 당대에 경탄의 대상이었고 동시에 수수께끼로 가득 찬 천재적 인물이었다.[35]

프로이트는 이 책에서 다빈치의 유아기와 유년기의 기억과 환상을 해석한다. 그 결과 프로이트는 다빈치의 정신활동에서 어떤 계기들이 다빈치를 지식욕과 예술창작에 몰두하게 했는지를 해명한다. 동시에 프로이트는 어떤 이유에서 예술이 종교나 철학과 달리 리비도의 순화인지도 밝힌다. 이러한 작업은 프로이트의 정신분석학이 말의 실수, 꿈 및 노이로제를 비롯해서 문화현상에 이르기까지 인간의 정신활동의 역동적 심층을 분석하고 해석하는 태도와 일관된 성격을 가진다. 프로이트는 다빈치의 성격형성을 탐구하는 단초로 모나리자(Mona Lisa)의 초상화를 택한다.

다빈치는 일생동안 자신의 삶 전체를 학적 탐구와 예술창작에 바쳤으며 그에게서는 여성을 사랑한 흔적을 찾아볼 수 없다. 다빈치에게는 마치 질풍노도와 같은 이성에 대한 사랑의 열정이 결여되어 있었던 것처럼 보인다. 이것을 뒤집어 보면 다빈치는 원래 강한 성적 충동을 가지고 있었지만 그 충동을 여성이 아니라 학적 탐구와 예술창작으로 전환시켰다. 여기에서 우리는 프로이트가 니체와 마찬가지로 가치문제에 매우 큰 비중을 두고 있는 것을 알 수 있다. 니체의 '모든 가치들의 전도'는 결국 긍정적인 가치를 창출하기 위한 비판철학의 태도였다. 프로이트가 다빈치를 탐구하는 것 그리고 더 나아가서 그가 정신분석학을 창시한 것은 인간의 긍정적 가치를 정립하기 위한 목적을 가지고 있었다. 프로이트에 의하면 다빈치는 자신의 성충동을 보다 더 가치 있는 목표를 향해서 전환시킬 줄 아는 인물이었다.

프로이트는 모나리자의 미소, 다빈치의 유아기의 기억, 성충동의 순화, 예술의 의미 등을 연관시켜서 탐구하면서 예술이 리비도의 순화를 통해서 긍정적 의미와 가치를 가질 수 있음을 해명한다. 다빈치의 기록에 의하면 그가 유아기에 요람에 누워 있을 때 한 마리 독수리가 날아와서 꼬리로 다빈치의 입을 열게 하고 여러 차례 그의 입술을 스쳤다고 한다. 프로이트는 이와 같은 다빈치의 유아기의 기억을 해석한다. 프로이트의 해석에 의하면, 다빈치의 독수리 기억은 유아기의 기억이 아니라 다빈치가 나중에 꾸며서 유아기의 것으로 만든 환상이다. 대부분의 사람들이 가지고 있는 유아기의 기억들은 직접 유아기에 체험했던 것이 고정되어 기억 속에서 반복되는 것이 아니라 유아기가 훨씬 지난 이후에 사람들이 만든 것이다. 유아기의 어떤 체험이 훨씬 이후에 변화하고 왜곡되어 성장한 이후의 경향과 일치하는 것이 소위 우리들이 말하는 대부분의 유아기의 기억이다. 그것은 환상과 분리되지 않는다.

독수리가 꼬리로 다빈치의 입을 열고 수 차례 그의 입술을 스쳤다고 할 때 꼬리는 성애적 대상이다. 꼬리는 남성 생식기의 대표적인 상징이며 대리물이다.[36] 독수리가 꼬리로 아이의 입을 열고 입술을 스치는 것은 오랄 섹스(Fellatio)를 암시한다. 남성 생식기를 성적 대상의 입에 집어넣는 행위는 성행위이다. 다빈치의 환상은 수동적 성격을 가진다. 보통 여성들이나 성교에서 여성의 역할을 담당하는 동성애자들은 다빈치의 환상과 유사한 꿈을 꾸는 경우가 많다. 우리들은 다음과 같이 질문할 수 있다. 다빈치는 어떤 이유에서 독수리 체험에 대한 기억을 자신의 유아기에 연관시키는가? 다빈치의 이러한 환상의 배후에 남아 있는 심층의 정신활동은 도대체 어떤 것인가? 다빈치의 환상의 심층에 남아 있는 것은 어머니의 유방을 빠는 것이다. 아기가 어머니의 젖을 물고 있는 장면은 더할 수 없이 아름다운 광경이다. 수많은 화가들이 어머니가 아기를 보듬고 젖 물리는 모습을 다양하게 그려왔다. 아기 다빈치에게 젖 물리는 인물은 어머니인데, 어머니는 다빈치의 환상에서 독수리로 대체되어 있다.

고대 이집트의 상형문자에서 독수리 모양의 글자는 어머니를 뜻한다. 다빈치의 환상에서 독수리들은 모두 암컷이며 수컷의 도움 없이도 번식할 수 있다. 다빈치 자신은 새끼 독수리로서 어머니만 있고 아버지는 없다. 그러므로 다빈치는 어머니의 유방의 일부이다. 결국 다빈치는 위안이자 구원자인 아기 예수와 자신을 동일시하게 된다. 그러면 다빈치 환상의 현실적 내용은 어떤 것인가? 다빈치의 유아시절 아버지는 어머니와 정식 결혼을 하지 않고 동거생활을 하다가 다빈치가 출생하자 바로 이들의 곁을 떠나갔다. 유아 시절의 다빈치는 가난하며 버림받은 어머니와 살면서 항상 아버지를 그리워하고 있었다.

　어머니와 함께 유아기를 외롭게 보낼 수밖에 없었다는 사실은 다 빈치의 내적 삶을 형성하는 데 있어서 엄청나게 큰 영향을 미쳤을 것이다. 이러한 상황 속에서 살아야 했던 유아기의 다빈치는 아기가 어디에서 태어나며, 아버지는 아기의 출생과 어떤 관계를 가지는지 등에 관해서 정상적인 다른 아이들보다 훨씬 더 민감하게 고민했을 것이다. 다빈치가 이처럼 고민한 것은 나중에 다빈치가 열정적 탐구자가 되는 데 커다란 영향을 미친 것이 틀림없다. 다빈치는 장기간에 걸쳐 새가 나는 것을 연구하였고 인간도 날 수 있으리라고 생각하며 상당 시간 새의 비상에 대한 엄청난 지식욕을 보여주었다. 그의 지식욕은 유아기의 성에 대한 은폐된 탐구욕을 바탕으로 한다고 볼 수 있다.

　다빈치는 독수리와 관련된 기억의 내용으로부터 동성애자의 상황에 처하게 되었다는 것이 프로이트의 분석이다. 프로이트는 이집트와 그리스의 신화를 이용한다. 독수리 머리 모양을 하고 있는 대부분의 이집트 여신들은 남근(男根)의 형태를 가지고 있다. 여신들은 유방을 지니고 있으면서도 발기상태의 남성 생식기도 함께 가지고 있다. 이집트의 여신들뿐만 아니라 그리스의 여신들도 남녀 양성의 특징을 모두 몸에 지닌다. 고대 이집트와 그리스에서 여신의 신체에 달려있는 남근은 자연의 창조적 힘을 상징한다. 남녀 양성을 소유한 신들의 모습은 남성과 여성의 결합이 신적 완전성을 표현할 수 있다는 생각을 반영한다.

　유아기의 남자 아이는 여자 아이도 음경을 가지고 있다고 믿는다. 남자 아이는 여자 아이의 음경이 자신의 것과 다르다는 것과 여자 아이에게 음경이 없다는 사실을 인정하려고 하지 않는다. 남자 아이는 여자 아이에게도 음경이 있긴 있는데 매우 작고 나중에 크게 자라리라고 믿는다. 하지만 남자 아이가 좀더 크면 그는 여자 아이에게 음경이 없는 것을 알고 놀라지만, 여자 아이에 음경이 없는 이유를 찾아내려고 고심한다. 남자 아이는 원래 여자 아이도 음경이 있었는데 어쩌다 음경이 잘려버렸고 그 자리에 음경 대신 상처가 남은 것이라고 자신을 위안한다. 남자 아이가 좀더 성장한 후 자신이 지나치게 음경에 신경을 쓴 경우 자신의 소중한 물건인 음경을 싹둑 잘라버리고 말겠다는 어른들의 위협에 직면하게 된다. 남자 아이는 거세 위협의 영향 아래에서 여성 생식기에 대한 자신의 생각을 바꾸지 않으면 안 된다. 남자 아이는 자신의 성기를 소중하게 다루지 않으면 성기가 잘리는 끔찍한 일이 벌어질지도 모른다고 전율하면서 성기를 아낀다. 남자 아이는 자랑스러운 성기가 없는 여성을 불행한 피조물로 생각하고 경멸한다. 남자 아이의 생각으로는 여자들에게 이미 잔인한 체벌이 가해져서 성기가 잘려나간 것이다. 여성이 음경을 소유하지 않은 것을 알면 남자 아이는 여성에 대해서 혐오감을 가질 수 있고, 혐오감이 지나치면 성년이 되어 정신적으로 성교불능증에 걸리기 쉽다. 이러한 남성은 동성애자가 될 경향이 강하다.

남성 동성애자는 자신이 잊어버리고 있을지라도 유아기에 여성에게 강한 성애적 결합을 체험했던 사람이다. 대부분 어머니에 대한 강한 애착이 남성 동성애자의 망각된 기억 안에 남아 있다. 남자 아이는 어머니와 자신을 동일시하며 어머니에 대한 사랑을 억압한다. 어머니와 동일화된 아이는 원래의 자기 자신을 모범적 전형으로 삼고 그 전형과 유사한 새로운 사랑의 대상을 선택한다. 다빈치는 동성인 남성과 직접 성관계를 맺은 신체적 동성애자는 아니었다. 그렇지만 다빈치는 정신적인 동성애자였다. 남성으로서의 다빈치의 여성에 대한 성적 활동과 필요는 눈에 띄게 쇠퇴한 것이었다. 그러나 그의 성충동은 인간의 일상적 필요를 극복하고 한층 더 차원 높은 세계로 나아가기 위해서 학문탐구와 예술창작으로 순화되었으며 또 한편으로는 정신적 동성애의 형태로 전환되었다.

물론 육체적 동성애자는 아니었다고 할지라도 다빈치는 정신적 동성애자였다. 그가 제자로 택한 청소년들은 빼어난 미모의 소유자들이었다. 다빈치는 제자들을 관대하고 세심하게 돌보았으며 온갖 정성을 다 쏟았다. 그는 마치 자기 어머니가 다빈치를 보살피는 것처럼 제자들을 보살폈다. 제자들이 병들 경우 다빈치는 스스로 제자들을 간호하였다. 그러나 프로이트가 조사한 자료에 의하면 다빈치의 제자들 중 어느 누구도 후세에 기억될 만한 훌륭한 화가로 성장한 사람은 없다.[37] 프로이트는 그 이유를 다빈치가 정신적으로 동성애자였다는 것에서 찾는다. 다빈치는 예술적 재능을 기준으로 제자를 택한 것이 아니라 아름다운 미모를 기준으로 제자를 골랐기 때문에 제자들이 재능을 발휘할 수도 없었을 뿐만 아니라 훌륭한 화가로 성장할 수도 없었던 것이다.

이제 모나리자의 미소의 정체를 추적해 보기로 하자. 다빈치의 생모는 빈치(Vinci) 출신의 가난한 농부의 딸이었다. 그녀는 1493년 이미 마흔 한 살 먹은 아들 다빈치를 찾아 마일란드로 와 그곳에서 병들었다. 다빈치는 생모를 양로원에 모셨으나 얼마 안 있어 사망하였다. 다빈치는 모든 힘을 다하여 정중하게 장례를 치렀다. 유아기에 생모를 떠나 아버지와 계모 밑에서 성장한 다빈치의 머릿속에는 언제나 생모의 모습이 남아 있었다. 다빈치가 유아기의 기억을 떠올리면서 독수리의 꼬리가 그의 입술을 수 차례 스쳤다고 하는 것은 어머니가 그의 입술에 수 차례 열정적으로 키스했다는 것으로 해석할 수 있다. 다빈치는 모나리자 이외에도 여성들과 아이들이 등장하는 인물화를 몇 점 더 그렸다. 여성들이 한결같이 모나리자처럼 미소짓고 있는 이 인물화들에서 여성들은 생모를 그리고 아이들은 다빈치를 상징한다. 미소짓는 모나리자는 의심할 여지없이 다빈치의 생모 카타리나(Katharina)를 대신한다. 모나리자는 플로렌츠의 프란체스코 델 지오콘다(Francesco del Gioconda)의 부인이다. 지오콘다 부인은 고귀하고 우아한 자태를 지니고 있었다. 모나리자의 초상화를 우리들이 해석할 경우 다빈치는 생모 카타리나를 우아하고 고귀하게 만들기 위해서 모나리자의 초상화를 그렸다고 말할 수 있다. 다빈치는 지오콘다 부인의 우아하고 고귀한 미소를 생모에게 되돌려 주려고 하였다. 프로이트의 이와 같은 해석은 다빈치의 정신활동의 심층에 대한 해석이다.

다빈치가 네 살 되던 해 할아버지 집으로 왔을 때 아버지 옆에는 생모 대신 계모 알베이라가 있었다. 다빈치는 계모와 아버지 사이에서 갈등하는 긴장감을 맛보지 않으면 안 되었다. 다빈치에게는 유아기에 이미 동성애의 기질이 싹트고 있었고 사춘기에 이르러 동성애의 기질이 결정적으로 굳어지게 되었다. 프로이트에 의하면 양친 콤플렉스는 대부분의 사람들을 종교에 몰두하게 만들지만 다빈치는 종교를 극복하고 종교적 세계관을 넘어서서 학문탐구와 예술창작에 몸을 맡겼다. 그의 학문탐구와 예술창작은 그가 관심을 가졌던 비상의 기술(die Kunst des Fliegens)에서[38] 잘 나타난다. 많은 사람들은 하늘을 날기를 꿈꾼다. 다빈치는 자신이 하늘을 날 수 있다고 생각하여 실제로 비행물체를 구상해 보기도 하였다.

사람들이 새나 비행물체가 되어 하늘을 날고자 하는 것은 은폐된 어떤 욕구가 있기 때문이다. 은폐된 욕구는 유아기의 성적 욕구이다. 사람들은 유아기의 욕구를 억압함으로써 대리 형성물을 만들어낸다. 억압이 지나치게 심하고 욕구가 왜곡되어 비정상적인 대리 형성물을 구성하게 되며 바로 노이로제 증세가 나타난다. 그러나 비록 억압이 심하더라도 욕구가 왜곡되지 않고 순화되어 나타나면 그것은 예술작품으로 된다. 프로이트에 의하면 참다운 예술 표현은 억압된 욕구의 순화(승화)이다. 다빈치의 생애를 훑어보면 그의 유아기는 다분히 노이로제 증세를 일으킬 수 있는 체험으로 가득 차 있다. 아버지 없이 네 살 되던 해까지 가난한 어머니와 같이 살다가 계모와 아버지 곁으로 돌아간 다빈치의 미래가 순탄할 수는 없었다.

만일 다빈치가 오이디푸스 콤플렉스를 극복하지 못했더라면, 다시 말해서 그가 리비도에 대한 자아의 억압을 극복하지 못했더라면 그는 한낱 노이로제 환자로 일생을 마쳤을 것이다. 다빈치는 학문탐구와 예술창작을 위해서 리비도에 대한 억압을 가능한 한 최대한으로 순화시킬 수 있었다. 프로이트는 《레오나르도 다빈치의 유아기 기억》을 통해서 예술과 예술창작이 무엇인지 그리고 왜 예술이 리비도의 순화인지를 정신분석학의 입장에서 해명한다. 지금까지 프로이트가 해석하는 다빈치의 예술적 삶을 살펴보았는데, 이 경우 프로이트가 뜻하는 예술은 로고스적 곧 합리주의적 예술이 아니라 신화적 예술에 해당한다. 심층의식이 자아충동에 의해서 억압당할 때 왜곡되지 않고 순화됨으로써 참다운 예술작품이 탄생된다. 이러한 관점에서 볼 때 프로이트의 예술관 역시 니체의 예술이론과 마찬가지로 신화로부터 로고스로의 과정에서 예술의 의미를 찾는 것이 아니라 로고스로부터 신화로의 과정에서 예술의 의미와 가치를 찾고 있다. 디지털-사이버 후기 자본주의 사회의 획일적 상업주의에 물들어 있는 예술의 부정적 가치를 전도시킴으로써 생동감 넘치는 긍정적 예술을 정리하는 데는 니체의 예술이론과 프로이트의 예술관이 암시하는 것이 매우 중요한 의의를 가지고 있음이 틀림없다.

4. 예술과 삶의 가치

가. 허무주의의 극복

니체는《힘에의 의지》제1권의 '유럽의 허무주의'라는 제목 아래에서 유럽의 퇴폐한 문명 현상인 허무주의의 양태와 그것의 원인을 탐구한다. 그리고 그는 같은 책 제2권 '지금까지의 최상의 가치에 대한 비판'에서 허무주의에 물든 유럽문명을 매우 상세하게 진찰한다. 니체가 보기에 형식주의가 지배하는 근대성은 현대사회에서도 연속되고 있으며 근대성의 경향은 약화되지 않고 오히려 현대인의 의식 속에 만연되어 있다. 니체는 그의 저술들의 여러 부분에서 허무주의 개념을 사용하고 있는데, 우리들은 그가 허무주의라는 말을 쓸 때 의미의 문맥에 따라서 주의를 기울일 필요가 있다. 왜냐하면 니체는 이중적 의미에서 허무주의의 개념을 사용하고 있기 때문이다.

니체가 말하는 허무주의는 때로는 능동적 허무주의 그리고 때로는 수동적 허무주의 의미를 가진다. 니체의 의도를 알기 위해서는 기본적으로 힘에의 의지가 무엇을 뜻하는지 알지 않으면 안 된다. 니체는《힘에의 의지》의 마지막 문장에서 "이 세계는 힘에의 의지이고—그리고 그 이외의 아무것도 아니다!: Diese Welt ist der Wille zur Macht —und nichts außerdem!"라고 절규한다. 우리들은 힘에의 의지를 우주(인간과 자연과 세계와 우주를 포함하는)의 존재론적 원리인 힘 내지 에너지라고 말할 수 있다. 힘에의 의지는 물론 양적으로는 제한되어 있다고 할지라도 그것이 동적인 힘을 소유하는 한에 있어서 질적으로는 무한하다. 니체가 말하는 '영겁회귀'를 놓고 볼 때 그것은 힘에의 의지의 성격이며 동시에 삶과 세계의 특징이기도 하다. 힘에의 의지는 무한히 앞으로 진전하면서 동시에 끊임없이 자기 자신으로 귀환한다. 이런 관점에서 볼 때 힘에의 의지는 세계로 나타날 때 이중적으로 나타난다. 하나는 정적이며 형식적인 세계이고, 다른 하나는 동적이며 내용으로 충만한 세계이다. 니체는 힘에의 의지의 본질을 동적이며 내용으로 충만한 측면에서 찾고 있다. 근대성을 해체할 수 있는 계기는 능동적 허무주의 곧 본질적인 힘에의 의지 이외에 다른 것일 수 없다.

니체가 도덕, 종교, 철학 및 예술을 허구이자 허무주의의 산물이며 퇴폐성에 젖어 있다고 주장할 때 그가 지적하는 것은 근대적인 도덕, 종교, 철학 및 예술이지 결코 '가치들의 전도'에 의해서 새롭게 정립된 문명의 요소들은 아니다. 즉 니체는 근대적, 퇴폐적인 도덕, 종교, 철학, 예술을 전도시키고 해체하려 하는 것이지 무조건 문명의 모든 요소들을 허무주의적이라고 낙인찍고 전도시키려는 것이 절대 아니다. 니체가 생명력을 상실한 비극과 음악을 전도시키고 새로운 가치를 가진 비극예술을 정립하려고 한 것은 예술의 형식적 허구를 부정하고 예술에 창조적인 생동감을 부여하기 위한 의도를 잘 나타낸다. 나는 이미 《니체, 해체의 모험》을 비롯해서 《니체와 예술》 등 두 저술에서 현대문명 및 예술과 연관해서 니체가 뜻하는 허무주의가 무엇인지 그리고 허무주의의 극복이 어떻게 가능한지 또한 그 결과는 무엇인지에 관해서 상세하게 논의하였다. 그러면 예술에 있어서 허무주의의 극복은 프로이트의 정신분석학적인 예술관과 어떤 관계가 있는가?

앞 장에서 나는 《레오나르도 다빈치의 유아기 기억》이라는 프로이트의 저술을 고찰하면서 프로이트의 예술관을 간략하게 그러나 핵심적으로 살펴보았다. 넓게 보면 프로이트 역시 니체와 마찬가지로 문화의 가치를[39] 전도시킴으로써 새로운 긍정적 문화의 가치를 창출하고자 시도한 사상가이다. 프로이트가 예술을 논의할 때 그의 의도는 니체처럼 본격적으로 예술이론을 전개하기 위한 것이 아니고 정신활동의 메카니즘의 결과로서 나타나는 환상으로서의 예술을 해명하기 위한 것에 있었다. 그렇지만 프로이트가 합리주의적인 이성중심의 입장을 해체하고 리비도의 순화로서의 예술의 정체를 밝힐 때 이미 그는 소위 허무주의적인 근대성을 전도시키고 있는 것이다. 게다가 프로이트가 다빈치를 대표적인 예술가의 예로 들어 다빈치의 예술창작활동을 분석함으로써 예술을 순화라고 할 때 그는 어떤 예술이 창조적이며 긍정적인 예술일 수 있는지를 암시한다.

현대로 들어오면서 키에르케고르, 니체, 마르크스, 프로이트, 아인슈타인을 비롯해서 프랑크푸르트 학파와 포스트모더니스트들이 큰 담론(거대담론)을 해체하고 작은 담론(미세담론)에 의해서 가능한 한 절대론과 결정론을 극복하고자 노력하여 왔다. 그렇게 함으로써 그들은 인간의 자유, 해방 및 휴머니즘을 쟁취하려고 하였다. 그럼에도 불구하고 현대사회와 현대인은 디지털-사이버 후기 자본주의 사회에서 과학만능주의와 획일적 상업주의를 소위 행복에 도달할 수 있게 해 주는 유일한 방책이라고 확신하고 있다. 인류는 자신이 욕망의 기계로 전락하고 말았다는 절망적 사실을 망각한 채 여전히 허구적인 완전성과 절대성을 향해서 맹목적으로 질주하고 있다. 이러한 시점에서 예술을 비롯해서 문명 내지 문화의 모든 요소들에 있어서 허무주의를 극복하려는 니체와 프로이트의 시도는 우리들에게 시사하는 것이 많을 것이다.

나. 갈등과 창조와 삶의 가치

니체가 보기에 예술은 아폴론적 요소와 디오니소스적 요소로 구성되어 있기 때문에 비극적이다. 여기에서 비극적이라는 말의 의미는 '갈등과 모순을 안고 있으면서도 그것들을 통해서 삶의 긍정적 가치가 창조되는'의 뜻으로 보는 것이 적절할 것이다. 물론 니체가 말하는 비극은 희극과 반대되지만 오히려 그 이상의 의미를 가지고 있다. 니체가 뜻하는 비극은 우선 고대 그리스의 비극(합리주의적 성격이 강한 에우리피데스의 비극을 제외한)이다. 다음으로 비극은 고대 그리스의 비극에 버금가는 음악과 신화를 핵심적 바탕으로 깔고 있는 예술의 장르로서의 비극을 뜻한다. 그렇지만 니체의 비극이 궁극적으로 의미하는 것은 긍정적, 창조적 삶이다. 니체에게 있어서 갈등이 없는 비극은 단지 형식적, 허구적이므로 그러한 비극에는 창조도 없고 삶의 가치도 없다.

니체의 다음과 같은 표현은 참다운 예술은 갈등과 창조를 동반한다는 것을 보여 준다. "예술이 마치 자연의 위력처럼 인간에게 나타나는 두 가지 상태가 있다. …… 동일한 대립이 또한 꿈과 명정 사이에서(zwischen Traum und Rausch) 성립한다. 이들 두 가지는 우리들 안에서 예술적 위력을 풀어놓는다. 꿈은 봄, 결합, 시작(詩作)의 예술적 위력을 그리고 명정은 몸짓, 열정, 노래, 춤의 예술적 위력을 풀어놓는다."[40] 니체는 그의 초기 저술 《비극의 탄생》에서 예술의 요소를 미술적 요소로서의 아폴론적인 것과 음악적 요소로서의 디오니소스적인 것 두 가지로 구분하고 다분히 이분법적 사고에 머물러 있는 인상을 준다. 그러나 후기 저술들에서 그리고 특히 《힘에의 의지》에서 그는 갈등의 변증법을 전개한다. 내가 여기에서 니체의 예술이론을 변증법적이라고 할 때 그것은 헤겔적인 의미와 결코 동일한 것이 아니다.

헤겔의 변증법은 갈등으로부터 통일로 나아가면서 결국 절대정신의 자기전개와 자기실현이라는 거대한 형식적 틀을 전제로 하고 있다. 그러나 니체의 예술의 변증법은 아폴론적인 것과 디오니소스적인 것이 서로 모순과 갈등을 일으키면서도 동적으로 조화를 형성한다. 두 가지 요소들은 정적이고 형식적인 것을 부정하고 긍정적, 창조적인 예술을 형성한다. 니체에게는 헤겔에서처럼 완전하고 절대적인 존재원리(절대정신)가 없으므로 아폴론적인 것과 디오니소스적인 것은 영겁회귀 안에서 인간주체의 운명애(amor fati)에 의해서 창조적이며 긍정적인 가치를 획득한다.

프로이트의 정신분석학적 예술관에서도 우리들은 니체에게서와 마찬가지로 갈등과 창조 및 긍정적인 삶의 가치를 발견한다. 노이로제 환자에게서와 달리 예술에서는 리비도가 순화되어 나타나므로 예술은 타인을 배려할 뿐만 아니라 형태미를 지각의 쾌감으로 사용한다는[41] 프로이트의 말은 긍정적, 창조적 예술을 암시한다. 그리고 프로이트가 예술적 환상이 나타날 수 있는 정신활동의 메카니즘을 분석할 때 우리들은 원초아와 자아충동 또는 리비도와 자아 사이의 갈등을 알 수 있다. 그리고 그러한 갈등의 극복으로서의 리비도의 순화에 의해서 예술창작이 성립한다는 것도 짐작할 수 있다. 니체는 퇴폐적이고 허무주의적인 예술의 근대성을 해체함으로써 창조적 예술을 정립하고자 하였다. 프로이트 역시 형식적인 합리적 의식을 타파하고 심층의식을 통찰함으로써 긍정적 문화와 아울러 창조적 예술의 가능성을 제시하려고 하였다. 이러한 이들의 태도는 오늘날 디지털-사이버 후기 자본주의 사회를 살아가고 있는 우리들 현대인에게 과연 어떤 의미를 던져 주는 것일까? 니체의 예술철학과 함께 프로이트의 정신분석학적 예술관은 고정된 형식적,

합리주의적 예술을 전도시킴으로써 역동하는 예술의 새로운 가치
를 정립하려는 시도였다.

5. 비판적 결론: 예술의 의미와 가치

지금까지 나는 '니체와 프로이트에게 있어서 예술의 의미'라는
주제를 몇 가지 문제점들로 나누어 살펴보았다. 우선 나는 머릿글
에서 현대예술의 문제점들을 간략히 고찰하였다. 왜냐하면 철학함
은 항상 현재를 발판으로 삼을 때라야만 의미를 가질 수 있기 때문
이다. 니체와 프로이트에게 있어서 예술의 의미가 정당성을 가질
수 있는 것은 어디까지나 이 주제의 초점이 현대사회와 현대인에게
맞추어지는 한에 있어서이다. 현대문명의 특징은 한마디로 인간성
상실이다. 따라서 현대문명은 근대성의 연속선상에 있으며 그것은
합리주의적 형식성, 보편성, 전체성의 지배를 받고 있다. 합리주의적
사고의 발달과 아울러 인간은 완전성과 절대성을 추구하여 왔다.
그러나 니체가 보기에 완전성과 절대성은 허구이며 허무주의적 퇴
폐성에 지나지 않는다. 프로이트가 보기에도 합리적 이성으로서의
보편적 의식만을 추구하는 것은 지극히 피상적인 작업으로서 정신
활동의 참모습을 도외시한다. 프로이트에 의하면 정신활동의 참다
운 양상은 현실원리와 쾌락원리, 원초아와 자아 및 초자아 또는 성
적 충동(리비도)과 자아충동 사이의 갈등에서 드러나며 정신활동에
서 근본적인 요소는 원초아 내지 성적 충동이다.

바로 앞에서의 간단한 지적만 보더라도 이미 우리들은 니체의 실
험철학이 프로이트의 정신분석학의 선구임을 알 수 있다. 양자는
모두 인간 정신과 문명 내지 문화의 심층을 통찰하려고 하며 나아

가서 정신과 문명 안에서의 갈등과 모순을 직시하고 긍정적, 창조적인 삶의 가치를 제시하고 정초하고자 한다. 예술과 연관해서 볼 경우 니체는 본격적인 예술철학을 전개하면서 근대예술의 왜소하고 형식적인 합리주의적 퇴폐성을 해체하고자 한다. 그리하여 그는 가치의 전도를 통해서 창조적인 예술을 정초하고자 한다. 예술의 원천은 힘에의 의지이고, 힘에의 의지는 디오니소스적인 것과 아폴론적인 것의 이중적 힘으로 표현됨으로써 비극적 예술이 탄생된다. 니체는 자신의 긍정적 허무주의에 의해서 근대예술의 무의미와 무가치를 전도시키고 예술의 긍정적 의미와 가치를 창출하려고 한다.

니체는 문명비판의 입장에서 모든 가치들의 전도를 꾀함으로써 새로운 가치들을 정립하고자 했는데 이러한 그의 태도는 예술에도 그대로 적용된다. 니체는 예술의 원천을 존재론적 원리인 힘에의 의지에서 찾고 있으므로 예술을 철학과 분리된 것으로 보지 않기 때문에 '예술가-철학자' 라는 개념을 사용한다. 이 점에서 니체는 예술을 철학화하고 있다. 그러나 예술이 철학보다 더 참다운 것을 표현한다고 보는 니체의 입장은 비극과 음악을 예술의 전형으로 보며 동시에 생동하는 삶 자체로 여기는 그의 태도를 입증한다. 니체는 자신이 철학적으로 문명을 비판하면서도 근대문명의 허무주의에 대한 해결책을 음악적, 비극적 예술에서 찾고 있다고 말할 수 있다. 그런데 여기에서 우리들은 니체가 예술의 원천인 힘에의 의지를 어떻게 아는가라는 물음을 제기하지 않을 수 없다. 니체가 예술의 의미와 가치를 찾는 궁극적 근원은 힘에의 의지이다. 물론 합리적 이성은 단지 형식적인 인식능력이므로 창조적 생명력으로서의 힘에의 의지를 파악할 수 없다. 니체는 본능에 의해서 힘에의 의지를 파악한다고 할 터이지만 그 경우 본능의 정체는 무엇인가? 니체가 말하는 본능이 동물적 본능과 다른 오직 인간만이 가지고 있는 것이라면 그러한 주장은 설득력이 매우 약하다. 힘에의 의지와 본능은 하나의 가설에 지나지 않는 것인가?

니체는 음악과 미술을 구분하고 음악은 동적 미를, 미술은 형식미를 표현하는 것으로 보며 음악이 미술보다 근원적이라고 말하는데 과연 시간예술로서의 음악이 공간예술로서의 미술보다 우선하는지도 문제이다. 만일 니체가 미적 체험, 미적 표현, 미적 감각에 대해서 보다 더 포괄적으로 사유하고, 음악을 비롯해서 조형예술, 회화 및 문학의 여러 장르들을 보다 더 폭넓게 고찰할 수 있었다면 음악을 예술의 전형으로 꼽는 그의 입장에 변화가 초래되었을 것이다.

프로이트의 정신분석학적 예술관 역시 몇 가지 중요한 문제점들을 안고 있다. 그러한 문제점들은 정신분석학 자체의 성격에서부터 생긴다. 프로이트는 순수 및 응용심리학과 자연과학을 포함하는 학문인 정신분석학을 가지고 '의식되지 않은 정신적인 것'을 탐구함으로써 비정상적인 정신활동을 건강한 정신활동으로 치료할 수 있다고 한다. 프로이트의 정신분석학은 궁극적으로 가치론적 성격을 가진다. 왜냐하면 정신분석학 역시 자유, 해방, 휴머니즘이라는 인간의 긍정적 가치를 회복하는 것을 목적으로 삼기 때문이다. 그러나 정신분석학의 기본 구조 역시 가설적 성격이 강하다. 의식된 것, 의식되기 이전의 것, 의식되지 않은 것이라든가 원초아, 자아, 초자아 또는 현실원리, 쾌락원리 또는 사랑의 충동(에로스), 죽음의 충동(타나토스) 또는 성충동(리비도), 자아충동과 같은 정신활동의 계기들은 다분히 가설적 성격을 보여 준다.

가설은 끊임없이 시행착오를 거치기 마련이고 결정론을 피하는 장점은 가지고 있지만 가설은 어디까지나 가설로서 항상 개연적인 특징만을 가진다. 가설 위에서 어떤 현상을 필연적이라고 단언하는 것은 독단을 면하기 어렵다. 게다가 기관의 장애가 아닌 정신질환, 다시 말해서 신경세포와 신체기관은 정상임에도 불구하고 그것들의 기능상의 장애인 노이로제를 자연과학적 방법에 의해서 정신분석학이 치료할 수 있다는 프로이트의 주장에는 문제가 있다. 신체기관의 장애는 양적인 장애이다. 그러나 기관은 정상이지만 기능이 비정상적인 것은 기관의 장애에 비해서 질적 장애이다. 과연 질적 장애를 자연과학적 방법에 의해서 치료할 수 있는가?

프로이트의 정신분석학은 초기와 후기에 이론의 차이가 있으며 특히 후기에 와서 문화를 논할 때 에로스와 타나토스의 갈등에 관한 언급 그리고 언쟁을 방지하기 위한 공동체의 윤리정립 등은 다분히 형이상학적 및 윤리학적인 색채를 띤다. 프로이트 정신분석학의 엄밀하지 못한 체계는 그 이후 자연히 여러 분파의 정신분석학 경향들이 생기는 계기를 마련하여 준 것이 사실이다. 예술만 놓고 볼 때, 예술은 종교나 철학과 마찬가지로 환상이지만 종교와 철학은 노이로제 증세임에 비해서 예술은 리비도의 순화라고 하는 주장은 정당성을 찾기 힘들다. 종교나 철학은 부정적, 허구적이고 예술은 타인을 배려하며 형태미를 미적 쾌감의 대상으로 만드는 긍정적 문화요소라고 주장할 경우, 종교나 철학도 긍정적인 측면이 있지 않는가라는 반문이 당연히 제기된다. 그럼에도 불구하고 프로이트가 합리적 이성의 심층을 통찰하고 예술의 원천을 리비도에서 찾는 것은 우리로 하여금 예술의 의미와 가치를 새로운 각도에서 고찰하게끔 한다.

니체의 예술철학과 프로이트의 정신분석학적 예술관은 예술이 무엇인가를 밝힐 뿐만 아니라 디지털-사이버 후기 자본주의 사회에서 허구적이며 퇴폐적인 획일적 상업주의에 물든 예술에 익숙한 우리들로 하여금 예술의 새로운 의미와 가치를 재음미하게 해 주는 중요한 역할을 행한다. 이들 양자의 예술이론을 통해서 우리들은 예술뿐만 아니라 삶과 세계의 의미 및 가치를 다시 한번 근본적으로 성찰할 수 있는 기회를 갖게 될 것이다.

제5장 종교

1. 왜 종교가 문제인가?

종교에 관한 본질적인 탐구는 종교철학의 역할에 속한다. 종교철학은 어디까지나 철학이므로 그것은 종교나 신학과 동일한 것이 될 수 없다. 그럼에도 불구하고 종교, 신학 및 철학 세 가지는 서로 밀접한 연관관계를 가지며 동시에 상호 영향을 주고받는다. 예컨대 신비주의 철학 또는 신비주의 종교에 있어서는 종교와 철학을 구분하기 힘들다. 즉 고대 그리스 피타고라스 학파의 윤리 종교적 성향은 종교적이고 철학적이며, 마이스터 엑크하르트의 신비주의 철학은 철학이면서도 종교이다. 그럼에도 불구하고 오늘날 학적 입장에서 볼 경우 우리들은 종교와 신학 및 철학을 구분하지 않을 수 없다. 왜냐하면 종교는 어디까지나 특정한 신앙의 범주이며, 신학은 특정 종교를 해명하고 옹호하는 이론적 작업이며, 종교철학이란 종교를 분석하고 종합적으로 비판함으로써 종교의 정당성과 의의 및 가치를 드러내는 철학적 작업이기 때문이다.

그러면 현대적 관점에서 볼 때 종교철학은 어떤 문제들을 다루는가? 종교철학이 어떤 문제들을 다루는지를 고찰할 경우 왜 종교가 문제인가라는 물음에 대한 답이 자연적으로 따라올 수 있을 것이다. 종교철학은 우선 종교의 본질, 종교의 유형과 성격을 취급한다. 다음으로 종교철학은 종교와 도덕의 관계 그리고 종교에 대한 정신분석학적 이론을 탐구한다. 마지막으로 현대의 종교철학은 종교와 과학 그리고 종교적 체험을 탐구대상으로 삼는다. 지금 이곳에서 나는 니체와 프로이트의 종교의 의미를 고찰하고자 하는데, 이 주제는 어디까지나 종교철학적 탐구의 모든 영역이 아니라 제한된 특정 영역에서만 논의될 것이다. 나는 여기에서 니체의 종교철학을 고찰함으로써 종교와 도덕의 관계를 밝히고, 프로이트의 정신분석학을 살펴봄으로써 종교에 대한 정신분석학적 입장을 해명하고자 한다. 그렇지만 더 나아가서 내가 밝히고자 하는 것은 종교에 대한 인간의 심층심리를 드러내는 데 있어서 니체가 프로이트의 선구였다는 사실이다.

물론 이 글의 대부분은 니체의 종교철학과 프로이트의 종교관을 해명하는 데 할애되겠지만 내가 이곳에서 궁극적으로 얻고자 하는 것은 니체의 종교철학과 프로이트의 종교관에 대한 비판적 관점이다. 만일 그러한 비판적 관점이 제시될 수 있다면 그것은 개방된 종교철학을 위한 하나의 계기 역할을 담당할 수 있을 것이다.

가. 니체와 종교

니체는 자신의 문명비판철학에서 도덕, 예술, 종교 및 철학에 있어서의 기존의 가치들을 해체하고 붕괴시키고자 한다. 그가 그렇게 할 수 있는 것은 이미 '새로운 가치정립의 원리' 곧 힘에의 원리가 전제되어 있기 때문이다. 힘에의 원리는 니체가 철저한 자기 성찰에 의해서 철학자-예술가의 입장에서 체험한 형이상학적 및 존재론

적 원리이다. 니체 철학의 방법론과 아울러 탐구 주제들을 보면 니
체의 철학함의 주제가 명백히 드러나는데 그것은 다름 아닌 문명비
판의 철학이다. 니체는 계보학에 의해서 도덕, 종교, 예술, 철학이 견
지하여 온 최상의 가치들을 분석하고 비판함으로써 해체하고 원근
법주의에 의해서 새로운 가치를 정립하고자 한다.

특히 종교를 취급함에 있어서 니체는 종교의 핵심이 도덕에 있다
고 본다. 예컨대 니체는 기독교 도덕을 일컬어 가장 악의에 찬 거짓
으로 향한 의지의 형태라고 말한다.[1] 이와 같은 주장은 이미 《반 기
독교도》나 《도덕의 계보학》에 상세하게 제시되어 있다. 종교적 인간
의 조야한 심리학은[2] 허약함을 은폐하고 강한 것을 획득하기 위해
서 허구를 날조하기 때문에 종교적 인간이 주장하는 도덕은 자연적
으로 거짓에의 의지에 물들어 있다고 말할 수 있다. 니체에 의하면
기존의 종교의 최상의 원리들은 허구에 지나지 않는다. 말하자면
(특히 기독교에 있어서) 은총, 구원, 종말론, 사랑 등은 모두 왜소한
최후의 인간(사제가 대표하는)이 날조한 허구들이다. "원한정신으
로부터 기독교의 탄생"[3]이라는 말은 기독교 도덕의 근원이 바로 복
수심과 원한감정에 있음을 지적한다. 니체의 이러한 견해는 종교적
인간의 조야한 심리학을 심층심리학적 입장에서 예리하게 분석함
으로써 나올 수 있었다. 기독교 도덕의 대표적 덕목들 중의 하나는
사랑이다. 니체가 보기에 사랑은 약자의 덕에 지나지 않는다. 니체
는 사랑을 주장하는 종교적 인간의 심층심리를 꿰뚫어 보고 단지
표면에만 사랑이 떠돌고 있을 뿐이며 심층에는 원한과 복수의 감정
이 뒤끓고 있다는 것을 간파하였다. 그러므로 니체는 사랑을 해체
하고 동시에 원한과 복수를 전도시키고자 한다.

니체의 철학함은 계보학, 원근법주의 및 자기성찰이라는 니체 특
유의 방법론에 의존하고 있다. 니체가 문명을 비판하는 근거는 우

선 근대 및 현대문명이 자기성찰을 결여하고 있고, 종교, 도덕, 예술, 철학 등 문명과 문화의 핵심요소들이 반성없는 기존의 가치들을 기반으로 삼고 있으며, 허무주의 내지 퇴폐주의가 인간을 지배하고 있기 때문이다. 따라서 니체는 기존의 인간상과 문명을 모두 해체하고 미래 지향적인 새로운 인간상과 문명을 제시하고자 한다. 니체가 종교를 비판하는 것 역시 위에서 지적한 것과 동일한 맥락에서 이해되지 않으면 안 된다.

이 시점에서 우리들은 다음과 같은 두 가지 문제를 제기하게 된다. 니체는 신의 존재를 부정하는가? 니체는 비종교적인가? 이 두 물음들에 대한 답으로는 긍정과 부정 모두 가능하다. '신은 죽었다'는 니체의 언명은 그가 신존재를 부정한다는 것을 뜻한다. 그렇지만 니체가 부정하는 신은 기독교의 신을 비롯해서 기존의 허구적 도덕을 소유한 신들이다. 니체는 여러 종류의 신들이 존재하며 새로운 여러 신들의 존재도 가능하지만 소위 유일한 신은 존재하지 않는다고 말한다.[4] 니체가 지적하는 그리스 신들(호메로스의 신들)은 힘에의 의지의 표현이다. 니체는 허구적 신 곧 노예도덕을 동반하는 신은 부정하지만 힘에의 의지의 표현인 신들은 인정한다. 니체가 비종교적인지 아닌지에 대한 답은 니체가 신을 부정하는지의 여부에 대한 답과 긴밀히 연관되어 있다. 기성종교, 예컨대 불교나 기독교의 입장에서 보면 니체는 당연히 비종교적이다. 니체가 보기에 불교는 기독교보다 훨씬 현실적이기는 해도 삶 자체를 부정하기 때문에[5] 여전히 허무주의의 한 형태에 지나지 않는다. 따라서 니체는 기독교와 아울러 불교도 해체되어야 할 대상으로 본다. 니체가 그리스의 신들, 호메로스의 신들을 힘에의 의지의 표현으로 보는 한에 있어서 니체는 여전히 종교적이다.

니체는 베르그송과 마찬가지로 정적 종교를 해체하고 동적 종교

를 새로운 종교로 제시하고자 한다. 그러한 그의 노력은 문명에 있
어서(니체는 문명과 문화를 똑같은 의미에서 사용하고 있다.) 기존
의 최상의 가치들을 전도시키고 새로운 가치정립의 원리를 제시하
려는 시도에서 분명하게 나타난다.

　나. 프로이트와 종교

　한마디로 딱 잘라 말하기는 어렵지만 대체로 니체는 종교를 인간
의 심층심리의 문제로 보았다. 이와 같은 견해는 분명히 프로이트
의 종교관에 대한 선구이다. 현대를 살아가는 우리들 인간은 데카
르트의 ‘나는 생각한다, 그러므로 나는 존재한다’(Cogito ergo sum)
의 전통에 따라서 의식, 자아 및 이성을 가장 확실하고 보편적이며
필연적인 존재이자 기준이라고 확신하고 있다. 현대인을 지배하는
자본, 정보-기술은 모두 자아-전통(의식-전통)의 산물이다. 불변하
는 이성을 바탕으로 삼은 자아의 의식은 이성에 의해서 삶의 완전
성과 절대성을 획득할 수 있다고 확신한다. 포스트모던한 사회에서
살아가는 대중에 파묻혀 삶을 영위하는 한에 있어서는 자아의 그와
같은 의식을 맹종할 수 있을지 몰라도 한 순간이라도 자기성찰의
섬광을 대할 때 우리들은 이성과 아울러 자아의식을 회의하지 않을
수 없다. 니체의 자기성찰이 근대성(보편필연적인 이성적 자아개념
이 대표하는)에 대한 회의로부터 시작하는 것과 마찬가지로 프로이
트의 정신분석학 역시 자아의식에 대한 회의를 출발점으로 삼는다.
　인식론이 학의 핵심분야로 들어서면서부터 17세기 이후 서구에
서는 종교의 의의에 대해서 다양한 각도에서 회의하는 경향이 일어
나게 되었다.[6] 천문학과 물리학의 발달은 우주와 사물을 활발히 탐
구함으로써 신의 섭리를 의심의 눈초리로 보기 시작하였다. 19세기

에 들어서자 지리학과 진화론이 발달하여 신의 창조를 회의하게 되었다. 다윈은 신의 권위를 여전히 인정하면서도 신의 인간창조를 부정하였다. 다윈은 진화론을 주장하는 가운데 진화의 전체 과정은 바로 신의 섭리에 의한 것이라고 말함으로써 진화론과 종교의 화해를 추구하였다. 19세기와 20세기에 들어와서는 심리학적, 정신분석학적, 사회학적 요인들이 종교의 의의에 커다란 의문을 제기하였다. 마르크스와 엥겔스는 사회의 기본적 토대는 물질적, 경제적 생산관계이고 그것을 바탕 삼아서 정치, 예술, 학문, 종교 등의 문화가 성립한다고 보았으며 특히 종교를 아편과도 같은 것이라고 하여 종교의 허구성과 폐해를 말하였다. 프로이트는 무의식적 갈등을 해소하기 위해서 고안된 계획에서 생기는 것을 일컬어 종교적 신앙이라고 보았다.

프로이트에게 있어서의 종교의 의미를 살피는 것은 종교의 정당성과 의의 그리고 가치를 고찰하는 종교철학적 태도에 새로운 관점을 가져다 줄 수 있을 것이다. 정신분석학은 유물론적 관점을 기초로 삼기 때문에 그러한 관점에서 볼 때 신성한 존재는 인간의 의식이 구성한 산물에 불과하다. 종교철학적 입장에서 볼 때 그와 같은 정신분석학의 태도는 우선 인간의 이성적 자아의식에 대한 새로운 해석의 가능성을 제시해 줄 뿐만 아니라 더 한층 나아가서 이성적 의식을 분석하고 비판하는 여지를 마련하여 준다. 또한 정신분석학이 어디까지나 개별과학인 한에 있어서 종교에 대한 정신분석학의 입장은 과학적 가설의 역할을 충실히 담당하고 있다는 사실을 종교철학의 견지에서 밝혀낼 수 있을 것이다.

프로이트는 각 개인의 종교적 신앙의 현상을 고찰하는 것을 출발점으로 삼아 종교의 의미를 탐구한다.《토템과 금기》,《인간 모세와 일신론적 종교》에서 프로이트는 기존 종교의 성립과정을 정신분석

학적 입장에서 상세히 기술하고 있다. 신앙인은 모두 초월적 존재
에 자기자신을 완전히 맡기며 신성한 대상(토템이나 신)을 두려워
하고 존경한다. 또한 신앙인은 신성한 대상으로부터 자비와 은총과
구원을 기다린다. 프로이트는 무릇 인간의 성격이 구강기, 항문기,
성기기를 거치는 유아기에 거의 결정된다고 본다. 따라서 그는 초
월적 존재 곧 신성한 대상에 대한 인간의 감정이나 태도(신앙)도
역시 유아기에 벌써 그 싹이 결정된다고 생각한다.[7]

　여기에서 프로이트의 오이디푸스 콤플렉스와 종교의 관계를 간
단히 살펴보기로 하자. 왜냐하면 이곳에서 프로이트의 종교관의 기
본적 윤곽을 제시할 경우 앞으로 핵심적 주제에 대한 논의가 한층
수월해질 수 있을 것이기 때문이다. 구강기와 항문기를 거쳐 네 살
쯤 되면 남자 아이는 성기기에 접어들어 어머니를 성적 내지 사랑
의 대상으로 삼는다. 아버지가 여성인 어머니를 독점한다고 생각하
는 남자 아이는 아버지에 대하여 적대감을 가진다. 그리하여 어머
니를 얻기 위해서 남자 아이는 아버지를 적으로 여기며 제거하려는
욕구를 마음속 깊이 억누르지 않을 수 없다(오이디푸스 콤플렉스).
그렇지만 아이는 아버지의 성기가 자신의 것보다 비교할 수 없을
정도로 엄청나게 크다는 것을 알게 되고 막강한 힘을 가진 아버지
가 자신의 성기를 쉽사리 잘라버릴지도 모른다는 공포감을 소유하
게 된다.[8] 이러한 거세 콤플렉스 시기를 지나면 아이는 어머니를
놓고 아버지와 더 이상 경쟁하기를 포기하고 누이동생이나 누나를
사랑의 대상으로 삼는다. 여자 아이의 경우도 남자 아이의 경우와
흡사하다.

　여자 아이도 처음에는 어머니가 아버지를 독점하는 것을 질투하
고 시기하여 어머니를 적으로 삼고 제거하고자 한다(엘렉트라 콤플
렉스). 그러나 곧 여자 아이도 아버지를 놓고 어머니와 경쟁하기를

포기하며 자신이 도저히 막강한 어머니의 경쟁자가 될 수 없음을 알게 된다. 그리하여 여자 아이는 남동생이나 오빠를 사랑의 대상으로 삼는다. 12~13세의 사춘기를 지나면서 청소년은 홀로 서기를 익히지 않으면 안 된다. 청소년이 험난한 사회에서 홀로 서기 위해서는 자신에게 가장 모범적인 대상을 모방하지 않으면 안 된다. 남자 아이는 아버지를 그리고 여자 아이는 어머니를 자아의 이상으로 모방하게 된다.[9] 그렇다면 인간이 모방하는 근원적 모델은 유아기에 소유하는 부모의 상일 수밖에 없다. 따라서 인간의 의식의 갈등의 근원은 오이디푸스 콤플렉스에 있다. 즉 의식의 갈등은 부모를 적대시하는 경향과 부모에게 복종하려는 경향 사이의 갈등인 것이다.

결국 프로이트는 신앙의 근원을 오이디푸스 콤플렉스에 있다고 보는데 물론 이와 같은 주장에 대해서는 정신분석학자들 사이에서나 기타 철학자들 사이에서도 반론이 허다하다.[10] 오이디푸스 콤플렉스는 프로이트 자신이 자신의 분석경험을 토대로 설정한 이론이므로 어디까지나 가설의 성격을 가진다. 그러나 오이디푸스 콤플렉스(성충동으로부터 야기되는)를 전제하지 않는다면 프로이트의 정신분석학 이론의 체계자체가 와해되고 만다. 그렇지만 프로이트가 《토테미즘과 금기》,《대중심리학과 자아-분석》 등에서 밝히는 것처럼 절대적 신개념의 투사 곧 자아-이상의 투사는 무의식적 갈등을 완화시키면서 동시에 원한과 복수 그리고 적개심의 감정을 누그러뜨린다.[11] 절대적 신 앞에서 인간이 자신의 죄를 고백하고 참회하며 스스로의 행동을 자제하는 것은 종교적 신앙의 자세이다. 결국 종교적 신앙의 태도는 오이디푸스 콤플렉스나 엘렉트라 콤플렉스와 같은 무의식적 내면의 갈등을 해소시켜 주는 역할을 담당한다. 프로이트가 보기에 모든 '신경증의 핵심'은 오이디푸스 콤플렉스이

다.[12] 모든 인간은 사춘기에 다시 한번 거세 오이디푸스 콤플렉스에
시달리지만 정상인은 대체로 오이디푸스 콤플렉스를 각자 나름대
로 극복한다. 그러나 무의식적 내면의 갈등을 스스로 극복하지 못
하는 사람들 중에는 종교에 의해서 내면의 갈등을 극복하고자 하는
사람들이 있다. 프로이트에 의하면 종교란 무의식적 내면의 갈등을
극복하기 위해서 인간이 고안해낸 것이다. 종교가 인위적 고안물이
라는 견해를 대변하는 사람들로는 프로이트를 비롯해서 쌩 시몽,
콩트, 포이에르바하, 마르크스, 엥겔스, 니체 등을 꼽을 수 있다.

마르크스는 생산관계의 토대를 바탕으로 성립하는 것이 문화이
고 이 문화의 범주 안에 정치, 법, 학문, 예술 및 종교 등이 속한다
고 본다. 착취당하는 계급을 안정시키기 위해서 지배계급이 고안해
낸 환상의 산물이 바로 종교라는 것이 마르크스의 입장이다.[13] 만
일 우리들이 자연과학이나 실증주의의 관점에서 종교를 고찰한다
면 극단적인 경우 유물론의 입장을 견지하게 되어 초월적인 것과
아울러 신성한 것은 모두 부정하게 된다. 자연과학이 의존하는 근
거는 실험, 관찰 및 인과법칙이다. 이것들에 의해서 신성한 존재 및
그러한 존재에 대한 인간의 감정이나 신앙이 분해되면 신성한 존재
와 그 존재에 대한 감정 및 신앙은 물질의 운동 또는 신경작용의
산물로 환원되어 버린다. 프로이트의 정신분석학은 환원주의의 성
격이 강하기 때문에 그가 보는 종교는 환상의 산물에 지나지 않으
며 환상은 신경작용의 결과이다. 프로이트 자신은 실증주의적 자연
과학에 충실히 머물고자 했음에도 불구하고 그의 전집들을 상세히
살펴볼 때 그 자신이 이미 환원주의의 위험과 한계를 잘 알고 있었
던 것 같다. 예컨대 에로스, 죽음의 충동과 같은 개념들은 프로이트
가 형이상학적 사유에 근접하고 있으며 환원주의의 한계를 극복하
려는 노력을 암시하여 준다.

프로이트는 엄밀한 체계적 학자가 아니며 신경생리학, 해부학, 생물학 및 물리학을 기초로, 수많은 분석(치료)을 통해서 정신분석학 이론을 전개하기 때문에 그의 정신분석학은 관찰방법이자 치료법이며 동시에 이론이다.[14] 그리고 그가 신경증의 원인으로 제시하는 억압을 예로 들더라도 억압이 단지 신경생리적 현상인지 아니면 주체적 인간의 정신과정에서 일어나는 현상인지가 분명치 않다. 프로이트는 실증주의적 관점을 출발점으로 삼기는 해도 이미 정신과정을 해석하고 있기 때문에 그의 정신분석학은 다분히 철학적 가치를 소유한다고 말할 수 있다. 왜냐하면 억압이란 모순과 갈등을 뜻하며 모순과 갈등의 해소는 추상적 해석을 동반하지 않으면 설명될 수 없기 때문이다.

프로이트의 종교관이 제시하는 철학적 사유의 암시는 어떤 것인가?

프로이트는 우선 종교의 발생과정을 분석적으로 살핌으로써 인간이 가지는 종교적 신앙에 대한 근원적 정신과정을 파헤치고자 한다. 이러한 작업의 선구는 이미 니체가 계보학 방법을 통해서 기독교의 발생과정을 구명한 것에서 잘 나타난다. 니체 역시 프로이트와 마찬가지로 신앙을 심리적 문제로 본다. 다음으로 프로이트는 정신과정에서 성공하지 못한 억압의 조절인 일종의 신경증으로 종교를 본다. 이러한 입장의 선구 또한 니체에게서 찾을 수 있다. 왜냐하면 니체는 종교를 허무주의와 퇴폐주의의 대표적 형태로 보기 때문이다. 니체는 종교적 세계를 허구적으로 만들어 내는 인간을 가리켜서 종교적 인간이라고[15] 부른다. 니체가 보기에 도덕적, 미학적 및 종교적 감정의 대상은 단지 사물의 표면에 지나지 않는데 그 이유인즉 그러한 감정과 대상은 모두 환상의 영역에 속하기 때문이다.

프로이트의 종교관과 아울러 니체의 종교철학은 오늘날을 살아가는 우리들에게 종교 및 종교적 신앙에 대한 자기성찰의 기회를 제공한다. 한층 더 나아가서 우리들은 프로이트와 니체를 통해서, 인간의 종교적 의식의 문제점이 무엇인지 그리고 종교적 의식의 정체가 어떤 것인지 다시 한번 사유할 수 있는 기회를 가질 수 있다.

2. 윤리 종교적 세계관

가. 선과 악

20세기를 거쳐서 21세기 초반의 현대를 살아가고 있는 우리들은 후기 근대사회와 후기 산업사회의 병폐를 자본, 정보, 기술의 지배 그리고 결정자와 그를 따르는 확정된 계층으로 꼽을 수 있다.[16] 우선 자본, 정보, 기술은 직접적인 욕망을 충족시켜 주는 것으로 여겨진다. 다음으로 결정자 내지 지도자와 동일화되어 대중-개인들이 지도자를 따르는 것은 욕망의 대리충족을 수행하는 것으로 여겨진다. 현대인은 지도자를 따르는 확정된 계층이 되면 될수록 그리고 자본, 정보, 기술을 많이 소유하면 소유할수록 소위 이상향을 건설할 수 있다는 희망을 안고 있다. 이와 같은 사실에 대한 통찰은 이미 니체가 가지고 있었던 것이다. 니체는 자기성찰의 철학 곧 문명에 대한 비판철학을 통해서 현실통찰을 근거로 삼아 은폐되어 있는 인간의 심층심리를 들추어내려고 하였다.

니체가 종교 중에서 기독교를 택해서 기독교 도덕을 분석하고 비판한 것은 최상의 원리와 가치를 소유하고 오랜 시간 서구인을 지배하고 있는 것이 바로 기독교 도덕이었기 때문이다. 니체는 도덕,

210

예술, 철학(학문), 종교 등 문명 전반에 걸쳐서 인간의 은폐된 의식을 지적하기 위해서 비판적 관점에서 여러 가지 문제점들을 제시하였다. 니체의 저술들 중에서 《비극의 탄생》, 《선과 악의 피안》, 《반기독교도》, 《비시대적 고찰》, 《도덕의 계보학》 등의 제목은 문명에 대한 직접적 비판을 뜻하며 인간의 문명이 허무주의에 물들어 있음을 지적한다. 그런가 하면 《즐거운 학문》, 《이 사람을 보라》, 《인간적인 것 너무나도 인간적인 것》, 《짜라투스트라는 이렇게 말하였다》, 《힘에의 의지》 등의 제목은 허무주의의 극복을 뜻하며 동시에 니체가 자기성찰의 결과들 곧 긍정적, 체계적 가치구성을 시도하고 있음을 의미한다.

니체의 자기성찰의 철학에서 핵심역할을 담당하는 개념들은 허무주의, 가치의 전도, 영겁회귀, 운명애, 초인, 힘에의 의지 등이다.[17] 니체는 이들 개념으로부터 새로운 가치정립의 원리에 대한 철저한 의식을 가지고 부정적 허무주의를 극복함으로써 힘에의 의지를 긍정하고 나아가서 디오니소스적 초인을 정립하려고 한다. 여기에서 니체의 자기성찰은 현실적 삶의 부정적, 허구적 요소를 비판하고 긍정적으로 생동하는 요소를 제시하는 데 목표를 두고 있다. 니체는 전통적 인식론, 형이상학, 미학, 인식론을 모두 비판하면서 자신의 형이상학적 내지 존재론적 원리인 힘에의 의지를 삼고 동시에 가치의 전도라는 목적의식을 가지고 문명의 전도와 해체를 시도하였다.

니체가 원래 계획했던 《힘에의 의지》의 부제목은 '모든 가치들의 전도'이며 그가 여기에서 지시하는 가치들이란 윤리적 차원의 가치들만이 아니고 문화구성 요소들의 가치들을 말한다. 따라서 그가 말하는 가치들은 도덕, 종교, 예술, 철학 등의 정당성 내지 타당성에 해당한다고 볼 수 있다. 하이데거는 니체가 언급하는 허무주의와 연관해서 "가치의 탈가치 그리고 이와 함께 허무주의는 목표를 결여하고 있다"[18]고 말하는데 탈가치와 허무주의는 기독교 도덕과 전통 형이상학에서 주장하여 온 원리의 성격을 지시하는 데 비해서 가치와 목표는 니체가 제시하는 근원적인 새로운 원리를 지칭한다.

니체는 《도덕 계보학》에서 도덕의 성립과정을 비판적으로 고찰하면서 실험정신에 의하여 문명전반을 분석함으로써 디오니소스적 철학, 다시 말해서 초인과 힘에의 의지에 관한 철학을 제시하려고 한다. 니체가 언급하는 문명의 내용은 도덕, 예술, 종교, 철학이며 구체적으로 볼 경우 그것은 소크라테스적 합리주의와 기독교의 절대 도덕이 형성한 역사적 산물이다. 우리들은 일반적으로 문명을 물질적, 기계적 산물로 보며 문화를 정신적 산물로 보지만 니체는 문명과 문화를 동일한 개념으로 보고 있다. 니체의 종교철학은 이중적 성격을 가지고 있는데 하나는 전통종교 곧 기독교에 대한 비판이며, 다른 하나는 새로운 원리의 정립이다. 철학사가들 중에는 실존주의를 두 종류로 나누면서 유신론적 실존주의(키에르케고르, 야스퍼스, 가브리엘 마르셀)와 무신론적 실존주의(니체, 하이데거, 싸르트르)를 상식적으로 대립시키는 경향이 있지만 그러한 구분은 거의 무의미하다. 왜냐하면 니체만 하더라도 기독교를 비롯해서 기성종교의 허구성을 지적하지만 그는 소위 동적 종교를 위한 새로운 원리를 정립하려고 하기 때문이다. 베르그송식으로 말하자면 니체가 언급하는 기성종교는 틀에 박힌 폐쇄적 정적 종교에 해당하고 새로운 힘을 가지고 미래지향적 성격을 소유하는 개방적 종교는 새로운 원리를 바탕으로 삼는다고 볼 수 있다.

니체가 지금까지의 도덕의 원리인 선과 악을 비판하는 것은 전 기독교라는 전통 종교를 비판하기 위한 목적을 가지면서 동시에 새로운 종교의 원리를 제시하기 위한 의도를 지닌다. 니체에 의하면 도덕과 종교의 기원은 바로 선과 악의 기원이다. 기존의 도덕과 종교는 어디까지나 부정적 허무주의를 대변한다. 전통적 가치들은 무화(無化)와 허약함을 바탕으로 삼기 때문에 부정적 허무주의이다. 그렇지만 니체는 자신의 자기성찰의 철학을 일컬어 허무주의라고 말한다. 이 경우 허무주의는 전통적인 피상적, 형식적 허무주의를 해체하고 새로운 가치의 원리를 정립하기 때문에 긍정적 허무주의라고 말할 수 있다. 니체는 종교에 관해서 언급할 때 불교도 약간 언급하지만 허무주의적 종교를 대변하는 것을 기독교로 보기 때문에 그의 종교 철학의 핵심은 주로 기독교 비판에 있다. 기독교 도덕은 가장 커다란 인간의 위험이고 종말의 시초이며 "항상 자신을 붙잡은 연민의 도덕"[19]이다.

　니체는 고차적이며 강한 감정과 저속한 감정사이의 적대적 관계를 도덕의 기원[20]으로 본다. 이러한 니체의 통찰은 도덕 내지 종교의 기원을 인간의 심층심리의 갈등에 있다는 것을 밝힌다. 이러한 점은 프로이트가 종교의 근원을 무의식적 의식의 갈등 곧 오이디푸스 콤플렉스에서 찾은 것의 선구라고 하지 않을 수 없다. 물론 우리들은 니체나 프로이트의 윤리관과 종교관이 그 기원을 심리적 차원에서만 찾고 있는 것은 제한된 탐구라고 비판할 수 있다. 예컨대 철학사적으로 보아도 도덕에 관한 형이상학적 입장, 직관주의적 입장 및 자연주의적 견해 등에서는 선험적이던 법칙적이던, 자연주의적이던간에 보편타당하며 불변하는 도덕의 원리를 제시하거나 또는 자연적 관습을 도덕의 기원으로 주장하기 때문에 도덕과 종교의 기원을 심층심리의 갈등에서 찾는 태도는 당연히 거부될 것이다. 그러나 니체와 프로이트의 종교관이 비록 제한성을 가질지라도 니체와 프로이트가 지금까지 은폐되어 왔던 심층심리를 밝힘으로써 그것에서 도덕과 종교의 기원을 찾는 것은 그들의 획기적인 작업이 아닐 수 없다.

명령한 자, 지배자, 부유한 자들은 탁월한 감정을 가지고 선을 대변하게 되었고, 피지배자, 못 가진 자들은 저속한 감정을 가지고 악을 대변하게 되었다는 것이 니체의 분석이다. 니체는 선과 악의 기원이 인간의 심층심리에 있다고 보며 그러한 기원을 근거로 삼아 선과 악이 정치 사회적으로 적용되었다고 말한다. 따라서 '선한'과 '선하지 못한'의 대립은[21] 영원불변한 선험적 대립이 아니라 인간의 본성을 변조함으로 인해서 생긴 대립에 지나지 않는다. 역사상 최초의 정치적 우위는 귀족이 차지하였지만 시간이 흐름에 따라서 정치적 우위가 정신적 우위에 자리를 빼앗기게 되어 귀족의 자리에 사제가 들어서서 힘있는 자, 참다운 자의 모습을 자랑하게 되었다. 강한 자와 약한 자의 대립은 선과 악의 기원을 이룬다. 그렇지만 니체가 보기에 강자와 약자의 대립, 다시 말해서 선과 악의 대립은 변조와 억압에 의해서 생긴 것이기 때문에 그러한 대립은 허무주의적이지 않을 수 없다. 여기에서 강한 자는 강한 감정을 그리고 약한 자는 약한 감정을 암시하기 때문에 강함의 의식과 약함의 의식이 대립한 결과 선과 악이 성립하였다고 볼 수 있는데, 니체의 입장에서 볼 경우 강함의 의식과 약함의 의식 등은 그 자체가 모두 변조와 억압의 산물에 불과하다.[22]

지금까지의 논의과정에서 선과 악이 허무주의적 성격을 가진다는 것은 강자와 약자의 대립에서 생긴다고 해도 이러한 해석만으로는 선과 악의 기원을 설득력 있게 밝히기 힘들다. 왜냐하면 강자와 약자가 모두 허구에 불과하다는 주장은 아직 선과 악의 기원을 타당성 있게 설명하기 힘들기 때문이다. "모든 것들은 영원의 샘물에서 그리고 선과 악의 피안에서 세례 받았다"[23]는 말에서 우리들은 선과 악의 기원에 관하여 무엇을 파악할 수 있는가? 영원의 샘물과

214

선과 악의 피안은 형이상학적 원리와 아울러 기독교 신앙의 핵심 주제인 신을 가리킨다. "말하자면 낡은 신은 더 이상 존재하지 않는다. 그것은 근본적으로 죽었다"[24]라고 할 때 형이상학적 원리와 신은 이제 더 이상 존재하지 않는 것이다. 존재하지 않는 것을 존재한다고 주장하는 것은 역설적으로 말해서 사태를 무화(無化)시키는 일이다. 그렇기 때문에 니체는 무화를 해체하고자 한다. 강자와 약자 그리고 선과 악의 대립은 형이상학적 원리에서 나온 것이지만 신과 형이상학적 원리가 더 이상 존재하지 않으면 선과 악의 대립 또한 허구일 수밖에 없다.

이상과 같은 맥락에서 니체는 선과 악의 기원 자체가 허구이기 때문에 종교의 도덕에서 가치의 전도가 필수적임을 주장한다. 또한 선과 악의 문제를 근본적으로 밝히기 위해서는 형이상학적 원리로서의 신개념을 철저히 분석하지 않으면 안 된다. 동시에 신개념이 기만적으로 날조되었다면 신의 의미를 심도있게 고찰하여야만 한다. 니체가 "짜라투스트라는 지상에서 선과 악보다 더 위대한 어떤 힘도 발견하지 못하였다"[25]고 말할 때 위대한 힘이란 니체의 역설적 표현이다. 소위 위대한 힘이란 허구와 기만에 찬 것으로서 날조된 힘들 중에서 가장 위대한 힘에 지나지 않는다. 따라서 니체는 "더 이상 우리들에게 선과 악을 회상시키지 않는 것을 우리들은 선호한다"[26]고 말한다.

그러면 이제 더 이상 선과 악을 회상시키지 않는 것은 어떤 것인가? 간단히 말해서 그것은 전통적 형이상학의 원리에 반대되는 것이다. 그것은 소크라테스 이래의 합리주의와 기독교의 형식적 절대주의에 반대되는 것이다. 그것은 디오니소스적인 것, 짜라투스트라적인 것, 초인적인 것이며 바로 힘에의 의지이다. "그대들이 체험할 수 있는 가장 위대한 것은 무엇인가? 그것은 커다란 경멸의 시간이다. 그대들의 행복이 구토로 되고 마찬가지로 그대들의 이성과 그대들의 덕도 구토로 되는 때이다."[27] 니체는 전통적 의미의 행복, 선, 악 및 이성이 구토로 되고 구토로 드러난 허무주의가 전도됨으로써 새로운 가치의 원리가 정립될 수 있다고 본다. 니체의 자기성찰의 철학함에 있어서 선과 악의 문제는 신, 허무주의, 가치의 전도, 초인 등의 개념과 뗄 수 없는 밀접한 관계를 맺고 있다.

니체는 자신의 철학적 문제들을 탐구함에 있어서 언제나 구체적 현실을 출발점으로 삼는다. 선과 악의 문제에 관해서 그는 현실의 대표적 종교로서의 기독교의 도덕을 살핌으로써 선과 악의 기원 및 성격을 해명하고자 한다. 선과 악의 기원, 다시 말해서 기독교 도덕의 기원은 허구임이 드러난다. 니체의 철학적 탐구태도는 그 자신이 말하는 것처럼 실험철학이다.[28] 그는 철저한 자기성찰에 의해서 모든 대상을 실험함으로써 궁극적으로 은폐된 것을 드러내고자 한다. 소크라테스적 합리주의를 비롯해서 기독교의 절대도덕은 불변하는 이성과 진리를 주장함에 비하여 니체는 영겁회귀의 진리 곧 끊임없이 변화하는 진리를 주장한다. 이와 같은 니체의 태도는 "나는 나 자신을 탐구하였다"[29]는 언명에 의해서 로고스를 밝히고자 한 헤라클레이토스의 자세에 대응한다. 왜냐하면 니체는 자기성찰의 실험철학에 의해서 보편필연적인 종교의 진리를 해체하고 영겁회귀의 변화하는 진리를 긍정하기 때문이다.

니체가 선과 악의 성격 및 기원을 밝히고자 하는 것은 종교(특히 기독교)의 기원을 밝히고자 하는 의도를 가지고 있다. 니체는 계보학과 원근법주의에 의해서 선과 악의 기원이 인간의 심층 심리적 갈등에서 비롯된다는 것을 해명한다. 이러한 니체의 입장은 종교를 정신과정에 있어서 억압의 산물, 다시 말해서 환상의 산물로 보는 프로이트의 선구가 된다. 이제 프로이트가 어떤 관점에서 종교를 환상의 산물로 보는지를 고찰한다면 비록 상세한 면에서는 프로이트의 종교관이 니체의 종교철학과 유사하지는 않다고 할지라도 프로이트가 니체와 마찬가지로 어떤 근거에서 종교를 환상의 산물로 고찰하는지에 관한 충분한 이해를 얻을 수 있을 것이다.

나. 토테미즘과 종교

니체의 인식론은 다분히 직관주의적이며 신비주의적이다. 니체가 전통적 합리주의를 해체하고 힘에의 의지를 제시할 수 있는 것은 그가 허구와 가상을 해체하고 은폐된 것을 통찰할 수 있기 때문이다. 그런데 그가 형식론인 허구와 가상을 그리고 한 걸음 나아가서 힘에의 의지를 인식할 수 있는 근거는 어디에 있는가? 그러한 근거를 전통철학의 범주에서 찾는 것은 쓸모 없는 일일 것이다. 왜냐하면 니체는 지금까지의 최상의 가치들을 해체하고자 하기 때문이다. 따라서 니체의 인식론은 결국 자기성찰의 인식론이라고 말할 수 있으므로 신비주의적 색채를 띤다. 그러나 프로이트의 정신분석학은 관찰과 경험을 바탕으로 삼는 경험과학이다. "현실적 외부세계와의 이 일치를 우리들은 진리라고 부른다"[31]고 프로이트가 말하는 것에서 알 수 있는 것처럼, 프로이트에 의하면 참다운 학문은 진리 대응설을 주장하는 순수 및 응용심리학과 자연과학 두 가지 뿐이다.[30]

프로이트의 종교관에서 종교의 기원을 어디에서 찾는지를 상세히 고찰하기에 앞서서 프로이트가 심리학과 자연과학의 결합으로서의 정신분석학을 참다운 학문 내지 세계관으로 보고 예술, 종교, 철학을 환상의 산물로 보는 이유를 살펴보기로 하자. 프로이트는 실증주의적 경험과학을 대변하기 때문에 그가 주장하는 진리는 당연히 경험적 진리로서 그것은 진리대응설의 특징을 소유한다. 경험에 있어서 주관과 외적대상인 객관과의 일치를 프로이트는 진리라고 말한다. 주관이 무엇이며 주관을 어떻게 인식하는가라고 물으면 문제는 복잡해지겠지만 프로이트는 비교적 소박한 진리대응설의 지지자라고 말할 수 있다. 그렇기 때문에 그의 정신분석학은 그가 주장하는 것처럼 경험적 자연과학의 명확한 한계를 지킬 수 없는 문제점을 안고 있다.

프로이트는 자신의 실증주의적 경험과학으로서의 정신분석학이 참다운 학문이라는 것을 강조하기 위해서 환상의 산물에 해당하는 세 가지 세계관 곧 예술, 철학, 종교에 관해서 논의한다. 그가 의미하는 세계관은 우리들 현존재의 모든 문제들을 초월적 전제들에 의해서 통일적으로 해결함으로써 아무런 질문도 남지 않으며, 우리들의 온갖 이해관계를 종식시키는 지적 구성이다.[32] 예술, 철학, 종교는 모두 직관과 신성화에 의해서 성립하지만 직관이나 신성화는 욕구충동의 충족에 지나지 않는 환상일 뿐이다.[33]

프로이트에 의하면 예술은 항상 해로움이 없고 회의적이며 환상으로서 족한다. 예술은 예술에 사로잡혀 있는 극히 제한된 사람들을 제외하고는 현실영역을 전혀 침해하지 않는다. 철학은 학문에 반대되지 않고 부분적으로 학문처럼 행동하지만 빈틈없고 일관성 있는 세계상을 제공할 수 있다는 환상을 견지한다. 철학은 인간의 논리적 작업의 인식가치를 과대평가 하면서 직관과 같은 인식의 원천을 인정하기 때문에 오류를 범한다. 그러나 철학은 대다수의 사람들에게는 영향을 미치지 않으며 많은 사람들이 파악할 수 없는 소수 지식인들의 관심사이다. 그렇지만 종교는 사람들의 가장 강한 정서에 영향력을 행사하는 엄청난 힘이다. 따라서 프로이트는 학문의 근거와 토대에 관해서 논의하는 세 가지 힘(세 가지 세계관들)중에서 실로 학문에 적이 되는 것이야말로 종교라고 주장한다.[34]

프로이트는 종교의 기원과 성격에 관해서 여러 저술에서 언급하지만 특히 《토템과 금기》, 《대중심리학과 자아-분석》 및 《인간 모세와 일신론적 종교》 등에서 종교의 환상적인 특징과 아울러 신경증적 증세로서의 종교에 관해서 상세히 기술하고 있다.

니체가 종교를 고찰하기 위해서 제일 먼저 계보학적 관점에서 선과 악의 기원을 탐구하였던 것과 유사하게 프로이트는 종교의 정체를 파악하기 위해서 일종의 계보학적 방법에 의존해서 야만인(원시민족)의 정신생활을 고찰함으로서 심층의식의 갈등에 의해서 종교적 신앙의 단초가 형성된다는 것을 밝혀내고 있다. 《토템과 금기》의 부제목은 '야만인과 신경증환자의 정신생활에서 몇 가지 일치점들'이다. 결국 프로이트는 종교(특히 기독교)의 가장 원초적 형태를 토템에서 찾고 있으며 수많은 종교적 개념들의 윤리, 도덕적 기원을 금기에 있다고 본다. 일반적으로 우리들은 종교의 발전과정을 자연종교, 민족종교, 세계종교로 구분한다. 원시종교는 물론 자연종교이며 토테미즘이나 샤머니즘이 이에 속한다. 토테미즘이라면 자연적이거나 인공적인 토템을 숭배하는 극히 초보적인 단계의 단순한 자연종교에 지나지 않는다고 단정하기 쉽다. 그러나 프로이트는 토테미즘을 분석함으로써 심층심리학(정신분석학적) 관점에서 종교의 기원을 찾으려고 한다.

토템이란 전체 씨족과 특별한 관계를 맺고 있는 것으로서 그것은 먹을 수 있고, 짐승, 무해하거나 해롭고 두려운 동물이고 때로는 식물이다. 자연의 힘(비나 물) 등이다.[35] 토템은 씨족의 조상이며 또한 보호신이고 씨족에서 신탁을 내려주는 구원자이기도 하다. 따라서 씨족 구성원들은 토템을 죽여서도 안 되고 토템의 고기를 지녀도 안 되는 신성한 의무를 지닌다. 토템의 성격은 개별적 짐승이나 어떤 개별적 존재에만 한정되어 있는 것이 아니라 씨족의 모든 개인

들에게 스며들어 있는 것이다. 씨족 구성원들은 때때로 춤의 축제
를 열어 자기들의 토템의 움직임과 특징을 표현하기도 하고 모방하
기도 하였다.[36] 그런데 이와 같은 토테미즘에서 우선 프로이트가 관
심을 기울인 것은 동일한 토템을 소유한 씨족 구성원들 사이에서는
근친상간이 금기로 되어 있어서 족외결혼(Exogamie)이 성립하는데
이 족외결혼은 토템과 밀접하게 연관되어 있다는 사실이다.

야만인들은 혈연관계를 토템관계로 대치시키고 있는데[37] 이는 매
우 경제적인 태도임이 분명하다. 씨족마다 특정한 토템을 소유하고
있으면 한 씨족 구성원들은 긴밀한 혈연관계를 유지할 수 있다. 그
러면 근친상간의 금기와 같은 금기의 기초는 무엇인가? 프로이트에
의하면 금기의 기초는 금지된 행위이며 이 행위에는 의식되지 않은
것 안에서의 강한 경향이 존재한다.[38] 금기는 외부의 권위로부터 억
압당하고 가장 강한 인간의 욕망에 대립하는 원초적인 금지이다.

토템은 금기를 동반하는데 프로이트는 야만인들의 금기를 강박
노이로제와 유사한 것으로 본다. 왜냐하면 두 가지 모두 외부의 권
위에 의해서 금지된 것이기 때문이다. 다시 말해서 금기나 강박노
이로제는 다같이 외부의 권위에 의해서 억압당한 심층심리 곧 의식
되지 않은 것의 갈등을 포함하고 있다. 프로이트의 분석에 의하면
금기는 적에게 결합된 것, 추장(지배자)에게 결합된 것, 죽은 자에
게 결합된 것 등 세가지 종류가 있다.[39]

프로이트는 적과 연관된 금기사용의 네 종류를 말하는데 그것들
은 살해당한 적과의 화해, 제한된 금기, 살인자의 속죄와 정화, 의식
적(儀式的)계획 등이다. 야만인들이 다른 씨족을 습격하여 살해한
다음 취하는 행동을 보면 이러한 네 가지 종류의 금기를 추정할 수
있다. 이러한 금기에는 감정자극의 불균형이 있다. 왜냐하면 어떤
씨족이 다른 씨족을 살해했으면서도 속죄와 정화를 기원하기 때문

220

이다. 지배자와 연관된 금기는 어떤 것인가? 모든 인간은 지배자로
부터 자신을 지키고자 한다. 왜냐하면 지배자는 마력을 가진 것으
로 여겨지고 따라서 사람들은 위험한 신성을 피하려고 하기 때문이
다. 그렇지만 막강한 지배자의 마력을 피할 수 없을 경우 씨족 구성
원들은 두려운 결과를 모면하기 위해서 의식(儀式)을 고안하였다.
그러나 야만인들은 토템을 신으로 섬길지라도 토템이 더 이상 구원
자로 증명되지 않을 경우 그 토템을 파괴자로 여기고 다른 토템으
로 이전의 토템을 대체하기도 하였다. 이러한 프로이트의 해석은
원시 야만인들에게 있어서는 아직 민족종교나 계시종교(세계종교)
의 형태가 성립되지 못하고 자연종교로서의 토템이 지배적이었다
는 것을 지시한다.

　프로이트는 특히 지배자에게 결합된 금기와 강박노이로제가 밀
접한 관계가 있음을 밝힌다. 강박관념은 일종의 노이로제 증세인데
감정불균형의 전형적인 경우 곧 충분한 애정과 무의식적 적개심이
갈등을 일으킬 때 강박관념이 발생한다. 강박행위는 금지된 행위를
보호하려는 행위이다. 만일 아버지나 어머니가 아이에게 밤늦게 집
에 들어오지 말라고 꾸짖을 경우 아이는 고함치거나 침묵하거나 밥
을 먹지 않을 수 있다. 이런 강박행위는 밤늦게까지 밖에서 놀려고
하는, 소위 금지된 행위를 보호하려는 방책이다. 그러므로 강박행위
는 "원래 금지된 것의 반복이다."[40] 프로이트의 분석에서 흥미로운
것은 야만인의 지배자에 대한 관계가 바로 아이의 아버지에 대한
관계와 여러 면에서 흡사하다는 것이다. 물론 이러한 해석은 오이
디푸스 콤플렉스를 염두에 둔 것이지만 이 문제에 관해서는 바로
다음 절에서 다루기로 하겠다. 표면으로는 애정어린 사랑이 나타나
지만 의식되지 않은 것으로 은폐되어 있는 것은 적개심일 경우 이
러한 사태는 인간의 감정자극의 불균형을 지시한다. 야만인들에게

있어서 죽은 자에 결합된 금기는 의식되지 않은 것 안에 적개심을
소유하지만, 야만인들은 적개심의 대상 곧 죽은 자와 화해를 함으
로써 적개심을 방어해 방어과정으로서의 투사(Projektion)가 일어난
다.[41]

야만인은 표면적으로는 죽은 자에 대해서 고통을 느끼지만 심층
심리에 있어서는 적개심을 즐긴다. 좀더 구체적으로 말하자면 내면
에 은폐된 적개심은(죽은 자에게 대한) 외부세계로 투사되는데 이
때 야만인들은 죽은 자를 애도하지만 죽은 자는 악한 정령으로 된
다. 이 정령은 야만인들에게 죽음을 가져올지도 모르기 때문에 살
아남은 자들은 악한 정령으로부터 스스로를 방어하지 않으면 안 된
다. 그러면 왜 투사를 하는가? 투사과정에서 무의식적 적개심의 억
압은 의식(儀式)을 형성하게 되며 의식이 행해지는 동안 죽은 자에
대한 애도는 억압갈등을 완화시키고 따라서 죽은 자에게 대한 금기
는 약화되거나 망각된다. 그러므로 프로이트는 금기를 감정양립 갈
등의 절충증세라고 말한다.[42] 지금까지 우리들은 프로이트의 금기
에 대해서 살펴보았는데 비록 프로이트가 금기와 강박노이로제를
유사한 것으로 보더라도 금기는 강박노이로제가 아니고 사회적 산
물이다. 프로이트가 양자의 관계에서 지적하려고 하는 것은 강박노
이로제나 금기 모두 심층심리의 억압갈등과 밀접한 연관이 있다는
사실이다.

프로이트가 볼 때 원시인들의 토테미즘이 민족종교 및 계시종교
로 발전하여 나간 것이 사실이지만 민족종교와 계시종교도 여전히
토테미즘의 특징을 고스란히 간직하고 있다. 왜냐하면 종교의 기원
은 감정양립 불균형의 억압에 있기 때문이다. 이러한 프로이트의
종교관은 어느 정도 설득력을 소유할 수 있는가? 프로이트는 민족
학적 자료를 사용하지만 결국 심층심리학적 입장에서 종교적 정신

과정(심리과정)을 분석함으로써 종교적 신앙이란 감정양립 불균형의 억압에서 생긴다는 사실을 밝힌다. 프로이트의 출발점은 순수 및 응용심리학과 자연과학의 결합인 정신분석학이므로 그의 인식론은 경험지각의 한계를 벗어나지 못하고 있고, 그의 형이상학 또한 유물론의 범주를 벗어나지 못한다. 종교문제에 있어서 프로이트의 업적은 은폐된 심층의식을 밝혀내려는 것에 있는 것이기 때문에 그의 정신분석학이 보편적 설득력을 가진다고 보기 힘들다. 왜냐하면 이론으로서의 학이란 어떤 것이든 가설의 성격을 가지며 보편 필연적인 것으로 주장되는 것은 어디까지나 현실적으로 현존하지 않는 인간의 이념일 것이기 때문이다.

다. 오이디푸스 콤플렉스

프로이트는 종교의 기원을 민족학적으로 토템과 금기에 있다고 보지만 심층심리학적으로는 오이디푸스 콤플렉스에 있다고 본다. 그렇다면 프로이트가 토템과 금기를 길게 설명하는 것은 결국 오이디푸스 콤플렉스를 도입하기 위한 수단이었다고 볼 수 있다. 프로이트에 의하면 아이들의 짐승에 대한 관계는 원시인의 짐승에 대한 관계와 유사하다.[43) 야만인이나 원시인의 지배자, 적 또는 죽은 자에 대한 불안은 짐승(토템)으로 전위되며 아이들의 아버지에 대한 불안은 흔히 짐승으로 전위된다. 아이들이 아버지에 대해서 적개심에 가득 찬 불안한 감정을 아버지 대용물 곧 짐승으로 전이시킬 때 불안은 완화되고 자신들을 짐승과 동일화함으로써 "말처럼 뛰어 오르며 이제 자기편에서 아버지를 물어뜯는다."[44) 이렇게 볼 때 토테미즘의 체계 그리고 한층 더 나아가서 종교의 체계는 오이디푸스 콤플렉스의 조건에서 형성되는 것임을 알 수 있다.

프로이트는 "신이란 고양된 아버지 이외의 다른 것이 아니다"[45] 라고 말하는데 이것은 종교의 기원이 오이디푸스 콤플렉스에 있다는 것을 지시한다. 아버지에 대한 적개심과 두려움 및 아버지에 대한 존경과 사랑의 감정양립 갈등으로부터 신이 형성되었다는 것이 프로이트의 주장이다. 여기에서 소포클레스의 《오이디푸스》의 줄거리를 간략하게 소개해 보기로 하자.

라이오스 왕과 요카스테 왕비가 아들을 낳자 예언자가 나타나서 아버지를 살해할 아이라고 말한다. 왕과 왕비는 불행을 방지하기 위해서 아기를 멀리 데려가서 죽일 것을 명한다. 신하는 아기가 불쌍해서 죽이지 못하고 아기의 발바닥을 바늘로 찔러 흔적을 남긴 채 외진 곳에 아기를 버리고 온다. 오이디푸스란 부푼 발을 의미한다. 이웃 나라의 신하가 이 아기를 주워다 그 나라의 왕에게 바치고 왕은 아기를 받아들여 건장한 왕자로 키운다. 청년 오이디푸스는 어느 날 여행을 하던 중 나이 든 사람과 길거리에서 사소한 시비 끝에 싸움이 붙었고 순간적으로 그 여행객을 살해하고 만다. 계속 여행길을 떠나던 오이디푸스는 어느 나라에 도착해서 괴물이 백성들을 죽인다는 소문을 접한다. 괴물은 수수께끼를 내고 그것을 푸는 사람이 나타날 때까지 백성을 죽이지만 만일 수수께끼를 푸는 사람이 나타나면 자신이 죽겠다고 말한다. 그 나라의 여왕 요카스테는 괴물을 물리치는 사람이 있으면 그와 결혼하고 그를 왕으로 삼겠다고 말한다. 오이디푸스는 '아침에 네 발로 걸어다니고, 점심에 두 발로 그리고 저녁에 세 발로 걷는 것은 인간이다'라고 괴물 스핑크스가 낸 수수께끼의 답을 말함으로써 괴물을 퇴치하고 여왕과 결혼하여 왕이 된다. 그러나 오이디푸스는 자신이 어머니와 결혼한 사실을 뒤늦게 알고 스스로 눈을 찔러 장님이 되어 여기저기 떠돌게 된다. 프로이트는 소포클레스의 오이디푸스가 아버지에 대해 가졌던 증오와 존경 곧 감정양립의 불균형 갈등으로부터 암시를 받아 그것을 오이디푸스 콤플렉스라고 칭하고 이 오이디푸스 콤플렉스가 바로 종교의 기원임을 주장하게 되었다.

물론 종교는 사회적 구성물이고 노이로제는 정신분석학의 대상이라고 할지라도 프로이트가 보기에 종교 역시 개인의 심리를 바탕으로 성립하기 때문에 종교와 노이로제는 설령 동일하지는 않다고 할지라도 모두 오이디푸스 콤플렉스를 기원으로 하기 때문에 이들은 유사하다. 따라서 프로이트는 인류가 이미 역사초기에 종교와 윤리의 원천으로서 오이디푸스 콤플렉스, 다시 말해서 죄의식을 가지고 있었다고 말한다.[46] 프로이트는 인간의 정신과정이 원초아(그것: Es), 자아, 초자아에 의해서 구성된다고 보며 이것들 중에서 기본적인 충동은 원초아인데 이것은 성적 충동이다. 따라서 개인의 성적 충동은 인간의 정신생활의 기본이며 그렇기 때문에 오이디푸스 콤플렉스는 정신과정에서 가장 핵심적인 것이다. 우리들은 프로이트의 오이디푸스 콤플렉스 설을 매우 흥미로운 것으로 그리고 고려해 볼만한 것으로 받아들일 수 있긴 해도 그것을 보편 타당한 기준으로 수용하기는 어렵다. 프로이트 이후의 정신분석학자들 중 어떤 사람은 개인 무의식과 집단 무의식을 기본적 충동으로 보는가 하면 열등감을 기본적 욕구로 보는 사람도 있고 불안을 기본적 충동으로 보는 사람도 있다. 그런가 하면 기본적 욕구가 하나가 아니라 여러 가지라고 주장하는 사람도 있다.[47]

만일 프로이트의 종교관에서 오이디푸스 콤플렉스 이론이 부정된다면 그의 종교관은 말할 것도 없고 프로이트의 정신분석학 자체가 무의미해지고 말 것이다. 사실 정신분석학이 학문일 수 있는가라는 질문도 제기될 수 있다. 왜냐하면 정신분석학의 출발점은 실증주의적인 신경생리학, 생물학, 해부학, 물리학 등이라고 할지라도 분석가가 피분석가(환자)를 자유연상법에 의해서 이야기하게 함으로써 환자의 심리과정을 분석하고 억압을 치료한다는 것은 실증주의적 자연과학의 방법과 거리가 멀기 때문이다. 게다가 정신적 억압의 기원을 오이디푸스 콤플렉스라고 하는 오직 성적 충동에만 제한시키고 인간의 복잡한 정신과정 전체를 해석한다는 것 역시 무리이다.

우리들이 프로이트의 종교관에서 얻을 수 있는 것은 비록 정신분석학이 제한된 가설적 학문이긴 해도 그것이 정신과정의 은폐된 부분을 개방시켜 주었다는 사실이다. 오늘날 포스트모던의 시대에도 우리들 현대인은 여전히 이성을 확신하고 현실을 살아가고 있으며 이성의 밑바닥에 은폐되어 있는 엄청난 부분에 대해서는 전혀 개의치 않는다. 정신과정의 극히 일부에 속하는 이성적 의식만을 가지고 정신과정 전체에 의해서 발생하는 문제들을 해결하려고 한다면 결국 아무런 문제도 해결할 수 없을 뿐만 아니라 쓸데없이 이성적 의식에 매달려 허우적거리는 악순환을 되풀이 할 것이다.

3. 신

가. 신은 죽었다의 의미

이제 니체의 종교철학에서 보다 더 구체적인 문제를 살피기 위해서 니체가 신 개념을 어떻게 해석할지를 밝혀보기로 하자. 니체에 의하면 종교의 기원은 강한 자와 약한 자 곧 강한 자의 선한 감정과 약한 자의 악한 감정의 갈등에서 비롯된다. 그렇다면 신 역시 그와 같은 갈등으로부터 생긴 개념이 아닐 수 없다. 니체가 종교 및

226

신의 기원을 인간의 심층심리에서 찾은 것은 확실히 프로이트의 종교관의 선구이다.

니체의 종교철학과 프로이트의 종교관은 모두 기성종교와 신 개념의 해체를 주장한다. 그들이 주장하는 해체의 근거는 앞에서 어느 정도 제시되었다. 우리들은 현대 철학일반을 사변적(관념적) 경향과 분석적 경향으로 크게 양분할 수 있다.[48] 그러나 최근 포스트모던의 경향은 또 하나의 다른 입장이다. 왜냐하면 포스트모더니즘은 형이상학적 사변철학과 비판적 분석철학의 견해를 모두 거부하기 때문이다. 포스트모더니즘은 형식적 합리주의를 해체하여 새로운 활로를 찾으려고 한다. 포스트모더니즘은 니체가 이미 제시한 실험철학의 실험정신을 특징적으로 소유하고 있다. 니체의 종교철학은 기존의 종교 및 종교에 있어서의 지금까지의 최상의 가치들을 해체하고자 하는 점에서 포스트모더니즘의 전형에 해당한다고 말할 수 있다.

니체는 기성종교(기독교)의 현실을 직시하고 역사, 문화적 맥락과 심리철학적 관점에서 기독교 도덕에 있어서의 선과 악의 기원을 파헤치고 그것이 기만과 허구에 지나지 않는다는 사실을 밝힌다. 그렇지만 기독교 도덕의 기원이 비록 역사, 정치, 도덕적으로 날조된 허구라고 할지라도 그러한 기원의 가장 핵심적 개념 곧 신 개념이 해명되지 않으면 선과 악이 허구라는 주장은 충분한 설득력을 얻기 힘들다. 니체를 따르면 기독교의 도덕적 내지 종교적 개념들은 모두 상상적 원인과 결과의 산물들이다. "기독교에서는 도덕도 그렇다고 종교도 현실의 어떤 점과도 상관하지 않는다."[49] 기독교의 개념들이 상상적 산물에 불과하다는 니체의 주장은 종교라는 세계관이 환상의 산물일 뿐이라고 하는 프로이트의 주장과 견해를 같이한다.

니체가 말하는 상상적 원인으로서의 기독교적 개념들은 신, 영혼, 자아, 정신, 자유의지, 부자유스러운 의지 등이다. 그런가 하면 상상적 결과로서의 기독교적 개념들은 죄, 은총, 벌, 구원 등이다. 신, 영혼, 정신 등은 구체적 현실대상의 본질이 아니고 상상의 본질에 불과하다. 상상적 원인이나 결과는 상상적 자연과학이나 심리학에 의해서 형성된다. 상상적 심리학은 후회, 양심의 가책, 악마의 추구 등과 같은 개념들을 만들어 내고, 상상적 목적론은 영혼불멸이라던가 신의 왕국처럼 허구적 산물을 만드는데[50] 이것들은 모두 인위적으로 산출된 개념에 지나지 않는다. 이 개념들은 "자연적인 것에 대한"[51] 증오로부터 생긴다. 여기에서 니체가 자연적인 것이라고 지적하는 것은 근본적으로 디오니소스적인 것, 초인적인 것 또는 힘에의 의지를 은연중에 암시한다.

기독교의 종교적, 도덕적 개념들을 총체적으로 대변하는 것은 니체가 상상적 원인이라고 말하는 신 개념이다. 신 개념은 극단적인 심리학적 퇴보의 산물이다. "어떤 형태로든 힘에의 의지가 몰락하는 곳에는 항상 심리학적 퇴보 곧 퇴폐가 존재한다"[52]는 말에서 퇴폐는 바로 허무를 뜻한다. 퇴폐는 힘에의 의지를 약화시키며 나아가서 무화시키기 때문에 결국 절대존재로서의 신을 날조하게 된다. 물론 신에 관한 근본적인 입장은 서로 다르다고 할지라도 신 개념을 역사적으로 날조된 것으로 보는 니체의 견해는 포이에르바하 및 마르크스의 견해와 유사하다. 포이에르바하는 "신의 의식은 인간의 자기의식이며 신의 인식은 인간의 자기인식이다"[53]라고 말한다. 포이에르바하는 종교의 본질을 유물론적 인간학의 입장에서 해명함으로써 신학 그리고 신학을 한층 더 추상화한 사변철학 내지 형이상학을 해체하고자 한다. 인간은 자기자신을 대상화하여 신 개념을 만들어 낸다는 것이 포이에르바하의 견해이다. 포이에르바하는 우리가 신의 본질이라고 부르는 것은 결국 인간의 본질이기 때문에 신 개념은 인간의 의식이 외부로 투사된 것에 지나지 않는다고 본다. 포이에르바하는 철학의 비밀은 신학이고 신학의 비밀은 인간학이라고 보는데 이러한 입장은 기존의 철학과 종교의 최상의 가치들을 허구적인 것으로 여기는 니체의 태도와 일치한다.

니체가 뜻하는 신의 죽음은 형이상학의 종말을 동반한다. 전통 형이상학은(기독교적 도덕과 종교도 마찬가지로) 상상의 원인과 결과에 의해서 여러 가지 기독교적 개념들과 아울러 최상의 개념으로서의 신을 만들었다. 그렇지만 신을 비롯해서 여타의 기독교적 개념들은 다 초감각적 성질을 소유한 것들이다. 초감각적인 것들은 상상의 원인과 결과 이외의 다른 것이 아니기 때문에 신 개념 역시 상상의 산물에 지나지 않는다. 그런데 니체가 기독교 및 기성종교들을 상상과 허구의 산물로 보지만 그리스의 종교 내지 신들을 참다운 것으로 여기는 근거는 어디에 있는가? 니체에 의하면 소크라테스의 합리주의 이전의 그리스인들은 "디오니소스적 그리스인들"[54] 이기 때문에 초감각적인 것과 무관할 뿐만 아니라 초감각적인 허구도 날조하지 않는다.

원래 그리스의 신들은 인간의 도덕적 당위나 의욕과 상관없이[55] 그 자체로 생생한 의미를 소유하고 있었다. 이와 같은 니체의 입장을 고려할 경우 니체가 말하는 신은 이중적 의미를 가지고 있는 것이 드러난다. 한편으로 기존의 종교들 및 기독교의 신은 상상의 원인으로서 허구적인 것이다. 다른 한편으로 그리스의 자연적 신들은 힘에의 의지가 그대로 표현된 것으로서 전혀 초감각적이지 않다. 일반적으로 니체를 무신론적 실존주의자로 몰아붙이는 것은 부당하다. 왜냐하면 허구적으로 날조된 신 개념에 관해서 니체는 무신론자이지만 그리스의 자연적 신들에 관해서는 유신론자이기 때문이다. 우리들이 니체의 종교철학에서 유의하여야 할 점은, 그가 기존 종교의 최상의 가치들을 해체하는 것은 그 자신이 새로운 형이상학적 내지 존재론적 원리를 제시하려는 의도를 내포하고 있다는 사실이다.

나. 기독교의 신

니체는 심리적 의식으로부터 신 개념이 만들어졌다는 것을 해명하려고 하였다. '신은 죽었다'는 니체의 말은 존재하던 신이 없어져 버렸다는 것이 아니고 처음부터 독단적, 형이상학적 원리로서의 신은 존재하지 않았다는 것을 뜻한다. 보다 더 구체적으로 말하자면 선과 악을 구분하는 선험적 원리로서의 절대적 신은 원래 존재하지 않았고, 단지 자연적인 그리스의 신들만이 존재할 뿐이며 그 신들은 힘에의 의지의 직접적인 표현이다. 그렇다면 니체가 제시하는 미래의 인간상인 초인 역시 자연적 신들의 범주에 속할 수 있을 것이다. 프로이트도 니체와 마찬가지로 인간의 심층심리를 분석함으로써 감정양립 불균형으로부터 신 개념이 도출된다는 것을 해명하고자 한다.

프로이트에 의하면 토템종교는 죄의식을 출발점으로 삼는다. 토템종교의 구성원들은 아버지를(토템을) 살해한 승리감에 도취되어 있으면서 동시에 자기들의 행위를 후회하며 아버지와 화해하고자 한다.[56] 토템종교의 구성원들이 의식적(儀式的)인 식사나 춤에 모두 함께 모이는 것은 구성원들의 연대를 통해서 죄의식을 완화시키려는 의도를 가진다. 여기서 잠시 프로이트의 정신과정을 도식화하여 살펴보고 논의를 계속해 보기로 하자.[57]

정신과정

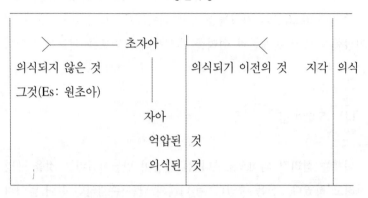

지각의식은 직접 감각적으로 경험하는 의식이다. 우리들은 일상 생활에서 종교와 신앙에 관해서 다양한 것들을 직접 보고 듣는다. 종교에 연관된 초자아란 종교적 신앙이나 도덕 또는 교훈 등이다. 초자아는 오이디푸스 콤플렉스의 유물로서 원초아와 긴밀한 관계 를 맺는다. 지각의식의 체계와 가장 가까운 것은 자아이기 때문에 초자아는 지각의식의 체계와 관계를 맺기 위해서는 자아에 의존하 지 않으면 안 된다. 의식되지 않은 원초아가 차지할 공간은 자아나 의식되기 이전의 것에 비해서 엄청나게 크다. 우리들은 프로이트가 경고하는 것처럼 이 도식을 그대로 믿어서는 안 된다. 왜냐하면 궁 극적으로 초자아나 자아 모두 원초아의 부분들에 지나지 않기 때문 이다. 그렇지만 편의상 원초아가 분화된 것으로서의 자아와 초자아 를 이해하기 위해서는 위의 도식에 의존할 수 있다.

토템종교에서 아버지에 대한 존경과 두려움 그리고 후회와 죄의 식은 오이디푸스 콤플렉스의 결과로서 초자아를 형성한다. 종교적 신앙에서 신자의 신에 대한 관계는 신자가 자신의 아버지에 대한 관계를 출발점으로 삼는다. 프로이트는 《토템과 금기》에서 신의 성

격을 밝히기 위해서 신과 신성한 짐승(토템)과의 여러 가지 관계를
설명한다. 첫째로 각각의 신에게 대해서는 여러 짐승들이 아니라
한 짐승이 신성하다. 예컨대 한 씨족이나 부족은 곰이나 호랑이 중
한 짐승을 토템으로 택하고 동시에 여러 짐승들을 택하지 않는다.
둘째로 신성하고 신비적인 봉헌에 있어서 신성하게 된 짐승이 신에
게 바쳐진다. 셋째로 신은 흔히 짐승의 형태로 표현되어 숭배되며
토테미즘 이후에도 특정한 짐승들은 장기간 신적 숭배의 대상이 되
어 왔다. 넷째로 신은 흔히 신성한 짐승으로 변형되어 신화에 등장
한다.[58] 프로이트의 이와 같은 설명은 신을 민족학적 관점에서 보는
것이다. 그러나 이러한 관점의 배후에는 심층심리의 오이디푸스 콤
플렉스가 깔려있다.

   프로이트는 종교형성의 뿌리가 어디에 있다고 보는가? 종교형성
의 뿌리는 이미 앞에서 말한 것처럼 오이디푸스 콤플렉스이다. 야
만인들 사이에서 형제들은 아버지에 대한 적개심으로 인하여 아버
지(추장)를 살해한다. 아버지를 살해한 형제들은 저마다 아버지와
똑같이 되려는 욕구를 가지며 함께 모여 토템짐승을 먹음으로써 욕
구를 충족시킨다.[59] 프로이트의 해석대로라면 기독교 미사에서 빵
과 포도주를 먹고 마시는 의식(儀式) 역시 아버지와 동일하게 되려
고 하는 신자들의 욕구를 충족시킨다고 볼 수 있다. 그렇지만 모든
형제들이 아버지와 동등하게 되려고 하기 때문에 형제들 각자는 다
른 형제들을 억압하게 되므로 아버지와 똑같이 되려는 욕구는 충족
될 수 없게 된다. 이제 형제들에게는 아버지와 동등하게 되려는 욕
구 대신 아버지에 대한 동경이 자리잡고 그것은 아버지-이상을 형
성한다. 아버지-이상은 한때 형제들이 투쟁하여 격파한 조상-아버
지의 무한한 힘을 여전히 표현한다. 프로이트에 의하면 신 개념의
형성에 있어서 결정적인 역할을 담당하는 것은 아버지-이상(Vater-

ideal)이다.[60] 그러나 아버지-이상은 자아-이상의 변형에 불과하다.

다. 자아이상과 신

프로이트는 종교와 노이로제를 유사하게 보고, 정상인의 심리상태와 구분되는 것으로 본다. 왜냐하면 종교적 신앙과 마찬가지로 노이로제 환자는 오직 심리적 현실에만 반응하는데 비해서 정상인은 사실적 현실에 반응하기 때문이다.[61] 프로이트가 건강한 심리와 병든 심리를 구분하는 기준은 억압에 있다. 성공적인 억압의 경우 건강한 심리가 형성되고 그렇지 못하고 억압이 실패하면 병든 심리가 형성된다. 물론 억압은 초자아가 자아를 강제함으로써 일어난다. 초자아가 자아를 성공적으로 억압하지 못할 때 노이로제 증세가 발생한다. 즉 초자아가 자아를 지나치게 억압함으로써 자아가 원래 지녔던 충동을 포기할 때 노이로제 증세가 생긴다.

《인간 모세와 일신론적 종교》에서 프로이트는 토테미즘을 최초의 종교형태로 삼으면서 토테미즘이 처음부터 금지와 명령을 포함하였음을 지적한다. 금지와 명령은 바로 충동포기를 뜻한다. 금지와 명령은 초자아에 해당하고 충동은 원초아에 해당한다. 이들 두 가지가 맞부딪치는 공간은 자아이다. 억압이 지나칠 경우 자아는 일그러지고 노이로제 증세를 나타내게 된다. 그러면 금지와 명령의 내용은 어떤 것들인가? 첫째, 토템을 해치거나 죽이는 것은 금지된다. 내면의 충동은 끊임없이 적개심을 가지고 토템을 해치며 죽이려고 한다. 둘째, 근친상간이 금지되고 족외 혼인이 명령된다. 열정적으로 갈구한 어머니들과 누이들을 포기하여야 한다. 왜냐하면 씨족 안에서 형제들의 경쟁은 특정 형제가 아버지의 위치를 차지하는 것을 금지하기 때문이다.[62]

프로이트에 의하면 토테미즘은 윤리적, 사회적 질서를 정립하지만 토테미즘의 심층을 통찰할 경우 윤리는 충동의 제한이다. 인간의 정신과정(영혼과정이나 심리과정)에 있어서 원초아와 초자아가 갈등을 일으키는 장소는 자아이다. 원초아가 배고픔처럼 충족되기를 갈구하는 쾌락원리라고 할 것 같으면 초자아는 강한 아버지의 도덕규범을 소유한 현실원리이다. 만일 초자아의 억압이 지나치게 강하여 자아가 초자아를 추종할 경우, 원초아의 충동은 충족되지 못할 뿐만 아니라 해소되지도 못하므로 폭발 직전의 원초아의 충동을 자아가 견뎌내기 어렵고 현실에 제대로 적응할 수 없다. 그러나 만일 자아가 원초아의 쾌락원리만 따른다면 자아는 현실원리(초자아)로서의 윤리규범을 무시하고 멋대로 행동하게 된다.

프로이트는 노이로제 증세의 모든 현상을 "억압된 것의 회귀"[63]라고 말한다. 프로이트의 말대로 해석한다면 신은 토템-이상이자 아버지-이상이고 그것은 본래부터 억압된 것이기 때문에 결국 자아-이상이다. 다시 말해서 고대의 위대한 조상(토템)은 인간의 기억과정을 통해서 심층심리에서 방어 메카니즘에 의해서 신으로 고양되었다고 말할 수 있다. 앞에서 우리는 갈등의 억압이 성공하지 못할 경우 병든 심리 상태가 생긴다고 하였는데 자아는 초자아나 원초아의 억압이나 충동이 강할 경우 항상 자신의 균형을 유지하기 위한 방어 메카니즘을 찾기 마련이다. 초자아의 억압이 지나치게 강할 때 자아는 아버지-이상과 같은 이념을 방어 메카니즘의 수단으로 제시하는데 현실과 무관한 심리적 현상에서만 방어 메카니즘을 추구하는 심리상태를 일컬어 프로이트는 광기 곧 노이로제 증세라고 일컫는다. 이에 반해서 프로이트의 정신분석학처럼 사실적 현실로서의 과거를 추적하는 작업은 진리를 추구한다.

이상과 같은 맥락에서 보면 니체와 프로이트는 모두 신 개념을 심리적 상상 내지 환상의 산물로 보고 있다는 사실이 확연히 드러 난다. 니체가 역사, 사회적 관점에서 도덕의 기원을 밝히면서 종교 적 개념들과 신의 근거를 밝히는 데 비해서 프로이트는 심리과정에 서 발생하는 갈등과 억압의 결과 신 개념이 생긴다고 설명한다. 이 들 양자는 모두 인간의 심층심리를 드러냄으로써 종교적(기독교적) 신 개념이 어떻게 형성되는지를 해명하고자 하였다. 그러나 니체가 부정하는 관념적 사유가 단지 피상적, 형식적, 논리적 퇴폐주의이기 때문에 그러한 사유가 주장하는 형이상학의 원리는 전적으로 무의 미한 것인가? 또한 종교적 신앙은 프로이트가 주장하는 것처럼 초 자아의 억압을 피하기 위한 자아의 방어 메카니즘의 일종에 불과하 고 그 이외의 가치는 없는 것인가? 우리들은 니체나 프로이트의 사 유에서도 얼마든지 합리주의적 요소와 관념론적 요소는 물론이고 형이상학적 요소들도 지적할 수 있다. 니체와 프로이트의 신에 관 한 통찰은 우리들에게 지금까지 은폐되어 있던 심층심리의 성격을 드러내 주는 중요한 의미를 지니는 것이 사실이다. 그렇지만 니체 나 프로이트 자신들이 독단적 이론을 배격하는 것과 마찬가지로 그 들의 신에 관한 이론 역시 유일하게 참다운 진리일 수 없다. 종교와 신에 관한 니체와 프로이트의 견해를 큰 담론이 아니라 작은 담론 들로 수용할 때 우리들은 종교와 신에 관한 개방된 담론을 전개해 나갈 수 있을 것이다.

4. 허무주의

가. 허무주의의 극복

니체가 보기에 기존의 도덕과 종교는 퇴폐주의 내지 허무주의 성격을 지니는 데 비해서 프로이트가 고찰하는 종교는 정신적 질병에 해당한다. 질병을 퇴폐의 일종이라고 한다면 프로이트 역시 질병을 분석하고 치료함으로써 정신적 건강을 회복하려고 하기 때문에 넓은 의미에서 보면 니체와 프로이트는 모두 허무주의를 극복하려고 한다고 말할 수 있다. 니체 철학의 큰 테두리는 문명비판이므로 그의 종교철학 역시 문명비판의 범주 안에서 논의되는 것은 당연한 일이다. 자기성찰 내지 실험철학의 입장에서 계보학적 방법에 의하여 전통적 합리주의 및 형이상학을 바탕 삼아 구성된 근대와 현대의 문명을 고찰할 때 그것은 허구와 기만으로 가득 차 있다. 이제 니체가 유럽문명 전체를 어떤 근거에서 허무주의로 진단하는지 그리고 소크라테스 이후 니체 당시에 이르기까지의 도덕, 철학, 예술을 비롯해서 종교를 왜 퇴폐주의 내지 허무주의로 단정하는지 핵심적으로 살펴볼 필요가 있다. 그러한 근본적인 논의가 제시될 때 비로소 선과 악 그리고 신에 대한 니체의 주장이 타당성을 얻을 수 있으며 동시에 그의 종교철학적 탐구 일반의 타당성 여부도 결정될 수 있을 것이다.

니체는《힘에의 의지》제1권 2부에서 허무주의를 세 가지 종류로 나누어 살피고 있다. 그것들은 각각 근대의 암울함, 18세기의 허무주의 그리고 17, 18, 19세기의 허무주의이다. 근대의 암울함은 다음과 같은 허무주의의 현상이다. "국가의 유목민(관리 등): 고향이 없다. 가정의 몰락 …… 검은 음악. 상쾌한 음악은 어디로 갔는가? 무정부주의자. 인간을 경멸하는 구토 …… 노동자의 '곤궁', 철학적 허무주의."[64] 니체에 의하면 근대 허무주의의 암울함은 정치, 예술, 도덕, 종교, 학문 등 문명의 모든 분야에 물들어 있다.

근대의 암울함은 17, 18, 19세기의 유럽문명을 둘러싸고 있으며 비록 표면상으로는 유럽문명이 진보와 성장을 거듭하고 있는 것처럼 보인다고 할지라도 "사실 모든 위대한 성장은 또한 엄청난 파괴와 범행을 스스로 초래한다"[65]는 표현에서 알 수 있듯이 유럽문명은 수동적 허무주의의 운명에 처하여 있다. 유럽의 근대문명에 대한 니체의 진단은 근대성이 일차원적일 뿐만 아니라 생동하는 인간성을 은폐시킴으로써 퇴폐에 빠져 있다는 것을 예리하게 지적한다. 근대는 진보에 대한 믿음으로[66] 충만하다. 데카르트는 이성의 지배를 강조하는 귀족주의를, 루소는 감정의 지배를 역설하는 여성주의를 그리고 쇼펜하우어는 욕구의 지배를 주장하는 동물주의를 대변한다는 것이 니체의 견해이다. 귀족주의, 여성주의, 동물주의는 사람들에게 진보에 대한 믿음을 가져다 주었지만 실은 엄청난 파괴와 범행을 초래하였다는 것이 니체의 주장이다. 오늘날 포스트모더니즘의 철학자들이 말하는 해체는 니체의 근대성 진단 및 해체와 맥락을 같이 한다.

유럽의 허무주의는 현존재의 가치해석에 있어서 최상의 가치원리를 전제로 삼지만 그러한 원리가 허구로 드러날 때 가치해석 역시 전도되지 않으면 안 된다. 문명을 형성하는 지금까지의 가장 중요한 요소들은 도덕, 종교, 예술, 철학이었으며 이것들은 지금까지의 최상의 가치들인 신, 선, 미, 진리 등의 개념을 만들어 내었다. 종교에 있어서 종교의 발생근거, 기독교의 역사, 기독교적 이상(개념)등은 모두 상상적 원인과 결과의 산물이라는 사실을 우리들은 이미 앞에서 충분히 살펴보았다.

　　니체의 종교철학의 허무주의는 이중적 성격을 가진다. 이러한 특
징은 문명비판으로서의 니체 철학 전반에 걸쳐 나타나는 것이기도
하다. 첫째로 전통적 가치들이 '무의 가치' 곧 허구적 가치라는 의
미에서 전통가치를 허무주의라고 특징지을 수 있으며, 둘째로 허구
적 가치를 무화시킴으로써 새로운 가치를 정립한다는 뜻에서 니체
자신의 철학은 허무주의라고 말할 수 있다. 앞의 것을 수동적 허무
주의라고 할 것 같으면 뒤의 것은 능동적 허무주의라고 부를 수 있
다.[67] 하이데거는 니체의 허무주의에 관해서 다음처럼 언급한다.
"니체적 의미에서의 '허무주의'는 니체 자신에 의해서 처음으로 인
식된, 이미 선행하는 수백 년을 지배하여 온 그리고 다음 세기를 규
정하는 역사적 운동에 대한 말이며, 니체는 이 운동의 가장 기본적
해석을 '신은 죽었다'는 짤막한 명제에서 파악한다. 이는 다음 사실
을 말하고자 한다. 즉 '기독교적' 신은 존재자와 인간의 규정에 대
한 힘을 상실하였다."[68] 하이데거가 지적하는 허무주의는 염세주의
및 퇴폐주의와 같은 수동적 허무주의이다. 신은 죽었다는 명제는
유럽의 근대성 곧 허무주의의 성격을 잘 대변하여 준다. 유럽의 근
대성의 특징은 모든 것을 합리주의라는 기준에 의해서 해석하고 설
명함으로써 삶과 세계 자체를 일차원적인 것으로 만들어 버리는데
있다. 그러므로 유럽의 근대성은 삶의 내면을 은폐하고 도외시하며
단지 표면의 피상적인 형식만을 절대적이며 완전한 것으로 본다.
그렇기 때문에 니체는 자신의 능동적이며 적극적인 허무주의에 의
해서 수동적 허무주의를 파괴하고 해체하려고 한다. 니체가 말하는
모든 가치들의 전도라는 개념은 바로 니체의 능동적 허무주의를 지
칭한다.

　　니체 자신의 능동적 허무주의는 망아적 허무주의이다. "망아적
허무주의는 상황에 따라서 바로 철학자에게 필수적일 수 있다. 삶

의 새로운 질서에 길을 열어 주기 위해서 또는 퇴색하고 소멸하려고 하는 것에게 종말에 대한 요구를 마련하여 주기 위해서 망아적 허무주의는 철학자가 그것을 가지고 퇴색하고 소멸해 가는 인종을 파괴하고 새 길을 여는 힘찬 억압과 망치이다."[69] 수동적 허무주의는 염세적, 퇴폐적 허무주의에 그리고 능동적 허무주의는 망아적 허무주의에 해당한다. 수동적 허무주의는 허구적 이상으로서의 가치들 곧 신, 선, 구원 등을 날조함에 비하여 능동적 허무주의는 전통의 가치들을 해체하고 전도시킨다. 물론 능동적 허무주의의 근본적인 바탕은 니체가 말하는 힘에의 의지이다.

나. 환상

니체는 종교(특히 기독교)의 특징을 허구와 기만의 산물에서 찾고 있다. 니체의 이러한 입장은 종교적 신앙에 연관된 인간의 심층 심리를 통찰함으로 인해서 도출된 것이다. 기독교 도덕과 종교는 허무주의이기 때문에 니체는 힘에의 의지라는 새로운 가치에 의해서 기독교 도덕과 종교를 해체하고자 한다. 큰 테두리에서 보면 프로이트의 종교관도 니체의 종교관과 유사하다. 종교에 관한 양자의 입장에 있어서 큰 차이가 있다면 니체는 종교를 원근법주의의 방법으로 접근하는 데 비해서 프로이트는 정신분석학의 분석방법으로 접근한다는 점이다. 이제 종교를 환상의 산물로 보는 프로이트의 견해를 살핌으로써 우리들은 니체가 종교의 허무주의를 극복하려고 한 노력이 프로이트의 환상의 극복과 어떤 유사점을 그리고 또 어떤 차이점을 가지는지를 우선 고찰할 수 있으며 이들 양자의 종교관의 의미와 한계 역시 파악할 수 있을 것이다.

프로이트는 순수 및 응용심리학과 자연과학을 그리고 이들을 결

합한 정신분석학(심층심리학 또는 메타심리학)을 참다운 학문으로
여기고 예술과 철학, 종교 등 세 가지 세계관은 환상의 산물로 본다
는 것에 대해서는 이미 앞에서 언급하였다. 여기에서는 프로이트가
종교를 왜 환상의 산물로 보는지에 관해서 보다 더 집중적으로 살
펴보기로 하자.

프로이트에 의하면 종교는 세 가지 기능을 충족시킨다. 첫째, 종
교는 학문과 경쟁하면서 인간의 앎의 욕구를 충족시킨다. 둘째, 종
교는 인간의 삶이 위기와 변화에 처했을 때 인간의 불안을 완화시
켜주며 동시에 불행을 위로한다. 따라서 종교는 학문이 할 수 없는
역할을 담당한다. 셋째, 종교는 인간에게 규범, 금지, 제한 등을 부여
하는데 이러한 역할 때문에 종교는 학문과 가장 거리가 멀다.[70] 종
교의 첫번째 기능에서 프로이트가 말하고자 하는 것은 종교가 마치
학문인양 또는 학문을 능가하는 듯 인간의 앎을 충족시키고 있지만
그러한 앎은 단지 사이비 앎에 지나지 않는다는 것이다. 종교는 프
로이트가 주장하는 참다운 학문과 너무 거리가 멀기 때문이다. 종
교의 두 번째 기능에서 종교가 불안을 완화시키고 불행을 위안하지
만 그것은 단지 일시적이고 표면적일 뿐이고 궁극적으로 종교는 인
간에게 고통을 남겨 줄 뿐만 아니라 인간을 종교에 종속시켜버리고
만다는 것이 프로이트의 주장이다. 종교의 세 번째 기능은 첫번째,
두 번째 기능과 연관성을 가지며 규범은 종교에서 부여되기도 하지
만 실은 다른 근거로부터 주어지는 경우가 많기 때문에 종교는 학
문과 전혀 다른 성격을 가진다.

종교의 특징은 절대자에 대한 직관과 신성화에[71] 있다고 말할 수
있다. 프로이트에 의하면 직관과 신성화는 환상 곧 욕구자극의 충
족에[72] 지나지 않는다. 프로이트는 종교와 노이로제 증세를 유사하
게 보는데 그렇다면 모든 환상은 노이로제 증세에 해당하는 것인

가? 인간은 누구나 어느 정도의 환상에 익숙해 있다. 프로이트가 종교를 일컬어 환상의 산물이라고 할 때 환상은 지나친 감정양립 불균형으로 인해서 생기는 환상에 해당한다. 노이로제 증세나 종교 모두 프로이트에 의하면 건강한 정신(정상 심리상태)이 아니라 병적 정신(이상 심리상태)에 해당한다. 정신의 건강상태와 병적 상태를 구분하는 데는 문제가 많은 것이 사실이다.

프로이트는 실증주의적 자연과학으로서의 신경생리학, 생물학, 해부학, 물리학을 정신분석학의 출발점으로 삼았음에도 불구하고 막상 정신분석학 이론의 전개에 있어서는 관념론과 합리론적 요소를 다분히 함께 지니고 있기 때문에 체계의 엄밀성을 유지할 수 없는 것이 사실이다. 정신분석학의 입장에서 일반적으로 정상 심리상태와 이상 심리상태는 어떻게 구분되는가? 우선 통계적으로 평균상태에서 벗어난 상태는 이상 심리상태이다. 다음으로 사회규범과 어긋나는 상태는 이상 심리상태이다. 세 번째로 환경에 적절히 대응하지 못하여 부적응할 경우 그러한 상태 또한 이상 심리상태이다. 마지막으로 행위자가 심리적 고통을 경험하는 심리상태는 이상 심리상태이다.[73] 그런가 하면 이들 네 가지 이상 심리상태에 해당하지 않는 상태는 정상 심리상태이다. 정상 심리상태와 이상 심리상태의 이와 같은 구분의 기원은 물론 프로이트의 정신분석학에 있다. 프로이트는 일반적 환상과 지나친 환상을 구분하고 후자를 노이로제 증세라고 보며 종교도 이와 유사한 것으로 본다. 그렇지만 일반적 환상과 지나친 환상을 엄밀히 구분할 수 있는 설득력 있는 기준은 어떤 것인가에 대한 충분한 답이 제시되기는 어렵다. 마찬가지로 정상 심리상태와 이상 심리상태를 구분할 수 있는 엄밀한 기준의 제시 역시 쉬운 일이 아니다. 그렇기 때문에 이상 심리상태나 광기는 정확한 기준에 의해서 판정 받는 것이 아니라 오히려 권력의 지

배 여하에 따라 역사적으로 매우 다양한 방식으로 취급되어 왔다는 주장이 나올 수도 있다.[74]

프로이트는 《토템과 금기》에서 적어도 원시인들에게 있어서는 심리적 현실과 사실적 현실이 일치하지만 노이로제 환자의 죄의식은 사실적 현실과는 무관하게 심리적 현실에만 반응하기 때문에 노이로제 환자의 죄의식은 정상 심리상태가 아니라 환상에 불과하다고 말한다.[75] 그렇지만 프로이트는 대부분의 야만인과 노이로제 환자는 사유와 행위를 철저하게 구분하지 못하기 때문에 환상 속에서 산다고 주장한다. 만일 종교도 오이디푸스 콤플렉스를 기원으로 삼고 그것의 범주 안에서 형성되는 것이라면 심리적 현실(사유)과 사실적 현실(행위)을 구분하지 못하기 때문에 환상의 산물로 그치고 만다. 환자의 관찰방법, 정신과정에 대한 이론, 이상 심리상태의 치료법으로서의 정신분석학은 환상을 관찰함으로써 자유연상법을 사용하여 환자의 심리상태를 분석함으로써 이상 심리상태를 정상 심리상태로 치료하고자 한다. 프로이트가 환상을 치료하고자 하는 것은 넓게 보면 니체가 뜻하는 허무주의의 극복과 동일한 의미를 가진다고 볼 수 있다. 그렇지만 프로이트 자신은 어디까지나 실증과학으로서의 정신분석학의 범주를 벗어나지 않고 환상을 극복하려고 하기 때문에 그의 정신분석학은 인식론적, 형이상학적 및 윤리적인 토대를 결여하고 있다.

5. 종교의 해체

가. 도덕의 계보와 자유로운 정신

《비극의 탄생》으로부터 《짜라투스트라는 이렇게 말하였다》 및 《힘에의 의지》에 이르기까지 니체로 하여금 계보학의 방법에 의해서 초인의 존재론적 근거인 힘에의 의지에 이르게끔 해 주는 것은 모두 가치들의 전도이다. 니체가 《힘에의 의지》의 부제목을 '모든 가치들의 전도'라고 한 것은 바로 위에서 언급한 니체의 태도를 반영한다. 니체가 가장 구체적으로 문명을 비판하면서 가치의 전도를 논의하는 저술은 《도덕의 계보학》이다.

니체는 《도덕의 계보학》에서 종교, 특히 기독교의 금욕적 이상이 탈가치의 성격을 지니고 있음을 강조한다. 기독교의 금욕적 이상은 생명을 무화시키기 때문에 탈가치에 지나지 않는다. 기독교 도덕과 형이상학을 역설적으로 탈가치라고 부른다. 그러므로 니체는 탈가치로부터 본래적 가치로의 전도가 필연적으로 일어나지 않으면 안된다고 주장한다. 니체가 말하는 가치의 전도는 그의 종교철학에 있어서 전통 형이상학으로부터 존재론적 원리로의 전도라고 볼 수 있다. 왜냐하면 가치의 전도가 가능한 근거와 아울러 가치의 전도의 목표는 모두 존재론적 원리인 힘에의 의지이기 때문이다.

니체는 계보학적 방법 및 원근법주의에 의해서 기독교 도덕과 종교를 해체하고자 한다. 사제, 마술사, 점쟁이 등은 사변적이면서 동시에 종교적인 인간으로서 금욕적 이상들인 가난, 겸손, 순결을 현존의 전제로[76] 삼았고 분노, 원한, 증오를 사랑으로 변조시킨 결과 그러한 것들을 최상의 가치들로 정립하였다. 심층심리학적으로 말하자면 종교적 인간은 의식의 표면에 가난, 겸손, 순결을 내세우지만 의식의 내면 심층에는 분노, 원한, 증오를 간직하고 있다는 것이 니체의 생각이다. 이러한 사고방식은 감정양립의 불균형으로부터 종교가 성립한다는 프로이트의 견해와 일맥상통한다. 또한 니체의 금욕적 이상은 프로이트가 말하는 아버지-이상이나 자아-이상과도 내용상으로 매우 근접한다.

니체에 의하면 금욕적 이상은 본래적 삶과 모순되기 때문에 금욕적 이상을 유지하고 보존하는 삶 역시 자기 모순에 빠지지 않을 수 없다. 금욕적 이상은 무력함에서 생긴 것으로서 질병의 상태이다.[77] 따라서 금욕적 이상을 해체하고 전도시키지 않으면 본래적 삶은 무의미할 뿐이다. 니체는 지금까지의 가치의 무화에 관해서 다음처럼 말한다. "그것은 인간성에 대한 최고의 사려 행위를 위한 나의 공식이다."[78] "우리들 자유로운 정신을 가진 자들은 이미 모든 가치들의 영원한 전도이다."[79] 가치의 전도에 있어서 가치를 전도시키는 것은 자유로운 정신이며 전도된 결과는 초인이다. 자유로운 정신과 초인의 근본적 토대는 모두 힘에의 의지이다.

나. 신경증의 현상으로서의 종교

비록 프로이트 자신이 직접 종교를 해체하여야 한다고 주장한 일은 없지만 그가 예술, 철학과 아울러 종교를 환상의 산물로 보았다는 것, 그리고 특히 종교를 인간에게 가장 해로운 환상의 산물로 고찰함과 동시에 종교를 노이로제 증세와 유사한 것으로 여겼다는 것은 그 역시 니체와 마찬가지로 종교를 해체하고자 한다는 것을 뜻한다. 물론 종교를 해체하려는 프로이트의 시도는 그의 정신분석학의 시발점인 유물론적 실증주의의 입장에서 예견되어 있다고 보는 것이 타당할 것이다.

《인간 모세와 일원론적 종교》에서 프로이트는 종교현상이 정신적 쇼크과정에 의한 증세와 유사하다고 말한다.[80] 정신적 쇼크과정에 의해서 생기는 강박증세는 객관 사실과는 전혀 상관없으면서도 사실적 현실을 심리적 현실로 혼동하는 이상 심리상태이다. 프로이트에 의하면 정신적 쇼크의 작용은 긍정적인 반응과 부정적인 반응으로 구분된다. 긍정적 반응은 반복강박으로 나타난다. 비록 쇼크의 역사적 원천이 망각되었다고 할지라도 잊혀진 체험을 회상하려고 하거나 아니면 현실적으로 만들고자 한다. 강박증 환자는 이전의 잊혀진 정서관계를 새롭게 체험하려고 반복해서 애쓰거나 아니면 타인에게 대한 유사한 관계에서 잊혀진 체험을 새로 생기게 하려고 노력한다. 프로이트는 이러한 노력을 일컬어 정신적 쇼크에의 고착 또는 반복강박이라고 한다.[81] 정신적 쇼크에 대한 부정적 반응은 방어반응으로 나타난다. 부정적 반응은 긍정적 반응과는 정반대의 목표를 지향한다.

정신적 쇼크의 부정적 반응은 일단 잊혀진 쇼크를 더 이상 기억하지도 않고 반복하지도 않으려고 한다. 부정적 반응에 있어서 반응은 자아를 통해서 장애와 공포증으로 상승할 가능성이 있다. 정신적 쇼크의 긍정적 반응은 물론이고 부정적 반응도 모두 신경증의 증세로서 강박의 성격을 소유한다. 정신적 쇼크과정에 의한 증세를 보다 간단히 설명하면 다음과 같다. 일단 정신적 쇼크를 받는다. 쇼크에 대해서 방어하지만 쇼크는 곧 잊혀지고 잠재상태로 심층의식에 간직된다. 그러나 언젠가 노이로제적 질병이 발생하며 부분적으로는 억압된 것의 회귀가 일어난다.[82] 프로이트는 아이가 어느 정도 자란 후에도 수면방해에 시달리는 경우를 관찰하고 분석하였다. 소시민 가정에서 흔히 있을 수 있는 일로서 아이는 말 배우기 전 유아기에 부모와 함께 자며 부모의 모든 행동을 본다. 아이가 성장하여 지난 일을 모두 망각하였지만 아이는 수면방해에 시달린다.[83] 프로이트의 분석에 의하면 아이는 과거의 정신적 쇼크에 대한 긍정적 반응 및 부정적 반응 두 가지를 소유함으로써 수면방해에 시달리는 것이다.

《토템과 금기》에서도 비슷한 설명이 보이지만 《모세와 일원론적 종교》에서 프로이트는 토테미즘에서 아들들이 아버지를 살해함으로써 감정양립 불균형을 가지게 되고, 결국 아버지-이상(이것은 자아-이상과 일치한다)을, 다시 말해서 신을 만들어 내게 되었다고 말한다. 이상과 같은 맥락에서 볼 때 프로이트의 입장에서 보면 종교는 일종의 강박신경증과 유사한 성격을 가지기 때문에 종교정신은 건강한 것이 아니고 병든 것이다. 그렇기 때문에 비록 기본적 출발점은 다소 다르다고 할지라도 프로이트는 니체와 마찬가지로 종교를 해체하고자 한다.

앞에서도 짤막하게 지적한 바 있지만 종교적 개념들과 종교현상을 오직 정신분석학적 입장에서만 고찰하고 종교전체에 관해서 결정적으로 판단하는 일은 설득력을 갖기 힘들다. 왜냐하면 무엇보다도 먼저 신앙의 정서와 의지가 정신분석학에 의해서 모든 정체가 밝혀질 수 있는지의 여부가 커다란 의문점으로 남기 때문이다. 이미 지적한 것처럼 프로이트의 종교관은 니체의 종교철학과 마찬가지로 지금까지 은폐되어 왔던 종교에 관한 인간의 심층심리를 파헤쳐서 드러내고자 한 점에서 긍정적인 역할을 담당하였다고 말할 수 있다.

6. 초인과 건강한 정신

가. 초인의 의미

니체 철학의 난해성은 우선 그가 표면상 비합리주의적 표현에 익숙하며 다음으로 그가 자신의 사상을 전개함에 있어서 비유와 상징 및 은유로 가득한 무수한 경구를 사용하고 있는 데 있다. 초인은 하나의 상징으로 그것은 디오니소스적인 것, 짜라투스트라 등과 밀접한 연관성을 가지고 있다. 가치의 전도는 결과적으로 짜라투스트라, 초인, 디오니소스적인 것을 지시한다. 니체는 불교를 기독교보다 긍정적인 것으로 보면서도 불교 역시 허무주의에 지나지 않는다고 판정한다. 불교는 현실을 예리하게 직시하기 때문에 유일하게 고유한 실증주의적 종교이면서 기독교보다 훨씬 현실주의적이지만[84] 모든 것을 부정하므로 여전히 허무주의의 범주에 속한다. 니체는 종교 일반을 대변하는 종교로 기독교를 언급하며 기독교의 허무주의를 전도시킴으로써 디오니소스적인 것에 도달하고자 한다. 그렇지만 우리들에게 처음부터 문제로 남아 있는 것은 디오니소스적인 것, 짜라투스트라적인 것 곧 초인이 도대체 무엇에 대한 상징인가 하는 점이다.

니체의 초인은 "자유로운 정신과 자유로운 심장을 가진 자"[85]이면서 동시에 번개이고 물방울이다. 기독교의 가치들을 전도시키는 목표는 번개, 다시 말해서 초인이다. 그렇다면 초인은 실존적 인간인가 아니면 또 다른 어떤 것인가? "인간은 짐승과 초인 사이에 연결되어 있는—심연 위에 걸려 있는 밧줄이다. …… 인간에게서 사랑받을 수 있는 것은 그가 과정이며 몰락이라는 것이다."[86] 상식의 차원에서 우리들은 초인을 이상적 인간 또는 니체의 말 그대로 미래의 인간으로 파악할 수 있다. 그러나 니체 철학이 전통 형이상학의 원리 및 기존 종교의 가치들을 전도시키고 새로운 존재론적 원리를 정립한다는 것을 알 경우 초인은 존재론적 원리인 힘에의 의지의 표현이라고 할 수 있다. 이와 같은 맥락에서 초인은 디오니소스적인 것, 짜라투스트라적인 것이다.

나. 치료

니체는 퇴폐주의적이며 허무주의적인 정신을 해체하고 전이시킴으로써 건강하고 자유로운 정신을 회복하고자 하였다. 그러나 니체가 말하는 허무주의적 정신과 건강한 정신은 특정하게 제한된 개별과학의 입장에서 주장된 것이 아니라 어디까지나 근본적인 존재론적 입장에서 제시된 것이다. 왜냐하면 건강한 정신은 디오니소스적인 것 곧 초인의 바탕이 되는 힘에의 의지의 상징이고 퇴폐한 정신은 그 반대이기 때문이다. 프로이트의 정신분석학도 니체 철학과 마찬가지로 병든 정신을 건강한 정신으로 치료하고자 하기 때문에 프로이트 역시 정신에 있어서의 가치의 전도를 시도하고 있다고 말할 수 있다.

그렇지만 프로이트는 처음부터 끝까지 정신분석학의 범주를 떠나지 않고 분석기술(예컨대 자유연상의 규칙 등)에 의해서 환자의 정신과정을 분석하여 치료하기를 목표로 삼는다. 그러한 한에 있어서 프로이트는 철학적 사유와 무관하게 실증주의적 경험과학인 정신분석학에 충실히 남아 있다. 그리고 프로이트가 의미하는 병든 정신과 건강한 정신, 다시 말해서 이상 심리상태와 정상 심리상태의 구분은 매우 상식적인 것이다. 즉 심리상태의 평균치에서 벗어나는 것을 병든 정신으로 보기 때문에 프로이트에게 있어서 병든 정신과 건강한 정신의 구분은 논란의 여지가 많다. 결국 원초아와 초자아간의 갈등이 얼마나 지나치며 따라서 자아가 받는 억압이 얼마나 강한가에 따라서 건강한 정신과 병든 정신의 구분이 생긴다는 설명은 지나치게 추상적이며 상대주의적인 성격을 지닌다. 그럼에도 불구하고 이미 앞에서 한 두 차례 지적한 것처럼 프로이트가 건강한 정신과 병든 정신의 문제를 은폐된 심층심리의 갈등과 억압에서 찾았다는 것은 프로이트 정신분석학의 업적이 아닐 수 없다.

프로이트는 《정신분석학 입문》을 비롯해서 여러 편의 짧은 글들에서 정신분석학 요법에 관해서 설명하고 있다. 최면요법이 정신의 삶 안에 있고 어떤 것을 은폐하고 덧붙이는 데 비해서, 분석적 요법은 그 어떤 것을 벗겨내고 제거하려고 한다. 또한 최면요법이 화장술(Kosmetik)에 비교된다고 할 것 같으면 분석적 요법은 외과술(Chirurgie)에 비교된다.[87] 니체는 병든 정신(허무주의적 문명)을 계보학과 원근법주의에 의해서 분석하고 진단함으로써 가치를 전도시키려 하였다. 프로이트는 분석적 요법(자유연상법)에 의해서 환자의 병든 정신과정을 분석하고 진단함으로써 환자가 스스로 병든 정신을 극복함으로써 건강한 정신을 회복하기를 시도하였다. 프로이트의 분석적 요법은 니체의 방법과 유사한 점이 있으면서도 어떤 점에서는 소크라테스의 산파술과도 유사하다. 속견과 무지를 벗어나서 지혜를 찾는 것은 개인 각자의 일이고 그렇게 하도록 옆에서 도와 주는 역할만 담당하는 것이 철학자(산파)의 역할이다. 프로이트에게 있어서도 역시 분석가는 피분석가(환자)가 스스로 억압된 것을 기억해냄으로써 병든 정신을 극복하게끔 도와 주는 역할을 행한다.

정신적으로 병든 인간을 건강한 인간으로, 다시 말해서 정상적인 심리상태의 인간으로 돌아오게끔 하는 것이 프로이트의 정신분석학적 치료의 목적이다. 그러나 프로이트의 정신분석학은 개인 심리학, 특히 성적 충동을 기본적인 근거로 삼아 출발하기 때문에 자연적으로 한계를 가지지 않을 수 없다. 우선 유물론적 자연과학으로서의 정신분석학에서 이미 유물론의 단계를 뛰어넘는 원초아, 자아, 초자아와 같은 개념을 상정하는 것부터 프로이트가 안고 있는 문제이다. 마찬가지로 신경생리학의 영역만 고집한다면 의식되지 않은 것, 의식되기 이전의 것 그리고 의식된 것과 같은 구분도 생각하기 힘들다. 또한 시간적 · 공간적인 측면을 고려할 경우 병든 정신과 건강한 정신을 구분한다는 것은 상대적이기 때문에 엄밀한 기준을 제시하기 어렵다. 무엇보다도 프로이트는 자신의 저술에서 수많은 임상치료의 성공적인 사례들을 설명하지만 과연 그의 임상치료가 그가 주장하는 것처럼 모두 성공적이었는가에 대해서도 의심을 제시하지 않을 수 없다.

만일 프로이트의 정신분석학이 순수 및 응용심리학과 자연과학만을 기초로 삼지 않고 인문과학, 사회과학도 고려하였더라면 그의 분석 및 치료방법은 보다 더 포괄적이고 더 많은 설득력을 가질 수 있었을 것이다. 인간의 정신과정에 중대한 영향을 미치는 것들은 성충동 이외에도 정치, 경제, 문화, 사회 등 전체 삶의 영역에 존재하는 무수하게 다양한 요소들이다. 무수하게 상이한 요소들의 상호관계 안에서 인간의 정신과정이 전개된다는 것은 누구도 부인하지 않을 것이다. 그렇지만 프로이트의 정신분석학적 치료에 있어서 긍정적인 것은, 비록 그가 성충동 중심의 개인심리학의 입장을 고수한다고 할지라도, 그는 일관성 있게 인간을 억압으로부터 해방시키려고 했다는 점이다. 그러므로 그의 정신분석학적 치료는 니체가 말하는 새로운 가치정립의 원리를 구성할 수 있는 단초를 제공해 준다고 볼 수 있다.

7. 힘에의 의지와 충동

가. 힘에의 의지

니체에게 있어서 현존하는 세계는 바로 영겁회귀이고 영겁회귀는 힘에의 의지의 표현이다. 힘에의 의지는 일즉다(一卽多)의 의미를 가진다. 힘에의 의지는 질적으로 볼 때 하나(一)이지만 양적으로 볼 때는 자연, 사물, 인간, 사회, 역사 …… 등 영겁회귀하는 여럿(多)의 형태로 나타난다. 니체의 부정적(수동적) 허무주의와 긍정적(능동적) 허무주의는 허무주의의 이중성을 뜻하는데 이와 같은 허무주의의 성격 또한 영겁회귀 안에서 문제된다.

니체는 우선 진리에의 의지보다 힘에의 의지가, 다음으로 삶에의 의지보다 힘에의 의지가 그리고 마지막으로 지성의 의지보다 힘에의 의지가 가장 근본적이라고 주장한다.[88] 힘은 항상 방향을 소유하는데 방향에 해당하는 것들이 바로 진리에의 의지, 삶에의 의지 및 지성의 의지 등이다. 이들 방향에 대해서 힘에의 의지는 방향들을 생기게 하고 규정하는 원리이다. 힘에의 의지에 있어서 힘이 근본적인가, 의지가 더 근본적인가 하는 물음이 당연히 제기될 수 있다. 그러나 니체는 힘과 의지를 결코 분리시키지 않고 언제나 힘에의 의지를 존재론적 원리로 제시한다.

물론 힘에의 의지를 전통 형이상학의 범주에 속하는 일종의 실체로 보고 그것을 형이상학적 원리에 지나지 않는다고 주장하는 입장이 가능하다.[89] 그렇지만 힘에의 의지는 헤라클레이토스의 로고스의 성격을 가지고 존재자들을 존재하게끔 하기 때문에 존재자에 해당하기보다는 오히려 존재론적 원리에 해당한다고 보는 것이 타당할 것이다. 니체 자신은 예술가-철학자이기를 자처하였기 때문에 그의 힘에의 의지 개념이 철두철미하게 합리주의적 방법에 의해서 체계적으로 설명되기를 기대하기는 어렵다. "힘은 할 수 있는 것이고 힘에의 의지는 원하는 것이다"[90]에서 알 수 있듯이 존재론적 원리이면서도 힘의 방향들을 규정할 수 있는 것은 '할 수 있는 것'이 아니라 '원하는 것'이다.

그런데 니체는 어떤 이유에서 쇼펜하우어의 형이상학적 원리인 삶에의 의지를 근본적인 것으로 보지 않았는가? 힘에의 의지는 어떤 것과도 대립하지 않고 모든 종류의 의지를 포괄하는 데 비해서 쇼펜하우어의 삶에의 의지는 무(無)에의 의지와 대립하기 때문에 근원적일 수 없다는 것이 니체의 답이다. 이와 같은 니체의 견해를 더 상세히 고찰하기 위해서는《힘에의 의지》제3권 '새로운 가치정립의 원리'에서 전개되는 힘에의 의지와 인식의 관계를 살펴볼 필요가 있다.

그곳에서 니체가 전개하는 힘에의 의지는 결코 전통 형이상학이 제시하는 것과 같은 실체도 아니며 초월적 세계원리나 절대자도 아니다. 니체의 힘에의 의지는 일원론이나 이원론 또는 다원론 그 어느 것으로도 설명이 불가능하다. 왜냐하면 힘에의 의지는 일즉다(一卽多) 또는 체, 상, 용(體, 相, 用)의 차원에서 파악되지 않으면 안 되는 성격을 가지기 때문이다. 힘에의 의지는 존재론적 원리이기 때문에 그것은 자연과 예술의 원리이자 동시에 인식의 원리이기도 하다. 힘에의 의지는 자연과 예술과 앎을 존재하게끔 하는 원리이다.

니체는 전통적 인식의 그릇됨을 학문과 학문의 방법을 대비시키면서 밝힌다. "우리들의 19세기를 특징짓는 것은 학문의 승리가 아니고 학문을 넘어서는 학적 방법의 승리이다."[91] 이 말은 현대학문의 퇴폐성을 신랄하게 비난할 뿐만 아니라 학문 자체가 무시당하고 있는 현실을 비판한다. 또한 니체는 이러한 주장을 통해서 구체적 삶의 현실과 사실을 탐구하는 학문이 도외시되고 허구적인 완전성, 절대성, 합리성을 추구하는 방법이 마치 참다운 학문인 듯 행세하기 때문에 학문의 본말이 전도되었다는 사실을 밝히고자 한다.

학문의 방법을 대변하는 것은 지성적 사유이다. 그러나 지성적 사유는 "전적으로 임의적인 허구"[92]에 지나지 않는다. 지성적 사유는 인위적 정당화만을 목적으로 삼기 때문에 달성된 정당화는 참다운 것이 되지 못한다. 니체는 지성적 사유의 해체를 시도하는데 그 이유인즉 지성적 사유란 지극히 제한된 것으로서 피상적이기 때문이다. 따라서 니체는 지성적 사유에 의해서 구성된 "정신도, 이성도, 사유도, 의식도, 영혼도, 진리도 없고 모든 것은 쓸모 없는 허구들이다"[93]라고 말한다. 이렇게 보면 인식도 허구로서의 인식과 힘에의 의지로서의 인식 두 가지로 구분된다고 말할 수 있다. 허구로서의 인식을 가장 적절하게 대변하는 것은 선험철학에 있어서의 원인개념이다. 선험철학에서 주장하는 내재적 개념으로서의 원인개념은 선천적인 것도, 선험적인 것도 아니고 단지 신경세포의 작용에 의해서 생긴 것으로서 전혀 "현실적 원인"[94]이 아니라는 것이 니체의 주장이다.

전통적인 차원에 있어서의 소위 진리인식은 허구임에 비하여 니체 자신이 주장하는 인식은 "보존의 유용성"[95]으로서의 인식이다. 왜냐하면 인식 의욕의 척도는 힘에의 의지가 성장하는 척도에 의존하기 때문이다. 즉 니체에게 있어서 인식은 힘에의 의지의 도구로서만 의미가 있다. 보편타당한 진리인식은 허구이고 무의미하기 때문에 이제 인식은 더 이상 진리인식이어서는 안 된다. 인식은 해석, 관점 또는 지배욕이나 충동과 동일한 것이며 힘에의 의지의 도구이다. 그러므로 인식의 근본적인 토대는 힘에의 의지이다. 이와 같은 니체의 입장은 인간의 정신과정(심리과정)의 원천을 충동으로 보는 프로이트의 견해와 동일하다. 물론 니체는 존재론적 입장에서 그리고 프로이트는 신경생리학적 입장에서 충동을 말하고 있는 점은 양자간의 큰 차이이다.

니체는 우선 소크라테스적 합리주의를 비판하고 반박하며, 다음으로 그리스 비극의 디오니소스적인 것으로부터 영향을 받았고, 세 번째로 플라톤의 형이상학과 칸트의 합리주의를 반대하고, 마지막으로 쇼펜하우어의 삶에의 의지로부터 영향받아 자신의 고유한 힘에의 의지 개념을 형성하였다. 니체가 허무주의, 운명애, 영겁회귀 등을 말하는 것은 초인을 제시하기 위한 목적을 가지며 또한 초인을 말하는 이유는 궁극적으로 짜라투스트라와 디오니소스적인 것, 다시 말해서 힘에의 의지를 드러내기 위한 것이다.

앞에서 이미 나는 초인이란 실존적 인간에 가깝지만 결코 실존적 인간이 아니고 전인적 인간성도 아니며 오직 힘에의 의지에 대한 상징이라는 것을 밝혔다. "나는 그대들에게 초인을 가르친다. 인간은 극복되어야만 할 어떤 것이다"[96]에서 초인은 일상적 인간의 극복뿐만 아니라 소크라테스주의, 쇼펜하우어주의 및 기독교 도덕과 종교 등을 극복할 때 비로소 가능하다. 그와 같은 극복은 영겁회귀에 대한 운명애로 나타나며 운명애의 바탕은 힘에의 의지이다.

《짜라투스트라》의 제4부 '징후'에서 니체는 존재론적 원리로서의 힘에의 의지를 위대한 태양이라는 상징적 개념으로 표현하면서 《짜라투스트라》의 대단원의 막을 내린다. "그는 일찍이 말했던 것처럼 이렇게 말하였다. 너 위대한 태양이여, 너 깊은 행복의 눈이여, 네가 비추어 주는 햇살을 가리지 않았다면 너의 모든 행복이 무슨 쓸모가 있겠는가!" 여기에서 '햇살을 가지지 않았다면'은 햇살을 소유하지 않은 태양 곧 전통형이상학이나 기독교의 도덕과 종교를 뜻하고 '햇살을 가진 태양'은 생동하는 존재론적 원리로서의 힘에의 의

254

지이다.

니체의 종교철학은 처음부터 끝까지 수동적 허무주의를 해체하고 능동적 허무주의에 의해서 곧 영겁회귀에 대한 운명애를 통해서 존재론적 원리인 힘에의 의지를 부각시키려고 한다. 니체의 종교철학에서 힘에의 의지를 핵심주제라고 본다면 그는 자신의 종교철학을 존재론화 하고 있다고 말할 수 있다. 이와 같은 해석은 자칫하면 오해를 불러일으킬 여지가 있다. 그렇지만 종교철학이 신앙으로서의 특정종교도 아니고 특정종교를 이론적으로 옹호하고 체계화하는 신학도 아닌 한 그리고 종교 일반을 비판적으로 고찰하는 것이 종교철학의 본질적 과제인 한에 있어서 니체의 종교철학은 존재론과 동일한 범주에 자리잡는다.

그렇지만 프로이트의 정신분석학이 신경생리학을 출발점으로 삼아 성적 충동이론을 바탕으로 삼기 때문에 매우 제한된 성격을 가지는 것과 마찬가지로 니체의 종교철학은 기성종교를 대표하는 기독교만을 비판대상으로 삼는 제한성을 가지고 있다. 더 나아가서 니체는 기독교 도덕과 종교의 긍정적 측면은 전적으로 도외시하고 오로지 부정적, 퇴폐적 측면만을 고찰한다. 게다가 니체는 힘에의 의지라는 사변적 대상을 명확한 논리적 과정없이 구체적이며 현실적인 존재원리로 제시하고 있다.

나. 충동의 의미

프로이트가 종교 및 종교적 신앙을 환상의 산물로 보는 것은 니체의 입장과 유사하다. 그러나 앞에서 지적한 것처럼 니체와 프로이트는 종교에 대한 인간의 의식을 심리적 내지 심층심리적 차원에서만 고찰하기 때문에 심리적 산물로서의 종교는 객관 사실에 일치하지 않는 것으로 드러나게 되고 따라서 종교는 환상의 산물이라는 결론이 도출된다. 그렇지만 일반적으로 우리들이 학문, 예술, 종교 등을 구분하는 이유는 그것들을 대하는 인간의 의식들이 질적으로 다르기 때문이다. 우리들은 분별력을 가지고 학문에 임하고, 미적 감정을 지니고 예술세계에 참여하며, 신앙의 정서를 가지고 종교에 임한다. 만일 우리들이 인간의 다양한 의식을 단지 신경세포들의 작용에 불과하다고 주장한다면 그러한 주장은 신경생리학이나 행동주의 심리학 또는 정신분석학에서는 설득력이 있을지 몰라도 다른 영역에서는 설득력을 가지기 힘들다.

그러나 이미 수 차례 지적한 것처럼 인간의 정신과정의 심층을 파헤침으로써 형식적 사유의 문화를 해체하고 전도시키고자 하는 노력은 니체와 프로이트의 위대한 업적이 아닐 수 없다. 종교와 연관해서 프로이트는 인간 정신과정을 심층적으로 파헤침으로써 종교를 노이로제 증세와 유사한 환상의 산물로 판정한다. 프로이트 이전까지만 해도 정신과정은 의식 또는 자아에 의해서 진행되는 것으로 여겨져 왔다. 그러나 그는 정신과정을 분석함으로써 그것이 의식되지 않은 것(das Unbewußte), 의식되기 이전의 것(das Vorbewußte) 및 의식된 것(das Bewußte)으로 형성된다고 하였다. 이러한 입장은 정신과정을 시간적으로 본 것이다. 그러나 정신과정을 공간적으로 볼 경우 그것은 원초아(Es: 그것), 자아(Ich), 및 초자아(Über-Ich)로 구성된다.

프로이트에 의하면 원초아, 자아 및 초자아는 모두 충동이지만 가장 기본적인 충동은 성충동으로서의 원초아이고 이것은 의식되지 않은 것이다. 프로이트는 기본적으로 충동을 성충동과 자아충동으로 구분하고 성충동을 쾌락원리, 자아충동을 현실원리로 부른다.[97] 자아충동은 초자아의 억압으로부터 생기는 것이기 때문에 결국 초자아의 억압과 원초아의 충동이 맞부딪쳐서 갈등과 불균형을 일으키게 되는 장소가 바로 자아이다. 프로이트는 성충동의 에너지를 리비도 또는 힘이라고 부른다. 프로이트는 물론 에너지를 말할 때 어디까지나 심리적 에너지를 언급하지만 만일 우리들이 이것을 심층심리학의 범주를 넘어서서 확장시킨다면 그것은 니체가 말하는 존재론적 원리인 힘에의 의지에 접근할 수 있다.

프로이트는 충동에서 충동의 원천과 대상과 목표를 구분할 수 있다고 말한다. 충동의 원천은 신체의 자극상태이다. 프로이트에게 있어서 정신과정의 출발점은 항상 내적 및 외적 지각의식이기 때문에 충동의 원천은 신체의 자극상태이다. 충동은 항상 일정한 방향으로 향하는데 충동의 방향은 충동의 원천으로부터 목표로 이행하는 과정 안에서 정하여진다. 또한 충동과정에서 수동적 충동과 능동적 충동이 구분된다.[98] 충동의 방향이 강한지, 약한지의 여부에 따라서 능동적 충동과 수동적 충동이 구분되며 동시에 능동적 충동목표와 수동적 충동목표도 정하여진다. 만일 충동이 외적 목표에 도달할 경우 충동은 외적 대상에 삽입됨으로써 충동의 충족을 획득하여 소멸된다. 프로이트는 성충동을 배고픔에 비유함으로써 배고픔의 욕망이 충족되는 과정과 성충동의 충족과정을 유사한 것으로 설명한다.

충동의 원천, 대상 및 목표와 연관해서 정신과정에서 충동이 원만하게 충족되지 못할 경우, 보다 더 구체적으로 말해서 원초아의 충동과 초자아의 억압이 감정양립 불균형을 지나치게 형성하여 자아가 왜곡당할 때 소위 병든 정신 상태가 발생한다. 프로이트는 이 경우 분석을 통해서(자유연상법에 의하여) 환자로 하여금 원초아의 충동과 초자아의 억압을 기억하게 함으로써 병든 정신을 건강한 정신으로 되돌릴 수 있다고 믿었다. 프로이트의 충동을 확장하여 해석하면 그것은 니체의 힘에의 의지에 해당한다.

프로이트가 충동의 이중성 곧 에로스적 충동과 죽음의 충동을 제시하면서 이들 두 가지 충동에 의해서(본질적으로는 하나의 충동에 불과하지만) 유기체의 생명이 연장된다고 할 때[99] 프로이트의 견해는 니체의 영겁회귀이론을 연상하게끔 한다. 프로이트의 충동이론은 신경생리학의 범주 안에서만 사용될 경우 정신분석학의 기초가 될 수 있지만 사랑이나 죽음 또는 문화의 영역에서도 신경생리학적인 충동이론이 여전히 타당성을 소유할지의 여부에 대해서는 의심의 여지가 많다. 만일 프로이트의 성충동 이론이 환원주의에 머물고 만다면 그의 정신분석학은 인간의 다양한 삶의 현실과 본질을 충분히 해석할 수 없을 것이다.

8. 비판적 고찰

지금까지 나는 니체의 종교철학과 프로이트의 종교관을 몇 가지 작은 문제점들과 주제들로 나누어 고찰하여 보았다. 여기서는 니체의 입장을 간략하게 비판적으로 살펴보고 다음으로 프로이트의 견해를 역시 간단히 고찰해 보기로 하자. 니체의 종교철학은 어디까지나 문명비판의 성격을 가진다. 따라서 우선 종교적(기독교적) 선과 악의 특징 및 그 기원에 대한 해명이 필요하였다. 선과 악의 근원은 신이지만 신은 상상적 원인이기 때문에 기독교의 수많은 개념들은 (사랑, 구원, 은총, 원죄 등) 모두 여가, 전통에 의해서 조작된 상상적 원인이나 결과의 산물에 불과하다는 결론이 나온다.

니체에게 있어서 종교적 개념들의 허구는 탈가치 내지 무화(無化)를 뜻하므로 그것은 허무주의의 특징을 지닌다. 그러나 이 허무주의는 수동적인 것이고 이를 해체하고 전도시키는 것은 니체 자신의 능동적 허무주의이다. 가치의 전도는 초인을 목적으로 삼으며 초인이 상징하는 새로운 가치정립의 원리는 바로 존재론적 원리인 힘에의 의지이다. 어떻게 보면 니체는 생철학 내지 실존주의의 범주에 속하는 종교철학의 관점을 제시한다. 종합적으로 볼 때 니체의 종교철학은 다음과 같이 해결되어야 할 몇 가지 문제점들을 안고 있다.

첫째는 허무주의의 문제이다. 수동적 허무주의를 능동적 허무주의에 의해서 극복한다고 할 때 우리는 허무주의의 이중성을 인정한다고 할지라도 수동적 허무주의와 능동적 허무주의를 서로 단절된 것으로 구분할 명확한 기준을 제시하기 어렵다.

둘째로 운명애라는 개념은 애매한 개념이다. 영겁회귀가 힘에의 의지의 표현이라는 것은 운명애에 의해서 긍정된다. 그러나 운명애도 영겁회귀라면 운명애 개념은 신비주의 영역에서 다루어지는 성격을 가지고 있다.

셋째로 초인개념도 역시 지나치게 추상적 성격을 가지고 있다. 초인을 극복된 인간 또는 미래의 인간이라고 하거나 대지의 의미라고 할 경우 초인은 여전히 상징의 틀을 벗어나기 힘들다.

넷째로 비록 니체가 힘에의 의지를 존재론적 원리로 제시하면서 전통적 형이상학을 해체하지만 그 역시 합리주의의 틀을 벗어나지 못하고 있다. 역설적이긴 하지만 니체는 소크라테스적 합리주의와 기독교의 절대성, 완전성을 극복하고 문명비판의 결과 새로운 가치들의 원리를 정립한다고 할지라도 그의 논의는 여전히 합리주의의 한계를 벗어나지 못하고 있다. 물론 니체 자신도 이 점을 잘 알고 있었기에 스스로 철학자이기보다 예술가-철학자이고자 하였다. 초인, 디오니소스적인 것, 짜라투스트라, 힘에의 의지 등은 니체가 종교(기독교)를 해체하기 위해서 제시한 개념들임에도 불구하고 이 개념들은 여전히 기존의 형이상학적 및 종교적 성격을 반영한다.

프로이트의 종교관은 인간의 사유의 전환 및 가치의 전도라는 측면에 있어서 니체의 종교철학과 여러 가지 점에서 유사성을 보여주고 있다. 물론 니체의 자기성찰의 철학은 종합적 사유를 본질로 삼는 데 비해서 프로이트의 정신분석학적 고찰은 어디까지나 개별과학의 영역을 고수한다는 차이점이 엄연히 존재하는 것은 사실이다. 앞에서 살펴본 프로이트의 종교에 대한 정신분석학적 고찰은 다음과 같은 몇 가지 중대한 문제점들을 안고 있다.

첫째로 프로이트는 종교를 민족학적 입장에서 살피고 종교의 역사적 기원을 토테미즘에서 찾으면서 심층심리적으로 종교의 기원을 오이디푸스 콤플렉스에 있다고 보는데, 오이디푸스 콤플렉스 자체가 가설의 성격을 지니기 때문에 그가 주장하는 종교의 기원은 설득력이 약하다.

둘째로 프로이트는 오이디푸스 콤플렉스를 바탕으로 기독교의 신은 아버지-이상 곧 자아-이상의 결과물이라고 주장하지만 이 또한 그의 정신분석학이라는 개별과학의 영역 내에서만 타당성을 주장할 수 있으므로 신학이나 선험철학 또는 실천적 신앙의 영역에서는 정당성을 확보하기 힘들다.

셋째로 프로이트는 종교와 노이로제 현상을 유사한 것으로 보고 종교를 철학 및 역사와 함께 환상의 산물로 여김으로써 순수 및 응용심리학과 자연과학의 테두리를 벗어나는 세계관들(예술, 철학, 종교)은 모두 환상의 결과라고 주장한다. 이러한 주장 역시 두 번째 문제점과 연관해서 매우 제한적인 입장이라고 하지 않을 수 없다. 네 번째로 프로이트는 정신과정의 근본적 토대를 성충동으로 삼고 감정양립의 불균형(성충동과 자아충동의 갈등)을 분석에 의해서 치

료함으로써 병든 정신을 건강한 정신으로 복귀시킬 수 있다고 믿었
는데, 성충동과 아울러 건강한 정신 및 병든 정신의 구분 역시 가설
의 성격이 강하다.

프로이트의 정신분석학은 이상과 같은 여러 가지 문제점들을 안
고 있기 때문에 그 이후 융, 호나이, 라캉 등에 의해서 계속 수정,
보강되어 왔다. 그러나 개별과학은 항상 자체 한계를 가지기 때문
에 어떤 사태를 탐구할 때 언제나 타학문들과의 연관성 있는 탐구
를 시도하여야만 바람직한 결과를 도출해낼 수 있을 것이다. 니체
의 종교철학과 프로이트의 종교관은 학적 입장과 방법론의 차이에
도 불구하고 여러 가지 측면에서 유사성을 가지고 있다. 우선 양자
는 종교문제에 있어서 지금까지 최상의 가치로 인정되어 온 합리적
의식을 의심의 대상으로 삼고 그것을 해체하려고 하였으며, 다음으
로 심층심리를 파악함으로써 기존의 종교를 허구적, 가상적인 것으
로 판정하였다. 이들의 이와 같은 작업은 인간의 정신 내지 영혼에
관한 탐구에 있어서 새로운 전환점을 마련하여 준 것이 사실이다.

만일 니체가 프로이트가 생물학적 관점에서의 죽음이나 사랑을
넘어서서 존재론적 의미를 소유한 죽음과 무(無)에 관심을 기울였
다면 그들은 기존의 종교가 가지고 있는 최소한의 가치는 인정하였
을 것이다. 기성종교는 두 사람이 비판하는 환상과 가상 및 허구의
측면을 가지고 있는 것도 사실이지만 그러한 사실을 넘어서서 우리
들 인간에게 삶의 의미를 부여하며 희망의 빛을 던져 주는 측면도
있다. 종교문제는 인류의 역사가 종말을 고할 때까지 여타의 문화
의 형태들과 아울러 끊임없는 논의의 대상으로 남을 것이다.

제6장 계보학과 분석

1. 니체와 프로이트의 방법론

가. 실험철학과 원근법주의

고대로부터 오늘날까지 철학의 방법론을 살펴볼 것 같으면 철학의 경향에 따라서 감각경험을 중시하고 경험적 탐구내용을 기술하거나 아니면 이성중심의 입장에서 탐구대상의 의미를 설명하는 것이 일반적으로 철학의 방법론으로 여겨져 왔다. 좀더 구체적으로 말하자면 어떤 철학자들은 경험론의 입장에서 귀납법을 사용하여 문제를 해결하고자 한 반면 어떤 철학자들은 연역법을 사용해서 문제를 해결하려고 하였다. 그러나 현대에 들어와서 딜타이는 자신의 철학 방법론을 해석학으로 규정하고 모든 철학적 주제들을 해석학적으로 탐구하고자 하였다. 그런가하면 후설은 철학 자체를 현상학으로 환원시킴으로써 철학적 방법론을 자신의 고유한 철학함으로 환원시키기까지 하였다.

딜타이나 후설처럼 고유하고 철저한 철학의 방법론은 아닐지라도 니체는 나름대로의 방법론을 제시하고 있다. 니체의 철학함의 목적은 힘에의 의지에 의한 허무주의의 극복에 있지만 그의 고유한 방법론은 실험철학과 계보학 그리고 원근법주의로 표현된다. 니체의 철학함에서 주제로 등장하는 개념들은 허무주의, 가치의 전도, 초인, 운명애, 영겁회귀, 힘에의 의지 등이다. 피상적, 형식적인 인간존재와 삶을 해체하고, 역동적이며 생동감 넘치는 인간존재와 삶을 구축하고자 하는 것이 니체의 철학함의 궁극적 목적이다. 니체의 철학함은 독단적 전제(전통적 합리주의와 관념주의의 이성이나 실체 등)를 근거로 삼지 않고 부단한 추구를 특징으로 하는 실험정신을 근거로 삼는다. 허무주의의 해체는 물론이고 퇴폐주의와 합리주의적 지성의 극복 등은 무수한 시행착오를 동반하는 실험정신에 의해서 가능하다. 니체의 철학함은 실험정신에 의한 끊임없는 도전이다. 실험정신은 바로 힘에의 의지의 발현이므로 영겁회귀를 운명애에 의해서 긍정하고 퇴폐주의를 극복할 수 있다.

니체에 의하면 "인간은 하나의 시도였다."[1] 시도는 동적이며 방향을 소유한다. 시도는 시행착오를 동반하는 실험정신의 행위이다. 시행착오는 한없이 반복하기만 하는 것이 아니라 방향과 목적을 동반한다. 실험정신으로서의 시행착오는 힘에의 의지라는 방향과 아울러 목적을 지닌다. 실험정신이 결여될수록 삶은 형식적이며 죽은 허무주의에 물든다. 강도 높은 시행착오를 거치면서 실험정신이 강해질수록 인간은 허무주의를 극복하고 초인과 힘에의 의지를 새로운 가치로 정립할 수 있다. "일찍이 정신 역시 수백 번이나 덕과 마찬가지로 대지를 떠났고 과오를 범하였다. 우리들의 신체 안에는 아직도 이 모든 환상과 착각이 있다. 그것은 신체와 의지가 되었다. 수백 번이나 정신도 덕처럼 추구하였으나 실패하였다. 그렇다. 인간은 하나의 시도였다. 아하, 수많은 무지와 오류가 우리들 안에서 신체로 되어버렸다."[2] 정신은 힘에의 의지를 뜻한다. 힘에의 의지는 이중적 의미를 가진다. 현존으로서의 힘에의 의지는 언제나 상승과 하락을 반복하지만 근원적 의지는 항상 힘으로 존재한다. 환상과 착각이 신체와 의지로 되는 것은 정신의 하락이다. 따라서 정신은 환상과 착각을 예리하게 구분하고 그것들을 극복하고자 한다. 생동하는 주체인 인간은 하나의 시도일 수밖에 없다.

그러면 이제 니체가 말하는 실험의 의미와 방향은 어떤 것인가? "나의 형제들이여, 그대들의 정신과 덕은 대지의 의미에 봉사하여야 한다. 그리고 만물의 가치는 그대들에 의해서 새롭게 설정되어야 한다! 따라서 그대들은 전사가 되어야만 한다! 따라서 그대들은 창조자가 되어야만 한다."[3] 여기에서 환상과 착각, 무지와 오류를 해체하고 대지의 의미 곧 초인의 의미를 획득하여 만물의 가치를 새롭게 설정하는 것이 실험의 의미이자 방향이다. 니체의 초인에 관해서는 여러 가지 논의가 가능하겠지만 초인은 존재론적 원리인 힘에의 의지에 대한 상징이라고 보는 것이 정당하다. 니체의 실험 정신 내지 실험철학은 고독, 몰락, 정신의 세 단계 변화 등에서 잘 나타난다.

니체에 의하면 전통적인 도덕과 문명에 물들어 사는 인간은 잉여 인간이다. "그렇지만 악취를 피하여 가라! 아직도 여전히 대지는 위대한 영혼에게는 자유롭게 서 있다. 한 사람의 고독자나 두 사람의 고독자에게 아직 빈자리가 많이 있다. 그 주변에는 조용한 바다냄새가 풍긴다."[4] 전통적 가치와 문화는 퇴폐주의, 허무주의로 가득 차 있는 악취이다. 왜냐하면 그것들은 형식적이며 정적인 합리주의에 물들어 있기 때문이다. 실험정신을 소유한 자는 창조와 긍정의 의미를 찾기 때문에 넘쳐나는 잉여인간이 아니라 이방인으로서 고독한 자일 수밖에 없다. 전통의 문화는 허구와 가상 그리고 허무에 불과하므로 그것은 마치 독파리와도 같다. 독파리는 아무런 긍정적 의미도 없는 일상성에 지나지 않는다. 무의미한 일상성을 해체하고 극복하기 위해서는 생동하는 강한 힘이 요구된다. "나의 친구여 그대의 고독으로 돌아가라. 나는 그대가 독파리에게 물리는 것을 본다. 거칠고 강한 바람이 부는 고독으로 돌아가라."[5] 실험정신은 잉여인간을 과감하게 벗어던지고 고독할 때 비로소 일상성을 파괴하고 대지의 의미를 맛볼 수 있다.

니체가 말하는 고독은 실험정신의 고유한 특징이다. 일상인은 허구와 가상 및 허무를 즐기지만 고독은 그것들의 파멸과 몰락을 참다운 것으로 체험한다. 본래적 인간과 삶을 퇴폐와 허무로 몰아넣는 것이 문명이라면, 문명은 거짓이다. 고독한 실험정신은 그러한 문명을 다시금 무화시킴으로 인해서 문명은 몰락한다. 지금까지 소위 위대한 것으로 평가되어 온 인류의 문명은 더 이상 위대할 수 없는 것으로 몰락하고 만다. 고독한 실험정신은 파멸과 몰락에 의하여 서양문명의 허구와 가상을 깨뜨리는 정신의 참회자가 된다. 고독한 실험정신은 긍정적 허무주의에 의해서 부정적 허무주의를 해체한다. 고독한 실험정신이 이렇게 할 수 있는 것은 그것이 대지의 뜻과 초인의 의미 곧 힘에의 의지를 체험하고 획득하기 때문이다.

니체의 실험정신이 가장 잘 나타나는 부분은 정신의 세 단계 변화이다.

"어떻게 정신이 낙타가 되고 낙타는 사자로 되며 마지막으로 사자는 아이로 되는지, 나는 정신의 세 단계 변화에 관해서 그대들에게 말한다."[6] 여기에서 낙타는 책임을, 사자는 자유를 그리고 아이는 창조를 의미한다. 낙타로부터 아이에 이르는 과정은 바로 실험정신의 전개과정이다. 힘에의 의지로서의 정신은 낙타로부터 아이의 과정을 통해서 퇴폐와 허무를 해체하고 긍정적이며 창조적인 인

간과 삶의 가치를 정립한다. 니체의 철학 방법론은 원근법주의와
계보학에 의해서 특징지어진다. 다시 말해서 니체의 실험철학은 고
유한 방법론을 택하는데 그것은 바로 원근법주의와 계보학이다. 계
보학은 다음에 다루기로 하고 여기에서는 원근법주의에 관해서 간
략하게 핵심적으로 살펴보기로 하자.[7]

원근법주의는 이중적 의미를 가진다. 하나는 허무주의와 퇴폐주
의가 대변하는 좁은 의미의 원근법주의이고 또 다른 하나는 니체가
'통찰(Einsicht)'이라고 부르는 니체 철학의 방법론으로서의 원근법
주의이다. 보통 인간이 삶 자체 또는 실재를 인식할 수 없는 가장
중요한 이유는 원근법주의 때문이다. 원근법주의는 인식 불가능한
실재를 마치 인식 가능한 것처럼 만들기 때문에 허구가 생긴다. 원
근법주의에 의해 생긴 허구는 서구문명을 지배하여 왔기 때문에 서
구문명은 허무주의에 물들어 있다. 소크라테스주의, 플라톤주의, 유
태교와 기독교는 모두 원근법주의(주로 합리주의적 지성에 의한)에
의해서 실재를 허구화함으로써 그릇된 가치관을 형성하였다. 니체
에 의하면 우리들이 통찰에 의해서 체험하는 삶 자체(실재)는 영겁
회귀, 생성소멸, 힘에의 의지 등이다. 니체는 합리주의적 인식론을
거부한다. 왜냐하면 그것은 참다운 실재의 일면성만 보면서 그 일
면성(형식성)을 삶 자체로 허구화하기 때문이다. 니체는 "보다 더
확실하고 타당한 통찰의 걸음과 진전"[8]에 의해서 삶 자체로서의 실
재를 파악하고자 한다. 실재를 인식한다는 것은 역동적 실재를 형
식화, 체계화함으로써 실재를 허구로 만든다는 것을 뜻한다. 그렇지
만 니체가 실체를 통찰한다고 할 때 그것은 창조적, 긍정적, 역동적
실재(삶 자체)를 획득하고 체험한다는 것을 의미한다. 니체는 원근
법주의의 이중적 성격을 이미 암시하고 있다. 우리는 전통철학의
방법론을 부정적 원근법주의로 그리고 니체 자신의 철학 방법론을

긍정적 원근법주의로 부를 수 있다.

　다음의 인용문에서 우리들은 부정적 원근법주의와 긍정적 원근법주의를 잘 구분할 수 있다.

　"그대들의 덕은 그대들의 가장 사랑스러운 자신이다. …… 이렇게 그대들의 덕과 광채는 비록 그 과업이 이루어졌다고 해도 계속해서 진행한다. 이제 그것이 망각되고 죽었을지도 모른다. 빛의 광채는 여전히 살아서 떠돈다. 그대들의 덕은 그대들 자신이지 낯선 것, 껍질 및 의복이 아니다. 덕을 가진 자들이여, 이 사실은 그대들의 영혼의 근원에서 나오는 진리이다! ……"[9] 니체가 뜻하는 원근법주의(Perspektivismus)가 확실히 이중적임을 여기에서 알 수 있다. 우선 원근법주의에 의해서 전통가치가 성립하며 다음으로 선과 악은 원근법주의에 의해서 삶 자체로 전환한다. 첫번째 원근법주의는 인간의 왜소함이 초래하는 부정적 원근법주의이다. 그러나 두 번째 원근법주의는 통찰에 의해서 가능한 니체 자신의 철학 방법론으로서 그것은 긍정적 원근법주의이다. 니체 자신이 허구, 퇴폐, 허무를 해체하기 위해서 긍정적 원근법주의라는 철학 방법론을 제시할지라도, 우리들은 인간의 어떤 능력이 두 가지 원근법주의를 구분할 수 있는가라는 물음을 제시하지 않을 수 없다. 부정적 원근법주의를 해체하고 긍정적 원근법주의를 전개할 수 있는 근거는 인간의 본래적인 결단(자유의지에 의한)인가 아니면 관습인가? 긍정적 원근법주의는 시간이 지남에 따라서 다시 부정적 원근법주의로 환원되지 않을까? 전통가치의 해체는 여전히 완전성과 절대성이라는 그리스 철학과 기독교신앙의 뿌리를 깔고 있는 것이 아닌가? 니체의 철학 방법론 역시 주관주의에 빠져있거나 아니면 유아론적(唯我論的) 성격에 물들어 있는 것이 아닐까? 내가 니체의 원근법주의와 관련해서 던지는 이러한 물음들은 니체의 철학함에 대한 비판적 반성의 또 다른 계기들을 마련하여 줄 것이다.

나. 정신분석

앞에서 나는 니체 철학의 방법론을 실험정신(실험철학)과 원근법
주의에 연관시켜서 살펴보았다. 니체 철학의 핵심적 방법론은 물론
계보학이지만, 실험정신과 원근법주의에 대한 고찰은 계보학을 살
펴보기 위한 예비작업으로 행하여졌다. 이제 나는 프로이트의 정신
분석학에 있어서 프로이트의 학의 방법론인 정신분석을 간략히 살
펴보기로 하겠다. 여기에서는 정신분석의 방법론적 특징만을 살필
것이고, 구체적인 정신분석의 내용에 관해서는 이 장의 제3절에서
심도 있게 다룰 것이다. 프로이트의 정신분석학의 기본입장은 어디
까지나 유물론이다. 그는 심리학과 자연과학의 종합으로서의 정신
분석학에 충실하고자 한다. 정신분석학의 형태는 학문이고 실천은
분석과 치료이며, 목적은 비정상적 정신상태를 극복하여 정상적 정
신상태를 회복하는 것이다.

프로이트의 분석이 무엇을 뜻하는지를 구체적으로 알기 위해서
그가 대중을 분석하는 예를 들어보기로 하자. 프로이트는 대중을
분석하면서 정적(靜的) 대중과 동적 대중을 대립시킨다. 프로이트는
대중의 분석에 있어서 비판적 담론을 사용한다. 비판적 담론은 대
중분석에서 개방적 대중의 가능성을 확보하기 위한 목적을 소유한
다. 하버마스의 의사소통이론은 말할 것도 없고 리오타르나 푸코의
작은 담론(petit discours)과 아울러 니체의 실험철학, 원근법주의, 계
보학 등은 모두 프로이트의 분석이 의도하는 것과 유사한 목표를
가진다고 말할 수 있다. 대체로 대중의 특징은 짐승의 무리와 같은
대중-개인이다. 프로이트의 대중분석은 마르크스 및 니체의 대중에

270

관한 견해와 밀접한 관계가 있다. 마르크스는 주체적 인간들의 집단을 프롤레타리아트라고 불렀고 니체는 창조적 힘에의 의지를 소유한 개인집단을 동적 대중으로 보았다. 프로이트가 개인-대중이라고 하는 것은 정상적 정신상태를 소유한 개인들의 공동체를 일컫는다.

프로이트의 분석은 정신상태의 분석이며 동시에 정신과정의 분석이다. 대중의 정신상태를 분석하면 대중의 특징은 암시의 영향을 받는 모방에 있다. 절대권력 및 지도자의 정신상태와 마찬가지로 대중의 정신상태는 개성과 자발성을 상실한 노이로제 증세이다. 최면술사와 피최면자가 있다고 가정할 경우 최면술사는 마술적 힘을 가지고 피최면자에게 암시를 제시한다. 피최면자는 최면술사의 암시에 의해서 마술이 제시하는 것을 모방하고 또한 그것에 전염된다. 이 경우 최면술사와 피최면자는 모두 주체성을 결여하고 있다. 헤겔의 주인과 노예, 마르크스의 유산계급과 무산계급 그리고 니체의 사제와 신도의 경우는 프로이트가 말한 최면술사와 피최면자의 경우처럼 각각의 집단을 형성하는 인간들이 주체성, 개성 및 자발성을 상실하고 있다고 지적한다.

프로이트의 방법론으로서 분석을 상세히 살피기 위해서는 전기충격요법, 코카인요법, 최면요법, 자유연상법 등에 관한 고찰이 필수적이지만 구체적 고찰은 해당 부분에서 다루기로 하겠다. 프로이트의 정신분석학의 방법론인 분석은 물론 몇 가지 문제점들을 안고 있다. (가) 사례 연구의 결함: 프로이트는 정신분석학에 적절한 구체적 사례들보다 오히려 매우 포괄적인 사례 연구들을 제시한다. (나) 프로이트는 실제로 성공적인 정신분석가가 아니었다: 프로이트가 이론적으로 제시하는 분석기술은 흔히 그가 실제로 환자를 치료할 때 사용하는 방법과 다른 경우가 많았다. (다) 분석이 결점 없는 정신관찰 자료의 원천으로서 적합한지가 문제이다: 분석가는 환자의 증세에 대한 정확한 해석을 가져야만 한다고 할 때, 수많은 요소들의 결합에 의해서 이루어진 환자의 증세를 어떻게 정확히 해석할 수 있는가라는 물음이 제기된다.

2. 계보학

가. 도덕의 계보학

니체 철학의 고유한 방법론은 원근법주의이지만 그것은 구체적으로 계보학으로 실현된다. 계보학은 결과들로부터 원인으로 거슬러 올라가는 니체의 방법론이다. 계보학은 단순한 사실들의 원인을 캐묻기보다는 오히려 가치론적 관점에서 허무주의 내지 퇴폐주의의 원인을 밝힘으로서 새로운 가치를 정립하고자 하는 목적을 가지고 있다. 프로이트의 분석 역시 니체의 원근법주의나 계보학과 마찬가지로 문제상황(정신상태)의 원인을 들추어내고 그것으로부터 치료방법을 찾는다. 니체 철학의 방법론으로서의 계보학이 가장 구체적으로 의미를 드러내는 것은 《도덕의 계보학》이다.

니체 철학의 방법론인 계보학은 《반(反)기독교도》,《이 사람을 보라》,《비극의 탄생》등을 비롯해서 대부분의 저술에서 적용되지만, 계보학이 가장 포괄적으로 적용되고 있는 저술은 《도덕의 계보학》이다. 니체는 현대문명에서 인간의 소외와 아울러 허무주의, 퇴폐주의의 원인과 근거를 밝히기 위해서 계보학을 사용한다. 《도덕의 계보학》은 기독교 도덕과 가치의 허무주의가 어떤 것인지를 밝히고 나아가서 허무주의의 원인을 해명한다. 허무주의의 원인이 밝혀지

면 가치의 전도가 일어나고 새로운 가치가 정립된다.《도덕의 계보
학》에서 니체가 뜻하는 도덕은 물론 기독교 도덕이지만, 기독교 도
덕은 오히려 상징적 의미를 더 많이 가진다. 왜냐하면 기독교 도덕
은 허무주의이고 따라서 그것은 소크라테스적 합리주의, 근대의 낭
만주의 및 퇴폐주의와 가치론적으로 불가분의 관계를 맺기 때문이
다.

현대문명의 허무주의는 우선 인간의 소외 내지 인간성 상실을 중
심 삼아 기독교 도덕과 가치, 양심, 가치일반 등에 연관된다. 그러므
로 니체는 허무주의의 실상을 파헤치고 원인을 밝히기 위해서 계보
학에 의한 기독교 도덕과 가치, 양심 등의 전개과정을 고찰한다. 프
로이트의 분석과 니체의 계보학은 모두 결과들로부터 원인(근원)을
거슬러 올라가면서 탐구하는 점에서 방법론의 유사성을 가진다. 니
체에게 있어서 허무주의는 인간의 비본래성을 특징짓는 퇴폐이다.
니체는 현대문명에서 왜 그리고 어떻게 허무주의가 지배적으로 되
었는지를 묻는다. 이렇게 물음으로써 그는 허무주의를 극복할 수
있는 방책을 모색한다. 그는 현대인과 현대문명을 진단하고 처방한
다.

소크라테스적 합리주의를 동반하는 기독교 도덕의 기원과 전개
과정에서 밝혀지는 핵심적 개념들은 선과 악, 양심과 원한 등이다.
니체가 피상적인 합리주의적 이성을 계보학에 의해서 분석하고 도
덕의 기원으로서 선과 악, 양심과 원한 등을 들추어내며 드디어 그
것들을 전도시키는 것은 가히 프로이트 정신분석학의 선구라고 할
수 있다. "현존재에 대한 지금까지의 가치해석의 결과"[10]는 허무주
의이다. 니체가 말하는 현존재는 현대인과 현대문명이며 이것들을
계보학에 의해서 분석할 때 드러나는 현상은 퇴폐이다. 인간과 문
명의 타락과 허약함은 참다운 삶과 세계를 부인하였다. 결국 초월

적 신이 등장하고 초감각적인 허구가 문명을 지배한다. 그러나 "신은 죽었다"와 함께 초감각적인 것이 가치를 상실하게 됨으로써 염세주의는 허무주의임이 드러난다. 니체의 계보학은 무엇보다도 먼저 현대문명이 허무주의임을 밝힌다. "최초에 무의미가 있었다. 그리고 무의미는 신에게 있었던 것이 아닌가! 또한 (신적인) 신은 무의미였다."[11] 현존하는 가치, 의미, 소망 등은 기독교 도덕을 뿌리로 삼으므로 무의미하다. 니체가 뜻하는 허무주의는 더 이상 어떤 위안이나 희망도 바랄 수 없는, 인간이 처한 가장 절박한 상황이다.

니체는 근대 및 현대문명에서 나타나는 허무주의의 근거를 다음의 몇 가지 점에서 찾는다. 물론 허무주의의 근거는 계보학에 의해서 밝혀진다. 우선 더 이상 인간은 창조적 힘을 소유하지 못한다. 다음으로 현존재 인간은 천민으로 전락하였고 대중과 독재가 지배하며 인간은 자기 자신에 대한 신뢰를 상실하였다. 마지막으로 보다 더 높은 모든 유형이 몰락하고 불안하게 되었다. 이제는 천박한 것과 교통에 대한 연민이 보다 더 높은 모든 유형의 기준 행세를 한다. 니체의 계보학은 실험철학 및 원근법주의와 맥락을 같이 한다. 계보학에 의해서 인류문명은 허무주의로 드러난다. 지금까지 기독교의 신은 존재원리이자 궁극적인 형이상학의 원리였다. 그러나 신이 죽은 이상 형이상학 자체도 무화되고 만다. 신의 죽음과 아울러 형이상학도 무화되었으므로 남는 것은 허무주의밖에 없다. 허무주의는 현존재 인간의 타락, 문명의 몰락, 인간의 신뢰상실과 아울러 기독교와 형이상학의 종말을 의미한다.

니체의 계보학은 우선 인류문명이 허무주의임을 밝힌다. 그렇지만 그것은 동시에 허무주의를 해체하고 극복할 방책을 모색하는 토대가 된다. 따라서 우리들은 니체의 허무주의가 이중적 또는 삼중적 의미를 가진다고 말할 수 있다. 하이데거는 니체의 허무주의를

274

일컬어 "형이상학의 종말"[12]이라고 한다. 니체 자신이 전통 형이상학을 모두 허구로 규정하면서 '신은 죽었다'고 주장하기 때문에 니체 철학에서 형이상학의 종말이 나타난다는 하이데거의 언명은 정당하다. 그러나 니체에게 있어서의 형이상학의 종말은 '전통 형이상학의 종말'이므로 그것은 자연히 '새로운 형이상학의 시작'이다. 전통 형이상학 자체는 허무주의에 물들어 있다. 따라서 전통 형이상학의 허무주의는 자신을 무화(無化)시킬 수밖에 없다. 무화(無化)된 전통 형이상학의 허무주의를 극복하고 새로운 가치를 정립하는 것은 긍정적 허무주의이다. 결국 부정적 허무주의는 그 자체로 하나의 전환점이 되어 새로운 가치의 시초를 마련한다.

《도덕의 계보학》에서 니체는 가치의 기원이 습관이 아니라 역사적 맥락에 있다고 본다. 영국 심리학자들은 유용성, 망각, 습관 등을 가치평가의 시초라고 생각하였다. 최초의 비이기적 행동은 그것을 유용하게 여기는 자들에게 성한 것으로 증명되었다. 그렇지만 이 사실은 곧 잊혀지고 다시 비이기적 행동은 습관에 적절한 것이므로 선한 것으로 평가받았다. 니체에 의하면 영국 심리학자들의 선에 관한 가치평가는 잘못된 것이다. 힘을 가지고 지위가 높으며 고귀한 자들은 지위가 낮은 자들이 선이라고 주장하는 것보다 자기들이 선이라고 주장하는 것이 타당하다고 확신한다. 그러므로 니체는 가치의 기원은 역사적 맥락에 있다고 본다. 니체가 보기에 도덕의 기원은 선과 악의 기원이다. 곧 지배하는 자와 지배당하는 자의 적대관계가 도덕의 기원이다.[13] 시간이 흐름에 따라서 지배하는 탁월한 자의 덕은 선으로 그리고 지배당하는 저속한 자의 덕은 악으로 굳어지게 되었다. 도덕에 관한 이러한 니체의 분석은 마르크스의 유산계급과 무산계급의 적대관계에서 나타나는 가치관과 비교할만한 것이다. 왜냐하면 마르크스가 말하는 두 계급간의 적대관계는 바람직한 것이 아니고 주체적 인간성을 회복하기 위해서 붕괴되어야 할 관계이기 때문이다. 니체에 의하면 선과 악은 결국 허구적 적대관계의 결과물이므로 허무주의에 지나지 않는다. 그러므로 니체는 '선과 악의 피안'에서 새로운 가치를 정립하고자 한다.

계보학에 의해서 도덕의 기원을 분석하면 선과 악이라는 가치는 위조되고 강요된 것이므로 그것은 허구로 드러난다. 이제 도덕의 기원에 관한 니체의 분석은 전통 형이상학을 비판하지 않을 수 없다. 기독교 도덕의 기원이 허구이고 기독교의 근본원리인 신도 허구이기 때문에 니체는 '신은 죽었다'고 말한다. '신은 죽었다'는 말은 살아 있던 신이 죽었다는 것이 아니라 본래부터 신이 존재하지 않았다는 것을 뜻한다. 본래부터 신은 존재하지 않았는데 지배자들이 피지배자를 지배하기 위해서 신을 날조했지만, 날조된 신은 더이상 강요될 수 없으므로 무화(無化)된다.

선이나 악과 마찬가지로 복수와 증오, 원한과 사랑은 모두 노예도덕을 대변한다. 기독교 도덕을 만든 장본인은 사제(司祭)들이다. "사제들의 무력함으로부터 사제들에게 가장 정신적이며 독소 가득한 증오가 자라난다. 역사상 가장 커다란 증오자는 사제들이었다."[14] 가장 힘없는 사제들은 증오 곧 도덕의 노예상태에서 수단과 방법을 가리지 않고 지배권을 획득하기 위해서 선과 악 및 사랑과 증오 등을 날조했다는 것이 니체의 주장이다. 이와 같은 니체의 탐구는 내면적인 정신작용 내지 정신과정을 깊이 탐구하는 프로이트 정신분석의 선구가 된다. 사제들은 원래 무력하고 그들이 날조한 도덕도 무력한 것이다. 표면적, 현실적으로는 사제들이 만든 도덕이 강하게 지배하는 것 같지만 계보학적으로 사제들의 도덕을 거슬러 올라가서 그것의 내면을 응시하면 사제들의 도덕은 노예도덕임이 여실하게 드러난다. "원한(Ressentiment) 자체가 창조적으로 되어 가치를

276

잉태하면서 기독교의 노예도덕이 시작된다."[15] 니체가 말하는 노예
도덕은 무력하고 날조된 도덕이므로 그것은 허무주의 이외의 다른
것이 아니다.

나. 양심의 뜻

양심에 관한 니체의 계보학적 고찰은 매우 흥미로운데 그것은 프
로이트가 말하는 양심에 대한 입장과 전적으로 동일하다. 양심에
대한 고찰 하나만 보더라도, 비록 니체가 프로이트에게 직접적인
영향을 미치지 않았다고 할지라도 니체 철학이 프로이트 정신분석
학의 선구라는 사실은 명백해진다. 니체는 양심의 기원은 비양심이
며 양심은 벌 및 죄책감과 뗄 수 없는 관계가 있다고 본다. "우리의
양심의 내용은, 우리가 존경하거나 두려워했던 사람들을 통해서 어
린 시절의 우리들에 의해 근거도 없이 규칙적으로 강요된 모든 것
이다. 양심으로부터 처하지 않으면 안 된다는 감정(Gefühl des
Müssens)이 생긴다. 나는 이것을 하여야만 하고 또 이것은 하지 않
아도 된다. 이 감정은 왜 나는 하지 않으면 안 되는지를 묻지 않
는다.―어떤 사태가 '때문에' 및 '왜'와 아울러 이루어지는 모든 경
우에 있어서도 인간은 양심없이 행동한다. 따라서 여전히 그와 같
은 것이 거슬리지 않는다―권위에 대한 믿음은 양심의 원천이다.
말하자면 그것은 인간의 가슴 안에 있는 신의 음성이 아니고 인간
안에 있는 몇몇 인간의 음성이다."[16] 니체에 의하면 신을 비롯해서
선과 악의 도덕, 삶의 피안, 진리, 양심 등은 모두 성스러운 거짓말
쟁이인 사제들의 발명품에 지나지 않는다. 계보학에 의해서 부정적
허무주의의 정체가 밝혀졌고 인류문명은 퇴폐주의로 진단을 받았
다. 이제 니체는 긍정적 허무주의에 의해서 '지금까지의 양심'과는

질적으로 다른 '새로운 양심'에 의해서 창조적이며 역동적인 새로
운 가치를 정립하고자 한다. 새로운 양심은 자유로운 정신이다.[17)

　전통 형이상학은 가치를 형식성, 체계성, 보편성 및 절대성과 완
전성으로 포장하였다. 그러나 이제 형식성, 보편성 …… 등은 모두
날조된 허구임이 드러나고 말았다. 이제 니체가 주장하는 새로운
양심은 인간의 심연에 내재하는 역동적인 힘이다. 새로운 양심은
형이상학적, 종교적 양심을 배척하고 부정하며 무화시킴으로써 새
로운 가치를 정립한다. 결국 새로운 가치의 정립이란 전통가치의
전도를 말한다. 니체에게 있어서 객관적이며 보편적인 가치의 전도
란 있을 수 없다. 왜냐하면 그러한 것이 있다면 그것은 여전히 형식
성, 보편성에 물든 날조이자 허구일 것이기 때문이다. 그렇다면 가
치의 전도는 주관적일 수밖에 없는데 모든 사람들이 각각 주관적
입장에서 나름대로 가치의 전도를 외친다면 과연 어떤 것이 정당하
고 긍정적인 가치의 전도일 수 있을까? 이러한 물음은 프로이트의
치료에도 마찬가지로 적용된다. 물론 양자의 기본적인 차이가 있는
것은 사실이다. 니체의 가치의 전도는 어디까지나 철학적 차원의
것임에 비해서 프로이트의 치료는 실증적으로 환자가 건강한 정신
상태를 회복하는 것이다.

　다. 가치의 전도

　니체의 《도덕의 계보학》에서 우리는 니체의 철학방법론으로서의
계보학이 구체적으로 무엇을 어떻게 탐구하는지를 알 수 있다. 《도
덕의 계보학》을 구성하는 장들은 '머리말', '선과 악', '죄, 악 그리
고 이들과 유사한 것들', '금욕적 이상은 무엇을 의미하는가' 이다.
우선 '머리말'에서 니체는 허무주의적 문명과 소외된 인간을 해체

함으로써 창조적이며 긍정적인 문명을 정립하고자 한다. 그러기 위해서는 퇴폐한 문명과 가치의 기원을 계보학적으로 거슬러 올라가서 파헤칠 필요가 있다. 그래서 '선과 악', '죄, 악 그리고 이들과 유사한 것들'의 장에서 니체는 도덕과 양심의 기원 및 성격을 해명한다. '금욕적 이상은 무엇을 의미하는가'의 장은 기독교 도덕과 철학의 상호관계와 아울러 원한(Ressentiment)의 계보학적 기원을 밝힌다. 결국 금욕적 이상의 정체는 허구로 드러난다. 따라서 허무주의를 해체하고 새로운 가치를 정립하여야 할 당위성이 성립된다.

기독교 도덕의 대표적 개념들인 사랑과 금욕적 이상을 계보학에 의해서 탐구할 때 그것들의 기원은 어떤 것일까? 사랑의 뿌리는 증오, 분노 및 원한이다. 증오와 분노와 원한은 사제들이 원래 소유했던 것들이다. 사제들은 무력했기 때문에 강자에 대해서 증오와 분노 및 원한의 감정을 가지고 있었다. 사제들은 도저히 강자들 위에 군림할 수 없을 뿐만 아니라 강자들에게 대적할 수 없음을 알고 자기들의 증오, 분노, 원한을 사랑이라는 개념으로 위장함으로써 가장 강한 힘을 얻으려고 하였다. 니체는 금욕적 이상 역시 사랑과 동일한 계보학적 기원을 가진다고 본다. 대표적인 금욕적 이상은 가난 (Armut), 겸손(Demut), 순결(keuscheheit)이다.[18] 기독교 도덕인 금욕적 이상은 철학자들의 덕에 일치한다. 전통적 철학자들은 모든 문제를 회의하고 부정하며, 분석하고 비교하지만 그들은 합리주의적 이성을 근본적으로 탐구의 바탕에 깔고 있다는 것이 니체의 견해이다. 결국 철학자들은 가장 냉정한 중간적 태도와 보편성 및 객관성을 제시하지만 그것들은 다 새로운 가치에 대립한다.[19]

우리들이 아는 전통상의 철학적 정신은 오래 전부터 합리주의적, 사변적 인간이 소유했던 것이다. 철학적 정신은 금욕적 이상과 일치한다. 사제, 마술사, 점쟁이 등은 동일한 부류로 종교적 인간에 속한다. 이들은 금욕적 이상을 삶의 최고 목표로 삼아왔다. 계보학은 금욕적 이상의 기원과 아울러 정체를 밝혀준다. 금욕적 사제들은 사랑, 가난, 겸손, 순결 등의 금욕적 이상을 날조하였다. 그러면 모든 것을 형식성, 체계성, 객관성, 보편성의 틀로 묶어버리는 철학적 정신의 기원은 어디에 있는가? 니체에 의하면 철학적 정신의 기원은 금욕적 이상에 있다. 철학은 지금까지 금욕적 이상을 떠받들면서 자신의 명맥을 유지하여 왔다는 것이 니체의 결론이다. 금욕적 이상을 보존하는 삶은 자기모순을 범할 수밖에 없다. 가장 본래적인 삶이어야 할 현존재 인간의 삶이 가장 비본래적인 금욕적 이상을 유지하면서 그것을 절대목표로 내세우는 것이야말로 모순이 아닐 수 없다.

니체에 의하면 금욕적 이상은 질병의 상태이다.[20] 금욕적 이상의 기원은 사제의 무력함에 있기 때문에 금욕적 이상을 소유한 자는 환자일 수밖에 없다. "인간의 마지막 의지, 무에 대한 인간의 의지, 허무주의"[21]는 바로 금욕적 이상에 의해서 나타나는 것이다. 이제 우리는 니체가 '이 세계는 힘에의 의지이다'라고 한 말의 참다운 의미를 파악할 수 있다. 허무주의도 역시 힘에의 의지이다. 힘에의 의지를 우리는 부정적인 것과 긍정적인 것으로 나누지 않으면 안 된다. 금욕적 이상은 "무에의 의지이며 삶에 대립하는 의지"[22]이다. 금욕적 이상에 대립하는 것은 자유로운 정신이다. 금욕적 이상이 부정적인 힘에의 의지라고 할 것 같으면 자유로운 정신은 긍정적인 힘에의 의지이다. 허무주의를 해체하고 새로운 가치를 정립하는 것은 자유로운 정신이다.

자유로운 정신은 니체에게 있어서 원근법주의와 계보학에 의해서 철학하는 주체인 현존재 인간이다. 긍정적 허무주의는 부정적 허무주의를 해체할 뿐만 아니라 그것을 창조적인 것으로 만든다.

역설적인 표현이긴 하지만 부정적 힘에의 의지(무에 대한 인간의 의지)는 스스로 부정되어 허무주의에 직면한다. 그렇지만 부정적 힘에의 의지는 허무주의로 정지하지 않고 자유로운 정신에 의해서 가치의 전도를 체험한다. 그렇다면 허무주의는 결코 절대적인 무 (無)가 아니라는 말이 성립한다. 물론 무에 대한 인간의 의지는 허무주의이지만, 이 의지의 심층에는 동적이며 창조적인 힘에의 의지가 은폐되어 있다. 따라서 현존재 인간은 허무주의에 맞서서 허무주의를 해체하고 새로운 가치를 창조할 수 있다.

　구조적으로 살펴볼 때 니체의 가치의 전도는 프로이트의 치료와 매우 흡사하다. 니체가 말하는 무에의 의지와 삶의 대립은 프로이트의 죽음의 충동(타나토스)과 사랑의 충동(에로스)간의 대립과 여러면에서 유사하다. 죽음의 충동은 모든 것을 부정하고 파괴하려는 힘임에 비하여 사랑의 충동은 끊임없이 유기체를 존속시키려는 힘이다. 전쟁, 대중, 독재자의 권력을 이끌어 가는 힘은 죽음의 충동이고 이에 비해서 개인과 공동체의 권리를 회복하려고 하는 힘은 사랑의 충동이다. 프로이트에 의하면 자동기계들의 문화를 해체하고 바람직한 공동체의 문화를 정립할 수 있는 것은 다름 아닌 사랑의 힘에 의해서이다. 프로이트의 정신분석학의 궁극적 목표는 건강한 정신상태를 소유한 개인과 공동체의 회복이다. 니체의 실험철학의 목표 역시 프로이트의 치료와 마찬가지로 가치 전도에 의한 창조적이고 주체적인 인간과 문화이다.

3. 분석

가. 최면요법

프로이트가 정신장애의 상태를 관찰하고 정상적인 정신상태를 회복시키기 위해서 사용한 방법론은 분석이다. 프로이트의 분석은 처음부터 성공적으로 채용된 방법이 아니고 자유연상법으로서의 분석에 도달하기 위해서 프로이트는 코카인요법, 최면요법, 지압테크닉 등의 과정을 거쳐야만 했다. 서양의 중세는 물론이고 근대 이후까지도 광기(狂氣)는 마귀에 사로잡히거나 아니면 본질적으로 악한 것으로 생각되었다. 18세기 말에 진보사상을 가진 사람들은 광기가 악도 아니고 마귀에 사로잡힌 것도 아니라는 생각을 가지게 되었다. 정신이상자들은 정신질환을 앓는 사람들이므로 적절하게 치료하면 정상적인 인간으로 살아갈 수 있다고 주장하는 인물들이 등장하였다. 대표적으로 피넬(Philippe Pinel, 1745~1856)과 에스키롤(Jean Esquiral, 1772~1840) 등은 정신이상자들이란 귀신들린 인간들이 아니고 치료받아야 할 정신병 환자라고 생각하였다. 당시까지만 해도 남녀 정신 이상자들은 인간 취급을 받지 못하고 마치 맹수처럼 쇠고랑에 묶인 채 특정 장소에 감금당하고 있었다. 정신이상자들은 단순히 흥미로운 구경거리였다. 사람들은 관람료를 지불하고 마치 동물원의 짐승을 구경하듯 정신이상자의 몰골을 흥미롭게 구경하였다.

피넬은 프랑스 정부에 호소해서 정신이상자들 중 비교적 순한 사람들을 골라 쇠고랑을 벗기고 밝은 햇빛을 볼 수 있게 하였다. 정신이상자들은 감옥을 벗어나 밝은 정원을 산책하고 의사들의 치료도 받을 수 있었다. 정신이상자들의 정신상태는 기적과도 같이 호전되어 가고 있었다. 피넬은 정신이상의 원인을 뇌기능의 비정상적 작용에 있을 것이라고 추측하였다. 피넬의 후계자 에스키롤은 정신질환의 원인은 심리학적 요소들에 있다고 보았다. 에스키롤이 정신질환의 원인들로 꼽은 것은 사랑에 대한 불만, 경제적 손실 그리고 다양한 실패 등이었다. 에스키롤은 여러 종류의 우울증을 구분하였고 환상의 개념을 처음으로 도입하였다. 아직 정신질환의 정체가 명확하게 밝혀지지 않았기 때문에 의사들은 수면, 약물 및 전기충격요법 등에 의해서 정신질환을 치료하려고 시도하였다. 정신질환을 치료하기 위해서 본격적으로 최면술을 사용하기 시작한 사람은 리에보(Ambroise-Auguste Liébeault, 1823~1904)였다. 리에보는 의식에 심리학을 결합하여 심리치료의 획기적 시초를 마련하였다.

프로이트의 스승 샤르코(Jean Charcot, 1825~1895)는 주로 최면술에 의존해서 정신질환자를 치료하였다. 그는 정신질환자를 히스테리환자라고 불렀는데 히스테리는 퇴행의 생리적 상태이다. 만일 어떤 성인이 히스테리 환자라면, 이 환자의 히스테리 증세는 유아기로 되돌아가려는 생리적 상태이다. 환자를 최면상태에 빠지게 하여 퇴행을 발견하고 환자로 하여금 퇴행의 원인을 명백하게 알게끔 하면 질환이 치료될 수 있다는 것이 샤르코의 견해였다. 샤르코는 특정 종류의 마비, 감각과민증, 간질발작 등의 증세들을 최면요법에 의해서 치료하였다. 더 나아가서 그는 혼수상태, 경직증, 몽유병 등도 최면요법에 의해서 치료하려고 하였다. 샤르코의 제자인 자네(Pierre Janet, 1859~1949)와 프로이트 양자는 모두 정신 노이로제에 관한 이론을 전개하였다. 이들은 샤르코와 달리 정신질환의 원인을 정서적이며 능동적인 정신의 힘에서 찾았다. 이들은 정신질환의 원인으로 정서적 쇼크를 꼽았으며, 쇼크는 비록 환자에게 의식되지 않을지라도 환자의 기억 속 어딘가에 여전히 힘을 가지고 남

아 있다고 믿었다. 이들은 정신질환의 원인을 탐구하면서 일반심리
학의 핵심 주제가 되는 인지적(認知的) 의식을 보충하려고 하였다.[23]

자네와 프로이트는 정신의 에너지와 아울러 의식되지 않은 정신
의 기능을 정신활동의 주체로 보기 때문에 이들은 역동적 심층심리
학자로 불리운다. 노이로제 증세를 일으키는 데 있어서 자네에 의
하면, 노이로제 환자는 정신집중에 있어서 충분한 정신의 힘이 결
여되어 있다. 즉 환자 정신의 힘의 일부가 다른 일부와 떨어져서 작
용하기 때문에 정신질환이 발생한다. 그러나 이미 우리들이 앞에서
여러 차례 살펴본 것처럼 프로이트는 여러 가지 정신의 힘들(충동
들)이 있으며 그것들이 서로 갈등한다고 본다. 정신의 힘들 중 가장
강한 힘이 다른 힘들을 억압한다. 억압이 극도에 달하면 정신질환
이 발생하여 환자는 도저히 원래의 건강한 정신상태를 회복하기 힘
들다.

앞에서도 간단히 언급했지만 프로이트는 자신의 자유연상법에
의한 분석이라는 방법론에 도달하기 이전까지 전기요법, 코카인요
법, 최면요법 등을 환자치료에 적용하는 시행착오의 과정을 거쳤다.
프로이트는 《히스테리 연구》(1896)를 통해서 샤르코와 다른 자신만
의 독자적인 길을 개척하기 시작한다. 샤르코는 뇌신경에 아무 이
상이 없을지라도 뇌신경이 제 기능을 발휘하지 못할 경우 기억상실
이나 언어상실 증세가 나타날 수 있다고 보았다. 따라서 샤르코는
히스테리와 최면 사이의 유사성을 증명하고자 하였다. 최면으로 팔
이나 안면을 마비시킬 수 있는가 하면 최면으로 팔이나 안면의 마
비증세를 제거할 수도 있다. 물론 프로이트는 정신질환의 이해에
있어서 샤르코로부터 지대한 영향을 받긴 했어도 샤르코와는 달리
히스테리는 정신적 원인을 가지고 있음이 틀림없다고 확신하였다.
게다가 프로이트는 정신적 장애인 히스테리는 성적 배경과 뗄 수

없는 관계를 맺고 있다고 생각하였다.

프로이트는 1886년 4월 개인병원을 개설하고 신경생리학자로서 정신이상 환자들을 실험하고 치료하기 시작하였다. 이 때부터 프로이트는 독자적인 관찰방법, 치료법, 이론을 확립하기 위해서 끊임없이 연구하는데 그 성과는 후에 정신분석학이라는 학문적 체계로 나타난다. 개업 후 처음으로 여성 히스테리 환자를 치료하면서 프로이트는 당시 통용되던 전기요법을 여성환자에게 적용하였다. 여성 히스테리 환자는 신체기관에는 아무런 이상이 없음에도 불구하고 히스테리 증세를 호소하였다. 프로이트는 여성 환자의 특정한 피부와 근육에 전기 자극을 가함으로써 히스테리 증세를 치료하려고 하였다.

전기요법의 치료 결과는 단지 일시적 자동 암시 효과로 그치고 말았다. 피부나 근육의 특정 부위에 전기충격을 가했을 때만 환자가 통증이나 마비와 같은 증세를 순간적으로 잊을 수 있었다. 그러나 통증이나 마비는 곧 재발했고 영속적 치료는 불가능하였다. 전기요법이 일반화될 수 없다는 사실을 안 프로이트는 바로 전기충격요법을 포기하였다.[24] 프로이트는 자신의 정신분석학의 체계를 확고하게 수립하기 이전부터 독자적 연구를 계속해서 발표하였다. 그는 정신질환의 관찰, 분석, 치료에 있어서 시행착오를 반복하면서 점차로 정신분석학 체계를 형성하기 위한 준비 과정을 밟아가고 있었다. 1891년 프로이트는 실어증(失語症)에 관한 연구를 발표하였다. 1893년에는 아동의 뇌성마비에 관한 연구결과를 발표하였다. 당시 비엔나와 낭시에서는 샤르코의 최면이론과 견해를 달리하는 최면이론이 확산되고 있었다.

샤르코에 의하면 히스테리 환자만이 최면에 걸린다. 그러나 낭시의 의사들과 프로이트의 선배이자 친구인 브로이어(Joseph Breuer,

1842~1925)는 모든 사람들이 다 최면에 걸릴 수 있다고 주장하였다. 브로이어는 최면요법으로 안나라는 처녀의 히스테리 증세를 최면요법에 의해서 치료하였다. 프로이트는 브로이어를 설득하여 최면요법에 의한 안나의 치료 경우를 《히스테리 연구》라는 제목으로 공동출판하였다. 최면요법은 대화치료이자 정화치료이다. 정화는 그리스어인 카타르시스(Katharsis)의 번역어로서 세척, 배변 또는 정신적 정화 내지 순화를 뜻한다. 정화치료는 마음속에 억압된 모든 것을 마치 배변하는 것처럼 털어놓게 함으로써 억압을 제거하여 정신건강을 되찾게 하는 치료법이다. 히스테리 환자는 보통 일상생활에서 억압의 원인을 알지 못하고 신체 특정 부위의 통증이나 마비로 고통받는다. 일단 환자가 최면상태에 빠지면 의사와의 대화를 통해서 망각되었던 과거의 기억을 떠올린다. 환자는 최면에서 깨어나서도 망각되었던 사실을 확실히 알게 되고 따라서 마음속의 억압을 떨쳐버리게 된다. 다시 말해서 환자는 마음이 억눌리게 된 근본 원인을 회상한다. 환자는 스스로 억압의 원인을 캐냄으로써 억눌린 마음을 폭발시키고 억압된 마음에 생겼던 장애들을 제거한다. 프로이트는 초기에 브로이어의 영향을 받아서 최면술과 대화치료를 환자의 치료에 사용하였다. 그러나 얼마 지나지 않아 프로이트는 최면요법을 포기하였다. 왜냐하면 최면요법은 단지 일부의 환자에게만 효과가 있었기 때문이다.

나. 자유연상법

최면요법을 포기한 후 프로이트는 지압테크닉도 사용해 보았다. 임상실험의 결과 프로이트는 노이로제 환자들이 최면치료에 의해 일시적으로 치료되긴 해도 곧 증세가 재발하는 것을 알았다. 지압테크닉 역시 최면요법과 마찬가지로 일시적 효과밖에 없었다. 프로이트는 환자의 이마에 손을 가볍게 얹어 놓고 환자를 차분하고 안정된 마음의 상태에 빠져들게 하였다. 그렇게 해서 그는 환자의 충격적 기억을 되살림으로써 환자를 증세로부터 해방시키고자 하였다. 지압테크닉도 최면요법과 마찬가지로 모든 환자들에게 효과적인 것이 못 되고 극히 일부의 환자에게만 효과가 있었다. 따라서 프로이트는 지압테크닉을 잠시 시도해 본 후 포기하였다.

프로이트는 1896년 《히스테리 연구》에서 정신분석학(Psychoanalyse)이라는 개념을 명확하게 제시하였다. 그는 정신과정의 구조와 본질을 본격적으로 관찰하고 분석하면서 정신이상을 치료하고자 하였다. 프로이트는 전기충격요법, 최면요법, 지압테크닉을 모두 버리고 자유연상법의 치료술을[25] 창안해서 환자를 성공적으로 치료하게 되었다. 의사(분석가)가 환자(피분석가)에게 억압된 기억이 어떤 것이기에 현재의 이런 증세가 나타났는가를 직접 묻는다면 환자는 무의식적으로 방어한다. 이 경우 환자의 마음속에서는 검열이 강해지고, 억압된 기억은 더 심하게 억압당한다. 과거의 정신적 쇼크에 대한 기억을 되살릴 길이 완전히 폐쇄되고 만다.

그러나 매우 아늑한 상황에서 의사가 환자로 하여금 마음에 떠오르는 모든 것을 말할 수 있게 한다면 환자는 전혀 구속감을 느끼지 않고 자유롭게 떠들어댈 수 있다. 환자가 자유로운 상황에서 연상되는 모든 것을 말할 때 의사는 환자가 말한 것들을 냉정하고 치밀하게 분석하여 노이로제 증세의 원인을 지적하고 그것을 환자에게 명백하게 알려 줄 수 있다. 프로이트의 자유연상법은 가능한 한 정확한 분석을 위한 방법론이다. 여기에서 우리들은 프로이트의 분석이, 비록 어떤 대상을 관찰하고 치료하는 점에 있어서는 큰 차이가 날지라도 니체의 원근법주의나 계보학의 방법론과 매우 유사한 특징을 가지고 있음을 알 수 있다. 프로이트의 정신분석은 자유연상법과 거의 동일한 의미에서 이해되어야만 한다. 환자로 하여금 마음에 떠오르는 모든 것을 자유롭게 말하도록 하는 것은 바로 분석가(의사)와 피분석가(환자)가 함께 노이로제 증세의 원인을 찾기 위한 하나의 방법이다. 일단 증세의 원인을 찾으면 증세를 해체하고 전도시킴으로써 정상적인 정신상태를 회복할 수 있다. 넓은 의미에서 보자면 프로이트의 자유연상법은 새로운 가치를 정립하기 위한 정신분석학의 방법론이라고 말할 수 있다.

프로이트의 자유연상의 테크닉은 흔히 우리들이 '꿈의 해석'으로 알고 있는 《꿈에 관한 꿈 해석》(1900)의 기초를 마련하였을 뿐만 아니라 프로이트의 정신분석학의 본격적인 치료법으로 자리를 굳히게 되었다. 꿈에 관한 올바른 해석과 노이로제 증세의 원인에 관한 냉정한 분석은 서로 유사한 점이 많다. 꿈을 꾼 사람이 제아무리 꿈을 사실인 것처럼 이야기할지라도 꿈 꾼 사람은 물론이고 꿈 이야기를 듣는 사람이 꿈의 내용을 올바르게 해석해야만 꿈 이야기의 심연에 은폐되어 있는 원천적 충동을 끌어낼 수 있다. 프로이트는 '꿈의 해석'에서 꿈의 정체를 밝히면 노이로제 증세의 정체도 밝혀낼 수 있다고 생각하였다. 이러한 생각은 자유연상법을 기초로 성립한 것이다.

4. 비판적 고찰–계보학과 분석의 의미

나는 지금까지 니체 철학의 방법론과 프로이트 정신분석학의 방법론을 때로는 각각 분리시켜서 해석하고, 또 경우에 따라서는 서로 비교하면서 각각의 의미가 어떤 것이고 어떻게 진행되며 무엇을 목표로 삼는지에 관해서 대체적으로 살펴보았다. 니체와 프로이트는 모두 처음부터 체계화된 학적 이론을 고정시키고 사유의 전개과정을 제시한 것이 아니라 많은 시행착오를 거치면서 힘에의 의지나 심층의식을 가다듬어 나갔다. 이들은 다같이 객관성, 보편성, 형식성, 체계성을 완전하고 절대적인 것으로 내세우는, 소위 근대성을 해체하고 역동적인 힘에의 의지와 심층의식을 현존재 인간의 존재근거로 제시하였다. 말하자면 니체와 프로이트는 근대성을 전도시킴으로써 새로운 가치를 정립하고자 하였다.

니체의 실험철학은 원근법주의와 계보학을 방법론으로 택하여 기독교 도덕과 그리스의 합리주의 곧 허무주의의 기원을 밝힘으로써 허무주의를 해체하고 새로운 가치를 정립한다. 그런가 하면 프로이트의 정신분석은 자유연상법을 동원하여 환자의 증세의 원인을 들추어냄으로써 마음속의 억압을 해방시키고 정상적인 정신 상태를 회복시킨다. 니체의 원근법주의 및 계보학과 아울러 프로이트의 정신분석의 궁극적인 목표는 결국 현존재 인간의 윤리적 가치 이외의 다른 것이 아니다. 양자의 학문적 입장의 차이가 있다면 니체의 기본 입장은 형이상학 내지 존재론임에 비해서 프로이트 자신은 어디까지나 유물론적, 자연과학적 정신분석학의 견해에 충실하고자 한다는 점이다.

니체나 프로이트 모두 정신의 피상적 형식보다 실질적 내용을 새로운 가치로 정립하기 위해서 나름대로의 방법론을 제시하였다. 계보학과 분석은 양자가 모두 정지된 형식보다 역동적 내용을 인간 현존재의 존재근거로 보는 점에서 유사하다. 계보학과 분석이 인간의 부정적 존재현상의 원인을 관찰하고 분석한다는 점에서 긍정적이지만 이들 양자는 여전히 각자의 문제점을 안고 있는 것도 사실이다. 니체는 현대 유럽문명을 단적으로 허무주의라고 규정하는데 그렇다면 허무주의의 원인을 거슬러 올라가서 밝혀낸다는 일은 불가능하다. 더욱이 허무주의를 해체하고 새로운 가치를 정립하는 것도 불가능하다. 만일 힘에의 의지가 변증법적이라고 한다면 허무주의는 과연 허무주의 자체에 의해서 극복되는 것일까? 인간이 자유의지나 본능적 직관에 의해서 허무주의를 통찰하고 해체한다면 자유의지나 직관은 어떤 것이며 그것들은 어떤 점에서 합리적 이성과 다른 것일까? 그리고 프로이트의 경우 자유연상의 테크닉에 의해서 환자의 증세의 원인을 분석한다고 하는데, 증세의 원인이 매우 복합적일 때에도 의사(분석가)는 원인을 명백하게 붙잡을 수 있을까? 더 나아가서, 특정한 신체기관의 질환이 아니고 매우 복잡하고 다양한 형태를 소유하는 정신질환이 자아, 초자아, 원초아 등 오로지 세 가지 정신과정들의 상호관계에 의해서 정당하게 해석될 수 있을까? 유전적인 또는 외부의 사회적인 영향이 거의 절대적인 것처럼 보이는 정신질환도 자유연상법에 의한 분석을 통해서 증세의 원인이 밝혀지고 치료될 수 있을까?

　니체와 프로이트의 방법론은 모두 인간의 지성작업에 의한 관점들이다. 관점들은 윤리적 가치를 전제로 삼을 때 비로소 의미를 가질 수 있다. 니체와 프로이트의 방법론은 각각 몇 가지 중요한 문제점들을 내포하고 있음에도 불구하고 창조적이며, 긍정적이고 역동적인 인간상을 회복하려는 점에서 윤리적 가치를 소유한다고 말할 수 있다.

제7장 힘에의 의지와 심층의식

1. 힘에의 의지에 관한 형이상학적 고찰

나는 이 책에서 니체 철학과 프로이트의 정신분석학을 이해하고 해석하면서 니체의 실험철학, 비판철학이 프로이트의 정신분석학과 어떤 점에서 연관성을 가지는지를 밝히고자 한다. 따라서 이 책의 각 장들은 니체철학과 프로이트의 정신분석학의 구체적인 주제들을 비교, 검토하면서 양자의 사상에 있어서 다른 점과 같은 점을 부각시키고 있다. 물론 프로이트는 정신분석학이라는 개별과학의 차원에서 인간의 정신작용을 탐구하는 데 비해서 니체는 생철학 내지 실존철학의 차원에서 삶 전체를 해명하고 있다. 나는 지금 여기에서 니체와 프로이트의 형이상학적 입장을 고찰의 주제로 삼으려고 한다. 니체는 소위 전통철학(합리론을 비롯하여 관념론)과 아울러 형이상학을 허무주의로 규정하고, 그 가치를 해체하고 전도시키려고 하였다. 그런가하면 프로이트는 예술과 종교 그리고 철학을 환상이라고 하며 학문의 영역에서 배제하였다. 그렇다면 니체와 프로이트의 사상에 있어서 형이상학적 특징을 논의한다는 것 자체가 무의미하지 않겠는가 하는 반문이 당연히 제기될 수 있다.

294

간단히 말해서 형이상학은 존재자들이 어떻게 그리고 왜 존재하는지를 탐구하여 동시에 존재원리는 어떤 것이고 존재자와 존재원리의 관계는 어떤 것인지를 탐구하는 철학의 한 분야이다. 동서고금을 통해서 철학함에 있어서 가장 선행하여 진행된 작업은 역시 형이상학적 탐구이다. 원질(arché)을 비롯해서 사대(四大)는 물론이고 신(神), 천(天), 도(道)를 비롯해서 실체나 물자체(物自體) 등은 모두 형이상학적 개념들이다. 디지털-사이버 후기자본주의 시대로 특징지어지는 사회를 살아가면서 우리들은 철학함에 있어서 주로 인식론, 윤리학, 미학의 문제들에 비중을 두는 경향이 있다. 그러나 무엇을 어떻게 알고 느끼며 행동하여야 할 것인가에 우리들의 철학함이 항상 초점을 맞추는 한에 있어서 형이상학은 여전히 철학함에 있어서 불가결의 분야임이 명백하다.

이렇게 볼 때 니체가 세계와 힘에의 의지를 논하는 것은 분명히 형이상학적 작업이다. 프로이트는 비록 신경생리학, 생물학, 해부학 등을 바탕으로 삼은 유물론적 정신분석학의 입장을 고수하지만 그가 힘이나 에너지로서의 심층의식을 제시하고 더 나아가서 질(質)적 정신과정을 중요한 정신작용으로 언급할 때 우리들은 그에게서도 얼마든지 형이상학적 논의의 여지를 찾아낼 수 있다.

가. 디오니소스와 아폴론

니체는 초기의 저술 《비극의 탄생》에서 예술 곧 비극의 두 요소로 아폴론적인 것과 디오니소스적인 것을 꼽는다. 《비극의 탄생》에서는 아직 힘에의 의지 사상이 구체적으로 제시되지 않고 있기 때문에 아폴론적인 것과 디오니소스적인 것만 보아서는 니체가 이원론의 입장을 고수하고 있는 것으로 생각하기 쉽다. '디오니소스는

아폴론의 언어를 말하지만, 결국 아폴론은 디오니소스의 언어를 말
한다. 여기에서 비극 및 예술일반의 최상의 목표가 도달된다.'[1] 비
극이 아폴론의 언어와 디오니소스의 언어로 구성되어 있다고 하는
것은 삶과 세계가 아폴론적 요소(꿈 내지 미술을 상징)와 디오니소
스적 요소(음악을 상징), 다시 말해서 동적 힘과 정적 힘으로 구성
되어 있다는 것을 뜻한다. 그런데 《비극의 탄생》에서 우리들은 니체
형이상학에 있어서 또 하나의 중대한 문제점을 찾을 수 있는데 그
것은 바로 소크라테스적 요소이다.

　다음과 같은 니체의 말에서 우리들은 소크라테스적 요소를 어떻
게 이해하여야만 할 것인가? '비극은 이 삶, 고통, 쾌락의 충만한 한
가운데 있으며 숭고한 매력을 지니고 있다. 비극은 멀리 무겁게 들
려오는 노래에 귀기울인다―노래는 존재의 어머니들을 이야기하는
데 그것들의 이름은 광기, 의지, 탄식이다―그렇다. 나의 친구들이
여 디오니소스적 삶과 비극의 재생을 믿어다오. 소크라테스적 인간
의 시대는 이미 지나가 버렸다.'[2] 니체는 후기 저술들에서 문명의
모든 가치들을 전도시키고 해체함으로써 문명의 새로운 가치들을
정립하고자 한다. 이러한 맥락에서 볼 때, 소크라테스적 요소는 다
름아닌 기존의 퇴폐적 가치의 바탕에 해당한다. 보다 더 구체적으
로 말하면 소크라테스적 요소는 허무주의의 원인이다. 형이상학과
연관해서 볼 때 《비극의 탄생》에서 드러나는 니체의 문제점은 디오
니소스적 요소, 아폴론적 요소 및 소크라테스적 요소이다. 디오니소
스적 요소가 삶의 내용(동적 힘)이고 아포론적 요소가 삶의 형식
(정적 힘)이라면 소크라테스적 요소는 앞의 두 요소들 중 어느 것
에 속하는가? 지성적 합리주의와 관념론이 소크라테스적 요소라면,
소크라테스적 요소는 당연히 아폴론적 요소에 속하지 않으면 안 될
것이다. 그러나 소크라테스적 요소는 모든 생동하는 가치를 붕괴하

는 허무주의임에 비해서 아폴론적 요소는 비극 내지 삶의 긍정적 요소이다. 그렇다면 소크라테스적 요소는 도대체 무엇을 뜻하는가?

나는 여기에서 잠시 논의의 방향을 돌려서 형이상학과 인식론, 윤리학의 대체적인 특징 및 상관관계를 밀도있게 논의한 후 다시 니체 형이상학의 문제에 대한 논의로 되돌아 오고자 한다. 고대 동양과 서양에서 신화시대를 지나고 철학적 사유가 시작될 때 형이상학적 사유의 형태는 물론 물활론적이며 다원론적 특징을 지녔다. 우주의 구성요소를 물, 불, 흙, 공기 등 네 가지 이질적인 것들로 본 것이 그 대표적 예이다. 그러나 보다 추상적 사유가 진행됨에 따라서 형이상학적 사유의 형태는 일원론적 이원론의 특징을 소유하게 되었다. 엄밀히 말해서 플라톤의 현상계와 이데아계는 하나의 사태나 사물을 이원적으로 보는 입장을 뜻한다. 아리스토텔레스를 비롯해서 아우구스티누스, 아퀴나스, 칸트 등은 모두 각자 어느 정도의 차이는 있을지라도 플라톤적 전통 아래에서 형이상학적 사유를 전개하여 왔다고 말할 수 있다. 좀더 넓게 볼 경우 니체와 프로이트 역시 플라톤적 형이상학의 전통을 완전히 벗어나 있다고 볼 수 없을 것이다.

나. 형이상학과 인식론과 윤리학

현대인은 분명히 디지털-사이버 후기 자본주의 사회에서 매일매일 숨가쁜 삶을 영위해 나가고 있다. 이 시대의 생산관계를 결정하는 요소들은 자본, 수단, 노동 그리고 정보, 기술 및 아이디어이다. 현대인은 디지털-사이버 후기 자본주의 사회에서 최대한의 욕망충족을 꾀한다. 현대인은 한마디로 '욕망의 기계'이다.[3] 인간의 욕망충족을 만족시켜 줄 수 있다고 확신하는 디지털-사이버 후기 자본주의 사회의 이념은 삶의 완전성, 절대성 및 체계성이다. 이러한 이념은 소크라테스로부터 플라톤을 거쳐 서양의 근대 및 현대에 이르기까지 소위 합리주의 사상에 의해서 대변된다. 그렇다면 니체나 프로이트의 형이상학적 입장이 여전히 플라톤의 영향을 벗어나지 못한다고 할 경우 그들 역시 합리주의의 이념을 가지고 있지 않은가라는 물음이 당연히 제기되지 않을 수 없다. 그러나 앞으로 밝혀지겠지만 형이상학적 입장이 유사하다고 해서 반드시 인식론이나 윤리학의 입장도 동일하다고 말할 수는 없다. 간단한 예로서 플라톤, 칸트, 헤겔의 형이상학적 입장은 근접하는 측면이 많지만 인식론이나 윤리학은 세 사람이 각각 판이하게 전개하고 있다.

소크라테스의 사상을 이어받은 플라톤의 형이상학은 합리론적 인식론을 기초로 성립하며 삶의 완전성, 절대성 및 체계성을 추구한다. 이들 세 가지는 현대적 관점에서 볼 때 대표적인 거대담론으로서 지성의 산물이다. 호르크하이머나 아도르노는 물질만능주의, 과학만능주의의 현대사회는 계몽변증법의 주도자인 도구이성(지성)에 의해서 형성되어 왔다고 주장한다. 도구이성은 삶과 사회의 완전성, 절대성, 체계성을 절대목적으로 제시함으로써 인간성 상실, 소외 및 부조리를 초래하였다는 것이 호르크하이머나 아도르노의 주장이다. 따라서 그들은 도구이성과 아울러 완전성, 절대성, 체계성을 해체하고 소위 부정변증법의 기초인 실천이성에 의해서 열린 삶과 사회를 구축하고자 한다. 이러한 인식론 및 윤리학적 입장은 넓게 보아 니체의 창조적 본능(직관)이론이나 프로이트의 이성의 해체작업과 맥을 같이 한다고 말할 수 있다.

분별력으로서의 이성 내지 지성은 사태나 사물로서의 대상을 분화하고 고정시키며 목적지향적 성격을 가짐으로써 완전성, 절대성, 체계성을 절대적인 것으로 제시한다. 그러나 지성은 어디까지나 의

298

식의 한 측면에 불과하다.⁴⁾ 다시 말해서 지성 내지 이성은 인간의 정신활동의 한 측면에 지나지 않는다. 합리주의는 인간의 다양한 정신활동들 중에서 이성이 가장 완전하다고 믿어 왔다. 그러나 니체의 경우 정신활동 중에서 본능이나 직관이 가장 창조적 능력이고 프로이트의 경우에 있어서는 리비도나 충동이 가장 핵심적 정신활동이고 의식적인 이성은 지극히 피상적인 정신활동에 지나지 않는다. 그렇기 때문에 그들은 합리주의를 전적으로 해체하고자 한 것이었다.

이제 다시 형이상학과 인식론의 문제를 살펴보기로 하자. 도덕경의 첫머리에서 무명(無名)과 유명(有名)은 우선 대립하는 것으로 여겨진다. 그러나 무명과 유명은 이름만 다를 뿐 동일한 곳에서 나온다(同出而異名)고 할 때 무명과 유명은 서로 다른 것이지만 결국 하나라는 결론이 성립한다. 그러면 도(道)와 만물 역시 서로 대립하면서 하나인가? 내가 이런 물음을 제기하고 물음에 답하려고 하는 것은 플라톤 이후의 전통 형이상학을 고찰하고 나아가서 니체의 힘에의 의지와 프로이트의 심층의식의 형이상학적 측면을 살피려는 의도를 가지고 있기 때문이다. 도(道)와 만물에 관한 전통 형이상학의 입장은 크게 다음 세 가지로 구분될 수 있다. (가) 도와 만물은 서로 질적으로 다른 것으로서 대립한다. (나) 도와 만물은 이름만 다를 뿐 하나이다. (다) 도와 만물은 하나이면서 동시에 별개의 것이다. 첫번째 것은 이원론의 입장이다. 두 번째 것은 일원론 내지 범신론의 입장이다. 세 번째 것은 일원론적 이원론의 입장이며 전통 형이상학의 입장 중에서 가장 대표적인 것이다. 그런데 여기에서 반드시 짚고 넘어가야 할 점은, 형이상학은 필수적으로 인식론을 동반하지 않으면 안 된다는 사실이다. 만일 어떤 형이상학적 주장이 인식론과 동떨어져 있다면 그것은 단지 독단적 내지 맹목적 신

념이나 신앙에 지나지 않는다. 왜냐하면 인식론이 결여된 형이상학
적 주장은 정당성을 상실하기 때문이다. 인간은 인식능력이나 의식
을 절대적인 것으로 믿는 경향이 있기 때문에 플라톤적인 형이상학
및 그것을 이어받은 거대담론의 형이상학이 지금까지 절대진리로
군림할 수 있었다. 철학사상 수많은 사상가들이 인식능력에 어떤
것들이 있는가를 묻긴 했어도 인간의 인식능력의 한계를 철저하게
캐어물은 사상가는 드물다. 인식능력의 한계를 예리하게 지적한 대
표적 인물들로는 흄이나 칸트가 있다.

  그런데 철학사 전체를 통해서 볼 때 인간의 인식능력의 한계는
수시로 극복되어 왔다. 무엇보다도 우리들이 20세기 이후 인지이론
의 발달을 접할 경우(신경생리학, 물리학 및 생물학 등의 발달과 아
울러) 인식능력의 한계가 상당 수준 극복되어 왔다는 것을 잘 알
수 있다. 그러나 아득한 과거, 인간의 인식범위가 매우 좁았을 때
인간은 자신이 모르는 분야가 많다는 사실을 잘 알지 못하였다. 서
양의 중세 시절 인간은 신의 전지(Intelligentia)를 물려받아 지성
(intellectus)에 의해서 우주를 모두 알 수 있다고 믿었다. 근대에 들
어와서 자연과학의 발달과 함께 인간은 인식능력의 한계를 알고 점
차 한계를 극복하려고 하였다. 21세기 지금 디지털-사이버 후기 자
본주의 사회에서 다시 한번 인간은 합리적 이성에 의해서 자신의
전지전능함을 확증하려고 발버둥치고 있다. 인간은 과학문명에 의
해서 삶의 완전성, 절대성, 체계성을 구축할 수 있다고 믿는다. 동시
에 물질적 욕망충족이 행복이며 행복의 성취는 전지(全知)의 합리
적 이성이 이끌고 가는 과학문명에 의해서 완성될 수 있다고 믿는
다.

  그러나 문제를 뒤집어 보면 사태는 전혀 다르다는 것을 잘 알 수
있다. 우리들이 이성을 곧 인간의 인식능력을 제아무리 확신한다고

할지라도 우리는 여전히 알고 있는 것보다 모르고 있는 것들이 더 많다는 사실을 쉽사리 접할 수 있다. 자아, 행복, 존재, 의식, 사유는 물론이고 자연, 자유, 선, 아름다움 …… 등 우리들이 대하는 모든 사태는 여전히 은폐성에 뒤덮여 있다. 그래도 우리들이 주장할 수 있는 (최소한 정당성을 보장받을 수 있는) 언명은 존재자들의 존재 근거는 힘이라는 것이다. 그렇다면 인식능력 역시 힘이자 생명력이며 욕망이다. 욕망은 처음부터 결핍과 충족을 순환한다. 우선 욕망은 결핍이지만, 결핍은 동적인 힘이기 때문에 충족된다. 그러나 욕망이 충족되자마자 그것은 또 다른 결핍으로 변화함으로써 다시 충족을 욕구한다. 그러면 우리들이 따지고 분석하며 비판하고 종합하는 인식능력으로서의 지성이나 의식은 무엇인가? 지성이나 의식은 다름아닌 욕망의 나타남이다.

내가 현대인에게 있어서 의식이 문제라고 하는 것은 현대인에게 있어서 도구이성으로서의 의식이 지나치게 편향적이고, 의식은 사이버-디지털 후기자본주의 사회가 욕망을 최대한 충족시켜 주리라고 확신하는 점을 지적한다. 물론 인간은 고금동서를 통해서 근본적으로 욕망을 충족시키려고 하지 않는가, 따라서 현대인이 욕망을 최대한으로 충족시키려고 하는 것 역시 지극히 자연스러운 일이 아닌가라는 반론이 제기될 수 있다. 그러나 문제는 무엇보다도 현대인의 욕망 충족 방향이 극단적으로 일차원적이고 편파적이므로 현대인은 자신을 스스로 소외시킴으로써 인간성 상실을 초래하였다는 사실에 있다.

철학함에 있어서 형이상학은 항상 인식론을 필수적으로 동반한다. 현대인이 인간성을 상실한 원인은 편파적 형이상학적 사고와 아울러 일면적인 인식론에 있다고 말할 수 있다. 철학함은 사유의 작업이지만, 사유는 일면성 내지 일차원성을 지양할 때 비로소 정당성을 회복할 수 있다. 의식(좁게 말하면 인식능력)은 인간 유기체의 문화를 통해서 고정된 일면적 인간과 사회 및 동적 인간과 사회를 동시에 통찰할 경우에만 개방성을 획득할 수 있다. 개방된 의식은 일차원적 인간과 사회를 지양함으로써 다원적 인간과 사회를 형성할 수 있는 계기를 마련한다.[5] 그런데 욕망과 의식의 관계는 어떤 것인가? 내가 이런 물음을 제기하는 이유는 다음과 같은 몇 가지로 열거될 수 있다. (가) 현대인은 디지털-사이버 후기 자본주의 사회에서 존재원리와 존재자의 관계를 망각하고 있다. (나) 현대사회에서는 존재원리가 거의 은폐되어 있다. (다) 따라서 현대인은 오로지 존재자들에게만 관심을 집중한다. (라) 그러므로 욕망은 편파적, 일차원적인 것으로 해석되고 인간의 욕망충족은 오로지 자본을 통해서만 성취될 수 있는 것으로 해석된다. 또한 인간의 욕망충족은 오로지 자본을 통해서만 성취될 수 있는 것으로 이해되고 있다. (마) 결국 다원적 욕망 및 다원적 인간상은 망각, 상실되고 오로지 일면적 욕망과 인간성만 완전하고 절대적인 것으로 우리들 앞에 전개되고 있다. 니체가 '모든 가치들의 전도'를 외친 것이나 프로이트가 '심층의식'으로서의 충동이나 힘을 강조한 것은 모두 일차원적 인간상을 해체하고 건강한 인간상을 구축하기 위한 노력이었다.

니체는 초기 저술《비극의 탄생》에서 비극의 두 원리를 아폴론적인 것과 디오니소스적인 것이라 하여 이원론적 입장을 취하고 있다. 그러나《짜라투스트라는 이렇게 말하였다》를 비롯한 중기 및 말기 저술에서는 아폴론적인 것의 근원을 디오니소스적인 것으로 보며 디오니소스적인 것은 바로 힘에의 의지라고 하여 일원론적 이원론 내지 다원론의 입장을 취한다. 프로이트의 입장을 형이상학적으로 확장할 경우 그것 역시 니체의 입장과 유사하다. 초기 프로이트에게 있어서(《꿈에 관한 꿈해석》과《정신분석학 입문》) 의식된 것

(Bw), 의식되기 이전의 것(Vbw), 의식되지 않은 것(Ubw)은 정신과정(영혼과정)의 공간적 구분이다. 그러나 프로이트는 말기에 정신과정을 역동적인 것들 곧 원초아(Es), 자아, 초자아(Über-ich)로 구분하면서 자아와 초자아는 원초아의 나타남이라고 본다. 《자아와 그것》(1923)에서 프로이트가 자아, 초자아, 원초아를 정신과정의 형성요소들로 보면서 원초아가 근원이라고 할 때 그 역시 일원론적 다원론의 입장을 제시한다고 말할 수 있다.

물론 프로이트 자신은 종교, 예술, 철학을 환상이라고 하기 때문에 그의 정신분석학에 있어서 정신과정의 입장을 일원론적 다원론이라고 한다면 그는 당연히 그러한 주장을 반대할 것이다. 그러나 우리들은 자아, 초자아, 원초아의 형이상학적 정당성을 철학적 관점에서 얼마든지 논의할 수 있다. 또한 정신과정의 형이상학적 논의가 정당성을 소유할 경우에만 정신분석학 역시 철학적 의미를 획득할 수 있다. 이제 나는, 프로이트 이후 정신분석학이 철학적 논의와 밀접한 관계를 가지고 전개되어 온 맥락에 따라서 다음과 같은 물음을 던진다. 욕망(désir)은 의식의 원천인가?[6] 프로이트 자신은 의식되지 않은 것을 리비도, 충동 또는 힘(kraft)이나 에너지 등 여러 가지 명칭으로 불렀다. 정신과정에서 의식되지 않은 것이 원천적인 것이라면 그것은 라캉이나 들뢰즈 및 가타리를 따를 때 욕망으로 표현될 수 있다. 간단히 말해서 성적 충동은 너무 좁은 의미의 근원적 힘이고 충동이나 에너지는 또 너무 넓은 의미의 생명력이다. 그러나 욕망이라는 개념은 인간에게 적절한 근원적 생명력을 뜻한다고 볼 수 있다. 욕망은 의식의 원천인가라는 물음에 대한 답은 물론 그렇다이다. 니체나 프로이트의 경우 힘에의 의지와 심층의식(의식되지 않은 것)은 어디까지나 힘 내지 생명력이고 그것의 나타남의 한 측면이 의식이다. 현대인은 일반적으로 존재원리와 존재자의 관계를 망각했을 뿐만 아니라 존재원리마저 은폐시켜 버렸다. 이제 존재원리 뿐만 아니라 존재원리와 존재자의 관계를 회상할 경우 우리들은 욕망을 의식의 원천이라고 주장할 수 있다.

인간의 의식은 더 이상 불변하는 실체일 수 없다. 한 개체 인간의 의식은 기억, 상황, 관습, 사회, 신체 등에 의해서 해체되기도 하고 종합되기도 한다. 그렇다면 의식의 원천인 욕망도 더 이상 실체일 수 없다는 말이 성립한다. 왜냐하면 의식(욕망의 나타남인)과 마찬가지로 욕망 역시 기억, 상황, 관습, 사회, 신체 등에 의해서 해체되기도 하고 종합되기도 하기 때문이다. 또 같은 맥락에서 프로이트의 의식되지 않은 것(심층의식) 역시 실체일 수 없다. 왜냐하면 원초아는 초자아 및 자아로 나타나면서 역동적 성격을 가지기 때문이다. 니체의 힘에의 의지도 전통적 형이상학이 주장하는 의미에서의 실체가 아니다. 니체가 "이 세계는 힘에의 의지이다"[7]라고 할 때 힘에의 의지는 영원불멸하는 실체가 아니고 영겁회귀하는 역동적 성격을 소유한 것이기 때문이다. 힘에의 의지나 심층의식은 물론이고 우리들이 사태나 사물로 이름 붙이는 모든 것들은 해체될 때 개별화되며 종합될 때 포괄적 의미를 소유한다.

앞에서 나는 의식이 기억, 신체, 상황, 관습, 사회 등에 의해서 해체되기도 하고 종합되기도 한다고 말하였다. 그런데 주관, 객관, 인간, 주체, 사회 등 개념들 일반은 해체될 때 고정된 의미를 상실한다. 힘에의 의지나 원초아도 마찬가지이다. 예컨대 기호(sign)를 해체하면 기호의 의미가 상실되면서 기의(signifiant)와 기표(signifié) 곧 청각 이미지(image acoustique)와 개념(concept)이 남는다.[8] 고정된 기호가 청각 이미지와 개념으로 해체된다면, 청각 이미지와 개념 역시 다른 요소들로 해체된다. 개념이 이처럼 해체되는 것은 개념의 원천이 바로 역동적인 힘이기 때문이다. 오늘날 현대인은 역동적 힘을 망각하고 있을 뿐만 아니라 역동적 힘과 개념의 관계도 망각하고 오로지 개념만을 참다운 것으로 여기는 경향이 강하다. 개념의 해체와 종합은 공시적으로 그리고 동시적으로 일어난다. 해체는 항상 인과적 차원에서 일어나지 않기 때문에 해체작업은 언제나 종합작업을 병행한다. 개념의 해체와 종합은 역동적이며 입체적인 순환운동을 한다고 말할 수 있다.

내가 여기에서 말하는 개념의 해체와 종합은 결국 존재원리와 존재자의 역동적 관계를 암시한다. 좀더 구체적으로 말하면, 현대인은 도(道)와 만물이나 이데아계와 현상계, 또는 신과 피조물의 관계에 있어서 원천과 아울러 원리와 현상의 관계를 은폐하고 오로지 현상계나 만물 또는 피조물에만 관심을 집중시킨다. 따라서 인간은 항상 욕망을 충족시키려고 하지만 현대인의 욕망충족 방식은 일차원적이며 편향적이다. 다원적 욕망충족이 왜곡될 때, 우리들은 인간성 상실을 말하지 않을 수 없으며 '자본을 욕망하는 기계'로서의 일그러진 인간상을 들먹이지 않을 수 없다. 다시 한번 강조하지만 인간은 고금동서를 통해서 욕망을 충족시키려는 역사를 전개하여 왔다. 따라서 현대인이 욕망충족을 위하여 온갖 수단과 방법을 동원하는 것을 비정상적이라고 말할 수는 없다. 그런데 문제는 '바람직한 인간상'에 있다. 현대 사회에서 인간은 오로지 물질적 과학문명과 자본을 통해서만 욕망을 충족시키려고 하기 때문에 현대인의 욕망과 욕망충족은 모두 편향적이고 왜곡될 수밖에 없다. 인간의 욕망과 의식은 가치 지향적인 한에 있어서만 의미를 가질 수 있다.

니체는 현대인을 일컬어 왜소한 인간이라고 부르며 프로이트는 현대사회에서 개인은 더 이상 그 자신이 아니고 의지 없는 자동기계(Automat)로 되어 버렸다고[9] 말한다. 니체가 왜소한 인간을 해체하고 대지의 의미를 각성한 초인을 구축하려는 의도는 어디에 있는가? 프로이트가 자본주의, 대중, 독재자 및 전쟁에 휩쓸리는 자동기계로서의 현대인을 극복하고 건강한 인간상을 회복하기 위해서 정신과정을 분석하는 이유는 어디에 있는가? 이들 양자의 작업은 모두 바람직한 인간상을 형성하려는 의도를 담고 있다.

철학적 논의들 곧 형이상학, 인식론, 미학 등의 논의는 궁극적으로 가치 지향적일 경우에만 의미를 가질 수 있다. 그렇다면 윤리학은 형이상학, 인식론, 미학 등 철학의 중요한 분야들 모두를 자신 안에 포함하는가라는 물음을 제기할 수 있다. 물론 그렇지는 않다. 윤리학, 형이상학, 인식론, 미학 등은 불가분의 관계를 맺으면서 상호작용하고 순환한다. 그러면서도 윤리학은 다른 분야들을 선도하는 역할을 담당하지 않으면 안 된다. 왜냐하면 바람직한 인간상은 궁극적으로 윤리적 가치에서 자신의 정당성을 찾을 수 있기 때문이다. 그렇다면 모든 형이상학적 문제 역시 가치 지향적인 한에 있어서만 의미를 가질 수 있다. 무명(無名)과 유명(有名)은 물론이거니와 이데아계와 현상계, 물 자체와 현상 및 존재자와 존재도 가치지향적인 한에 있어서 의미가 있다. 우리들 인간의 욕망과 의식은 단지 법칙정립적인(法則定立的) 관점에서만 물, 불, 흙, 공기, 로고스, 도(道), 신(神), 천(天) 등을 말하는 것이 아니라 개성기술적(個性記述的) 관점에서 대상과 사태를 구분하면서 그것들에 관해서 사유하고 언급한다. 법칙을 기술하는 것은 자연을 탐구하는 방법임에 비하여 자연에 가치를 부여하는 방법은 개성을 기술하는 것이다. 우리들은 자연을 탐구할 뿐만 아니라 자연 속에서 살아가면서 자유를 실행하고 더 나아가서 아름다운 세계를 창조하여 삶의 궁극적 목적을 추구한다.[10]

그런데 이제 관점이란 도대체 무엇인가라는 물음이 새롭게 제기된다. 모든 이론들은 결국 관점의 반영이다. 관점이란 욕망 내지 의식의 동적 측면이다. 관점에 따라서 우리들은 다양한 이론들을 제시한다. 또한 관점에 따라 우리는 바람직한 인간상과 사회상을 실현할 수 있다. 관점에 따라서는 인간, 주체, 사회, 세계도 해체되며 바람직한 인간상과 사회상도 있을 수 없다. 지금 나는 관점에 관해서 매우 역설적으로 언급하였다. 그러나 관점이란 것이 다양하며 역동적임을 알 때 관점은[11] 역설적으로 언급될 수밖에 없다는 사실을 쉽사리 이해할 수 있다. 그러므로 관점에 따라서는 욕망과 의식도 해체되며 이데아계와 현상계 내지 무명(無明)과 유명(有名)도 해체된다. 관점의 역동적 성격을 무시할 경우 극단적 해체나 극단적 종합이 의식의 절대적인 목적이라고 믿기 쉽다. 극단적 해체는 허무주의와 아울러 퇴폐주의(décadence)를 초래하며 극단적 종합은 도구적 이성(지성)의 이분법을 절대적이고도 완전한 방법으로 채택한다. 극단적인 해체와 종합을 극복할 수 있는 방법은 없는 것일까?

극단적 해체와 종합을 극복할 수 있는 유일한 길은 윤리적 가치이다. 사람이 제아무리 학식이 많다고 해도 그리고 부귀영화를 누리고 막강한 권력을 소유한다고 해도 '사람다움'을 결여한다면 그 사람의 삶은 무의미하다. 현대인의 인간성 상실은 바로 윤리적 가치의 결여와 아울러 '사람다움'의 결여를 지적한다. 니체가 디오니소스적인 것과 아폴론적인 것 그리고 초인을 외치는 것이나, 프로이트가 정신과정을 분석함으로써 비정상적인 정신상태를 정상으로 복귀시키려고 하는 노력은 모두 궁극적으로 윤리적 가치를 염두에 두고 있음을 뜻한다. 힘에의 의지는 물론이고 심층의식도 관점을 반영하는 것이며 이들 양자의 긍정적 측면은 윤리적 가치에 있다. 현대인의 소외라든가 후설이 《유럽학문의 위기와 선험적 현상학》에서 강조하여 지적하는 현대학문의 위기 등은 편향된 인간의 일차원적 관점 때문에 발생한 것이다. 이러한 관점을 수정하는 실마리는 다름 아닌 윤리적 가치이다.

　그런데 윤리적 가치는 어떤 것이고 인간은 무엇에 의해서 윤리적 가치를 실현할 수 있는가라는 물음이 제기된다. 이 물음은 우선 인간의 의지자유나 자발성 또는 주체성과 같은 매우 난해한 문제들에 대한 해명을 요구한다. 예컨대 니체가 디오니소스적인 것, 아폴론적인 것, 힘에의 의지를 말할 때 그것들을 알고 구분하며 그것들에 의미를 부여하는 것은 무엇인가? 또한 프로이트가 자아, 초자아, 원초아를 구분하며 노이로제와 히스테리를 치료하고자 할 때 그러한 행위를 하는 것은 무엇인가? 또한 니체나 프로이트가 바람직한 인간상을 구축하고자 할 경우 그와 같은 행위의 근원이 힘에의 의지나 욕망이라면, 힘에의 의지가 힘에의 의지를 그리고 욕망이 욕망을 해체하고 동일한 힘에의 의지나 욕망을 다시 형성한다는 주장 이외에 어떤 다른 주장도 성립할 수 없지 않는가 하는 반론이 제기될 수 있다. 그럼에도 불구하고 나는 나의 의식능력을 최대한으로 확장할 때 일즉다(一卽多)를 제시할 수 있다고 본다. 일즉다(一卽多)에 관해서는 차후 보다 상세히 논의하기로 하겠다.

　많은 사상들이 의지자유, 주체성, 자발성 등에 관해서 논의하였지만 대부분의 사상가들은 인간주체를 설정하고 그 주체에게 고유한 인식이나 행위의 원천적인 기반으로서의 의지자유, 자발성 및 주체성을 주장하였다. 의지자유, 주체성, 자발성 등이 인간주체에게 선천적이라거나 선험적으로 주어진 것이라고 하는 주장은 독단에 지나지 않는다. 왜냐하면 인간주체가 우선 해명되어야 하며 의지자유, 주체성 및 자발성도 구체적으로 그것들의 의미가 밝혀지지 않으면 단지 가정에 지나지 않기 때문이다. 인간주체는 개체로서의 인간으로 해체되며 개체로서의 인간이 독자성을 주장할 때 우리는 그러한 인간 개체를 인간주체라고 부른다. 의지자유, 주체성, 자발성에 관해

308

서도 유사한 설명이 가능하다. 예컨대 어떤 사람이 선택의 갈림길에 서 있다가 결국 결단을 내려서 특정한 것을 선택한다고 하자. 특정 종교의 신자가 아닌 사람이 자신을 돌아보고 반성하며 명상의 시간을 가지기 위해서 가까이에 있는 성당과 사찰 중 한 곳을 택하고자 하지만 처음에 그는 망설인다. 그러나 그는 사찰에 가기로 결심한다. 보통 우리들은 그 사람이 그렇게 선택한 것은 그의 자유의지에 의한 것이라고 말한다. 이 경우 물론 그 사람의 정신상태(의지)가 결정적 작용을 하긴 했지만 그의 정신상태는 그의 다양한 삶의 측면들(그 인간개체와 시간, 공간적인 다양한 사물들과 사태들)과 불가분의 관계를 맺고 있다. 인간개체가 대우주라고 한다면 그 개체를 형성하는 다양한 요소들(기억, 의지, 의식, 상황, 심리상태……)은 각각 소우주이다. 그런가 하면 인간개체를 소우주라고 할 경우 삶과 세계는 대우주이다. 여기에서 소우주와 대우주는 불가분의 관계를 맺고 있으며 이 관계는 역동적인 것이다.

앞에서 나는 니체의 아폴론적인 것과 디오니소스적인 것은 양자 모두 힘에의 의지의 두 요소 내지 두 측면임을 지적하였다. 그런데 소크라테스적인 것 곧 허무주의는 도대체 어디에서 유래하는가? 니체의 《비극의 탄생》으로부터 《힘에의 의지》에 이르기까지 니체 자신은 허무주의가 역사적으로 어떤 곳에서 성립하며 그것이 무엇인지는 밝히지만 허무주의의 형이상학적 근거는 제시하지 않고 있다. "이 세계는 힘에의 의지이며—그 이외의 아무것도 아니다"라고 한다면 당연히 허무주의도 힘에의 의지일 수밖에 없다. 소크라테스적인 것, 다시 말해 합리주의적 이성이나 지성의 산물은 가장 피상적이면서도 역동성이 약한 힘에의 의지의 한 측면이라고 말할 수 있다. 정확한 대비는 아닐지라도 프로이트의 입장에서 볼 때 소크라테스적인 것은 의식된 것 곧 자아에 해당한다. 합리주의적 자아는 의식되지 않은 것(심층의식)으로서의 충동의 한 측면이긴 하지만, 그것은 충동의 지극히 피상적인 한 측면이다. 니체가 소크라테스적인 것을 극복하려고 하고 프로이트가 자아의 지나친 억압에 의해 발생하는 히스테리나 노이로제를 치료하고자 하는 것은 모두 인간의 윤리적 가치를 회복하려는 노력이다. 그런데 앞에서도 지적한 것처럼 니체나 프로이트는 허무주의를 극복하고 정신질환을 치료하려고만 했지 과연 인간의 어떤 요소들이 어떤 관계를 가지며 또한 무엇이 핵심이 되어 윤리적 가치를 규정하고 실행하게 하는지에 관해서는 거의 논의하지 않고 있다. 이미 앞에서 잠시 암시한 것처럼 자유의지, 자발성, 주체성 및 창의성 등이 미세담론에 의해서 상세히 논의되지 않는 한 니체와 프로이트의 실험철학과 정신분석학은 여전히 타당성을 가진 거대담론으로 존속할 것이다.

다. 힘에의 의지

니체의 형이상학은 단적으로 "이 세계는 힘에의 의지이고—그리고 그 이외의 아무 것도 아니다"라는 표현으로 대변된다. 힘에의 의지는 영겁회귀와 불가분의 관계를 맺고 있다. 왜냐하면 영겁회귀는 힘에의 의지의 형식을 말하기 때문이다. 힘에의 의지는 단순한 힘이 아니고 넘치는 생명력을 전개시키는 힘에의 의지이다. 좀더 구체적으로 힘에의 의지가 무엇을 뜻하는지를 살펴보자. 우선 니체에게 있어서 힘에의 의지는 진리에의 의지보다 근본적이다. "나의 (삶의) 힘에의 의지는 또한 그대의(인식하는 자의) 진리에의 의지의 바탕으로 걸어간다."[12] 진리에의 의지란 피상적 의지에 지나지 않는다. 진리에의 의지는 의지의 정적인 측면인 합리적 지성을 일컫는다. 따라서 니체는 힘에의 의지가 진리에의 의지의 바탕으로 들어

가서 진리에의 의지를 전도시킬 수 있다고 생각한다.

다음으로 니체에게 있어서 삶의 근본원리(바탕)는 삶의 의지가 아니라 힘에의 의지이다. "삶이 있는 곳에는 또한 의지가 있지만, 삶에의 의지가 아니라 힘에의 의지가 있다."[13] 니체의 이 말은 쇼펜하우어의 삶에의 의지(Wille zum Leben)를 비판하고 삶에의 의지 대신 힘에의 의지를 삶의 원리로 대치하는 것을 뜻한다. 물론 니체는 의지를 비롯해서 비극 및 음악의 의미에 관해서 쇼펜하우어로부터 지대한 영향을 받은 것이 사실이다. 쇼펜하우어는 《의지와 표상으로서의 세계》에서 삶 내지 세계를 플라톤과 칸트의 체계에 따라서 이중적으로 본다. 우리들이 지성작업에 의해서 사물을 개별화시켜서 보는 표상은 삶(세계)의 참다운 모습이 아니다. 왜냐하면 표상으로서의 세계는 지성의 원리들인 네 가지 충족이유율 곧 생성변화의 충족이유율, 인식의 충족이유율, 존재의 충족이유율, 작용의 충족이유율에 의해서 형성되기 때문이다.[14] 지성은 삶을 개별화하며 형식적으로 파악하기 때문에 의지로서의 세계자체를 보지 못한다. 따라서 쇼펜하우어는 비극과 음악에서 직관을 통해서 삶에의 의지(또는 의지로서의 세계자체)의 직접적 표현인 이데아들을 붙잡을 수 있다고 주장한다. 플라톤적인 이데아들은 의지의 객관화이다. 그러나 직관은 궁극적으로 의지로서의 세계를 파악하는데 의지로서의 세계는 삶에의 의지이며 이것은 칸트의 물자체(Ding-an-sich)에 해당한다. 삶에의 의지는 '맹목적 의지'로서 혼돈에 가득 차 있다. 결국 쇼펜하우어는 맹목적 의지는 인간에게 고통을 가져다 주기 때문에 의지를 부정함으로써 열반에 들어가서 구원을 얻는 것만이 인간이 자신을 깨닫는 길이라고 역설한다.

이상에서 쇼펜하우어의 삶의 철학의 핵심을 간략히 살펴보았는데 여기에서 우리는 니체가 쇼펜하우어로부터 얼마나 많은 영향을

받았는지 짐작할 수 있다. 그러나 삶에의 의지는 끝내 부정되어야
만 하는 의지이기 때문에 삶의 궁극적 근거가 되지 못한다. 그러므
로 니체가 보기에 쇼펜하우어의 삶의 철학은 허무주의 내지 퇴폐주
의에 귀착하고 만다. 니체는 쇼펜하우어의 삶에의 의지가 아니라
힘에의 의지가 삶의 근원적 원리라고 본다. 마지막으로 니체는 지
성의 의지보다 힘에의 의지가 본질적임을 제시한다.

"모든 충동력은 힘에의 의지이며 이 이외에는 어떤 물리적, 역학
적 및 심리적 힘도 존재하지 않는다."[15] 물리적, 역학적 및 심리적
힘은 충동력을 지성의 의지에 의해서 해석한 결과이다. 힘에의 의
지는 사태나 사물의 개별화가 아니라 충동력 자체이다. 니체에게
있어서 힘은 맹목적이지 않고 언제나 방향을 가지고 움직인다. 방
향을 결정해 주는 것은 충동력으로서의 내면적 의지, 다시 말해서
힘에의 의지이다. 니체에게 있어서 우리들은 힘과 의지를 분리시켜
서는 안 된다. 왜냐하면 힘은 어디까지나 의지를 가진 힘이고 또한
의지는 힘을 지닌 의지이기 때문이다. 의지는 힘의 방향을 결정하
는 주체이기 때문에 윤리, 도덕적인 의미를 넘어서서 형이상학적
내지 존재론적 차원에서 이해되지 않으면 안 된다.

프로이트의 의식되지 않은 것(심층의식)이나 리비도 또는 충동은
프로이트가 말하는 것처럼 쇼펜하우어의 삶에의 의지와 유사하다.[16]
그러나 삶에의 의지가 맹목적이고 부정되어야 할 것이기 때문에 프
로이트의 의식되지 않은 것은 오히려 니체의 힘에의 의지와 훨씬
더 근접한다고 말할 수 있다. 힘에의 의지로부터 아폴론적인 것과
디오니소스적인 것이 나오는 것처럼 프로이트에게 있어서는 원초
아로부터 자아와 초자아가 파생된다는 사실을 알 경우 니체 철학의
체계와 프로이트의 정신분석학의 내용적 체계는 한층 더 가까워진
다. 니체의 후기 저술들에서 우리는 힘에의 의지로부터 디오니소스

적인 것이 나오며 다시 디오니소스적인 것으로부터 아폴론적인 것
이 생긴다는 것을 알 수 있다. 1923년의 《그것과 자아》 이후 프로이
트에게 있어서 의식된 것(Bw)과 의식되기 이전의 것(Vbw)은 의식
되지 않은 것(Ubw)에서 생긴다. 물론 니체의 견해는 형이상학적 내
지 존재론적인 것임에 비해서 프로이트의 입장은 메타심리학적 또
는 정신분석학적이라는 차이가 있다. 그렇지만 앞에서 잠시 언급한
것처럼 프로이트의 입장은 형이상학의 측면으로 얼마든지 확장할
수 있으며 그럴 경우 프로이트의 심층의식(충동이나 원초아 또는
리비도)은 니체의 힘에의 의지에 근접한다.

　이제 우리들은 니체의 힘에의 의지에 관해서 그것이 종래의 형이
상학적 실체와 과연 어떤 점에서 차이가 나는지 묻지 않을 수 없다.
왜냐하면 니체는 합리주의적 지성이 형성한 형이상학적 실체를 극
복하고, 다시 말해서 허무주의적 실체관을 극복하고 긍정적이며 창
조적인 힘에의 의지를 제시한다고 주장하기 때문이다. '이 세계가
힘에의 의지이다'라고 할 때 힘에의 의지는 스피노자의 자연이나
브르노의 무한자와 동일한 성격을 가지므로 힘에의 의지는 범신론
적인 것으로 이해되기 쉽다. 그렇지만 힘에의 의지로부터 디오니소
스적인 것 및 아폴론적인 것이 나온다면 그것은 여전히 형이상학적
원리이다. 니체는 종래의 모든 합리주의적 형이상학을 해체하고 새
로운 가치를 가진 존재자들의 근거를 정립하려고 했지만 그 역시
(비록 비합리주의의 입장에 서 있기는 해도) 형이상학의 전통으로
부터 자유로울 수 없었다고 말할 수 있다.[17]

2. 에로스와 타나토스

가. 의식

니체에게 있어서 합리적 지성과 이성은 힘에의 의지와 비교할 때 지극히 피상적일 뿐만 아니라 허무주의를 만들어내는 장본인이기도 하다. 프로이트에게 있어서 의식된 것(Bw)은 의식되지 않은 것 (Ubw)에 비하여 매우 부분적이며 형식적인 것이다. 니체의 지성과 프로이트의 의식된 것은 거의 유사한 성격과 작용을 소유한다고 말할 수 있다. 니체의 합리적 지성에 대한 비판과 마찬가지로 프로이트의 이성적 의식에 대한 비판은 가히 혁명적 작업이라고 말할 수 있다. 물론 고대 그리스의 플라톤 이전에 이미 소피스트들이 주관주의적 경험론의 입장에서 확실한 이성 인식에 대해서 의심했고, 쇼펜하우어는 직관주의의 관점에서 합리적 지성이 피상적인 표상으로서의 세계를 형성하게끔 한다고 주장하였다. 소피스트들은 결국 궤변론에 빠지거나 극단적인 회의론의 입장을 대변하였다.[18] 쇼펜하우어는 비록 합리주의의 철학체계를 비판하긴 했어도 니체나 프로이트처럼 합리주의적 지성을 전면적으로 해체하려는 의도는 가지지 않았으며, 더욱이 니체처럼 합리주의를 허무주의나 퇴폐주의로 규정하지도 않았다. 니체는 쇼펜하우어로부터 지대한 영향을 받긴 했어도 합리주의를 허무주의의 근거로 보며 쇼펜하우어 철학마저 허무주의로 규정한다. 니체에 의하면 이성이란 삶과 세계를 움직이지 않는 것으로 파악하며 긍정적, 창조적 삶을 파괴하는 합리주의적 지성에 지나지 않는다. 프로이트에 의하면 합리적 이성은 의식된 것(우리들이 의식이라고 부르는 것)으로서 그것은 정신활동의 한 부분에 지나지 않는다.

314

　프로이트의 정신활동(영혼활동)에 대한 탐구는 지금까지 우리들이 확신하여 온 의식의 해체를 목적으로 삼는다고 말할 수 있다. 쇼펜하우어나 니체를 들먹이지 않더라도, 우리들은 고금동서의 문화 내지 문명이 합리주의적 지성에 의해서 전개되어 온 것을 쉽게 알 수 있다. 인간은 지성(이성)의 능력이 완전하고 절대적이라고 믿어 왔고 또 현재도 그렇게 믿고 있기 때문에 지성으로 삶과 세계를 체계적, 질서적으로 이해함과 동시에 삶과 세계의 수많은 문제들을 해결하고자 한다. 물론 쇼펜하우어, 니체, 프로이트 등 비합리주의자들 이외에 합리주의적 세계관을 일종의 환상으로 보는 불교의 입장도 있다. 불교적 세계관의 절정은 깨달음도 불타도 없다는 것에서 잘 드러난다. 왜냐하면 깨닫고자 하는 노력이나 불타에의 귀의 등은 모두 분별력으로서의 피상적인 지성작업에 불과하기 때문이다. 불교의 세계관은 이언절려(離言絶慮)에서 철학으로부터 종교로 넘어간다. 스피노자는 비록 철저한 합리주의 철학의 선구였음에도 불구하고 그의 욕구이론은 현대 비합리주의 철학에 매우 큰 영향을 미쳤다.[19] 스피노자는 사물이 자신을 보존하려는 노력을 욕구로 보고 이 욕구에 대한 의식을 욕망이라고 불렀다. 그러나 그는 자연세계를 인과 필연적인 것으로 해석하고 동시에 합리적, 체계적인 것으로 파악하였다. 그는 비합리주의적인 힘으로서의 욕구를 강조했음에도 불구하고 결과적으로는 전통적 합리주의의 의식체계를 옹호하는 입장에 서 있다.

　현대 초반 니체, 프로이트, 마르크스, 아인슈타인 등이 합리주의적 의식의 편파성을 역설하고 그것을 전도시킴으로써 새로운 가치의 세계관을 형성하고자 했음에도 불구하고 현대사회는 여전히 합리주의식 의식을 절대적이며 완전한 것으로 믿고 모든 문제들을 지성에 의해서 해결하고자 한다. 세계화는 말할 것도 없고 사이버-디지털 테크노피아의 건설 등은 모두 지성의 전능함에 대한 인간의 확신을 대변한다. 이러한 사실을 뒤집어 보면 현대인과 현대사회는 오히려 삶과 세계의 다원적 다양성을 일차원적으로 축소시키고 있음을 명백하게 알 수 있다. 합리주의적 의식이나 지성이 완전하며 절대적이라는 믿음은 일차원적 사고방식에 지나지 않는다. 따라서 디지털-사이버 후기 자본주의 사회에서 인간이 과학만능주의와 자본만능주의를 욕망충족의 최상수단으로 여기는 것은 지극히 편파적이지 않을 수 없다. 극단적으로 말하면 현대인은 삶의 다양성을 망각한채 지성의 완전성과 절대성이라는 허구에 집착하고 있는 것이다. 니체는 현대인을 일컬어 왜소한 인간이라고 부른다. 프로이트의 견해에 따르면 현대인은 자아로써 원초아를 지나치게 억압함으로 인하여 히스테리와 노이로제에 시달리고 있다. 니체가 합리주의적 지성을 해체하려는 노력은 말할 것도 없고 프로이트가 정신활동을 탐구함으로써 합리주의적 의식의 틀을 깨트리고 의식되기 이전의 것, 의식되지 않은 것 그리고 나아가서 초자아와 원초아의 정체를 드러내려고 하는 시도는 모두 인간의 다원적 삶을 회복하고자 하는 의도를 담고 있다.

나. 자아, 초자아, 원초아

프로이트는 《정신분석학과 리비도 이론》에서 정신분석학의 특징을 다음과 같이 밝히고 있다. (가) 정신분석학은 정신과정의 탐구방법이다. (나) 정신분석학은 신경증적 장애의 치료방법이다. 이 치료방법은 정신과정의 탐구를 바탕으로 삼는다. (다) 정신분석학은 위의 두 가지 방법에 의해서 획득된 심리학적 통찰로서 새로운 학설로 성장한다.[20] 이상과 같이 볼 때 프로이트가 뜻하는 정신분석학은 정신과정에 대한 관찰과 탐구이자 정신질환에 대한 치료이며, 동시에 정신과정에 대한 학문이다. 이미 이 책의 여러 부분에서 나는 프로이트의 정신과정에 관해서 상세히 언급했기 때문에 여기서는 니체의 사상과 연관시켜 가능한 한 간략하게 프로이트의 정신과정에 있어서 핵심적인 사항만을 논의할 것이다.

1923년 《자아와 그것》 이전까지 프로이트는 의식된 것, 의식되기 이전의 것 및 의식되지 않은 것을 정신과정의 세 가지 요소로 보고 그것들을 공간적으로 구분하였다. 의식되지 않은 것은 성충동 (Sexualtrieb)이고, 정신의 삶에 있어서 성충동의 역동적 표현은 리비도이다. 그런데 성충동은 부분적 충동들이 모여서 된 것이다. 부분적 충동들은 각각 구강, 항문, 성기의 기관에서 만족을 추구하는 충동들이다. 이 충동들은 처음에는 각각 독립해서 만족을 추구하지만 발달과정을 거치면서 점차로 종합되어 성충동을 형성한다.[21] 이러한 프로이트의 견해로부터 자아충동이나 현실원리 또는 쾌락원리와 같은 개념을 우리는 어떻게 이해하여야 할 것인가? 1923년의 《자아와 그것》에서 프로이트는 원초아를 그것(Es)에 해당하는 것으로, 원초아를 억압하는 것으로서의 자아와 초자아를 제시한다. 그것(Es)과 자아 및 원초아는 모두가 충동이다. 또한 성충동(에로스)과 죽음의 충동(타나토스)도 정신과정의 근본적인 충동들이다.

프로이트는 《자아와 그것》에서 정신적 존재(seelisches Wesen)를 세 가지로 구분하여 그것(Es), 자아, 초자아를 제시하고 이것들의 관계가 역동적이라고 말한다. 이제 종전까지의 의식된 것, 의식되기 이전의 것, 의식되지 않은 것의 공간적 관계는 그것, 자아, 초자아의 역동적 관계로 수정되었다. 프로이트 자신은 정신존재의 역동적 관계를 지칭하여 "우리들의 통찰의 진보"[22]라고 말한다. 《자아와 그것》에서 말하는 충동을 도식화하여 설명한다면 다음과 같이 나타낼 수 있다.

```
                              ┌ 쾌락원리: 쾌락충족의 원리
        ┌ 성충동(Sexualtrieb): 에로스(Eros)
    충동 │                     └ 현실원리: 자기보존의 원리
        └ 죽음의 충동(Todestrieb): 타나토스(Thanatos)
```

위의 도식은 비록 공간적으로 표현되었지만 충동은 역동적 관계를 가지고 있으므로 쾌락원리와 현실원리는 불가분의 순환하는 역동적 관계를 가진다. 마찬가지로 성충동과 죽음의 충동 역시 서로 뗄 수 없는 역동적 관계를 맺고 있다. 프로이트는 성충동과 죽음의 충동은 많은 경우 증오가 사랑으로 그리고 다시 사랑이 증오로 변하는 것처럼 상호 순환하는 역동적 관계를 가지고 있다고 본다. 인간은 태어나면서부터 생명과 죽음을 함께 가지고 있다. 위의 도식에서 보면 성충동과 죽음의 충동, 쾌락원리와 현실원리가 대립하는 것처럼 생각된다. 비록 우리들이 형식적으로는 성충동과 죽음의 충동을 대립하는 것으로 본다고 할지라도 프로이트의 충동을 변증법적으로 해석할 필요가 있다. 왜냐하면 사디즘과 마조히즘처럼 성충동과 죽음의 충동은 원래 하나의 충동일 뿐만 아니라 성충동 자체가 방향 전환할 경우 죽음의 충동으로 변하기 때문이다. 니체의 경우 허무주의를 해체하고 새로운 가치를 정립한다고 할 때도 역시 힘에의 의지에 의해서 허무주의의 방향을 전환시키는 작업이 일어난다.

프로이트에게 있어서 건강하고 정상적인 정신상태는 자아, 초자아 및 원초아가 서로 균형과 조화를 이루는 것이다. 그렇지만 대부분의 경우 자아는 가련한 존재로서 항상 세 가지 위험에 직면하여

있다. 우선 자아는 외부세계의 위험에 맞대면하고 있다. 두 번째로 자아는 원초아의 리비도의 위험에 접해 있다. 마지막으로 자아는 초자아의 강제에 직면하여 있다. 자아가 이런 위험들에 처하여 외부세계, 원초아 및 초자아와의 균형을 상실하는 경우 자아는 불안감에 시달리면서 어디론가 도피하고자 한다.[23] 니체에게 있어서 참다운 비극은 디오니소스적인 것과 아폴론적인 것이 조화를 이룬다. 소크라테스적 및 유리피데스적인 것들은 허무주의와 퇴폐주의에 물든 합리주의적 지성을 대변하는 것으로써 해체되고 극복되지 않으면 안 된다. 여기에서 합리주의적 지성을 해체하고 극복한다고 할 때, 합리주의적 지성은 힘에의 의지와 전혀 상관없는 부정적인 것이므로 힘에의 의지에 의해서 해체되어야 할 것으로 이해되기 쉽다. 그런데 '이 세계가 힘에의 의지'라면 합리주의적 지성은 이 세계 아닌 다른 어떤 곳에 존재하는 것이란 말인가? 프로이트의 정신분석학에서 자아와 초자아 그리고 원초아는 모두 충동들이지만 자아와 초자아는 모두 원초아로부터 나오는 충동이다. 니체의 경우 디오니소스적인 것, 아폴론적인 것 및 힘에의 의지를 살펴보면 아폴론적인 것은 디오니소스적인 것에서 나오고 디오니소스적인 것은 힘에의 의지에서 나온다. 합리주의적 지성은 아폴론적인 것의 가장 피상적, 형식적인 것으로서 본래의 아폴론적인 것을 상실하게 된 것이라고 말할 수 있다. 그렇다면 합리주의적 지성은 힘에의 의지가 가장 약화된 것 이외의 다른 것이 아니다. 프로이트가 정신과정에 있어서 자아, 초자아, 원초아의 균형과 조화를 획득하려고 한 시도나 니체가 합리주의적 지성을 해체하고 아폴론적인 것과 디오니소스적인 것의 조화를 재정립하려고 한 노력은 동일한 차원에서 이해될 수 있다. 왜냐하면 양자 모두 건강한 정신 곧 긍정적이며 창조적인 삶의 윤리적 가치를 인간의 궁극적 목적으로 보고 있기 때문이다.

다. 에로스와 타나토스

충동과 연관시켜 볼 때 프로이트의 정신분석학의 발달과정은 다음과 같은 세 단계로 구분된다. (가) 성충동과 도덕적 충동을 대비시킨 초기. (나) 리비도와 자아를 대비시킨 중기. (다) 에로스(사랑의 충동)와 타나토스(죽음의 충동)를 대비시킨 후기. 프로이트는 《정신분석학 입문》(1916~17)에서 아직 에로스 개념은 제시하지 않고 성충동으로서의 리비도 개념만 제시하였다. 《정신분석학 입문》에서 충동은 성충동으로서의 리비도와 자기보존 충동으로 구분된다. 리비도와 자기보존 충동이 균형을 잃고(자기보존 충동이 리비도를 지나치게 억압함으로써) 양자가 갈등 관계에 들어가면 노이로제가 발생한다. 성충동은 모든 한계를 무너뜨리고 문화적 업적을 뛰어 넘으려는 경향을 가진다. 그런가 하면 자기보존 충동은 현실에 적응하면서 위기를 극복하려고 한다. 《정신분석학 입문》에서 프로이트는 인간의 가장 근본적 힘인 충동을 성충동과 자아충동으로 구분한다. 성충동은 쾌락원리를 따르며 자아충동은 현실원리를 따른다.[24)

그러나 프로이트는 《정신분석학 입문》에서와는 다르게 《자아와 그것》에서 충동을 성충동(에로스)과 죽음의 충동(타나토스)으로 구분한다. 프로이트는 1923년 《자아와 그것》 이전이나 이후 생물학, 해부학, 물리학 및 신경생리학의 방법을 충실히 따르며 유물론적 입장을 유지하고자 한다. 그렇지만 그가 충동을 에로스와 타나토스로 구분한 것은 그 스스로 자연과학적 방법과 유물론적 입장을 포기하는 것을 뜻하기도 한다. 물론 그의 노이로제 이론이 이미 문제점을 안고 있는 것도 사실이다. 모든 신체기관(특히 신경세포)은 정상임에도 불구하고 노이로제라는 정신질환이 발생한다고 할 때 물질적인 것으로부터 비물질적인 정신과정이 성립한다는 주장은 자기모순을 안고 있다. 프로이트의 에로스와 타나토스는 자연과학적 방법과 유물론적 입장을 넘어서서 형이상학적 성격까지 소유한다. 일찍이 고대 그리스 자연철학자 엠페도클레스는 자연을 형성하는 근원물질인 원질(arché)을 물, 불, 흙, 공기로 보았다. 그는 이것들을 결합시켜서 자연사물을 형성하는 힘을 사랑이라 하고, 자연사물을 해체시키는 힘을 증오라고 하였다. 그러면 엠페도클레스의 주장에서 사랑과 증오는 네 가지 원질 이외의 또 다른 원질인가, 사랑과 증오의 존재근거는 어디에 있는가라는 물음이 제기된다. 우리들은 프로이트에게 에로스와 타나토스는 유물론적인 충동인가, 인간존재의 형이상학적 힘인가를 묻지 않을 수 없다.

그리스 신화에서 에로스는 사랑의 신이다. 로마에 접어들어 에로스는 아모르(Amor) 또는 쿠피도(Cupido)로 변하였다. 원래 에로스는 혼돈(Chaos)으로부터 질서있는 세계의 발달을 생기게 하는 신이다. 에로스는 누가 만든 신이 아니고 스스로 생긴 우주적 근원 힘이다. 세월이 지남에 따라서 에로스의 신화적 의미가 변하였다. 에로스는 아레스(Ares)와 아프로디테(Aphrodite)의 아들로, 날개 달린 활 쏘는 아이로 묘사되었다. 에로스는 자신의 화살로 남녀간의 사랑에 불을 지필뿐만 아니라 남자들 사이의 사랑도 자극하였다. 소크라테스와 플라톤 철학에서 에로스는 정신적 존재로 승화되었다. 플라톤의 대화편 《잔치》에서 에로스는 이데아 인식에 대한 추구와 사랑으로 묘사되었다. 그러나 프로이트는 《자아와 그것》에서 에로스를 성충동과 동일시하며 성충동은 쾌락충족의 원리인 쾌락원리와 자기보존의 원리인 현실원리를 포함하는 것으로 본다. 타나토스는 죽음의 신으로서 닉스(Nyx)의 아들이며 휘프노스(Hypnos)의 쌍둥이 동생이다. 닉스는 밤의 신으로 알려져 있기도 하고 혼돈(Chaos)의 딸로 알려져 있기도 하다. 닉스는 에레보스(Erebos)와 함께(hemera) 에테르(aither: 하늘)를 산출하였다. 타나토스의 쌍둥이 동생 휘프노스는 잠의 신이다.

　프로이트가 초기에 충동을 성충동(리비도)과 자기보존 충동(자아충동)으로 구분하고 정신과정을 의식된 것, 의식되기 이전의 것, 의식되지 않은 것으로 구분하는 것은 인간존재의 정신적 소멸에 대한 성찰이 부족한 것을 뜻한다. 프로이트는 《자아와 그것》에서 인간과 문화 그리고 세계의 소멸, 파괴, 전쟁 등을 예견함으로써 충동을 에로스와 타나토스로 확장한다. 1932년 9월 프로이트는 비엔나에서 쓴 글에서 '친애하는 아인슈타인 씨(Lieber Herr Einstein)!'에게 답하는 형식으로 "전쟁의 숙명으로부터 인류를 보호하기 위해서 우리들은 무엇을 할 수 있는가"[25]라는 아인슈타인의 물음에 대하여 자신의 전쟁관을 피력한다. 프로이트는 전쟁의 원인을 권리(Recht)와 권력(Gewalt)간의 갈등으로 보는데 권리는 에로스를, 권력은 타나토스를 대변한다.

　모든 동물들의 세계는 물론이고 인간사회에서도 이해의 갈등은 권력의 사용에 의해서 결정된다. 동물세계에는 지극히 단순한 이익의 갈등만 존재한다. 동물들은 자기들의 영역을 보존하려고 하며 먹이를 차지하기 위하여 치열한 경쟁을 벌인다. 그러나 인간들에게 있어서는 이익의 갈등뿐만 아니라 의견의 갈등이 오히려 더 큰 비중을 차지한다. 의견은 고도로 추상화되고 심한 경우 타인이나 다른 집단의 인간들의 생존마저 위협하는 무기의 역할을 담당한다. 모든 종류의 이데올로기들, 예컨대 사회주의, 공산주의, 자본주의, 국수주의, 민족주의 등을 비롯해서 학연, 지연, 혈연 등은 모두 추상의 산물들이며 인간에게 지대한 영향력을 행사한다. 인간은 진화과정을 거치면서 불을 발명함으로써 지성과 도구 양자의 권력을 소유하게 된다. 원시인들에게는 근육과 본능이 힘이었지만 불의 발생과 함께 사정이 변하였다. 강한 권력을 가진 자는 이해관계가 다른 적을 죽이거나 노예로 삼았다. 그렇지만 프로이트에 의하면 문화의 발달과 아울러 권력이 권리로 이행하는 과정이 나타난다.

권력은 타나토스(죽음의 충동)에 그리고 권리는 에로스(사랑의 충동)에 해당한다고 할 때 프로이트는 에로스에 의해서 타나토스를 극복할 수 있다고 보았다. 문화가 발달함에 따라서 다수의 약한 자들은 서로 연합해서 보다 더 강한 자를 제압할 수 있었다. 강한 지도자의 권력에 대항한 것은 연합한 자들의 권리였다. 프로이트에 따르면 공동체의 지속적인 의견일치는 개별자의 권력을 붕괴시킬 수 있는 권리이다. "권리는 공동체의 힘이다"[26]라는 말은 전쟁과 독재권력으로부터 백성을 보호하기 위한 프로이트의 대안을 암시한다. 인류의 역사는 에로스와 타나토스의 끊임없는 순환처럼 여겨진다. 한 인간이 살려고 발버둥치면 그는 상대방을 지배하고 죽이지 않으면 안 되는 경우가 허다하다. 사회적으로 볼 때 죽음의 충동을 대변하는 것은 독재적 지배와 전쟁이다.

인간은 지배권을 장악하기 위해서 수시로 파괴하고 전쟁을 일으킨다. 프로이트는 전쟁의 결과를 이중적으로 본다. 몽고나 터키가 일으킨 전쟁은 인간에게 오직 불행만을 안겨다 주었으므로 그러한 전쟁은 죽음의 충동의 대표적인 경우이다. 그러나 로마나 프랑스가 일으킨 전쟁은 권력과 폭력을 몰아내는 권리를 회복한 사랑의 충동을 대변한다.[27] 그러나 전쟁의 결과, 인간이 권리를 회복하고 평화를 누린다고 해도 머지 않아 다시 전쟁이 발생한다. 그렇다면 인간의 이해갈등과 의견갈등 곧 전쟁을 해소시키기 위한 최선의 방책은 존재하지 않는가라는 물음이 당연히 제기될 수밖에 없다.

인간들 상호간의 이해갈등과 의견갈등 곧 전쟁을 해소하기 위한 최선의 방책으로서 프로이트는 두 가지를 제시하는데 그것들은 권력의 억압(Zwang der Gewalt)과 감정결합(Gefühlsbindung)이다.[28] 감정결합은 특정 사회의 구성원들 사이에서 의견일치를 가능하게 한다. 인간의 본래적 충동은 에로스와 타나토스라는 이중적인 것이기 때문에 인간존재는 원래 갈등하는 존재이다. 에로스가 사랑의 충동인 반면, 타나토스는 모든 것을 파괴하는 공격충동이며, 죽음의 충동이다. 그러나 자기보존 충동인 에로스는 자신의 의도를 지속하기 위해서 꼭 필요할 경우 공격을 필요로 한다. 에로스가 타나토스 쪽으로 쏠릴 경우, 다시 말해서 사랑의 충동이 죽음의 충동으로 힘의 방향을 바꿀 경우 이해갈등은 갑자기 증폭되고 전쟁이 발생할 수밖에 없다. 프로이트는 자발적 인간들이 감정결합에 의해서 지나친 국가권력을 몰아낼 때 그리고 자유로운 사상에 대한 교회의 금지를 극복할 때 비로소 공동체의 참다운 의미가 나타날 수 있다고 본다. "문화발달이 촉구하는 모든 것은 전쟁에 대항해서 작용한다."[29] 프로이트가 의미하는 문화발달은 건강한 정신활동의 회복 이외의 다른 것이 아니다. 건강한 정신상태를 가진 인간들이 공동체를 구성하여 서로 감정을 결합하고 의견의 일치를 형성할 때 비로소 인간은 타나토스를 극복함으로써 전쟁으로부터 해방될 수 있다.[30]

프로이트에게 있어서 물론 절대적인 타나토스의 극복이라든가 전쟁으로부터의 완전하고도 영원한 해방은 있을 수 없다. 왜냐하면 타나토스는 충동의 본래적 이중성이기 때문이다. 에로스와 타나토스의 끊임없는 순환은 니체에게 있어서 영겁회귀와 유사하다. 니체에 의하면 만물은 영원히 회귀하며 힘에의 의지 또한 영겁회귀로 표현된다. 힘에의 의지는 양적으로는 제한되어 있지만 질적으로는 무한하기 때문에 영원히 회귀한다. '이 세계는 힘에의 의지'일 때 분명히 세계가 양적으로 제한되어 있기 때문에 힘에의 의지 역시 제한되어 있다. 그렇지만 힘에의 의지는 창조적인 근원이므로 질적 으로는 무한하다. 프로이트의 타나토스는 니체의 허무주의나 퇴폐 주의에 해당한다. 프로이트의 권력이나 전쟁처럼 허무주의나 퇴폐 주의는 인간을 왜소하게 만들며 문명을 일차원화한다. 니체는 대지 의 뜻 곧 운명애(amor fati)에 의해서 허무주의와 퇴폐주의를 해체, 극복하고자 한다. 니체의 목적은 건강하고 창조적인 인간, 다시 말 해서 초인이다.

물론 니체에게 있어서도 프로이트에게서와 마찬가지로 완전하고 도 절대적인 허무주의의 극복이란 불가능하다. 니체 철학의 특징은 실험철학이다. 니체는 끊임없이 전통을 해체하고 극복하며 도전한 다. 영겁회귀는 어떻게 보면 숙명론의 성격을 가지는 것처럼 여겨 진다. 그러나 영겁회귀를 인정하는 운명애는 힘에의 의지를 실행하 는 실천적 삶을 뜻한다. 운명애는 힘에의 의지 안에서 부정적 허무 주의(합리주의적 지성의 성격)와 긍정적 허무주의(디오니소스적인 창조성)가 영원히 회귀하는 것을 직시하기 때문에 긍정적 허무주의 에 의해서 부정적 허무주의를 해체함과 동시에 극복할 수 있다.

프로이트는 인간이 공동체를 구성함으로써 인간들 서로의 감정 을 결합하고 의견의 일치를 가져옴으로써 에로스에 의해서 타나토 스를 극복할 수 있다고 본다. 그런데 인간 내면의 어떤 요소가 감정 을 결합하게 하고 동시에 의견의 일치를 창출하는가? 우리는 니체 의 철학에 대해서도 똑같은 물음을 던질 수 있다. 힘에의 의지에 의 해서 허무주의를 극복할 수 있다고 할 때 그러한 극복이 자동적으 로 이루어진다면 허무주의의 극복을 구태여 강조할 필요가 없을 것 이다. 인간은 힘에의 의지의 다양성을 어떻게 알 수 있으며 나아가서 인간의 어떤 능력이 삶을 선택하고 결단하게끔 하는가? 에로스에 의한 타나토스의 극복은 프로이트 개인의 주관적 견해인가? 힘에의 의지에 의한 허무주의의 극복 또한 니체 자신의 주관적 주장인가? 우리들은 끊임없이 삶과 세계의 허무, 퇴폐 및 무의미에 직면하여 무수히 많은 문제들을 해결하려고 한다. 한 개인의 삶 전체를 통해서 그리고 인류의 문화의 전 과정을 통해서 인간은 항상 유의미와 무의미, 긍정적 삶과 부정적 삶 사이를 오락가락 한다. 그러나 인간은 삶의 이상을 소유하고 있기 때문에 무의미를 극복하고 유의미를 획득하고자 하며 동시에 부정적 삶을 해체하고 긍정적 삶을 소유하고자 한다. 니체가 자신의 철학을 실험철학이라고 한 것은 삶의 절대성과 완전성을 추구하는 독단론을 피하기 위한 의도를 포함한다. 왜냐하면 니체 철학은 전통적 허무주의의 부단한 해체와 극복을 통해서 긍정적, 창조적 인간상과 삶을 획득하려고 시도하기 때문이다. 프로이트 역시 역동적 정신과정을 전제로 삼고 있기 때문에 절대적이며 완전한 정신의 건강상태를 목적으로 삼지 않으면 안 된다. 프로이트가 에로스에 의한 타나토스의 극복을 말한 것은 결국 에로스와 타나토스의 조화를 뜻한 것이라고 볼 수 있다.

   현대인은 자본과 기술을 절대적이며 완전한 것으로 믿고 최대한의 욕망을 충족시키려고 하기 때문에 일차원적 인간으로서 일차원적 사회에서 삶을 영위하고 있다. 현대 이전에도 물론 인간은 욕망을 최대한으로 충족시키려고 한 것이 사실이지만, 욕망을 충족시키기 위한 수단이 절대적인 것이 아니었다. 시간적으로 가장 신속하게 그리고 양적으로 가장 많게 욕망을 최대한으로 충족시킬 수 있는 자본과 기술이 과거에는 오늘날처럼 충분치 못하였다. 따라서 과거에는 욕망충족이 상대적으로 충분치 못하였으며 완전한 욕망충족은 기대하기 어려웠다. 그러나 현대에 들어와서 자본과 기술은 절대성과 완전성을 보장해 줄 수 있는 것 같은 신앙적 수단이 되었다. 그러나 현대인은 절대적으로 완전한 욕망충족을 원하기 때문에 현실적 욕망충족은 과거보다 훨씬 더 부족한 것으로 여겨지게 되었다. 현대인은 온갖 수단과 방법을 다 동원하여 절대적인 욕망충족을 향해서 질주하고 있다.

현대인은 결국 욕망충족을 조종할 수 있는 능력마저 상실하지 않았는가 하는 의심을 가지지 않을 수 없다. 니체가 왜소한 인간이나 최후의 인간을 말한 것이나, 프로이트가 노이로제 및 히스테리를 분석한 것은 모두 인간의 욕망충족을 조종하기 위한 시도를 뜻한다. 만일 우리들이 욕망충족을 조종하기를 그친다면 우리의 삶은 허무주의, 퇴폐주의로 몰락해 버릴 것이고 인류는 결국 모두가 비정상적인 정신질환으로 시달리게 될 것이다. 니체의 힘에의 의지는 물론이고 프로이트의 에로스 역시 긍정적이며 창조적인 인간상을 확립하는 것을 궁극의 목적으로 삼는다고 말할 수 있다. 니체 철학과 프로이트 정신분석학의 본질적 의미는 무엇보다도 우선 삶의 윤리적 가치에서 찾지 않으면 안 될 것이다.

3. 허무주의의 극복

가. 부정적 허무주의와 긍정적 허무주의

니체는 자신의 철학을 일컬어 실험철학이라고 부른다. 왜냐하면 그의 철학은 독단적 사유가 아니고 역동적인 비판이며 동시에 문제해결이기 때문이다. 니체의 문제해결은 그렇다고 해서 완벽한 성격의 것이 아니고 끊임없는 시행착오를 동반하는 결단의 행위이다.

실험철학의 목표는 본래적 인간상의 회복 내지 형성에 있다. 본래
적 인간상을 회복하거나 형성하는 것은 니체에게 있어서 오히려 창
조적이며 긍정적인 인간상을 구성하는 것을 뜻한다. 창조적 인간상
을 회복하고 구성함으로써 인간은 결국 창조적 문명을 창출할 수
있다는 것이 니체의 생각이다.

　니체는 그리스의 합리주의와 기독교의 절대신앙이 결합하여 현
대의 일차원적 문명이 형성되었다는 사실을 너무나도 잘 알고 있
다. 고대 그리스의 이성(logos)은 오늘날 우리들이 생각하는 형식적
(수학적, 논리적)이며 체계적이고 완전한 인식능력이 아니었다. 원
래 로고스는 말, 단어, 준칙, 격언, 우화, 사유, 반성, 조건 등 매우 다
양한 의미를 가지고 있었다. 그런데 시간이 지남에 따라서 로고스
는 점차로 형식적이며 체계적인 완전한 인식능력으로 굳어지게 되
었다. 기독교의 절대자 신의 기원은 유태교의 민족 신 야훼이다. 유
태교의 야훼신은 여러 신들 중 하나로서 유태민족이 신앙의 대상으
로 삼은 신이었다. 그러나 기독교에 와서 야훼는 절대적인 유일신
의 형태를 가지게 되었다. 서양 중세를 거치면서 그리스 철학과 기
독교 신앙이 결합하게 되었다. 그리스의 로고스는 완전성을 그리고
기독교 신앙은 절대성을 대변하는 것으로 믿어지게 되었으며 이성
은 완전하고도 절대적인 인식능력으로 여겨지게 되었다. 보다 더
구체적으로 말하자면 그리스의 로고스와 기독교 신앙이 편파적으
로 견고하게 됨으로써 그것들은 다원성을 상실하고 일차원적인 완
전성과 절대성을 소유하게 된 것이다.

　그러나 완전하고 절대적인 삶이나 이성을 뒤집어 보면 그것들은
결국 허구임이 드러난다. 니체는 특히 기독교 종교와 기독교 도덕
그리고 합리주의적 지성을 대표하는 소크라테스주의를 계보학과
원근법주의(Perspektivismus)에 의해서 비판한다. 그 결과 그것들은

창조적, 긍정적 가치를 상실한 허무주의 내지 퇴폐주의로 드러난다. 왜냐하면 그것들은 역동적인 생명력을 결여하고 있기 때문이다. 따라서 니체는 서양의 합리주의 전통의 문명을 '질병'으로 진단한다. 이러한 니체의 관점은 프로이트의 이성에 관한 입장과 일맥상통한다. 지금까지의 학문은 모두 의식적 자아에 의해서 탐구되었다. 물론 프로이트는 정신분석학의 입장에 서 있기 때문에 니체의 철학적 견해와는 전체적으로 차원이 다른 견해를 가지고 있다. 그러나 그는 의식적 자아가 정신활동의 한 부분임에도 불구하고 마치 그것이 삶과 세계 전체를 판단하는 것처럼 생각해 온 전통을 전도시킨다. 프로이트에게 있어서 의식적 자아보다 더 근원적인 것은 초자아 및 원초아이다.

니체는 허무주의의 현상을 퇴폐라고 한다. 대표적인 퇴폐현상은 다음과 같이 열거될 수 있다. (1) 사람들은 구원의 수단을 택하기 위해서 인간을 고갈시키는 기독교를 선택한다. 기독교 안에는 '진전' 내지 '발권'이 있지만 실상 그것은 허구이다. (2) 사람들은 탈개인화와 의지의 몰락을 스스로 초래한다. 탈개인화는 창조적 인간성을 상실하는 것으로 여기에서는 창조적 인간성의 근원인 의지가 몰락한다. 의지가 몰락한 곳에는 가면을 쓴 이타심과 연민이 나타난다. (3) 사람들은 '계보학'의 안목을 잃고 원인과 결과를 구분하지 못한다. 사람들은 퇴폐를 생리학적 결과로 파악하지 못하고 자신을 악한 존재로 발견한다. 자신을 악한 존재로 발견한 인간은 자신을 구원하기 위해서 무의식적으로 종교적 도덕을 만들어 내고 그것에 복종한다. (4) 사람들은 더 이상 고통이 존재하지 않는 상태 곧 절대적 행복을 동경한다. 따라서 그들은 삶을 악의 근원이라고 생각한다. 그들은 의식과 느낌이 없는 수면과 무력감의 상태를 가장 가치 있는 것으로 생각하게 된다.[31] 탈개인화를 비롯하여 종교적 도덕 및 수면이나 무력 그리고 종교적 병상은 모두 퇴폐 현상에 지나지 않는다. 퇴폐 현상은 생명력과 힘을 부정한다. 이타주의, 명상, 종교적 도덕은 모두 표면상 긍정적이라고 할지라도 내면에 생명력과 힘을 전적으로 결여하고 있기 때문에 그것들은 무가치할 뿐만 아니라 무의미하다. 그러므로 퇴폐현상은 삶과 세계를 무가치하게 만드는 허무주의 이외의 다른 것이 아니다.

그러나 우리들이 니체가 말하는 허무주의를 보다 더 상세히 고찰할 경우 그것은 이중적 성격을 가진다. 후기의 프로이트와 마찬가지로 니체는 역동적으로 사유한다. 니체의 허무주의는 '형이상학의 종말'이기 때문에 그것은 동시에 '형이상학의 시작'이다. 즉 합리주의적 전통의 형이상학의 종말은 새로운 창조적 형이상학의 시작을 뜻한다. 허무주의는 한편으로 현존재의 해체이자 전통 형이상학의 종말이며, 종교적 도덕의 부정이지만 새로운 가치정립을 위한 과정이고 따라서 결국 힘에의 의지를 정립하는 시초이다. 우리들은 니체의 허무주의에서 변증법적 운동의 논리를 엿볼 수 있다. 물론 들뢰즈 같은 사람은 《니체와 철학》에서 니체 철학은 허무주의를 극복하고 허무주의와는 질적으로 다른 창조적 힘에의 의지를 긍정하기 때문에 전혀 변증법적 성격이 없다고 주장한다. 들뢰즈에 의하면, 헤겔의 변증법은 최후의 피난처를 절대정신이라는 허구에서 발견하지만 니체 철학은 "모든 신비화(toutes les mystification)"[32]를 버리기 때문에 절대적 반(反)변증법이다. 내가 니체의 허무주의가 변증법적이라고 말할 때, 물론 나는 니체 철학이 헤겔식의 변증법과 동일하다는 것을 뜻하지는 않는다.

니체의 허무주의는 부정적이지만 허무주의의 심연에 있는 힘에의 의지가 허무주의를 전도시키고 새로운 가치를 정립하기 때문에 허무주의의 내면에서 역동적인 힘이 작용하는 것은 사실이다. 그렇다면 우리들은 허무주의 내면에서 변화와 가치전도를 가능하게 하는 변증법적 운동논리를 인정하지 않을 수 없다. 니체에게 있어서는 '이 세계가 힘에의 의지'이기 때문에 헤겔에서처럼 이 세계와 동떨어진 절대목적으로서의 절대정신이 존재할 수 없고 따라서 힘에의 의지 역시 헤겔적 절대정신과는 질적으로 다르다. 니체에게서 변증법적 운동의 논리가 가능한 것은 허무주의의 본질적 근거가 현존재 인간이고, 인간의 존재근거는 동적인 힘에의 의지이기 때문이다. 헤겔식의 변증법만을 유일한 변증법이라고 보는 것은 무리이다. 들뢰즈가 니체 철학을 가리켜서 반(反)변증법적이라고 할 때 그것은 니체의 변증법이 헤겔의 변증법과 다르다는 것으로 이해하여야 할 것이다. 물론 들뢰즈는 니체가 전통을 해체하고 새 가치를 정립하기 때문에 니체 철학에는 변증법의 성격이 전혀 없다고 본다. 그럼에도 불구하고 '이 세계가 힘에의 의지'이고, 이 세계가 역동적 생명력에 가득 차 있는 한에 있어서 허무주의 역시 내면에 힘에의 의지를 포함하고 있으므로 힘에의 의지는 자신의 부정적 측면을 역동적으로 해체하고 새 가치를 정립한다. 이러한 측면을 볼 때 니체 철학은 그 나름대로의 역동적, 변증법적 논리를 가지고 있는 것이 분명하다. 나는 프로이트 정신분석학에서의 역동적 정신과정 역시 변증법적이라고 확대해서 해석한다. 왜냐하면 자아충동과 초자아충동은 모두 원초아의 충동으로부터 나오기 때문이다. 니체 철학에서 허무주의와 허무주의의 극복은 서로 단절된 것이 아니고 구분되는 것이다. 마찬가지로 프로이트의 자아, 초자아 및 원초아도 서로 단절된 것이 아니라 구분된다. 왜냐하면 니체의 허무주의는 물론이고 프로이트의 자아의 심연에는 역동적인 힘이 꿈틀거리고 있기 때문이다.

니체의 의하면 현대 서양문명의 바탕은 플라톤주의와 기독교이다. 이들 두 가지는 허구로 충만한데 이들이 근거로 삼는 것은 형식적, 합리주의적 지성이다. 지성은 자연적으로 수동적 허무주의를 구성한다. 수동적 허무주의의 특징은 위장과 허위로 이것이 바로 서구인의 질병이다. 지성은 모든 대상과 사태를 질서 있고 체계적인 것으로 파악한다. 더 나아가서 지성은 완전하고 절대적인 목적을 설정하고 인간으로 하여금 이상적 인간과 사회를 향하여 돌진하도록 한다. 따라서 지성은 삶과 세계의 표면과 형식만을 보고 내면의 역동적 힘은 통찰하지 못한다. 니체는 《선과 악의 피안》에서 다음과 같이 말한다. "나의 긍정하는 과제의 부분이 해결된 다음에 부정을 말하는, 부정을 행하는 반쪽이 뒤따라 나왔다. 지금까지의 가치들 자체의 전도, 위대한 싸움이—어느 날인가 결단의 발생이."[33] 가치들 자체의 전도나 위대한 싸움은 수동적 허무주의와 다른 능동적 허무주의를 뜻한다. 능동적 허무주의는 미래의 철학과 가치를 창조하며 긍정하는 적극적인 허무주의이다.

　니체에게 있어서 부정적 허무주의와 긍정적 허무주의는 서로 질적으로 다른 허무주의가 아니라 허무주의의 이중성을 의미한다. 현존하는 세계는 영겁회귀이고 영겁회귀는 힘에의 의지의 표현이다. 현존하는 모든 것들은 힘 아닌 것이 없으며 또한 힘에의 의지와 연관되지 않는 것은 없다. 부정적 허무주의와 긍정적 허무주의는 모두 영겁회귀의 범주 안에서 언급될 수 있다. 따라서 허무주의는 힘에의 의지와의 연관성을 배제할 수 없다.[34] 니체에 의하면 힘에의 의지는 진리에의 의지보다 근본적이며, 삶에의 의지보다 힘에의 의지가 원리이고, 지성의 의지보다 힘에의 의지가 본질적이다. 힘 (Macht)은 언제나 방향을 가지는데 이 방향을 결정해 주는 것은 내면적인 힘에의 의지이다. 힘에의 의지를 원리로 삼아 힘들과 아울러 영겁회귀가 성립할 뿐만 아니라 정당성도 가지게 된다.

나. 문화의 부정성

니체는 현대 유럽문명을 허무주의로 진단한다. 우리들은 일반적
으로 인류의 정신적 업적을 문화로 그리고 인류의 물질적 업적을
문명으로 부르지만 니체는 문화(Kultur)와 문명(Zivilisation)을 동일
한 의미로 쓰고 있다. 왜냐하면 인간의 물질적 업적 역시 정신작용
의 결과이기 때문이다. 니체는 문명을 허무주의로 낙인찍고 허무주
의의 근원을 밝힘으로써 허무주의를 해체하고 극복할 방책을 모색
한다. "허무주의는 눈앞에 서 있다. 모든 손님들 중에서 가장 섬뜩
한 이 손님은 어디서부터 우리들에게 오는가?"[35] 우선 니체는 현대
문명이 가장 커다란 영향을 끼친 기독교적 세계관을 부정한다. 다
음으로 니체는 윤리적으로 합리주의적(지성적) 허무주의를 극복하
려는 쇼펜하우어의 입장에도 반대한다. 쇼펜하우어의 삶에의 의지
(Wille zum Leben)는 존재원리가 되기에는 지나치게 제한된 것이
다. 쇼펜하우어의 물자체(物自體)로서의 삶에의 의지는 맹목적 의지
이다. 맹목적 의지는 혼돈이기 때문에 현실적 인간의 삶에 고통을
가져다 준다. 쇼펜하우어는 맹목적 의지를 부정하고 열반에 도달할
때 비로소 인간이 깨닫고 구원받을 수 있다고 믿었다. 그러나 궁극
적인 존재원리(삶에의 의지)를 전제한 다음 그것이 고통을 가져다
주므로 존재원리를 부정하여야만 하고 또한 부정할 수 있다는 쇼펜
하우어의 주장은 자기모순에 빠지고 만다. 니체의 입장에서 보면,
지성적 합리주의를 부정하는 쇼펜하우어는 삶에의 의지를 부정하
기 때문에 그 역시 허무주의에서 헤어나오지 못하고 있다. 니체는
힘에의 의지에 의해서 퇴폐주의와 허무주의라는 문화의 부정성을
극복하고자 한다. 앞에서 이미 논의한 것처럼 니체는 긍정적 허무
주의에 의해서 부정적 허무주의를 극복할 수 있다고 주장한다.

크게 보면 니체가 문화를 바라보는 관점은 마르크스나 프로이트
가 가진 문화에 대한 견해와 유사하다. 마르크스가 보기에 자본주
의 문화는 전도되지 않으면 안 될 성질의 것이다. 프로이트에 의하
면 현대문화는 일종의 노이로제 증세이므로 치료되지 않으면 영원
히 오이디푸스 콤플렉스를 벗어날 수 없다. 프로이트가 보기에 인
류문화는 바람직한 방향으로 발전하지 못하였다. 현대문화의 핵심
적 구성요소인 종교, 예술 및 철학은 모두 환상의 산물이다. 무엇보
다도 전쟁과 상업주의가 지배하는 현대문화는 일종의 노이로제 증
세 이외의 다른 것이 아니다. 유아기의 성생활에서 대표적인 오이
디푸스 콤플렉스를 정상적으로 극복하느냐 못하느냐에 따라서 한
인간은 건강한 정신의 소유자가 될 수도 있고 또 정신장애자가 될
수도 있다.[36] 온갖 부정적 요소들이 난무하는 현대문화는 간단히 말
해서 오이디푸스 콤플렉스의 결과이다.

현대문화의 부정성은 독재자, 정치권력, 대중, 교회, 군대, 상업주
의, 전쟁 등의 개념에서 너무나도 명백하게 드러나고 있다. 프로이
트는 니체와 마찬가지로 건강한 삶과 문화를 정립하고자 한다. 문
화의 긍정성은 인간을 행복하게 하며 동시에 인간에게 유용한 활동
과 가치에 있다. 문화의 긍정성은 인간의 삶의 이념의 실현에 있다.
그렇지만 현대문화는 지나치게 많은 부정성을 보여 준다. 현대문화
는 왜곡된 문화이다. 프로이트는 권력(독재자의)을 공동체의 권리
로 대치할 때 비로소 문화의 참다운 진보가 가능하다고 본다. 대중
문화를 공동체 문화로 전도시키기 위해서는 독재적 지도자의 권력
을 개인의 권리로 전환시키는 노력이 요구된다.

현대문화의 부정성은 문화의 공격성에서 잘 나타난다. 인간에게
유토피아를 약속하는 공산주의와 기독교는 프로이트에 의하면 가
장 공격적인 문화를 형성한다. 공산주의는 사유재산을 폐지함으로

써 독재자의 권력을 해체하고 개인의 권리를 보장하는 것처럼 보인다. 그렇지만 프로이트가 보기에 공산주의는 본질적으로 인간의 공격 쾌감을 제거하려는 노력을 전혀 기울이지 않는다. 따라서 공산주의는 형식적, 표면적으로만 개인의 권리를 보장하고 근본적으로는 긍정적 문화를 창출할 능력이 없다. 그런가 하면 기독교 역시 외부로는 공동체와 인류애를 소리 높여 주장하는 것처럼 보인다. 그러나 기독교는 선민사상에 바탕을 두고 있다. 그러므로 기독교 역시 인종차별에 집착하고 있으며 문화의 부정성을 대변한다. 프로이트의 이와 같은 견해는 당시 게르만 민족들이 이교도인 유태인들을 박해한 사실과 아울러 장기간에 걸친 기독교에 의한 이교도의 탄압을 근거로 삼고 있음이 분명하다. 문화의 공격성의 근원은 죽음의 충동이다. 프로이트가 공동체의 권리에 의해서 현대문화의 부정성을 극복하고자 한 것은 바로 에로스에 의해서 타나토스를 전도시키고 극복하고자 한 그의 시도와 일치한다.

프로이트에 의하면 현대사회에서 개인은 더 이상 자신의 고유한 권리를 소유한 그 자신이 아니고 의지 없는 자동기계(Automat)로[37] 되어버렸다. 인간은 더 이상 공동체를 형성하는 개인이 아니라 대중이다. 대중은 개인을 대변하는 동적 대중이 아니고 단지 독재자의 권력과 야합하는 정적 대중이다. 자동기계로서의 대중-개인(공동체-개인이 아닌)은 쾌락원리와 현실원리를 적절하게 조화시킬 줄 아는 건강한 인간이 아니다. 현대인은 지나치게 현실원리에 집착한다. 현대인은 현실원리와 쾌락원리를 (자아충동과 성충동을) 조화시킬 수 있는 능력을 상실하여 버렸다. 쾌락원리를 최대한으로 충족시키기 위해서 현대인은 수단과 방법을 가리지 않고 현실원리에 집착한다. 그러다 보니 현실원리가 지나치게 쾌락원리를 억압하게 되고 따라서 쾌락원리는 왜곡될 수밖에 없다.

프로이트는 공동체의 권리에 의해서 그리고 니체는 새로운 가치의 정립에 의해서 문화의 부정성을 극복하고자 하였다. 니체가 보기에 문화의 부정성은 합리주의적 지성에 의해서 초래된 허무주의와 퇴폐주의이다. 프로이트에게 있어서 문화의 부정성은 오이디푸스 콤플렉스에서 유래하는 현대인의 정신장애이다. 니체와 프로이트 양자는 모두 문화의 긍정성을 궁극적으로 윤리적 가치에서 찾고 있다. 니체는 계보학과 원근법주의에 의해서 힘에의 의지를 바탕삼아 전통가치를 전도시키려고 한다. 프로이트는 분석에 의해서 오이디푸스 콤플렉스에서 유래하는 쾌락원리와 현실원리와의 갈등을 치료하고자 한다. 이들 양자의 목적은 모두 건강한 삶과 문화를 정립하는 것을 궁극의 목표로 삼고 있다.

다. 힘에의 의지와 심층의식

니체의 힘에의 의지는 형이상학적 개념이다. 물론 니체는 전통적 형이상학이 합리주의적 지성에 의해서 체계적, 형식적 세계관을 제시한다는 이유에서 그것을 부정한다. 전통적 형이상학이 완전하고 절대적인 실체로서의 세계원리 내지 존재원리를 제시했다고 한다면 니체는 생성변화하는 역동적 힘 자체인 존재원리로서 힘에의 의지를 제시하였다. 니체는 초기 저술 《비극의 탄생》에서 비극의 근거를 이원론적으로 보는 인상을 준다. 비극의 두 구성요소인 아폴론적인 것은 비극의 형식을, 디오니소스적인 것은 동적 내용을 성립시켜 준다. 그런데 《비극의 탄생》에서 니체는 역동적 비극과 반대되는 것으로서 소크라테스적인 것 내지 유리피데스적인 것을 꼽는다. 긍정적, 창조적 삶이 비극에 해당한다고 할 때 아폴론적인 것과 디오니소스적인 것 이외의 소크라테스적인 것은 어디에서 유래하는가? 한 걸음 더 나아가서 소크라테스적인 것이 뜻하는 합리주의적 지성 및 허무주의나 퇴폐주의는 과연 무엇으로부터 생기는가? 우리들은 《짜라투스트라는 이렇게 말하였다》로부터 《이 사람을 보라》 그리고 《도덕의 계보학》 등 니체의 중기와 후기 저술들을 통해서 니체의 실험철학이 점차로 생동하는 체계를 갖추게 된다는 사실에 접할 수 있다.

니체가 말하는 힘에의 의지는 형이상학적 내지 존재론적 개념임에 비해서 프로이트의 심층의식은 정신분석학의 개념이다. 프로이트는 《정신분석학 입문》에서 심층의식을 가리켜 의식되지 않은 것 (Ubw)이라고 부른다. 그러나 《자아와 그것》(1923)을 전후해서 프로이트는 성충동, 충동, 힘(Kraft), 에너지 등 다양한 명칭에 의해서 심층의식을 표현한다. 프로이트가 보기에 철학은 물론이고 형이상학도 환상의 산물 곧 노이로제 현상에 지나지 않는다. 왜냐하면 프로이트는 어디까지나 실증과학적인 방법에 의해서만 학문이 확실성을 얻을 수 있다고 믿었기 때문이다. 프로이트는 유물론적 입장에서 생물학, 물리학, 해부학 및 신경생리학과 심리학을 바탕으로 삼아 자신의 정신분석학을 창안하였으므로 철학과 같은 학문은 환상의 산물에 지나지 않는다고 보았다.

프로이트에 의하면 대학강단에서 가르치는 사변철학 내지 관념철학 그리고 기술심리학(deskriptive Psychologie) 및 감각생리학에 포함되는 실험심리학은 신체적인 것과 정신적인 것 사이의 관계를 밝히지 못한다. 그뿐만 아니라 그것들은 노이로제를 비롯해서 다양한 정신장애를 이해할 수 있는 열쇠를 제공하지 못한다. 왜냐하면 그것들은 신체기관(특히 뇌신경세포 등)의 이상에 의한 정신장애는 설명할 수 있어도 신체기관은 정상임에도 불구하고 생기는 정신장애는 밝히지 못하기 때문이다. 의학 안에서도 정신병학(Psychiatrie)

은 관찰한 정신장애를 기술하고 정신장애를 임상적 정신질환의 상들에 포함시키려고 한다. 그렇지만 정신병학자들 마저도 자기들의 기술적(記述的) 입장이 과연 학문이라는 명칭을 가질 자격이 있는지의 여부에 대해서 의심한다.[38]

프로이트에 의하면 정신병학자들은 신체기관의 이상(異常)에만 관심을 기울이므로 정신질환의 형태들을 형성하는 증세의 출처를 모른다. 그들은 증세의 메카니즘과 상호관계도 알지 못한다. 정신병학자들이 보기에 노이로제와 같은 정신질환에는 실증적으로 증명할만한 어떤 해부학적 기관의 변화도 존재하지 않는다. 프로이트는 신체적인 것과 정신적인 것 사이의 관계를 해명하면서 동시에 정신장애를 치료할 수 있는 것은 오로지 정신분석학뿐이라는 확신을 가졌다. 특히 심층의식에 관한 프로이트의 이론은 세계와 학문에 혁신적 이정표를 마련하였다. 무엇보다도 사람들은 충동자극(Triebregungen)으로서의 심층의식이 성적인 것으로 신경질환 및 정신장애에 엄청난 영향을 미친다는 사실을 지금까지 잘 알지 못하고 있었다. 성적 충동이 인간정신에 의해 이룩된 고도의 예술창조, 문화창조, 사회창조에 크게 기여한 사실을 일반심리학이나 정신병학은 제대로 인지하지 못하고 있었다.[39]

프로이트의 심층의식은 그의 저술의 시대에 따라서 약간씩 수정되고 있다. 《정신분석학 입문》에서 프로이트는 리비도, 성충동, 의식되지 않은 것(Ubw) 등은 심층의식에 해당하는 것으로 제시한다. 그러나 《자아와 그것》 이후 그는 초자아와 아울러 원초아를 심층의식으로 보고 있다. 그러면서 동시에 그는 에로스와 타나토스를 심층의식으로 보기도 한다. 《자아와 그것》에서의 정신과정은 역동적인 것이며, 이곳에서 자아와 초자아(양심)는 원초아(심층의식)로부터 나오는 충동이다. 그런가 하면 에로스와 타나토스는 정신분석학의 영역을 뛰어넘어 형이상학적 의미를 가진다. 에로스가 사랑의 충동이고 타나토스가 죽음의 충동이라면 이들 두 충동은 서로 대립한다. 그러나 이들 두 충동은 하나의 충동(심층의식)의 이중적 측면이다. 우리는 도가(道家)의 음양이론에서 음과 양은 서로 대립하지만, 음양은 도의 이중적 측면으로서 음이 양으로 되기도 하고 양이 음으로 되기도 한다는 사실을 알고 있다. 프로이트가 긍정적 공동체의 문화를 창출하기 위해서 에로스에 의해 타나토스를 극복하여야 한다고 할 때 우리들은 음양이론의 입장에서 프로이트의 주장을 이해할 수 있다.

　니체가 형이상학적 원리인 힘에의 의지에 의해서 허무주의·퇴폐주의를 해체 및 극복하고 창조적 가치를 정립하고자 할 때 역시 우리는 음양이론의 입장에서 니체의 주장을 이해할 수 있다. 힘에의 의지에 의한 허무주의의 극복은 결국 긍정적 힘에의 의지에 의한 부정적 힘에의 의지의 극복을 의미한다. 프로이트의 심층의식은 인간의 정신과정의 핵심을 밝혀 주는 근본 개념이다. 이에 비하여 니체의 힘에의 의지는 인간과 세계의 현상과 본질을 해명해 주는 개념이다. 심층의식과 아울러 힘에의 의지는 모두 인간이 사회와 세계 안에서 어떤 존재인지를 규명하고자 한다. 더 나아가서 그것들은 건강하고 긍정적이며 창조적인 인간상을 정립하기 위한 목적을 전제하는 한에 있어서만 의미가 있다. 그러므로 힘에의 의지는 물론이고 심층의식 역시 윤리적 가치를 삶의 궁극 목적으로 삼고 있다는 것이 명백하다.

4. 비판적 고찰-존재론적 문제

인간의 사유의 한계는 어디에 있는가? 니체의 힘에의 의지와 프로이트의 심층의식이 궁극적으로 형이상학적 개념에 직면하기 때문에 나는 지금 이곳에서 이러한 물음을 제기한다. 니체는 합리주의적 전통의 모든 형이상학을 해체한다. 왜냐하면 실체와 같은 존재원리는 전혀 역동성을 결여한 것으로서 인간의 문화자체를 체계화, 형식화함으로써 허무주의를 성립시키기 때문이다. 니체는 역동적 존재원리로서의 힘에의 의지를 제시한다. 힘과 의지는 불가분의 관계를 가지고 있다. 힘은 언제나 의지를 가지고 있으며 의지 또한 힘을 가지고 있다. 그런데 우리들은 다음과 같은 물음을 던지지 않을 수 없다. (가) 힘과 힘에의 의지는 과연 어떻게 근본적으로 다른가? 힘이나 힘에의 의지나 모두 향하는 방향이 있다면 양자는 동일할 것이다. (나) 의지란 윤리적 개념이다. 의지라는 윤리적 개념을 사용하여 존재원리를 힘에의 의지라고 한다면 존재원리의 형이상학적 내지 존재론적 의미가 소멸되는 것이 아닌가?

니체의 힘에의 의지는 물론 존재원리이긴 하지만, 니체는 존재원리를 문화의 차원으로 끌어내리고 창조적 인간상과 문화를 정립하고자 하기 때문에 그는 형이상학적 원리를 인간존재의 원리로 축소하였다. 또한 그는 그리스 철학과 기독교의 완전성 및 체계성의 전통에 따라서 허무주의 · 퇴폐주의를 극복하고 긍정적 가치를 창조하기 위한 원리로서 힘에의 의지를 제시하였다. 니체의 힘에의 의지는 낙관주의적 세계관이므로 인간과 문화의 발전을 확신한다. 우리들 인간은 윤리적으로 긍정적인 가치를 추구하지만 그렇다고 해서 존재원리마저 윤리적이며 낙관적인 것으로 제시할 수 있을까?

그렇다면 형이상학적 내지 존재론적 측면에서 볼 때 프로이트의 심층의식은 어떤 의미를 가지고 있는가? 프로이트는 처음부터 자신의 정신분석학적 탐구의 영역을 실증적 자연과학에 제한시키고 있으므로 철학이나 형이상학을 배제한다. 그렇지만 그가 심층의식으로서의 충동을 힘(Kraft)이나 에너지라고 할 때 그리고 더 나아가서 후기에 충동을 에로스와 타나토스 두 가지로 말할 때 그는 자신도 모르게 유물론적 자연과학의 한계를 넘어서고 있다. 또한 프로이트가 쇼펜하우어의 맹목적인 삶에의 의지를 자신의 충동개념에 대한 선구로 보며 니체의 입장을 자신의 견해와 가까운 것으로 볼 때 그는 암암리에 심층의식의 형이상학적 성격을 인정하고 있는 셈이다.

프로이트는 현실원리(자아충동)에 의해서 쾌락원리(성충동 또는 리비도)가 지나치게 억압될 때 정신장애가 발생한다고 보았다. 따라서 그는 양자의 조화를 통해서 건강한 정신과정을 회복할 수 있다고 주장한다. 그러나 그는 후기에 가서 에로스에 의해서 타나토스를 극복할 수 있다고 말하는데 이는 에로스와 타나토스의 조화에 의해서 바람직한 문화를 형성할 수 있다는 것을 뜻한다. 프로이트 역시 넓게 보면 합리적인 그리스 철학과 절대적인 기독교 신앙의 전통에 서 있다. 그는 건강한 정신활동에 대한 낙관적 확신을 가지고 노이로제 및 히스테리와 같은 정신질환을 치료하고자 하였다. 프로이트는 결국 니체와 마찬가지로 학문의 궁극적 목표를 인간의 윤리적 가치에 두고 있다고 말할 수 있다. 특히 말년에 프로이트가 현대문화의 상업주의와 아울러 독재권력 및 전쟁을 공동체의 권리 에로스에 의해서 극복하고 바람직한 문화를 건설할 수 있다고 역설할 때 그의 정신분석학의 궁극적 의의는 다른 것이 아닌 윤리적 가치에 있음을 잘 알 수 있다. 우리들은 프로이트의 충동을 형이상학적 차원으로 확장시킬 수 있다. 프로이트 자신은 어디까지나 인간의 정신장애를 분석하고 치료하는 것을 목적으로 삼았기 때문에 끝까지 철학과 형이상학을 부정하고 유물론적 정신분석학에 충실히 머물고자 하였다.

니체는 모든 전통적 가치를 부정하고 힘에의 의지에 의해 새로운 가치들을 정립하려고 하였다. 그렇지만 역설적인 것은 니체 자신이 부정한 그리스 철학과 기독교 신앙의 완전성과 절대성이 니체의 형이상학과 윤리학에 그대로 고스란히 보존되어 있다는 사실이다. 니체가 추구하는 초인은 완전하고도 절대적인 인간상이 아닌가? 프로이트는 유물론적 자연과학을 바탕으로 삼고 있으면서도 기관장애(신경세포나 신체의 장애)가 아닌 기능장애(질적 장애)를 정신질환으로 보고 있다는 점에서 자연과학의 영역을 넘어서고 있다. 자연과학의 영역을 초월하는 정신장애를 자연과학의 방법론에 의해서 분석하고 치료한다는 것 자체가 이미 문제를 안고 있다. 특히 원초아는 물론이고 에로스와 타나토스 등의 개념은 신화적이자 형이상학적인 성격을 많이 띠고 있다.

제8장 맺는 말

맺는 말

　의심과 경탄은 철학함의 시발점이다. 만일 인간이 나와 우리들의 삶과 사회에서 전개되는 문제점들에 대해서 아무런 의심도 가지지 않고 경탄할 줄도 모른다면 그러한 인간의 삶이야말로 무의미 그 자체일 것이다. 그러나 현대인들처럼 기술과 자본에 의해서 유토피아를 건설할 수 있다고 절대적으로 확신한다면 그러한 상황은 어떤 것일까?

　일찍이 데카르트는 '방법론적 회의'에 의해서 확실하다고 여겨지는 모든 것을 의심해 보기로 하였다. 데카르트의 방법론적 회의는 데카르트 자신의 철학 방법론이긴 해도 본질적인 의심과는 거리가 멀다. 데카르트는 연역법에 의해서 자아, 수학적 명제, 신 등의 자명한 개념들을 전제 내지 목적으로 이미 선정하였다. 그리고 그는 합리적인 것 이외의 경험적 사실들을 배제하기 위해서 방법론적으로 불확실하다고 생각되는 것들을 의심한다고 말한 것이다. 데카르트는 소크라테스적 합리주의 전통에 머물러 있을 뿐만 아니라 이성에 대한 인류의 믿음을 한층 더 강화하였다. 의심과 확실성은 항상 순환관계에 있다는 것을 알 때 비로소 우리는 합리주의적 의식의 한계를 넘어설 수 있다.

니체와 프로이트는 합리주의적 이성 내지 의식의 한계를 극복한 인물들이다. 그들은 21세기 디지털-사이버 후기 자본주의 사회의 왜소함과 편협성 곧 현대문명의 허무주의와 퇴폐주의를 예리하게 예견하였다. 니체와 프로이트는 자동기계로서의 인간상, 상업주의가 판치는 문명, 독재자와 대중의 권력이 지배하는 사회를 전도시키고 건강한 인간, 사회, 문명을 구축하고자 하였다. 그들은 '질병상태'를 치료함으로써 건강하고 자유로운 정신을 되살리려고 하였다. 니체 철학은 물론이고 프로이트의 정신분석학의 궁극의 목표는 인간의 윤리적 가치에 있으므로 니체의 문명비판과 아울러 프로이트의 정신분석학을 철학적 관점에서 다루는 것은 지극히 정당한 일이다.

그러나 이 책의 여러 부분에서 언급한 것처럼 니체 철학과 프로이트의 정신분석학은 많은 문제점들을 안고 있다. 우선 니체 철학의 문제점들을 간략하게 살펴보자. 니체는 합리주의적 전통을 전적으로 거부하지만 그 역시 초인이나 힘에의 의지를 궁극목적으로 제시하기 위해서 추론 작업에 의지하는 한에 있어서 합리주의적 전통에 머물고 있다. 니체는 주체로서의 개체와 힘에의 의지를 구분하지 않고 있다. 니체는 프로이트와 마찬가지로 유아론적(唯我論的) 색채가 강하다. 현대의 일차원적인 삶의 퇴폐성을 극복하려는 니체의 의도는 설득력이 있지만 그러한 극복을 가능하게 할 수 있는 근거제시가 미흡하다. 니체 철학이 포스트모더니즘의 선구임은 확실하다. 니체는 거대담론을 미세담론에 의해서 해체하고자 한다. 그러나 하이데거가 말한 것처럼 니체 철학은 '형이상학의 종말'로서의 또 하나의 형이상학이 아닌가? 니체는 합리주의적 의식(이성)을 거부하면서도 여전히 합리주의 전통을 바탕으로 삼는 발전개념과 목적개념을 벗어나지 못하고 있다.

프로이트의 정신분석학 역시 니체 철학과 마찬가지로 여러 가지 문제점들을 가지고 있다. 데카르트는 사물이나 사태는 의심했지만 처음부터 의식(이성)은 의심하지 않았다. 그러나 니체, 마르크스, 프로이트 등은 사태와 아울러 의식 자체도 의심함으로써 삶의 근거를 의식이 아닌 다른 것에 있음을 들추어냈다.[1] 힘에의 의지나 심층의식(충동)은 지금까지 완전히 은폐된 것이었으므로 합리주의는 오직 이성만이 인간의 완전하고도 절대적인 능력이라고 믿어 왔다. 프로이트는 역동적 심층의식이 본질적인 힘이고 의식은 단지 형식적, 부분적인 표현수단에 불과하다는 것을 밝혀냈다. 게다가 의식이 심층의식을 지나치게 억압함으로써 정신질환이 발생한다고 보았다. 이러한 견해는 니체의 문명비판에 대한 입장과 매우 유사하다. 합리주의적 도덕이 지배함으로써 문명의 퇴폐주의가 만연한다는 니체의 주장은 현대인과 현대문명을 질병상태로 규정한다.

프로이트는 생물학, 물리학, 해부학, 신경생리학을 바탕으로 삼아 유물론의 입장에서 정신분석학을 전개한다. 그러나 신경세포들이 정상적임에도 불구하고 기능이 제대로 작용하지 못함으로 인하여 히스테리, 노이로제 등과 같은 증세가 발생한다고 했을 때 프로이트는 암암리에 관념론적 사유를 도입하고 있는 것이다. 게다가 의식된 것의 은폐된 근거로서 의식되지 않은 것(성충동)을 제시하는 것은 비은폐의 바탕으로서 은폐를 제시하는 것이므로 이미 유물론적 입장과 거리를 가진다. 프로이트가 충동을 힘이라고 하며, 특히 말년에 이르러 충동을 에로스와 타나토스라고 할 때 그는 자연과학으로서의 정신분석학을 떠나서 철학적 내지 형이상학적 사색의 길로 들어서고 있다고 말할 수 있다.

프로이트는 의식이 피상적이며 극히 부분적인 정신활동에 불과하고 의식되지 않은 것으로서의 충동이 정신활동의 원천이라고 주장한다. 이러한 그의 주장은 프로이트의 이성적 의식이 제기하는 것인가 아니면 그의 심층의식이 제기하는 것인가? 포퍼가 말하는 것처럼 프로이트의 정신분석학은 철저한 방법론을 결여하고 있으므로, 다시 말해서 반증(反證)의 원리(principle of refutation)와 무관하므로 학문으로 성립할 수 없다는 반론이 제시될 수도 있다. 물리적 신경세포의 이상(異常)과 무관한 정신질환은 사실 검증원리는 물론이고 반증원리에 의해서도 입증되기 힘든 측면이 있다. 리쾨르와 같은 해석학자는 정신분석학을 오히려 해석학으로 환원시키려고 한다. 그륀바움과 같은 사람은 정신분석학에 의한 치료결과는 치료와 상관없는 자연상태에서 정신질환자들의 자연적인 건강회복과 별 차이가 없으므로 정신분석학이 학문으로서의 가치를 상실한다고 주장한다.

니체 철학에서 특기할 것은, 그의 사상에는 치밀한 인식론, 형이상학, 윤리학에 대한 체계적 통찰이 결여되어 있다는 사실이다. 니체는 한 때 실증주의적, 자연과학적 태도를 철학 방법론으로 제시하긴 했어도 시종일관 그의 인식론은 직관(또는 니체 나름대로의 본능)을 바탕으로 삼는다. 니체의 인식론의 근거는 프로이트의 경우에 있어서와 마찬가지로 직관인데 직관은 다분히 신비주의적 개념을 떨쳐버릴 수 없다. 니체 자신은 전통적인 형이상학, 윤리학을 해체한다고 주장하지만 여전히 그는 전통적인 형이상학과 윤리학의 맥을 이어받고 있다. 힘에의 의지, 자유로운 정신, 초인 등은 합리주의적 지성(의식)과 절대자 신의 흔적을 계속 밟아가고 있다.

나는 수년 전 《니체, 해체의 모험》(고려원)에 이어 《니체와 예술》(한길사)을 출판하였다. 이 작업들은 내가 니체 철학의 의미와 가치를 포괄적으로 이해하고 해석하며 비판하려는 의도에서 이루어졌

다. 최근 나는 프로이트 정신분석학의 방대한 내용을 《정신분석 이
야기》(건대출판부)라는 제목으로 출판하였다. 《니체와 정신분석학》
은 앞의 세 책들을 종합한 것으로 보아도 된다. 《니체와 정신분석
학》은 니체 철학이 프로이트 정신분석학 및 현대 정신분석학의 선
구임을 밝히지만, 이 책의 근본적인 목적은 니체와 프로이트를 통
해서 의식이 무엇인지, 정신활동이 무엇인지, 정신질환이 어떤 것이
고 어떻게 발생하며 또 어떻게 치료할 수 있는지, 궁극적으로 학문
으로서의 철학의 한계가 어떤 것인지 등을 드러내는 것이다.

　앞으로 나는 시간이 허락하는 대로 '프로이트의 정신분석학과 철
학'을 주제로 삼아 인간과 정신의 정체를 들추어내는 데 철학함의
정열을 쏟으려는 계획을 가지고 있다.

주

제1장

1) Freud, *G.W., Bd. II/III,* S. 554, 667 참조.
2) Bourdin, D. *La psychanalyse de Freud à aujourd'hui,* Bréal 2000, p. 198 참조.

제2장

1) Jung C. G., *Grundwerk Band 9,* Olten 1985, S. 268.
2) M. Horkheimer, T. W. Adorno, *Dialektik der Aufkläung,* Ffm. 1986, S. 7.
3) Ibid., S. 40.
4) Deleuze G., Guattari F., *L'anti-Œdipe,* Paris, 1972, p. 17.
5) Jung C. G., A.a.o., S. 262 참조.
6) Ricoeur P., *L'interpréation,* Paris, 1965, p. 40 참조.
7) O'Neil W. M., *The Beginnings of modern psychology,* Sussex, 1982, p. 82 참조.
8) 리쾨르는 *L'interpréation*에서 프로이트의 꿈의 해석을 해석학 및 현상학적 관점에서 고찰하고 있다.
9) Lacan J., *Écrits,* Paris, 1966, p. 444 참조.
10) Freud S., *Gesammelte Werke XI,* Ffm., 1978, S. 14. 앞으로 Freud 전집의 인용은 G. W., S. 10 등으로 약자로 표현하겠다. 또한 Nietzsche의 전집들, 즉

352

Nietzsche F., *Sämtliche Werke(KSA)*, Berlin, 1988은 KSA와 권과 면수만을 표시할 것이고, Nietzsche F., *Der Wille zur Macht*, Stuttgart, 1980은 WM과 면수만을 표시할 것이다.

11) Ibid., S. 15.

12) Ibid., S. 468.

13) Freud S., *Werke XIII*, S. 249.

14) Freud S., *Werke II/III*, S. 105.

15) Freud S., *Werke XI*, S. 469.

16) Ibid., S. 403, 404.

17) Ibid., S. 111.

18) Nietzsche F., *Werke III*, S. 493.

19) Nietzsche F., *Werke I*, S. 750.

20) Nietzsche F., *KSA4*, S. 121.

21) Nietzsche F., *WM.*, S. 581.

22) 이러한 방법론의 구분은 Rickert나 Windelband에 의해서 주장된 것이다.

23) Freud S., *Werke II/III*, S. vii

24) Ibid., S. 92.

25) Ibid., S. 23.

26) Ibid., S. 104.

27) Ibid., S. 123.

28) Ibid., S. 147.

29) Ibid., S. 166.

30) 강영계, 《니체 해체의 모험》, 고려원, 1995, p. 125.

31) Nietzsche F., *Werke II*, S. 767.

32) Ibid., S. 763.

33) Freud S., *Werke II/III*, S. 556.

34) Ibid., S. 547.

35) Ibid., S. 547.

36) Freud S., *Werke XI*, S. 79.

37) Ibid.

38) Ibid., S. 86.

39) Nietzsche F., *Werke I*, S. 15.

40) 강영계, 《니체 해체의 모험》, 고려원, 1995. p. 25.

41) Nietzsche F., *Werke I*, S. 10.

42) Ibid., S. 15.

42) Ibid., S. 22.

44) Ibid., S. 81.

45) Ibid., S. 113.

46) Freud S., *Werke XI*, S. 375.

47) Ibid., S. 347.

48) Ibid., S. 344.

49) Ibid., S. 365.

50) Freud S., *Werke XIII*, S. 230.

51) Freud S., *Werke XII*, S. 12.

52) Freud S., *Werke XIII*, S. 232, 233 참조.

53) Ibid., S. 233.

54) 강영계, a.a.O., p. 179.

55) Nietzsche F., *Werke III*, S. 371.

56) Deleuze G., *Nietzsche et la philosophie*, Paris, 1990, p. 72.

57) Nietzsche F., *Werke II*, S. 1170.

58) Freud S., *Werke II/III*, S. 542.

59) Ibid., S. 546. 또 같은 책, S. 542, 543 참조.

60) Ibid., S. 620.

61) Ibid., S. 617.

62) Freud S., S. 394.

63) Freud S., *Werke XI*, S. 61.

64) Ibid., S. 218.

65) Ibid., S. 344.

66) Ibid., S. 349.

67) Nietzsche F., *Werke III*, S. 372.

68) Nietzsche F., *Werke III*, S. 750.

69) Ibid., S. 834.

354

70) Ibid.

71) Nietzsche F., *Werke II*, S. 250.

72) Nietzsche F., *Werke I*, S. 1036.

73) Nietzsche F., *Werke II*, S. 913.

74) Ibid.

75) Deleuze는 니체철학의 변증법적 성격을 전혀 인정하지 않는 데 비해서 Jaspers는 니체의 변증법을 실재 변증법이라고 부른다.

76) Nietzsche F., *Werke II*, S. 1032, Werke III, S. 738.

77) Nietzsche F., *WM*, S. 329.

78) Ibid., S. 418.

79) Ibid., S. 433.

80) Ibid., S. 428.

81) Ibid., S. 525.

82) Ibid., S. 485.

83) Ibid., S. 533.

84) Heidegger M., *Gesammtausgabe Bd. 47*, Ffm., 1989, S. 155.

85) *Das Ich und das Es*는 프로이트의 후기에 해당하는 1920~1924년 사이에 저술된 것들 중의 하나로 전집 XIII권에 들어 있다.

86) Freud S., *Werke XIII*, S. 251.

87) Ibid., S. 253.

88) Ibid., S. 256.

89) Nietzsche F., *Werke II*, S. 913.

90) Freud S., *Werke XIII*, S. 232.

제3장

1) Heidegger와 마찬가지로 나는 일상성을 존재이해 또는 인간이해의 출발점으로 본다.

2) K. Popper는 진리도 가설에 지나지 않는다고 본다.

3) Ricoeur, P., *De l'interprétation*, Paris, 1965, p. 62.

4) 호르크하이머와 아도르노는 《계몽변증법》에서 이성을 이중적으로 보아 단지 도구적인 것을 도구이성으로 그리고 인간을 해방시킬 수 있는 이성을 실천이

성으로 여긴다.

5) Ricoeur P., lbid., p. 40 참조.

6) Freud S., *Werke II/III*, Ffm., 1978, S. 542, 543 참조(앞으로 Freud인용은 작품 권수와 면수만을 제시하겠다).

7) Freud S., *Werke XIII*, S. 74.

8) lbid., S. 78.

9) E. 프롬은 *Escape from freedom*에서 현대인의 특징을 자유로부터의 도피로 보고 있다.

10) Op. cit. S. 79.

11) Nietzsche F., *Werke II*, Ffm., 1965, S. 138(이 전집 인용은 앞으로 전집 권수와 면수만 표시하겠다).

12) Nietzsche F., *KSA 6*, Berlin, 1988, S. 19(앞으로 니체의 이 전집 인용은 권수와 면수만을 표시하겠다).

13) Nietzsche F., *Werke III*, S. 520.

14) Freud S., Op. cit., S. 79.

15) lbid., S. 80.

16) lbid., S. 81.

17) lbid., S. 82.

18) Nietzsche F., *Werke II*, S. 138 참조.

19) Nietzsche F., *KSA 6*, S. 4.

20) Freud S., Op. cit., S. 83.

21) Freud S., *Werke II/III*, S. 249.

22) Freud S., *Werke XV*, S. 184.

23) lbid., S. 172.

24) Freud S., *Werke XIII*, S. 85.

25) lbid., S. 86.

26) Freud S., *Werke XV*, S. 194.

27) lbid., S. 173.

28) lbid., S. 174.

29) lbid., S. 176.

30) Nietzsche F., *KSA 6*, S. 181.

31) Ibid.

32) Feuerbach L., *Werke 5*, Ffm., 1975, S. 13.

33) Freud S., *Werke XIII*, S. 86.

34) Taylor C., *Hegel*, London, 1978, p. 157. Hegel G. W. F., *Phämomelogie des Geistes*, Hamburg, 1980, S. 113 참조.

35) Freud S., Op. cit., S. 92.

36) Ibid., S. 93.

37) Ibid., S. 89.

38) Ibid., S. 94.

39) Ibid., S. 95.

40) Ibid.

41) Ibid., S. 96.

42) Nietzsche F., *Werke I*, S. 272, 273.

43) Nietzsche F., *Werke III*, S. 911.

44) Freud S., Op. cit., S. 96.

45) Aristoteles, *Poetica*, 1448^b 5~15.

46) Ibid., 1448^a 1~10.

47) Ibid., 1449^a 31.

48) Nietzsche F., *Werke I*, S. 272, 273.

49) O'Neil W. M., *The Beginnings of modern psychology*, Sussex, 1982, p. 84.

50) Freud S., *Werke XI*, S. 322.

51) Ibid., S. 370.

52) Freud S., *Werke XIII*, S. 268.

53) Ibid., S. 269.

54) Ibid., S. 99.

55) Lacan J., *Le séminaire Livre I*, Paris, 1975, p. 22 참조.

56) Nietzsche F., *Der Wille zur Macht*, Stuttgart, 1980, S. 697(이 책 인용은 앞으로 WzM로 약하겠다).

57) Ibid., S. 684.

58) Freud S., *Werke XIII*, S. 101.

59) Ibid., S. 102.

60) Ibid., S. 107.

61) Freud S., *Werke IX*, S. 160.

62) Ibid., S. 7.

63) Ibid., S. 177.

64) Ibid., S. 178.

65) Ibid., S. 179.

66) Ibid., S. 189.

67) Freud S., *Werke XVI*, S. 187, 188 참조.

68) Nietzsche, *KSA 6*, S. 192.

69) Scheler M., *Das Ressentiment im Aufbau der Moralen*. Ges. Werke 3,
    Bern, 1955, S. 36 참조.

70) Nietzsche F., *KSA 6*, S. 228.

71) Ibid., S. 229.

72) Freud S., *Werke XIII*, S. 110.

73) Freud S., *Werke XI*, S. 435.

74) Ibid., S. 439.

75) Nietzsche F., *Werke II*, S. 883.

76) Freud S., *Werke XIII*, S. 115.

77) Ibid., S. 117.

78) Nietzsche F., *Werke I*, S. 665.

79) Ibid., S. 845.

80) Freud S., *Werke XIII*, S. 121.

81) Ibid., S. 251.

82) Ibid., S. 264.

83) Freud S., *Werke XI*, S. 394 .

84) Freud S., *Werke XIII*, S. 265 .

85) Ibid.

86) Nietzsche F., *KAS 6*, S. 197.

87) Nietzsche F., *Werke II*, S. 883.

88) Freud S., *Werke XIII*, S. 122.

89) Ibid., S. 128.

358

90) Nietzsche F., *Werke I*, S. 665, 845 참조.

91) Freud S., *Werke XIII*, S. 130.

92) Ibid., S. 131.

93) Ibid.

94) Ibid., S. 142.

95) Ibid., S. 136.

96) Freud S., *Werke IX*, S. 42.

97) Ibid., S. 64.

98) Ibid., S. 110.

99) Freud S., *Werke XIII*, S. 137.

100) Nietzsche F., *Werke II*, S. 169.

101) Nietzsche F., *Werke II*, S. 515.

102) Freud S., *Werke XIII*, S. 138.

제4장

1) Horkheimer, Adorno 등은 고도로 발달된 현대 과학문명을 도구이성의 산물로 본다.

2) 니체는 문화(kultur)와 문명(Zivilisation)을 같은 의미로 쓰고 있다.

3) M. Horkheimer, T.W. Adorno, *Dialektik der Aufklärung*, Ffm., 1986, S. 7 참조.

4) Heidegger가 말하는 은폐성은 이미 비은폐성을 전제하고 있으므로 사태의 형식과 아울러 내용을 모두 암시한다.

5) Marx, Engels, *MEW*, *Bd. 40*, Berlin, 1985, S. 506 참조.

6) 강영계, 《니체와 예술》, 한길사, 2000, p. 28.

7) G. Deleuze, F. Guattari, *L'anti-Oedipe*, Paris, 1972, p. 50.

8) 강영계, 《철학의 이해》, 박영사, 1997, p. 194.

9) *KSA 1*, S. 83(Nietzsche F., *Kritische Studienausgabe*, München, 1988의 약자).

10) Ibid., S. 533.

11) Ibid., S. 533.

12) Schopenhauer A., *Sämtliche Werke I*, Darmstadt, 1982, S. 357.

13) Freud S., *Gesammelte Werke XV*, Ffm., 1979, S. 172.

14) Lyotard, Jean-Fransois, *La condition postmodern*, Paris, 1957, p. 7참조.

15) 우리들은 데카르트의 입장에 반대되는 Hume의 인식론과 Ayer의 데카르트 비판을 이곳에서 참조하여야 할 것이다.

16) *KSA, Bd. 6*, S. 169.

17) Freud S., a.a.O., *Werke VII*, S. 230 참조.

18) Ibid., *Werke XI*, S. 390.

19) Freud S., Ibid., *Werke II/III*, S. 616 참조.

20) Nietzsche F., *Werke III*, Ffm. 1979, S. 678.

21) Bergson은 《도덕과 종교의 두 원천》에서 폐쇄도덕과 개방도덕 그리고 정적 종교와 동적 종교의 관계를 논하고 있다.

22) Nietzsche F. *Der Wille zur Macht*, Stuttgart, 1964, S. 55.

23) 이 개념은 Deleuze 및 Guattati가 자본주의 사회의 인간을 특징짓기 위해서 쓴 개념이다.

24) Freud S., a.a.O., *Werke, Bd. VIII*, S. 74.

25) Ibid., S. 81.

26) 프로이트는 《레오나르도 다빈치의 유아기 기억》(1910)에서 예술의 순화에 관하여 매우 상세히 기술하고 있다.

27) Heidegger M., *Gesammtausgabe Bd. 55* Ffm., 1979, S. 385 참조.

28) Ibid., *Bd. 22*, S. 60.

29) Nietzsche F., *KSA I*, S. 12.

30) 니체의 비극적 신화에 관해서 나는 다음 부분을 그대로 인용하였다. 강영계, 《니체와 예술》, 한길사, 2000, p. 106~108.

31) A.a.O., S. 12.

32) Freud S., *Gesammelte Werke, Bd.* XIV, S. 57 참조.

33) Ibid., *KSA I*, S. 51.

34) Freud S., A.a.O., *Bd. XIII*, S. 81.

35) 강영계, 《정신분석 이야기》, 건대출판부, 2001, p. 373~383. 나는 이 절 대부분을 《정신분석 이야기》의 해당 부분에서 인용하였다.

36) Freud S., A.a.O., *Bd. XIII*, S. 154.

37) Ibid., S. 172.

38) Ibid., S. 197.

39) 니체는 인류의 정신적, 물질적 업적을 주로 문명(Zivilisation)이라고 부르는
데 비해서 프로이트는 그것은 문화(Kultur)라고 부른다.

40) Nietzsche F., *Der Wille zur Macht*, S. 534.

41) Freud S., A.a.O., Bd. XIV, S. 90.

제5장

1) Nietzsche F., *Werke II*, Ffm., 1969, S. 1157.

2) Ibid., *Werke III*, S. 747.

3) Ibid., *Werke II*, S. 1143.

4) Ibid., S. 431.

5) Ibid., S. 1179.

6) 강영계(편저), 《종교와 인간의 삶》, 철학과 현실사, 1999, pp. 120~123 참조.

7) Freud S., *Gesammelte Werke XV*, Ffm., 1979, S. 138 참조.

8) Freud S., *Werke XIII*(Gesammelte Werke를 말함), S. 396, 397 참조.

9) Ibid., S. 119 참조.

10) 융이나 카렌 호나이 등은 프로이트의 오이디푸스 콤플렉스에 반대하며 들뢰
즈 역시 반대한다.

11) Freud S., *Werke XI*, S. 349 참조.

12) Ibid.

13) 마르크스는 종교를 마약과 같이 쓸모 없고 해로운 것으로 본다.

14) O'Neil W. M., *The Beginning of modern psychology*, Sussex, 1982, p. 83.

15) Nietzsche F., *Werke I*, S. 450.

16) Lyotard Jeam-François, *La condition postmodern*, Paris, 1979, p. 17.

17) Heidegger M., *Gesammtausgabe Bd. 48*, Ffm., 1986, S. 1.

18) Ibid., S. 24.

19) Nietzsche F., *Werke II*, S. 767.

20) Ibid., S. 773.

21) Ibid., S. 778.

22) 여기에서 니체의 종교 철학에 관계되는 부분은 《종교철학연구》, 원광대 출판
국, 1996에 있는 필자의 글을 대부분 그대로 인용하거나 다소 수정한 것이다.

23) Nietzsche F., *Werke II*, S. 416.

24) Ibid., S. 501.

25) Ibid., S. 322.

26) Nietzsche F., *Werke III*, S. 617.

27) Nietzsche F., *KSA 4*, S. 15(Nietzsche F., *Kritische Studien Ausgabe* in 15 Bde. München, 1988을 약해서 표현).

28) Nietzsche F., *Werke III*, S. 834.

29) Heraklit, *Fragmente*(Hrsg. von Snell B.), München, 1976, S. 30(B101).

30) Freud S., *Werke XV*, S. 194.

31) Ibid., S. 184.

32) Ibid., S. 170.

33) Ibid., S. 171, 172.

34) Ibid., S. 173.

35) Freud S., *Werke IX*, S. 7.

36) Ibid.

37) Ibid., S. 11.

38) Ibid., S. 42.

39) Ibid., S. 47.

40) Ibid., S. 65.

41) Ibid., S. 77.

42) Ibid., S. 83.

43) Ibid., S. 154.

44) Ibid., S. 157.

45) Ibid., S. 177.

46) Freud S., *Werke XI*, S. 344.

47) Jung, Adler, Horney, Fromn 등의 학설을 일컫는다.

48) Wolfgang Stegmüller가 이런 견해를 대변하나 이는 일반적 경향이다.

49) Nietzsche F., *KSA 6*, S. 181.

50) Ibid.

51) Ibid.

52) Ibid., S. 183.

362

53) Feuerbach L., *Werke 5*, Ffm., 1975, S. 30.

54) Nietzsche F., *Werke I*, S. 26.

55) Foulguié P., *L'existentialisme*, Paris, 1947, p. 9.

56) Freud S., *Werke IX*, S. 177.

57) Ibid., *Werke XI*, S. 85.

58) Ibid., *Werke IX*, S. 178.

59) Ibid., S. 179.

60) Ibid., S. 179.

61) Ibid., S. 192.

62) Freud S., *Werke XIV*, S. 227.

63) Ibid., S. 236.

64) Nietzsche F., WzM., S. 51(*Wille zus Macht*, Stuttgart, 1980을 약해서 표현
함).

65) Ibid., S. 82.

66) Ibid., S. 83.

67) Deleuze G., *Nietzsche et la philosophie*, Paris, 1977, p. 169.

68) Heidegger M., *Gesammtausgabe*, Bd. 48, Ffm., 1986, S. 2.

69) Nietzsche F., *WzM.*, S. 689.

70) Freud S., *Werke XV*, S. 174.

71) Ibid., S. 171.

72) Ibid., S. 172.

73) 정량은, 《심리학 통론》, 법문사, 1986, p. 198 참조.

74) 미셸 푸코의 견해를 말한다.

75) Freud S., *Werke IX*, S. 192, 193.

76) Nietzsche F., *Werke II*, S. 851.

77) Ibid., S. 861.

78) Ibid., S. 1173.

79) Ibid., S. 900.

80) Freud S., *Werke XVI*, S. 184.

81) Ibid., S. 180.

82) Ibid., S. 185.

83) Ibid., S. 183, 184.

84) Nietzsche F., *Werke II*, S. 1179.

85) Ibid., S. 283.

86) Ibid., S. 555.

87) Freud S., *Werke XI*, S. 468.

88) Nietzsche F., *Werke II*, S. 555.

89) 하이데거의 입장.

90) Deleuze G., A.a.O., p. 57.

91) Nietzsche F., *WzM.*, S. 329.

92) Ibid., S. 323.

93) Ibid., S. 336.

94) Ibid., S. 335.

95) Ibid.

96) Nietzsche F., *KSA 4*, S. 16.

97) Freud S., *Werke XV*, S. 102.

98) Ibid., S. 103.

99) Ibid., S. 114.

제6장

1) Nietzsche, *KSA 4*, S. 100.

2) Ibid.

3) Ibid.

4) Ibid.

5) Ibid., S. 66.

6) Ibid., S. 29.

7) 실험정신과 원근법주의에 관해서 나는 《니체, 해체의 모험》에서 해당부분을 인용하였다.

8) Nietzsche, *Werke I*, S. 1270.

9) Nietzsche, *KSA 4*, S. 121.

10) Nietzsche, *Werke III*, S. 493.

11) Ibid., S. 533.

364

12) Heidegger M., *Gesammtausgabe, Bd. 48*, Ffm, 1986. S. 3.

13) Nietzsche, *Werke II*, S. 773.

14) Ibid., S. 779.

15) Ibid., S. 782.

16) Nietzsche, *Werke I*, S. 902.

17) Nietzsche, *Werke II*, S. 763.

18) Nietzsche, *Werke II*, S. 851.

19) Ibid., S. 854.

20) Ibid., S. 861.

21) Ibid., S. 863.

22) Ibid., S. 869.

23) 최면요법과 자유연상법의 절을 기술함에 있어서 나는 《정신분석 이야기》의 내용을 그대로 인용하거나 또는 보충하였다.

24) Freud, *G.W.*, *Bd. XIV*, S. 39.

25) Freud, *G.W.*, *Bd. XI*, S. 104 참조.

제7장

1) Nietzsche F., *Werke 1*, Ffm., 1979, S. 120.

2) Ibid., S. 113.

3) Deleuze 와 Guattari는 현대인을 가리켜 욕망의 기계라고 부른다.

4) 예컨대 Husserl은 감정, 감성, 지성 등은 모두 의식이라고 부른다.

5) Marcuse가 one dimensional man과 one dimensional society를 말했지만, 현대사상가들 대부분은 Marcuse와 동일한 입장에서 현대인의 인간성 상실을 언급한다.

6) Lacan, *Écrits*, Paris, 1966 p. 682 참조.

7) Nietzsche, *Wille zur Macht*, Stuttgart, 1964, S. 697.

8) Saussure, *Cours de linguistique générale*, Paris, 1972 p. 99.

9) Freud, G.W., XIII, S 81.

10) Kant의 《순수이성비판》, 《실천이성비판》, 《판단력비판》의 체계적 성격으로부터 나는 자연, 자유, 목적의 특징 및 연관성에 관한 암시를 이해하고자 한다.

11) Nietzsche의 원근법주의(Perspektivismus)는 일종의 관점이다. 니체는 긍정

적 원근법주의에 의해서 부정적, 허무주의적 원근법주의를 해체하고자 한다.

12) Nietzsche, *Werke II*, S. 371.

13) Ibid., S. 372.

14) Schopenhauer는 박사학위 논문 "Über die vierfache Wurzel des Satzes vom zureichenden Gründe"(1813)에서 지성작업에 의해 성립하는 표상으로서의 세계를 상세히 논의한다.

15) Nietzsche, *Werke III*, S. 750.

16) Freud, *G. W., XII*, S. 12 참조.

17) Heidegger는 Nietzsche를 일컬어 서구 형이상학의 마지막 주자라고 말한다. 왜냐하면 Nietzsche는 서구 형이상학 전체를 해체하면서도 힘에의 의지라는 형이상학적 원리를 제시하고 있기 때문이다.

18) Gorgias의 경우.

19) Spinoza, *Ethica* 제3부 정리 6과 7 참조.

20) Freud, *G. W., XIII*, S. 211.

21) Ibid., S. 220~221.

22) Ibid., S. 268.

23) Ibid., S. 287.

24) Freud, *G. W., XI*, S. 370.

25) Freud, *G. W., XVI*, S. 13.

26) Ibid., S. 15.

27) Ibid., S. 17.

28) Ibid., S. 19.

29) Ibid., S. 27.

30) 강영계, 《정신분석 이야기》, 건대출판부, 2001, pp. 384~388. 나는 에로스, 타나토스 및 전쟁에 관한 부분을 《정신분석 이야기》에서 거의 그대로 인용하였다.

31) Nietzsche, *Werke III*, S. 899~900 참조.

32) Deleuze, G., *Nietzsche et la philosophie*, Paris, 1997, p. 223.

33) Nietzsche, *Werke II*, S. 897.

34) 나는 니체의 '허무주의'에 관한 부분을 《니체, 해체의 모험》에서 해당하는 것들을 대체로 그대로 인용하였다.

366

35) Nietzsche, *Der Wille zur Macht*, Stuttgart, 1964, S. 3.

36) Freud, *G. W.*, *XVIII*, S. 121.

37) Ibid., S. 81.

38) 프로이트의 사변철학과 정신병학에 관한 견해에 관해서는 《정신분석 이야기》, p. 218을 인용하였음.

39) 강영계, 《정신분석 이야기》, pp. 218~219 부분을 그대로 인용함.

제8장

1) Ricoeur P., *De L' inteprétation*, Paris, 1965, p. 41 참조.

참고문헌

Allemann, B., *Ironie und Dichtung*, Pfullingen, 1956.

Aristoteles, *Poetica*.

Bäumler, A., *Nietzsche, der philosoph und Politker*, Leipzig, 1931.

Barratt B. B., *Psychoanalysis and the postmodern impulse*, Johns Hopkin Press, 1993.

Behler, E., Montinari, M.(ed.), *Nietzsche Studien*, 17 Bde. Berlin, 1972~88.

Berlinger, R., *Philosophie als Weltwissenschaft*, Amsterdam, 1979.

Bourdin, D., *La psychoanalyse de Freud à aujourd'hui*, Bréal, 2000.

Corsini R. J.(ed.), *Encyclopedia of psychology*, New York, 1984.

Deleuze G., Guattari F., *L'anti-Oedipe*, Paris, 1972.

----------, *Nietzsche et la philosophie*, Paris, 1977.

Derrida J., *L'Écriture et différence*, Paris, 1967.

----------, *De l'esprit: Heidegger et la question*, Paris, 1987.

----------, *Éperons: les styles de Nietzsche*, Paris, 1978.

Edelson M., *Hypothesis and evidence in psychoanalysis*, Chicago, 1984.

Ellenberger H., *The discovery of the unconscious*, New York, 1970.

Flugel J. C., *A hundred years of psychology*, Methuen, 1964.

Foucault, M., *L'archéologie du savoir*, Paris, 1969.

-------------, *Folie et déraison*, Paris, 1961.

368

------------, *Histoire de la sexualité*, 1, Paris, 1976.

Frenzel, I, *Nietzsche*, Frankfurt, 1989.

Freud S, *Gesammelte Werke*, Ffm, 1978.

Hegel, G. W. F, *Phänomenologie des Geistes*, Hamburg, 1962.

----------------, *Rechtsphilosophie*, Frankfurt, 1980.

Heidbreder, E, *Seven Psychologies*, Appelton-Century, 1933.

Heidegger, M, *Gesamtausgabe Band* 44, 47, 48, 50, Frankfurt, 1989.

Hesserl, E, *Die Krisis der europäischen Wissenschaften und die transzen-dentale Phänomenologie*, Hamburg, 1972.

Hook, S.(ed.), *Psychoanalysis, scientific Method and philosophy*, New York, 1959.

Horkheimer, M, *Zur Kritik der instrumentellen Vernunft*, Frankfurt, 1986.

-----------------, *Sozialphilosophische Studien*, Frankfurt, 1986.

-----------------, *Traditionelle und Kritische Theorie*, Frankfurt, 1989.

Horkkeimer, M, Adorno, Th. A, *Dialektik der Aufklärung*, Ffm, 1986.

Jaspers, K, *Nietzsche*, Berlin, 1972.

Jean-FranÇois Lyotard, *Dérive à partir de Marx et Freud*, Paris, 1973.

----------------------, *La condition postmoderne*, Paris, 1979.

----------------------, *Le postmoderne expliquée aux enfants*, Paris, 1986.

Jung, C. G, *Grundwerke*, 10Bde, Olten, 1985.

Kant, I, *Die Kritik der reinen Vernunft*, Hamburg, 1972.

Kazdin, A. E.(ed.), *Encyclopedia of psychology*, Oxford, 2000.

Lacan J, *Le séminaire livre*, 1, Paris, 1975.

Lacan, J, *Écrits*, Paris, 1966.

Marcuse, H, *Eros and Civilization, Boston*, 1966.

------------, *One dimensional Man*, London, 1964.

Nietzsche, F, *Sämtliche Werke (Kritische Studienausgabe)*, Berlin, 1988.

------------, *Werke*, Frankfurt, 1977.

------------, *Der Wille zur Macht*, Stuttgart, 1980.

O' Neil, W. M, *The beginnings of mordern psychology*, Sussex, 1982.

Popper, K. R, *Logik der Forschung*, Wien, 1935.

--------------, *Conjectures and refutations*, London, 1962.

--------------, *The self and its brain*, Berlin, 1977.

Ricouer, P., *De L'interprétation*, Paris, 1965.

Russell, B., <Nietzsche> in *History of western Philosophy*, pp. 760~73.

Schlechta, K., *Der Fall Nietzsche*, München, 1959.

Schraden, W., *Warumfrage*, Amsterdam, 1975.

Simmel, G., *Kultur und Ethik*, München, 1923.

Thirring, H., *Anti-Nietszche, Anti-Spengler*, Wien, 1947.

Vahinger, H., *Nietzsche als Philosoph*, Berlin, 1902.

Vetter, A., *Nietzsche*, München, 1926.

Würzbach, F., *Nietzsche und das deutsche Schicksal*, Leipzig, 1931.

Wenzl, A., *Nietzsche*, Berlin, 1950/51.

강영계, 《니체, 해체의 모험》, 고려원, 1995.

-------, 《니체와 예술》, 한길사, 2000.

-------, 《정신분석 이야기》, 건대출판부, 2001.

찾아 보기

384